somos link

en DIGITAL

Licencia de **activación**

www.somoslink.com

Sigue estos 5 sencillos pasos y podrás disponer de tu libro digital

1. Visita **www.somoslink.com**, haz click en **#somosdigital** y accederás al Quiosco Edelvives.
2. Pincha en **Licencia** y después en **Crear Cuenta.**
3. Regístrate introduciendo los datos que el sistema te solicita.
4. Introduce la **Licencia de activación.**
5. Accede a tu libro digital pinchando en **Mis Apps.**

Licencia de activación:

Literatura universal 1º Bachillerato

of3hj1B

somos link en DIGITAL

Para acceder al libro digital desde tu tableta puedes descárgate la aplicación

Edelvives_texto disponible en los diferentes *stores*:

Descárgalo en el App Store si es iPad.

Android app on Google play si es Android.

Disponible en Windows Store si es Windows.

Y, si lo deseas, desde el Quiosco Edelvives, podrás disponer de la versión *offline* para ordenador.

¿Necesitas **ayuda**?
Elige el camino:

- Contacta con *Soporte técnico de libros digitales* a través de la página **www.edelvives.es**
- Escribe un correo a **digital@grupoedelvives.com**
- Llama al **902 40 80 61.**

www.somoslink.com

EDELVIVES

BACHILLERATO 1

Literatura Universal

Humanidades y Ciencias Sociales

Artes

TEORÍA

AUTORES
José María González-Serna Sánchez
M.ª Casilda Llona Colino

COLABORADORES
Macarena Salmerón González-Serna
Francisco Domínguez Rubiales

El 0,7 % de la venta de este libro se destina a proyectos de desarrollo de la ONGD SED (www.sed-ongd.org).

EDELVIVES BACHILLERATO

Bloque II
Los siglos XVIII y XIX

Bloque III
El siglo XX

VOLUMEN DE **TEORÍA**

INICIO DE BLOQUE

Las nueve Unidades se distribuye en tres Bloques, que comienzan con una cronología y una contextualización histórica.

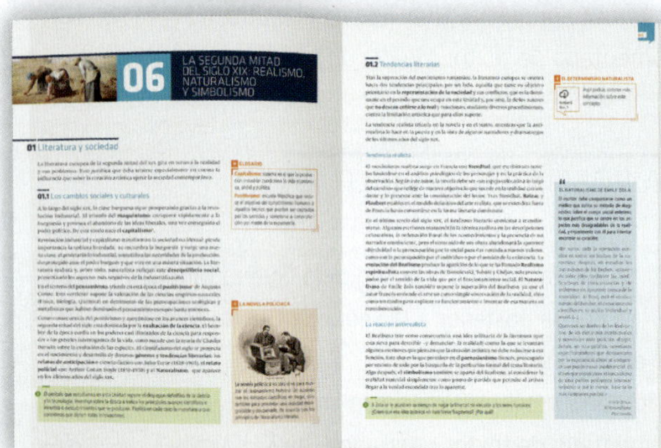

INICIO DE UNIDAD

Las Unidades comienzan presentando directamente los contenidos dado el carácter pragmático de este volumen para el estudio.

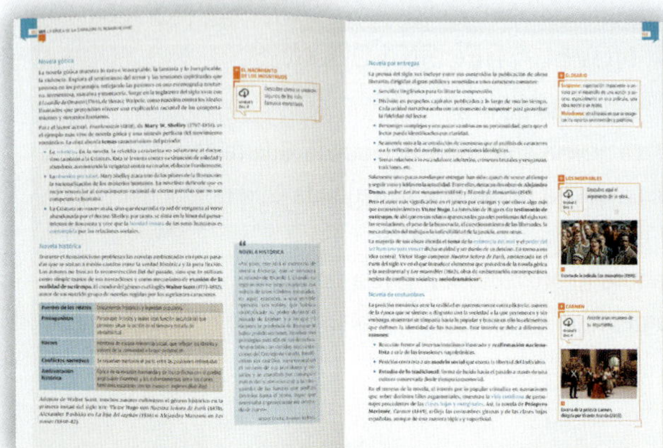

DESARROLLO DE LOS CONTENIDOS

Junto al desarrollo de los contenidos, aparecen textos y actividades de reflexión sobre los mismos.

En www.somoslink.com, en el apartado del libro del alumno de Literatura Universal, se pueden descargar documentos de ampliación.

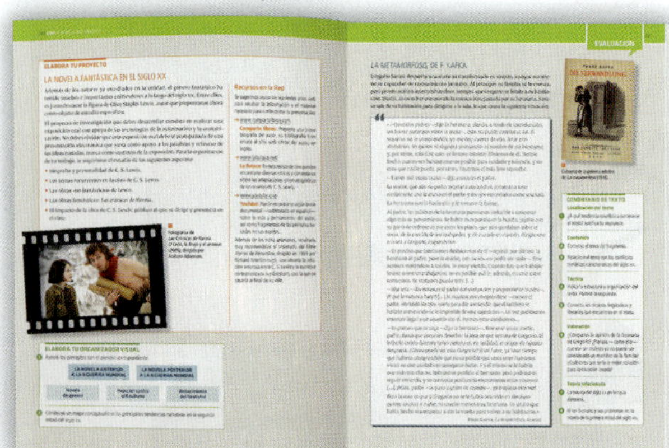

ACTIVIDADES

Cada Unidad finaliza con una doble página de trabajo dividida en tres partes:

- **Elabora tu proyecto:** propuesta de ampliación de algún contenido de la Unidad que se puede trabajar de forma cooperativa.
- **Elabora tu organizador**: propuesta para la elaboración de la síntesis de los contenidos (resuelta en el volumen de práctica).
- **Evaluación**

VOLUMEN DE **PRÁCTICA**

ACTIVIDADES DE BLOQUE

Cada Bloque de contenido se introduce con una doble página de citas y actividades.

Además, después de las Unidades 3, 6 y 9 hay distintas secciones de trabajo relacionadas con todo el Bloque: *Literatura comparada*, *Literatura y otras artes*, *Lectura guiada* y *Trabajo de investigación*.

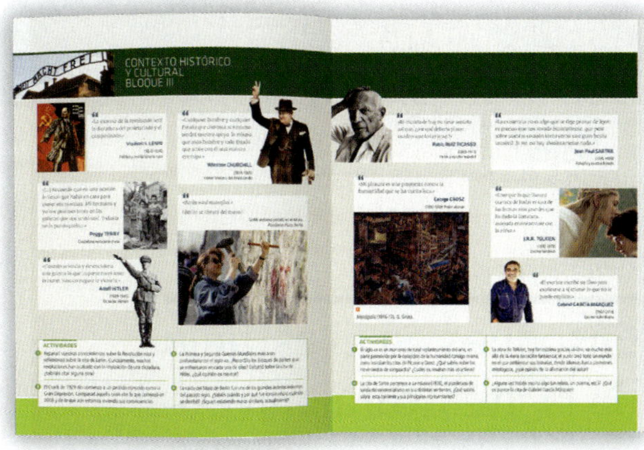

ESQUEMA DE LA UNIDAD

Modelos de actividades resueltas para la aplicación de algún contenido de la Unidad, junto con preguntas para practicarlo.

SELECCIÓN TEMÁTICA Y COMENTARIO DE TEXTO

Propuestas de trabajo con textos que dan pie a la reflexión de los contenidos estudiados en la Unidad desde un punto de vista práctico y relacionado con temas de actualidad.

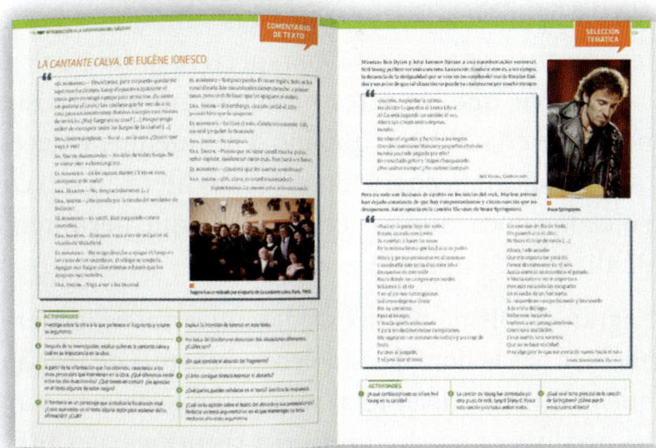

EVALUACIÓN FINAL

Batería de actividades propuestas para reflexionar sobre los contenidos tratados en la Unidad.

Diario de aprendizaje: pregunta para la reflexión del alumno sobre su proceso de aprendizaje.

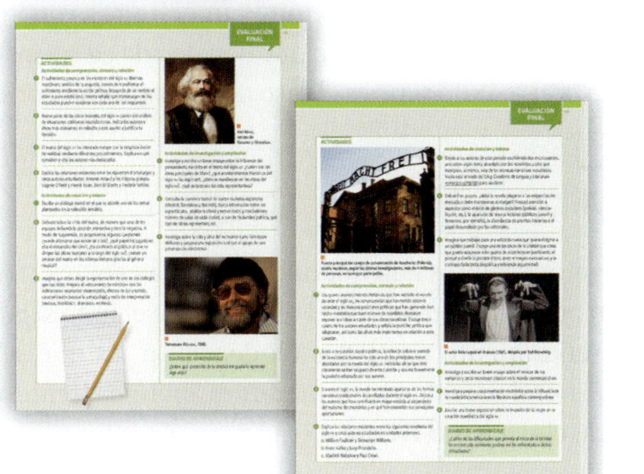

INTRODUCCIÓN

01 Enfoques en el estudio de la literatura universal

En 1827, Goethe propuso el estudio de la literatura universal frente a la limitación de las literaturas nacionales. Desde entonces, multitud de estudiosos han querido enfrentarse al **fenómeno de la creación literaria** desde una perspectiva amplia e integradora que ha chocado con la dificultad que presenta la enorme variedad de obras y propuestas.

Sin embargo, frente al caos que supone el estudio de casi cinco mil años de creación literaria, quienes se han dedicado a esta disciplina han aislado unos **hilos conductores** que permiten abordar la creación literaria de manera unitaria, poniendo en relación la producción de un autor o de un país con otras propuestas similares. El estudio de la literatura desde una perspectiva universal permite comprobar que los seres humanos no viven aislados en urnas de cristal, sino que los sentimientos y necesidades que justifican la aparición del texto literario son comunes en cada época, aunque con matices que permiten individualizar cada una de las soluciones.

El gran problema de un estudio universal de la literatura se encuentra a la hora de establecer el **corpus de trabajo**. Dado que la universalidad total se hace imposible, la mayoría de los análisis se ha circunscrito a las principales **literaturas occidentales y sus derivaciones americanas**, con incursiones en culturas limítrofes o que han dejado cierta influencia en la occidental, como es el caso de las islámicas y orientales.

01.1 Lo apolíneo y lo dionisíaco

Algunos eruditos han querido reducir la evolución literaria a un primer momento en el que domina el mito seguido del enfrentamiento entre dos tendencias a las que se les ha dado nombres diferentes: literatura apolínea frente a dionisíaca, **clasicismo frente a transgresión** o posturas apocalípticas en oposición a las integradas. Como sucede con todos los intentos de reducción, muchas obras, autores y movimientos quedan fuera. A pesar de ello, es posible establecer ciertas semejanzas entre textos de diferentes épocas:

Literaturas míticas

- Predomina:
  - Vinculación con la religión.
  - Intento de explicar el mundo y el hombre.
  - Establecimiento de pautas de comportamiento negativas o positivas.
- Primeras producciones literarias de Mesopotamia, Egipto, Israel, Persia y la India.

Literaturas dionisíacas

- Predomina:
  - La intuición sobre la norma.
  - La pasión sobre la razón.
  - La transgresión de lo establecido y el vitalismo.
- Movimientos literarios:
  - Literaturas medievales.
  - Barroco.
  - Romanticismo.

Literaturas apolíneas

- Predomina:
  - La fidelidad a unas normas de arte.
  - La razón sobre la pasión.
  - La imitación de la naturaleza o de modelos considerados clásicos.
- Movimientos literarios:
  - Literatura clásica de Grecia y Roma.
  - Renacimiento.
  - Neoclasicismo.
  - Realismo y Naturalismo.

Desde este enfoque, la literatura se presenta sometida a una especie de movimiento pendular mediante el que una determinada escuela o grupo es seguido por otro que se le opone. Pero esta tesis presenta tal número de excepciones que se hace muy problemática su utilización. Además, el planteamiento no consigue explicar la literatura del siglo XX en la que, por ejemplo, encontramos un renacimiento de la literatura mítica en Latinoamérica o la aparición de nuevos mitos contemporáneos en las páginas de muchas obras.

En definitiva, la tesis de una historia literaria que avanza por la alternancia de tesis y antítesis no sirve para explicar la realidad, aunque es un interesante mecanismo de aproximación a las distintas épocas.

01.2 Enfoque temático

El análisis de la evolución literaria a partir de temas recurrentes en distintos autores, naciones y épocas es un enfoque muy sugerente que lleva a entender la literatura como el **intento del hombre de dar respuesta a sus principales preocupaciones**. Reducida a su mínima expresión, la literatura no ha sido más que la preocupación del artista por la condición humana, o así al menos lo entendió Terencio al decir: «Hombre soy y nada de lo humano me es ajeno».

El interés por lo humano al que se refiere Terencio se concreta en una serie de motivos temáticos que la literatura universal ha abordado en numerosas ocasiones:

- Uno de ellos es el **tema épico-caballeresco**, que aparece cuando surgen los Estados y, con ellos, las literaturas nacionales. Estas obras relatan las **hazañas guerreras** de héroes que representan lo mejor de la nación, pero también **muestran cuál es el modelo social y político** que se desea instaurar.
- El **tema amoroso** ha llenado miles de páginas a lo largo de la historia, ya sea desde una perspectiva fraternal, filial o filantrópica, pasional o divina, real o idealizada. Si nos centramos en el amor entendido como relación sexual, más o menos explícita, podemos distinguir dos variantes predominantes: por un lado, el **amor idealizado**, en el que el objetivo de los amantes se acerca más al contacto espiritual que al carnal; y, por otro, el **amor** marcado por la **pasión**, cuyo objetivo manifiesto es la relación sexual.
- La discusión sobre lo que está bien y lo que está mal en cada situación es la esencia del **tema moral** desde el *Código de Hammurabi* a *La peste* de Albert Camus, ya sea fijando respuestas a problemas concretos, ya sea reflexionando sobre los propios **conceptos de bondad y maldad**.
- Vinculado con el anterior, el **problema religioso** y el intento de **dar respuesta al dolor y a la muerte** han constituido otro bloque temático prioritario en el discurrir literario. Así, Gilgamesh buscó la inmortalidad; Ulises navegó hasta el Hades por indicación de Circe; Dante circuló por Cielo, Purgatorio e Infierno; Manrique se consoló de la muerte de su padre al convencerse de que había ganado la vida eterna de la fama; Fausto y Dorian Gray pactan la eterna juventud; Heidegger afirma que nacemos para morir y Unamuno entiende, al igual que Calderón, que la vida es poco más que un sueño.
- El hombre vive en **sociedad**, y del análisis de las relaciones que establece con ella beben gran número de obras. La literatura se ha empeñado en **retratar sociedades y las peculiaridades que las caracterizan**. En muchos casos se trata de lugares reales que nos son propuestos como modelos positivos (como la Unión Soviética del realismo socialista) o negativos (la España que aparece en el *Quijote* o la Inglaterra de Dickens). Pero, a veces, los textos literarios nos ofrecen mundos imaginarios sobre los que se proyectan problemas concretos (así lo encontramos, por ejemplo, en la literatura de ciencia ficción) o proyectos ideales, como sucede en el caso de las utopías.
- La **creación literaria** y sus problemas también son temas presentes en numerosas obras, pues los escritores han sentido la necesidad de definir su arte o algún aspecto relacionado con él. Así el portugués Fernando Pessoa define la literatura por su esencia: arte de mentir.

> «El poeta es un fingidor,
> que finge tan completamente,
> que llega a fingir el dolor,
> dolor que de veras siente.»
>
> Fernando PESSOA,
> *Antología poética*.
> Espasa Calpe.

01.3 Enfoque cronológico

En torno al año **3000 a. C.** apareció en Mesopotamia la **escritura cuneiforme**, al parecer inventada por los sumerios y que pronto fue utilizada por otras civilizaciones. Es evidente que existió literatura con anterioridad a esa fecha, sin embargo no se ha conservado y solamente tenemos conocimiento de ella a través de las referencias incorporadas en textos posteriores.

Pero el problema del comienzo de la literatura no se resuelve estableciendo la fecha del comienzo de la escritura, ya que se escribe sobre muchos asuntos y no todos pueden definirse como literatura. De hecho, gran parte de los primeros textos conservados son himnos religiosos, documentos burocráticos o códigos jurídicos. Ese es el caso del *Código de Hammurabi*, el texto más antiguo conservado, que reúne las leyes que el dios Sol dictó a Hammurabi, rey de Babilonia.

El **primer texto auténticamente literario** es el *Poema de Gilgamesh*, escrito alrededor del año 2000 a. C. en caracteres cuneiformes. Se trata de un texto que, pese a tener mucho de leyenda y mitología, debe ya considerarse plenamente literario.

Tras el *Poema de Gilgamesh*, la creación literaria florecerá en otros lugares de Mesopotamia, Egipto, Asia Menor, la India, Palestina o China hasta extenderse por todo el mundo y convertirse en vehículo de expresión del sentimiento y las necesidades humanas.

FECHA APROXIMADA DE LOS PRIMEROS TEXTOS DOCUMENTADOS	LITERATURA
3000 a. C.	Mesopotámica
2700 a. C.	Egipcia
1500 a. C.	India en sánscrito
1200 a. C.	Hebreo-aramea
900 a. C.	Griega arcaica
700 a. C.	China
700 a. C.	Persa
300 a. C.	Romana

En el camino que la literatura ha recorrido desde sus orígenes hasta el día de hoy, pueden señalarse una serie de **etapas**, cada una de las cuales se asocia con un grupo de ideas que unifican, más o menos, la variedad de propuestas del momento.

Periodo histórico	Periodo literario	Ideas dominantes
Edad Antigua (hasta el s. V d. C.)	Literaturas antiguas (hasta el s. V)	El nacionalismo y la explicación del mundo y de los secretos humanos.
Edad Media (ss. V-XV)	Literatura medieval (hasta el s. XV)	
Edad Moderna (ss. XV-XVIII)	Literatura renacentista (s. XVI)	El amor, la moral y la utopía.
	Literatura barroca (s. XVII)	Moral, crisis de los ideales.
	Literatura ilustrada (s. XVIII)	La búsqueda de la felicidad y la razón.
Edad Contemporánea (ss. XIX-XX)	Literatura romántica (primera mitad del s. XIX)	La rebeldía y el individualismo.
	Literatura realista (segunda mitad del s. XIX)	La sociedad y sus problemas.
	Literatura contemporánea (s. XX)	La religión, la existencia, la sociedad y la literatura.

Esta periodización, evidentemente, solo es aplicable a las literaturas occidentales que, como ya ha quedado establecido, son el objeto principal de los estudios sobre literatura universal. Asimismo, este libro sigue dicho enfoque, aunque en el desarrollo de cada Unidad se incluyen otras posibilidades, como el estudio a través de temas y géneros.

Fragmento de tablilla con el *Poema de Gilgamesh*, considerado el primer texto literario de la Historia.

02 Literaturas antiguas

02.1 Literaturas mesopotámica y egipcia

La **literatura mesopotámica** de sumerios, acadios, babilonios y asirios fue la primera en aparecer con la invención de la escritura cuneiforme en torno al 3000 a. C. Los textos conservados de la época se clasifican en dos grupos:

- Obras de **contenido científico, administrativo y jurídico**, como el *Código de Hammurabi*.
- Obras de **contenido literario**, entre las que destacan el *Poema de la Creación*, relato del origen del mundo como batalla entre el caos y el orden, y, sobre todo, el *Poema de Gilgamesh*, organizado en torno a dos temas: la lucha entre el bien y el mal, y la búsqueda del sentido de la vida humana.

Tablilla decorativa del siglo IX a.C., procedente de Siria y en la que aparecen Gilgamesh y dos minotauros sujetando el disco solar.

La principal aportación del *Poema de Gilgamesh* es el conjunto de **motivos temáticos y estructurales** que serán utilizados con posterioridad:

- Introduce una primera versión de Noé, Utnapishtin, y la referencia a un diluvio que asola la Tierra.
- Gilgamesh, al igual que Hércules y muchos personajes posteriores, debe afrontar una serie de pruebas.
- El enfrentamiento entre dioses y hombres se encuentra también en diferentes mitologías, por ejemplo, en la grecorromana, en la Biblia o en la literatura fantástica medieval.
- El motivo del viaje que lleva a Gilgamesh a conocer y asumir su propia esencia lo veremos desde el Éxodo y la *Odisea* hasta la literatura *beatnik* norteamericana del siglo XX.
- El paso del estado animal hacia el civilizado, protagonizado por Enkidu, y la reflexión sobre lo animal y lo humano es asunto repetido hasta el mismo siglo XX.
- La idea de que somos «seres para la muerte» y de que en ello reside la esencia de lo humano la encontraremos en la Edad Media, en el Barroco y, por supuesto, en toda la literatura existencial del siglo XX.

La **literatura egipcia**, conservada en inscripciones funerarias y papiros, arranca en torno al año 2700 a. C., algo más tarde que en Mesopotamia. A lo largo de diferentes etapas, Egipto fue incorporando **nuevos géneros** literarios: la sátira social, los textos funerarios de contenido religioso y la narración de pura ficción. Los textos narrativos egipcios presentan **dos variedades**:

- Una de ellas ofrece una visión realista de la sociedad, tendencia de la que es ejemplo las *Aventuras de Sinuhé*, que relata la historia de un oficial del ejército huido a Siria tras la muerte del faraón; en estas tierras se convertirá en un hombre rico e importante.
- La otra tendencia se decanta por la inclusión de elementos fantásticos, como ocurre en Relato de un náufrago, que narra el encuentro de un hombre con una gigantesca serpiente.

Probablemente, la obra más conocida del Antiguo Egipto sea el *Libro de los muertos*. Se trata de una amplia colección de textos de distintas épocas que contienen fórmulas mágicas, himnos y oraciones utilizadas para guiar y proteger el alma durante el largo viaje que ha de emprender a la región de los muertos.

Fragmento del *Libro de los muertos* que representa el juicio de Osiris o pesaje del corazón, una de las pruebas que el difunto tenía que superar en su viaje de ultratumba.

02.2 La Biblia

La Biblia no es en absoluto un libro unificado; por el contrario, representa una especie de biblioteca en la que pueden encontrarse textos pertenecientes a distintos géneros, autores, fecha de composición o estilo. Tal y como la leemos hoy, la Biblia está dividida en dos bloques de documentos, Antiguo y Nuevo Testamento, separados por el tiempo y por su significación religiosa.

- **Antiguo Testamento**
  - Históricos y narrativos: Pentateuco o *Thorá*, formado por cinco libros: Génesis, Éxodo, Levítico, Números y Deuteronomio.
  - Filosóficos y morales: Proverbios, Libro de Job.
  - Poéticos: Cantar de los cantares, Salmos.
  - Proféticos: Isaías, Jeremías...
- **Nuevo Testamento**
  - Evangelios, la vida de Cristo: Marcos, Mateo, Lucas, Juan.
  - Después de la vida de Cristo, construcción de la Iglesia cristiana: Hechos de los apóstoles, Epístolas...
  - Alegóricos: Apocalipsis.

Antiguo Testamento

El Antiguo Testamento constituye una verdadera antología de literatura **hebreo-aramea**. La gran mayoría de sus libros son **narraciones** que recogen y refieren los acontecimientos del pasado.

Estos libros contienen una trama, o al menos el desarrollo de una tensión y su resolución, una caracterización de los personajes y una descripción del escenario en el que se producen los acontecimientos.

Muchos de sus textos narrativos pueden considerarse **historiografía**, aunque no se ajusten a la definición científica del término, ya que son obras más populares que críticas, en las que los autores recurrieron a menudo a tradiciones orales (algunas de ellas poco fiables) para escribir sus relatos. Además, todas las narraciones se compusieron con un **propósito religioso**. Este último hecho es el que lleva a considerarlas «historias de salvación», puesto que su propósito es demostrar cómo participó Dios en los acontecimientos humanos.

Junto a la narración, la Biblia ofrece un buen número de páginas de **poesía** caracterizadas por:

- Los **temas recurrentes**: la alabanza a Dios, la expresión de las relaciones entre el alma humana y la divina (tema del *Cantar de los cantares*), el lamento personal de individuos expuestos a una situación límite y el asunto didáctico de aquellos poemas que ofrecen consejos y pautas de comportamiento sobre cómo afrontar la vida.
- Desde el punto de vista técnico, el uso constante del **paralelismo** en la construcción de los versículos, como puede observarse en el Salmo 6,1, «Yahvé, no me corrijas en tu cólera, en tu furor no me castigues»; o en Proverbios 15,1, «Una respuesta suave calma el furor, una palabra hiriente aumenta la ira».

El género del sermón o **discurso** es el específico de los libros proféticos, ya que la actividad del profeta consistía en difundir la palabra de Dios relativa al futuro inmediato. Los asuntos más habituales giran en torno a la **profecía de castigo**, que explica las razones del mismo, y la de **salvación**, que anuncia la intervención de Dios para rescatar a Israel.

Junto a las modalidades literarias señaladas, en la Biblia es posible encontrar **textos de tipo legal** y otros de **carácter apocalíptico**. Estos últimos exponen una serie de acontecimientos futuros mediante la reseña de un sueño o visión, y en ellos destaca el empleo de imágenes de contenido simbólico que, a su vez, son explicadas e interpretadas.

EL PROCESO DE CREACIÓN DE LA BIBLIA	
Hasta el 950 a. C.	Se compone casi toda la parte poética del Antiguo Testamento.
Siglos X-VI a. C.	Se ponen por escrito los relatos históricos referentes a los reinos de Israel y Judá, así como la Thorá, libros que el pueblo hebreo entiende como auténtica palabra revelada por Dios.
Siglos VI-II a. C.	Se escriben los textos proféticos y de contenido filosófico y moral.
Siglos II a. C.-II d. C.	Se componen los libros apocalípticos del Antiguo Testamento y la totalidad del Nuevo Testamento.

Nuevo Testamento

Los libros que componen el Nuevo Testamento fueron escritos en su mayor parte en **griego** con posterioridad a la vida de Jesucristo. Al igual que sucede con el Antiguo Testamento, no se trata de un bloque unitario, sino de una acumulación de documentos pertenecientes a distintos géneros y que responden a intenciones diversas.

El evangelio es el género más destacado del Nuevo Testamento, pues mediante él se relata la vida y obra de Jesús, centro de la nueva religión. Los cuatro Evangelios del Nuevo Testamento no constituyen una biografía en sentido estricto, sino que son una **reseña de hechos y dichos** organizados con el objeto de crear un efecto acumulativo en torno a la figura de Cristo.

Pero los Evangelios no solo glosan la figura de Jesucristo, sino también su pensamiento. Este se presenta en ocasiones en forma de relato alegórico conocido como parábola:

PARÁBOLA DE LA SEMILLA DE MOSTAZA

También dijo Jesús: «¿A qué se parece el reino de Dios, o con qué podremos compararlo? Es como una semilla de mostaza que se siembra en la tierra. Es la más pequeña de todas las semillas del mundo; pero, una vez sembrada, crece y se hace mayor que cualquiera otra planta del huerto, y echa ramas tan grandes que hasta los pájaros pueden anidar a su sombra»

Mc 4,30-32, *La Biblia Ecuménica*. Edelvives.

Los autores de los Evangelios tuvieron cierto interés en resaltar el **orden cronológico**, aunque no fue una de sus prioridades, pues lo que influyó en mayor medida sobre la organización del material fueron los temas teológicos y las necesidades de los lectores. Esta intención explica que, a excepción del relato de la muerte y resurrección de Jesús, los Evangelios difieran en importantes detalles y puntos de vista. En este sentido, es el de San Juan el más diferente, pues en él Jesús se presenta con claridad como divinidad omnisapiente, omnipotente y superior. En los otros tres, pese a sus diferencias, las coincidencias son claras y evidentes. Esas similitudes han llevado a sostener que el de San Marcos fue el primer Evangelio y sirvió como inspiración para San Mateo y San Lucas. Lo más probable es que estos dos últimos recurriesen, además, a otros textos, como parecen demostrar las similitudes entre los de San Mateo y San Lucas que no se encuentran en el Evangelio de San Marcos.

La **narración histórica** del Nuevo Testamento se halla en Hechos de los Apóstoles. Este libro relata la **historia de Jesús y de la Iglesia** que surgió en su nombre como una narración continua, centrada en la historia de Israel y del Imperio romano. La historia se presenta desde el punto de vista teológico, es decir, interpretando el proceder de Dios en un acontecimiento concreto o con una determinada persona.

En el mundo grecorromano, la **epístola**, carta dirigida a una persona o comunidad, constituía una modalidad literaria bastante generalizada. San Pablo encontró en ese género la forma ideal para dirigirse a las comunidades que había fundado, pues resultaba cómodo y didáctico para un apóstol itinerante. El género adquirió gran popularidad en la comunidad cristiana y fue empleado por numerosos jerarcas y escritores de la Iglesia. Las epístolas son en realidad **sermones, exhortaciones** o **tratados**, apenas encubiertos por los rasgos del género epistolar.

Los **escritos apocalípticos** son la base del libro Apocalipsis, escrito posiblemente durante la persecución contra los cristianos ordenada por Domiciano (81-96 d. C.). Por lo general, estos textos se escribieron en época de grave crisis de una comunidad, tiempos en los que la gente mira más allá del presente y de lo humano en busca de ayuda y esperanza. Esta literatura es visionaria, simbólica y pesimista en cuanto a la situación global del mundo, y esperanzadora solo en términos de lo que está más allá de lo material y de la victoria que está más allá de la historia.

El fuego cae sobre la tierra al son de las trompetas de los siete ángeles. Ilustración del Apocalipsis según San Juan procedente de un manuscrito francés del siglo XIV.

02.3 Literaturas orientales

La literatura más antigua de **la India** fue la escrita en **lengua sánscrita**. Es evidente que existieron composiciones en otras lenguas en fechas similares, pero esas otras tradiciones no se pusieron por escrito hasta el periodo comprendido entre los siglos I y V d. C. En la literatura sánscrita antigua se identifican **dos períodos**:

- El primero se denomina **védico** (1500-200 a. C.). La literatura de esta época es de **contenido religioso** y a él pertenecen las obras que sientan las bases del hinduismo como religión. Destacan los *Vedas*, cuatro libros de sentencias e himnos religiosos compuestos a lo largo de varios siglos y atribuidos a Vasa, mítica reencarnación del dios Visnú.
- Más interés literario tiene el **período sánscrito clásico** (200 a. C. - 1100 d. C.). Las obras de esta época son ya de **contenido profano** y se adscriben principalmente a dos géneros: la epopeya y el cuento.

La primera **epopeya** escrita en sánscrito antiguo que resulta de interés es *Mahabharata* (300 a. C.), que relata la lucha de Arjuna por el control de un reino de la India. La segunda gran epopeya hindú es *Ramayana*, que probablemente comenzó a componerse en el siglo III a. C.

+ RAMAYANA

Narra el nacimiento, educación y peripecias de Rama, príncipe hindú y séptima encarnación del dios Visnú. Tras ser desplazado como legítimo heredero del trono, Rama parte al exilio con su mujer, Sita, y su hermano Kakshmana. Sita es raptada por el rey demonio Ravana. Con la ayuda del rey mono Hanuman y un ejército de animales, Rama derrota a Ravana y rescata a su esposa. Después recupera su trono y gobierna con sabiduría. En la parte final se relata que Sita es acusada de cometer adulterio durante su cautividad. Exiliada, a pesar de su inocencia, da a luz dos hijos gemelos de Rama, y recibe la protección del eremita Valmiki, supuesto autor del poema. Al cabo de muchos años, Rama y Sita se reúnen de nuevo.

Pero el género hindú que más ha influido sobre las literaturas occidentales ha sido, sin lugar a dudas, el **cuento**. En el periodo sánscrito clásico abundan las colecciones de relatos de temática y estructura variada. Algunos de ellos adoptan forma de fábula; otros, de cuentos de hadas; y otros tienen un tono más realista. Sin embargo, todas las colecciones presentan la característica común de introducir un hilo conductor que unifica las historias.

De estas colecciones ha de destacarse el *Panchatantra*, versionado en castellano en la Edad Media con el nombre de *Libro de Calila e Dimna*. El texto de la obra data del siglo IV a. C., pero los relatos incorporados fueron compuestos con anterioridad y transmitidos oralmente. Se trata de una colección de setenta relatos, principalmente fábulas, ordenados en torno a cinco temas: la separación de los amigos, la forma de entablar amistades, la batalla entre cuervos y búhos, la pérdida de lo que se ha ido adquiriendo y los actos realizados sin reflexionar. El hilo conductor de las historias es el propósito de educar a un joven príncipe sobre cómo obtener el éxito en la tierra.

> «Érase una vez un pequeño y astuto chacal que muy hambriento rondaba por la orilla del gran río en busca de algún pececillo o cangrejito con que alimentarse. Pero en el fondo del río vivía un enorme cocodrilo, que también estaba hambriento y que, escondido entre el barro y las cañas, espiaba al chacal en espera de que [...] diese un paso en falso y cayera al agua para comérselo.
>
> En varias ocasiones a punto estuvo el chacal de meterse en la boca del cocodrilo, pero valiéndose de su astucia logró salvarse del mortal peligro.
>
> Entonces, temeroso de ser engullido por el feroz cocodrilo, el chacal decidió irse a pescar a otro lugar del río, donde no estuviera bajo la amenaza constante del saurio. Pero este, muerto de hambre y loco de rabia al ver que se le escapaba tan rico bocado, determinó salir del río e ir en busca de la guarida del chacal para vengarse de él. Y esa fue su perdición, porque enterado el astuto chacal de que el cocodrilo aguardaba en el interior de su madriguera para comérselo, encendió una enorme hoguera a la entrada hasta que el enemigo, impotente para franquear la barrera de llamas, quedó reducido a un montón de cenizas.
>
> *El elemento propio da fuerza y confianza; salirse de él es un riesgo imprudente.*»
>
> VISHNU SARMA,
> *Panchatantra*.
> Biblioteca Digital Ciudad de Seva.

La **literatura china** nace con posterioridad a la hindú. En ella se advierten dos **tendencias**:

- Literatura **popular**, de estilo sencillo y esencialmente anónima que llega hasta nuestros días. Esta tendencia no nos es conocida hasta que en el siglo XX se pone por escrito.
- Literatura de **carácter culto** y difusión escrita. En esta tendencia se identifican diferentes etapas, aunque por el momento solo nos detendremos en el denominado **periodo clásico** (s. VI a. C. - II d. C.), en el cual se configura la creación literaria china.

La **obra poética** más importante del periodo clásico fue el *Shijhing* o *Libro de las odas*. Se trata de una antología de 305 poemas antiguos, escritos en versos de cuatro palabras, compuestos en su mayoría entre los siglos X y VII a. C. El *Shijhing* fue escrito, según la leyenda, por el mismo Confucio, que seleccionó y editó los 305 poemas que forman la obra.

El filósofo chino Confucio, acuarela c. 1770.

El libro se organiza en torno a **dos núcleos temáticos**:

- En el primero se recogen poemas sobre la **vida diaria de los campesinos**, sus tristezas y alegrías, sus ocupaciones y fiestas, en lugar de glorificar a dioses y héroes, como era costumbre en otras culturas.
- El segundo bloque contiene canciones elegíacas y poemas cortesanos que muestran un relato colorista de la vida y costumbres de la **nobleza feudal china**, de la misma manera que los poemas populares describen la vida sencilla y agradable de los campesinos.

Los primeros trabajos en prosa forman, junto con el *Shijhing*, los Cinco Clásicos, núcleo central de la literatura china de periodo clásico: el *Libro de las mutaciones*, el *Libro de los documentos*, la *Memoria sobre los ritos* (colección de códigos gubernamentales y rituales) y los *Anales de la primavera*, que relata la historia del Estado chino desde el año 722 hasta el 481 a. C.

Junto con los Cinco Clásicos, en el periodo que nos ocupa se escribieron también las primeras obras que recogen las enseñanzas de las filosofías y religiones chinas: el confucionismo y el taoísmo. En filosofía política y moral, los confucianos sentaron las bases de la tradición literaria de la prosa china, adoptando un lenguaje literario propio, diferente del hablado.

La **literatura persa** es la última de las tradiciones orientales en hacer acto de presencia. Las obras que conservamos fueron escritas entre el año 650 a. C. y el 650 d. C. Los textos de este periodo se adscriben a **dos tipologías** diferentes:

- **Epopeyas** sobre hazañas guerreras de determinados héroes compuestas con el objetivo de la recitación en las cortes.
- **Textos sagrados y mitológicos** reunidos en el libro *Avesta*, que suponen los documentos más antiguos conservados en persa y son atribuidos a Zaratustra, fundador del zoroastrismo, la primera religión monoteísta, que se extendió por buena parte de Asia occidental y central e influyó en el judaísmo, cristianismo e islamismo.

Zaratustra (628-551 a. C.). Fundador del zoroastrismo o mazdeísmo, religión que aún practican ciertas minorías en Irán y la India.

Bloque I

DE LA ANTIGÜEDAD CLÁSICA AL SIGLO XVII

La literatura occidental sienta sus bases sobre Grecia y Roma. Las sucesivas generaciones artísticas utilizarán el material clásico para imitarlo o como punto de partida en su búsqueda de nuevas soluciones. Desde los orígenes de las literaturas europeas comprobamos cómo los temas, formas y personajes creados por griegos y romanos son imitados y reelaborados, adaptándose a las nuevas formas de vida y conviviendo con las ideas que surgen en cada período. El problema amoroso, la creación de obras con las que las naciones incipientes puedan identificarse y la función didáctica de la literatura son asuntos recurrentes que dan continuidad a las tres Unidades que componen este primer Bloque: 1. Literatura clásica, 2. Literatura medieval y 3. Literatura del Renacimiento al Barroco.

Es cierto que la pervivencia clásica no se detiene en el siglo XVII, pero a partir de entonces se iniciará un paulatino cambio en Europa que llevará a un Nuevo Régimen a partir de los procesos revolucionarios de finales del siglo XVIII. Nuevas preocupaciones sociales se añadirán a partir de entonces a la tradición clásica. El mundo cambiará, y con él, la literatura.

3000 a.C · 2500 a.C · 2000 a.C · 1500 a.C · 1000 a.C · 500 a.C

- **3000 a.C**
- **2700 a.C.** Se construyen las primeras pirámides (escalonadas) en Egipto
- **2100 a.C.** Comienzo de las invasiones de los pueblos semitas, que acabarán conquistando las ciudades sumerias
- **2000 a.C.** Finaliza la construcción del monumento megalítico de Stonehenge
- **1692 a.C.** Se redacta el primer código de leyes, el Código de Hammurabi
- **1200 a.C.** Inicio de las invasiones de los "pueblos del mar", posiblemente procedentes del Egeo
- **750 a.C.** Fecha aproximada en que se escribió la *Ilíada*
- **559 a.C.** Comienza el reinado de Ciro II el Grande

3000 a.C

Los sumerios: el comienzo de la vida urbana y la escritura

La región de Mesopotamia vio nacer a las primeras grandes civilizaciones. Entre ellas destaca la de los sumerios, a los que debemos la invención de la escritura, entre otras cosas. Esta escritura, llamada cuneiforme por la forma de cuña de sus caracteres, no sería descifrada hasta la primera mitad del siglo XIX.

1455

Gutemberg imprime el primer libro: la Biblia de las 42 líneas

Hasta la llegada de la imprenta solo se difundían unas pocas copias manuscritas de las obras, realizadas por monjes en su mayor parte. Gutemberg, considerado su inventor, murió arruinado, pero comenzó una revolución cultural (aumento del número de copias y reducción de su precio: la cultura llegaba a mucha más gente) solo comparable a la actual era de Internet y las nuevas tecnologías.

1605

Publicación de la primera parte de *El Quijote*

Esta es la fecha en que Cervantes vería publicado su genial libro, *Las aventuras del ingenioso hidalgo Don Quijote de la Mancha*, una de las primeras novelas al uso y, sin duda, una de las cumbres de la Literatura universal, que va mucho más allá de la mera parodia de los libros de caballerías. La segunda parte (*El ingenioso caballero don Quijote de la Mancha*) se publicaría diez años después, en 1615.

500 a.C — 0 — 500 — 1000 — 1500 — 2000

- **445 a.C.** Comienza el gobierno de Pericles en Atenas
- **334 a.C.** Alejandro Magno invade Asia
- **332 a.C.** Alejandro Magno conquista Egipto y funda Alejandría
- **27 a.C.**
- **95** División del Imperio romano en Occidente latino y Oriente bizantino
- **476** Caída del Imperio romano de Occidente
- **622** Hégira de Mahoma; se inicia el calendario islámico
- **962** Constitución del Sacro Imperio Romano Germánico
- **1088**
- **1300** Dante escribe la *Divina Comedia*
- **1337-1453** Guerra de los Cien Años
- **1453** Caída de Constantinopla y fin del Imperio bizantino
- **1455**
- **1492** Colón descubre América
- **509** Erasmo escribe el *Elogio de la locura*
- **1517** 95 tesis de Lutero; comienzo de la Reforma
- **1545** Inicio de la Contrarreforma
- **1605**
- **1618-1682** Guerra de los Treinta Años

27 a.C

Octavio Augusto, primer emperador de Roma

Un año antes de su asesinato, Julio César lo nombró su heredero. Así, desde el 43 a. C. comenzó a luchar contra sus detractores y a acumular poderes y cargos sobre su persona. Tras vencer a Marco Antonio en la batalla naval de Actium (31 a.C.), transformó el régimen republicano en una especie de monarquía, comenzando la andadura imperial de Roma.

1088

Fundación de la primera universidad en Bolonia

Las escuelas catedralicias y monacales, así como el resurgimiento de la vida urbana a partir de finales del siglo x, suelen señalarse como el germen de las universidades. Estas escuelas pronto se quedaron pequeñas y comenzaron a secularizarse. Así, se fundan desde el siglo xi las primeras universidades (Bolonia, París, Salamanca, Oxford, etc.), instituciones que se consolidarían planamente durante los siguientes siglos.

01 La Edad Antigua

La Edad Antigua transcurre entre el nacimiento de las primeras civilizaciones, alrededor del año 3500 a. C. y la caída del Imperio romano de Occidente en el 476 d. C.

01.1 Las primeras civilizaciones

En torno al 3500 a. C., nacen las primeras civilizaciones conocidas, que se asentaron en la orilla de grandes ríos debido a la fertilidad de sus tierras: Mesopotamia (Tigris y Éufrates), Egipto (Nilo), India (Indo) y China (río Amarillo). Esta circunstancia propició un desarrollo económico que se materializó en el surgimiento de las **primeras urbes** con unas sociedades muy jerarquizadas, a las que se atribuyen los **primeros documentos escritos** de la historia, realizados sobre tablillas de arcilla (escritura cuneiforme mesopotámica) o papiros (escritura jeroglífica egipcia).

En el Mediterráneo oriental, surge la civilización monoteísta más antigua, el **pueblo de Israel**, cuya religión, el judaísmo, resulta clave para entender el cristianismo y el islam. Si bien encontramos referencias anteriores en los textos bíblicos, las pruebas seguras de su existencia datan del reinado de David (año 1000 a. C.).

01.2 Grecia

Grecia es la primera civilización europea volcada al Mediterráneo y en su historia distinguimos varias etapas:

- **Orígenes**. Se hallan en la **cultura cretense** o **minoica**, que se desarrolló en la isla de Creta entre el III y el II milenio a. C. Su grandeza y esplendor se nos muestran todavía en el espectacular palacio de la ciudad de Cnosos.
- **Civilización micénica**. Proveniente de la Grecia continental, el pueblo de los aqueos invadió el mundo cretense en el año 1400 a. C. y levantó grandes ciudades amuralladas, como Micenas. En este momento podría situarse la **Guerra de Troya**, cantada por Homero.
- **Época oscura.** Comienza en el año 1200 a. C. y se prolonga hasta el siglo VIII a. C. En ella apareció la **polis** (ciudad) como el principal espacio sociopolítico del mundo griego. Las polis, que compartían lengua y panteón de dioses, se sentían pertenecientes a una misma cultura.
- **Época arcaica.** Se desarrolló entre los siglos VIII y VI a. C. y en ella se produjeron grandes cambios que dieron como resultado dos modelos políticos de ciudad: **Atenas** (regida por una democracia) y **Esparta** (dominada por la aristocracia).
- **Época clásica.** Transcurre entre el siglo V y la primera mitad del IV a. C. Durante el periodo sucedieron dos conflictos decisivos para el mundo mediterráneo: las **Guerras Médicas** (495-445 a. C.)y la **Guerra del Peloponeso** (431-404 a. C.). La vida política, económica y cultural de la ciudad de Atenas alcanzó cotas inigualables en este periodo.
- **Helenismo**. Es la última etapa de la Grecia Antigua, desarrollada entre los años 323 y 30 a. C. y protagonizada por **Alejandro Magno**, quien acabó sometiendo a las polis griegas para después iniciar la invasión de Asia y llegar hasta la India. Durante este periodo se fundaron ciudades (Alejandría), se levantaron grandes bibliotecas (Alejandría, Pérgamo) y destacaron brillantes científicos (Arquímedes, Euclides, Eratóstenes...).

Interior de la biblioteca de Alejandría. Grabado del siglo XIX.

El mundo griego terminaría con el ascenso de una nueva potencia, Roma, pero se convertiría en uno de los pilares de la cultura occidental.

01.3 Roma

La civilización romana se desarrolló en torno al mar Mediterráneo, al que llamaron *Mare Nostrum*. Su nacimiento se sitúa en el 753 a. C., año en que se produce la legendaria fundación de Roma, y perduró durante más de 1000 años, hasta la caída del Imperio de Occidente en manos de los pueblos germánicos en el año 476 d. C. Durante este tiempo, Roma tuvo tres sistemas de gobierno:

- **Monarquía** (753 a. C.-509 a. C.). Gobernaba un rey elegido por los miembros más importantes de la ciudad: los patricios. El rey ejercía su cargo de por vida y era la máxima autoridad. Estaba auxiliado por el Senado, una asamblea formada por los representantes de las principales familias romanas.
- **República** (509 a. C.-27 a. C.). En esta etapa el poder recaía en tres instituciones: **comicios**, **magistrados** y **Senado**. Roma conquistó la Península itálica y dominó el Mediterráneo occidental (tras las Guerras Púnicas, en los siglos III-II a. C.). Las legiones romanas se hicieron con amplios territorios y millones de esclavos que constituyeron la base económica de su civilización. No obstante, el descontento ante las desigualdades entre los más ricos (patricios) y los más pobres (plebeyos), desembocó en un periodo de guerras civiles, protagonizadas por importantes militares (Julio César, Pompeyo, etc.), que acabaron con la República.

Estatua de Julio César, Roma.

- **Imperio** (27 a. C.-476 d. C.). Comienza cuando Octavio se hace coronar emperador y acaba con el fin del mundo romano occidental. Octavio Augusto se hizo con todo el poder y dejó al Senado en un segundo plano, iniciándose la época de los grandes emperadores de diferentes dinastías familiares que se irán sucediendo en el poder.

Estatua ecuestre de Marco Aurelio.

A partir del siglo III d. C. comenzó una **crisis** ocasionada por el fin de las conquistas y sus beneficios (tierras, esclavos, materias primas) y por el caos político (levantamientos militares). En el siglo IV, el emperador Teodosio dividió el Imperio romano entre sus dos hijos para su mejor administración: el Imperio romano de Occidente (con capital en Roma) y el Imperio romano de Oriente (con capital en Constantinopla), que más tarde se llamaría Imperio bizantino. Tras sucesivas oleadas de pueblos del norte de Europa (germánicos), el Imperio occidental acabó sucumbiendo con la muerte de su último emperador, Rómulo Augústulo, en el año 476 d. C.

Roma continuó la tradición cultural de Grecia y contribuyó añadiendo una lengua (el latín), el Derecho, grandiosos monumentos y una forma de entender la vida. Por ello, conocer el legado de Grecia y de Roma es fundamental para comprender la realidad actual de Europa y del mundo occidental.

02 La Edad Media

Abarca desde el fin del Imperio romano (476) hasta el descubrimiento de América (1492). Destacan tres civilizaciones: Imperio bizantino, el Islam y Europa Occidental.

02.1 El Imperio bizantino

Se asentaba en el Mediterráneo oriental y tenía su capital en **Constantinopla**, la antigua Bizancio. Su civilización fue una síntesis de la cultura romana, el helenismo y el cristianismo y centró todo el poder en la figura del emperador. Este Imperio alcanzó su máximo esplendor con Justiniano (siglo VI), emperador que amplió las fronteras hacia Occidente. No obstante, con el paso de los siglos, otros pueblos, como el islámico, acabaron reduciendo sus dominios hasta que en el año 1453 se produjo la **caída definitiva de Constantinopla.**

02.2 Islam

Además de una civilización, el islam es una religión nacida en la península Arábiga y difundida por el profeta Mahoma en el año 622 (*Hégira* o huida de La Meca). Desde allí, y en poco tiempo, se extendió por Asia, África y Europa. En el proceso de expansión del Islam pueden distinguirse tres etapas: el Califato ortodoxo (632-661), el Califato omeya (661-750) y el Califato abasida (750-1258). A partir de entonces, la crisis política interna y la invasión de los pueblos mongoles del interior de Asia provocaron la desintegración de un Imperio que acabaría bajo el control de los turcos en el siglo XIII.

02.3 Europa occidental

Alta Edad Media (siglos V-X)

Los pueblos germánicos se consolidaron en Occidente formando reinos muy diversos; fue el reino franco el único que sobrevivió y alcanzó su máximo apogeo con el emperador Carlomagno (800-814).

En los siglos IX y X, nuevas invasiones (vikingos, eslavos) provocaron la fragmentación de Europa en pequeños reinos fortificados. Nacía así el **feudalismo**.

Plena Edad Media (siglos XI-XIII)

La sociedad, de economía totalmente rural, estaba dividida en tres grupos o **estamentos** muy cerrados: nobleza y clero (privilegiados), y campesinos y artesanos (no privilegiados).

La inseguridad que imperaba en los siglos XI y XII obligó a los reyes a pedir ayuda a la Iglesia y a los caballeros, quienes a cambio recibieron tierras (feudos o señoríos). Esta vinculación, denominada **vasallaje**, obligaba al noble (siervo) a jurar fidelidad al rey (señor) a cambio de protección. A su vez, los nobles también tenían sus propios siervos.

La Iglesia tuvo un papel crucial: su influencia abarcaba desde el control de la vida cotidiana hasta la organización de las rutas de peregrinación y la promoción de las campañas militares (cruzadas) que debían reconquistar Tierra Santa.

La prosperidad económica del siglo XIII facilitó el **renacer de la vida urbana** y la aparición de la burguesía, dedicada a la artesanía y al comercio. Al mismo tiempo, las universidades, como París, Oxford o Bolonia (fundadas en los siglos XI y XII), alcanzaron su esplendor y se redescubrió a los filósofos antiguos (como, por ejemplo, Aristóteles).

En el terreno del arte, en Europa se desarrollaron dos estilos artísticos: el robusto románico y el elevado y luminoso gótico.

Baja Edad Media (siglos XIV y XV)

En el siglo XIV y a comienzos del XV, las malas cosechas, el largo enfrentamiento entre Francia e Inglaterra (Guerra de los Cien Años, 1337-1453) y la terrible epidemia de peste negra de 1348 devastaron la población. Sin embargo, a pesar de la crisis de estos siglos, el poder de las grandes monarquías de Europa (Francia, Inglaterra, Portugal, Castilla, Aragón) se fortaleció en detrimento de los señores feudales, del emperador y del papa, creando así el nuevo modelo de **Estado moderno**.

03 El siglo XVI

A finales del siglo XV comienza la Edad Moderna con el descubrimiento de América, en el año 1492, y llega a su fin con el estallido de la Revolución Francesa, en 1789.

En el siglo XVI los reyes consiguieron aumentar y concentrar su poder apoyándose en instituciones que formaran el aparato de un Estado moderno (funcionarios, ejército, diplomáticos...).

Esta forma de gobierno se conoce como **monarquía autoritaria** y tuvo sus mejores ejemplos en España (Carlos I y Felipe II), Francia (Francisco I) e Inglaterra (Enrique VIII e Isabel I).

La Edad Moderna fue la **era de los descubrimientos**. Había que encontrar nuevas rutas para comerciar con Asia después de que los turcos cerraran el Mediterráneo oriental con la caída del Imperio bizantino. Portugal lanzó expediciones bordeando el continente africano para llegar a la India (Vasco de Gama, 1498), mientras que Castilla apostó por el proyecto de llegar a Asia por Occidente, con la sorpresa del descubrimiento de un nuevo continente: América (Colón, 1492).

En el ámbito religioso, en el siglo XVI se produce la **Reforma protestante**. Como respuesta al lujo en que vivía el alto clero y los abusos de la jerarquía de la Iglesia de Roma, el monje alemán Martín Lutero hizo pública su protesta en 1517 a través de 95 tesis que dieron comienzo al movimiento religioso reformista, que rechazaba la autoridad del papa y de Roma.

Esto supuso una división dentro del catolicismo que dio lugar a las religiones cristianas llamadas protestantes.

Debido a la falta de entendimiento con los protestantes, la Iglesia de Roma respondió con el movimiento de la **Contrarreforma**, que fortificó la doctrina eclesiástica frente al protestantismo en el Concilio de Trento (1545-1563), para frenar su expansión.

El siglo XVI supuso la culminación del **Humanismo** y del **Renacimiento**. Este último es un movimiento artístico que se originó en Italia y que se extendió por toda Europa; buscaba la armonía y el equilibrio del arte de la Antigüedad. Sus más destacadas figuras fueron Miguel Ángel, Leonardo da Vinci y Rafael.

04 El siglo XVII

Este siglo trajo consigo importantes cambios. El más significativo fue el paso de la monarquía autoritaria a la **monarquía absoluta**, un modelo de gobierno según el cual el poder del rey provenía de Dios y estaba por encima de cualquier institución. De esta forma, el rey poseía el poder absoluto y solo rendía cuentas de sus actos ante Dios. El mejor ejemplo de absolutismo se dio en Francia con la figura de Luis XIV (el rey Sol).

El siglo XVII fue también un siglo de **crisis y largas guerras**. Entre 1618 y 1648 Europa sufrió la Guerra de los Treinta Años, que empezó enfrentando a las naciones por motivos religiosos y acabó en una lucha por la hegemonía del continente, que pasaría de España a Francia.

En el ámbito de la cultura, el siglo XVII fue el siglo del **Barroco**, un estilo artístico que, frente a la mesura, la racionalidad y el equilibrio del Renacimiento, proponía la exaltación de los sentidos y buscaba el asombro del espectador a través del movimiento, el contraste de luces y sombras, y el exceso decorativo. Fue un estilo al servicio del poder, tanto político (monarquías) como religioso (la Iglesia). Bernini, Caravaggio, Velázquez, Rubens y Rembrandt son algunos de los artistas más destacados del Barroco.

En el terreno de la ciencia, el siglo XVII supuso una revolución gracias a científicos como Galileo, Kepler y Newton.

01 LITERATURA CLÁSICA

01 Grecia

Grecia es el origen de la literatura occidental y donde se inician algunos de los géneros y temas que serán continuados posteriormente.

01.1 Etapas en la literatura griega

Época arcaica

Abarca desde sus orígenes hasta, aproximadamente, el siglo V a. C. Los textos conservados son los aparecidos en Jonia y Eolia de donde proceden algunos de los primeros autores —Homero, Safo o Anacreonte— y las principales modalidades, la **epopeya** y la **lírica**. Debe también destacarse al poeta Hesíodo.

Época clásica

Discurre entre el fin de las Guerras Médicas en el 449 a. C. y la entrada en la historia de Alejandro Magno en el 356 a. C. La literatura de este periodo está centrada, geográficamente hablando, en Atenas. Los textos conservados son muy variados (oratoria, historia, filosofía), pero lo más destacado es el **teatro**.

Época helenística

Alejandro Magno expandió la cultura griega. Este periodo, el helenístico, discurre entre el siglo IV y el II a. C., cuando Grecia es conquistada por Roma. El foco cultural se desplaza de Atenas hacia otras ciudades, entre las que destaca Alejandría. Desde el punto de vista literario hay pocas novedades, aunque se gana en difusión. Destacan autores como Apolonio de Rodas (poeta épico) y Teócrito (poeta lírico).

Época romana

Con la constitución del Imperio Romano y la imposición paulatina del latín como lengua de intercambio y cultura, comienza el declive de la literatura griega. Ello no significa su desaparición, pues en el siglo II d. C. renace. Lo más característico del periodo es la aparición de la **novela** de manos de Aquiles Tacio y Heliodoro, entendida como un género en prosa que relata una sucesión de aventuras fantásticas sobre un argumento casi siempre amoroso. Esta forma de entender la novela se convertirá en modelo de la novela bizantina del siglo XVI, uno de los pilares del nacimiento de la narración moderna.

+ LA BIBLIOTECA DE ALEJANDRÍA

La biblioteca de Alejandría fue fundada en el siglo III a. C. por Ttolomeo I y llegó a tener 900 000 obras en la época de César. Fue un centro de cultura y sabiduría en el que investigaron, entre otros, los matemáticos Euclides, Arquímedes e Hipatia. En el año 48 a. C., durante la guerra entre Roma y Egipto, la biblioteca quedó destruida por un incendio intencionado.

Recreación del interior de la biblioteca de Alejandría (1880).

01.2 La poesía

El nacimiento de la literatura griega está vinculado a la poesía, hecho habitual en todas las tradiciones literarias. La sociedad griega arcaica, mayoritariamente iletrada, necesitaba conocer aquellos valores que la identificasen como comunidad. La creación literaria asumirá esa responsabilidad, ofreciendo historias de hombres y dioses que se dejan arrastrar por sus pasiones.

Los griegos cultivaron principalmente **dos géneros** versificados: la **epopeya**, de carácter narrativo, y la **lírica**, en la que los poetas volcaron sus propios sentimientos de amor, rabia, dolor, placer, o bien los de la colectividad.

La epopeya

El **origen** de las epopeyas griegas conservadas es incierto, si se tiene en cuenta la **difusión oral** de las obras hasta la escritura, mucho después de su composición. Un autor o **aedo*** refundía el material existente que los **rapsodas*** del mundo helénico recitaban en las cortes y en los lugares de reunión social, adaptando a su tiempo el material literario recibido. En este largo proceso de transmisión y adecuación, la **verdad histórica se desvanece**, convirtiéndose en leyenda y, al fin, en literatura.

La epopeya se **caracteriza** por los siguientes rasgos:

El **asunto** o argumento de las obras gira en torno a una cuestión bélica. No es extraño que el tema guerrero se entremezcle con cuestiones relacionadas con los comportamientos humanos, hasta convertirse a veces en el verdadero núcleo temático de la epopeya.

Las **intenciones** de la epopeya son, por un lado, manifestar el orgullo de la **pertenencia a una nación** y, por otro, **aleccionar políticamente** a un pueblo que debe aprender a admirar y respetar a la clase dirigente.

Los **personajes** que protagonizan la epopeya pertenecen a la **aristocracia**, cuestión lógica si se tiene en cuenta la materia bélica ya señalada. Pero no se trata de simples personajes aristocráticos, sino que son héroes; es decir, hombres convertidos en modelos sociales dignos de imitación, situados muy por encima del receptor de las obras épicas. Los **rasgos** que definen al héroe son:

- La **fortaleza** y destreza en el uso de las armas.
- La **sabiduría** del que sabe elegir la situación en que ejercer sus habilidades.
- Junto a las dos virtudes anteriores, la épica griega nos ofrece un tercer carácter que adorna la figura de algunos héroes: la **pasión**, que puede perderlos o salvarlos.

Desde el **punto de vista técnico**, cabe destacar:

- El uso de un **lenguaje sublime** y grandioso que marca el respeto hacia personajes superiores y los diferencia de la masa.
- El **epíteto épico**, fórmula lingüística mediante la que se adjetiva e identifica a los personajes de mayor relieve en la narración y que sirve de apoyo mnemotécnico para el recitador.
- La **concentración argumental** de la historia, puesto que los poetas griegos componían sus textos para ser recitados ante un pueblo que ya conocía la leyenda.

GLOSARIO

Aedo: artista que recitaba los poemas que él mismo componía con acompañamiento de música.

Rapsoda: artista dedicado a la recitación en público de obras compuestas por otros.

EJEMPLOS DE EPÍTETOS ÉPICOS

Extraídos de la ***Ilíada***:

- Aquiles «el de los pies ligeros»
- Héctor «el de tremolante casco»
- Andrómaca «la de níveos brazos»

Extraídos de la ***Odisea***:

- Atenea «la de los ojos brillantes/glaucos»
- Eos «la de rosados dedos»
- Néstor «domador de caballos»

LA PASIÓN DEL GUERRERO

En el inicio de la *Ilíada* podrás advertir que Homero destaca la ira de Aquiles, que será determinante en el discurrir del texto.

«Canta, Oh, Diosa, la cólera
[obstinada
del hijo de Peleo, el noble Aquiles,
esta cólera infausta, que causando
innumerables males a los griegos,
precipitó las almas generosas
de tantos fuertes héroes al oscuro
imperio de Plutón[1], dejando en
[presa
sus cuerpos a los buitres y los
[perros.»

HOMERO, *Ilíada*. Biblioteca Virtual Miguel de Cervantes.

[1] Plutón: nombre romano del dios de los muertos. La cita pertenece a una traducción del siglo XVIII en la que todos los nombres mitológicos griegos son sustituidos por sus correspondientes romanos.

La *Ilíada* y la *Odisea*

Las **primeras epopeyas griegas** son la *Ilíada* y la *Odisea*, compuestas por **Homero** en el siglo VIII a. C. En ellas asistimos a la interacción constante entre **lo divino** y **lo humano**. Los dioses intervienen en los asuntos de los hombres, toman partido por unos o por otros, se dejan llevar por sus propias pasiones y son causantes del sufrimiento y el gozo de los mortales. La actitud humana está supeditada en todo momento a los designios divinos. Entre los personajes humanos de sus epopeyas merecen especial atención los héroes, de los que Homero nos ha dejado dos **modelos** diferentes:

- **Aquiles**, protagonista de la *Ilíada*, es el héroe absoluto, modelo de noble guerrero que encarna no solo la **fuerza** y la capacidad en la batalla, sino también el **orgullo** y la **dignidad** del luchador. Aquiles, invulnerable, está a medio camino entre lo humano y lo divino, lo que no implica que sea inmune a las pasiones que acabarán destruyéndolo.
- **Odiseo**, protagonista de la *Odisea*, encarna un modelo de héroe diferente, más **humano**, inteligente y **astuto**, perfectamente habilitado para la batalla de la vida, más que para la guerra. Odiseo representa como ninguno la **sabiduría**.

Aunque las epopeyas de Homero son obras eminentemente masculinas, no debe ignorarse el papel que en ellas desempeñan las **mujeres** como desencadenantes de la acción. En la *Ilíada*, el rapto de Helena, la bella esposa del griego Menelao, por parte del príncipe troyano Paris, lleva a la alianza griega a los pies de las murallas de Troya y a la muerte de héroes de uno y otro bando; en la *Odisea*, el amor por Penélope y el deseo de volver a su lado alimentan el espíritu de Odiseo y le ayudan a perseverar en sus intentos de regreso al hogar.

La ***Ilíada*** fue el primer poema compuesto por Homero. La obra se divide en veinticuatro cantos que relatan diferentes acontecimientos en torno a la figura de Aquiles y la legendaria guerra de Troya.

La **primera parte** del poema narra **la cólera de Aquiles**.

Agamenón le arrebata a Aquiles su esclava Briseida. Como consecuencia, Aquiles decide no combatir más y se retira con su tropa. Tras esta decisión se suceden los intentos de Agamenón por reconciliarse con Aquiles, los duelos singulares y la lucha entre aqueos y troyanos. Ante el avance del héroe troyano Héctor, Aquiles da permiso a su amigo Patroclo para entrar en combate vestido con su armadura. Patroclo engaña a los troyanos inicialmente, pero luego es muerto por Héctor con la ayuda del dios Apolo, protector de Troya.

La **segunda parte** está dominada por **el deseo de venganza**.

Se inicia cuando Aquiles conoce la muerte de Patroclo. El héroe se reconcilia con Agamenón, vuelve al combate y mata a Héctor, vengando a Patroclo. Decide también afrentar el cadáver de Héctor arrastrándolo alrededor de la ciudad y dejándolo insepulto. Tras estos acontecimientos, Príamo, rey de Troya y padre de Héctor, se presenta en el campamento griego para rogar a Aquiles que le devuelva el cadáver de su hijo, a lo que el héroe griego, conmovido, accede.

+ LEE MÁS

La epopeya griega en Internet

Puedes leer en Internet la *Ilíada* (www.iliada.com.mx) y la *Odisea* (www.bibliotecasvirtuales.com) escribiendo el título de la obra en la barra de búsqueda. Si prefieres una traducción literaria, entra en la Biblioteca Virtual Miguel de Cervantes (www.cervantesvirtual.com), donde encontrarás una versión en verso endecasílabo que en 1788 realizó Ignacio García Malo.

También te recomendamos la lectura de la obra de Alessandro Baricco, *Homero, Ilíada*, que es una magnífica versión del texto homérico actualizado a los gustos del lector contemporáneo.

Penélope tejiendo, panel bordado del siglo XIX. La esposa de Ulises se dedicó a tejer mientras esperaba el regreso de su marido.

+ HÉCTOR

Héctor es el hijo mayor de Príamo, anciano rey de Troya en los tiempos de la guerra. Es el más completo de los héroes: fuerte, valiente, justo, piadoso, amado por los troyanos y respetado por los aqueos, buen hijo, marido y padre. Defiende su ciudad asediada por culpa de su hermano Paris y de Helena, y nunca les hace reproches ni echa en cara a Paris la cobardía que lo caracteriza. La despedida de su esposa Andrómaca y su hijo es uno de los pasajes más conmovedores de la *Ilíada*.

Bastante **después de la *Ilíada***, Homero compuso la ***Odisea***, otro poema de veinticuatro cantos y materia troyana, que narra el regreso de Odiseo, el héroe definido por su **inteligencia**, a su hogar. En cuanto al argumento, se identifican tres núcleos:

La **primera parte** narra la **situación en Ítaca** tras la marcha de su rey, Odiseo, a Troya. El palacio ha sido tomado por los pretendientes de Penélope, la esposa de Odiseo, y su hijo Telémaco emprende un viaje en busca del padre.

La **segunda parte** del poema relata el **camino de regreso de Odiseo** a su hogar desde que salió de Troya. **Un viaje de regreso largo y plagado de aventuras que nos relata el héroe mientras está en la corte del rey Alcínoo.**

La **tercera parte** de la historia se ocupa de la **llegada de Odiseo** a Ítaca. Una vez allí, con la ayuda de Telémaco, mata a los pretendientes de su esposa Penélope y recupera el trono.

MI NOMBRE ES NADIE

Odiseo ya había aparecido en la Ilíada, pero es en la Odisea en la que alcanzamos a comprender la dimensión de un héroe definido por la astucia, como muestra este fragmento:

«Y mientras el Cíclope encaminaba con gran estrépito sus rebaños hacia el monte, yo me quedé meditando males en lo profundo de mi pecho: ¡si pudiera vengarme! Llegó el Cíclope por la tarde conduciendo sus ganados. Después de realizar sus trabajos agarró a dos compañeros a la vez y se los preparó como cena. Entonces me acerqué y le dije sosteniendo entre mis manos una copa de negro vino: «¡Aquí, Cíclope! Bebe vino después que has comido carne humana, para que veas qué bebida escondía nuestra nave». Así hablé, y él la tomó, bebió y gozó. Y me pidió por segunda vez: «Dame más de buen grado y dime ahora tu nombre para que te ofrezca el don de hospitalidad».

Así habló, y yo le ofrecí de nuevo rojo vino. Tres veces se lo llevé y tres veces bebió sin medida. Después, cuando el rojo vino había invadido la mente del Cíclope, me dirigí a él con dulces palabras: «Cíclope, ¿me preguntas mi célebre nombre? Te lo voy a decir, mas dame tú el don de hospitalidad como me has prometido. Nadie es mi nombre, y Nadie me llaman mi madre y mi padre y todos mis compañeros.»

Así hablé, y él me contestó con corazón cruel: «A Nadie me lo comeré el último entre sus compañeros, y a los otros antes. Este será tu don de hospitalidad.» Dijo, y reclinándose cayó boca arriba.

Entonces arrimé la estaca bajo el abundante rescoldo para que se calentara. [...] Tomaron la aguda estaca de olivo y se la clavaron arriba en el ojo. Y al punto se puso a llamar a grandes voces a los Cíclopes que habitaban en derredor suyo. Al oír éstos sus gritos, venían cada uno de un sitio y se colocaron alrededor de su cueva y le preguntaron qué le afligía: «¿Qué cosa tan grande sufres, Polifemo, para gritar de esa manera en la noche inmortal y hacernos abandonar el sueño? ¿Es que alguno de los mortales se lleva tus rebaños contra tu voluntad o te está matando alguien con engaño o con sus fuerzas?»

Y les contestó desde la cueva el poderoso Polifemo: «Amigos, Nadie me mata con engaño y no con sus propias fuerzas.»

Y ellos le contestaron y le dijeron aladas palabras: «Pues si nadie te ataca y estás solo...» Así dijeron, y se marcharon. Y mi corazón rompió a reír: ¡cómo los había engañado mi nombre y mi inteligencia irreprochable!»

HOMERO, *Odisea*. Akal

1. ¿Cómo se observa en el texto la astucia de Odiseo? ¿Presenta algún otro rasgo heroico? ¿En qué partes puede estructurarse el episodio? ¿A qué parte de la *Odisea* pertenece el fragmento?

2. Recoge en una tabla las semejanzas y diferencias entre la *Ilíada* y la *Odisea*.

La lírica

Existieron composiciones líricas, anteriores a los primeros documentos que conocemos, destinadas al canto colectivo y a la expresión de los sentimientos individuales de sus creadores. Los poemas que hoy conservamos, sin embargo, son obras de autores cultos que escribieron sirviéndose de estructuras métricas muy variadas y de un lenguaje literario personal.

En el género lírico griego configurado en época arcaica se distinguen dos **modalidades**, la lírica personal y la coral, cada una con sus propias peculiaridades, que encontramos ya en plena actividad en torno a los siglos VII y VI a. C.

Lírica personal

La modalidad personal se caracteriza por los siguientes **rasgos**:

- Los poetas vierten en ella su visión del mundo y su **sentimentalidad**.
- En la mayoría de las ocasiones, son composiciones **breves y fragmentarias**.
- Entre sus tipos destacan tres **subgéneros**: la **elegía**, de intención moralizante y seria, aborda temas como la guerra, la política o la ética personal; el **yambo**, en el que predomina el carácter satírico, va del insulto agresivo a la broma amistosa; la **oda** o canción, en la que los autores expresaban sus pasiones y afectividad más íntimas, huyendo de todo carácter moralizante y del rigor de unas estructuras métricas fijas.

Es precisamente en esta última modalidad en la que encontramos los autores más representativos del periodo arcaico. A ella pertenece **Alceo** (s. VII a. C.), autor preocupado por la cuestión moral y política. Su condición de hombre público es, probablemente, la que le lleva a percibir como pocos las variantes de la fortuna.

Contemporánea de Alceo fue **Safo**, escritora de la que se conservan muy escasas obras y en forma fragmentaria. En sus poemas destacan dos preocupaciones **temáticas** primordiales: los asuntos cotidianos y la pasión amorosa o la ausencia de amor.

«Está oculta la luna
y las Pléyades; y mediada
la noche y transcurre el tiempo
y yo duermo sola.»

En las que debieron ser composiciones de sus últimos años de vida aparece el tiempo como agente aniquilador de la belleza y juventud.

«Vosotras cuidad, hijas, de los dones hermosos de las Musas
de fragante regazo, y de la vibrante lira compañera del canto.
Pero mi piel que antes fue tan suave la sometió ya la vejez
y blancos se han vuelto mis negros cabellos de antaño.
Pesado se ha hecho mi ánimo, y no me sostienen las rodillas
que otro tiempo fueron tan ágiles como corzas en la danza.
De eso me lamento día tras día. ¿Pero qué puedo hacer?
Cuando se es humano, no es posible dejar de envejecer. [...]»

«El último poema de Safo»
(traducción de C. García Gual) en *Letras Libres*.

ALCEO A LA DERIVA

«No acierto a ver de dónde
[sopla el viento;
rueda la ola unas veces de este lado
y otras de aquel; nosotros
[por en medio
somos llevados en la negra nave,
soportando el mal tiempo;
[el agua llena
la sentina hasta el mismo pie
[del mástil,
deja el velamen ya ver a través
con grandes desgarrones.»

Líricos griegos arcaicos
(edición de J. Ferraté). Seix Barral.

Safo, fresco procedente de Pompeya, siglo I d. C.

1. En el poema, Alceo utiliza metáforas encadenadas para expresar su idea. ¿Cuáles son esas metáforas? ¿Qué idea quiere comunicar el autor?

2. En los dos poemas de Safo puede apreciarse un cierto sentimiento negativo. ¿Qué lo provoca en cada caso?

Anacreonte (572-485 a. C.) es el tercer poeta que inaugura la lírica griega. De su obra se han conservado unas pocas composiciones en las que predomina el canto a los placeres de la vida, del vino y del amor.

Tras el gran momento que supuso para la lírica la época arcaica, será necesario esperar al helenismo para encontrar de nuevo un poeta innovador. **Teócrito** (310-260 a. C.) fue el creador de un nuevo género, el **idilio**, poema breve en el que se pinta una **escena campestre** mediante el diálogo entre pastores o campesinos que todavía no han alcanzado el grado de idealización al que llegarán en épocas posteriores. Los idilios de Teócrito son claro ejemplo del cambio operado en una sociedad en la que domina lo urbano sobre lo rural y la naturaleza se convierte en objeto de deseo del que busca refugio o la ingenuidad e inocencia perdida. Fíjate en el escenario descrito en el siguiente poema.

«La floja ociosidad, y el grave estío,
de la pesada siesta entonces grave,
el susurrar del Céfiro[1] y el río,
fresca la sombra, querellosa el ave,
la vacada extendida y el cabrío
aún no cansado del pacer süave,
en Dafne ocasionaron voz dispuesta,
y en Dametas después voz y respuesta.»

Eróticas o Amatorias
(edición de E. M. DE VILLEGAS). Espasa Calpe.

[1] *Céfiro*: viento suave y agradable.

PLACERES

«Habiendo vino no hay penas:
siempre que a mis anchas bebo.
Imagínome que soy
más rico y feliz que Craso.
Corono entonces mis sienes
de verde hiedra, y me creo
orgulloso de mí mismo,
el señor de un vasto imperio.
En tanto que se arman otros
para la guerra, yo bebo,
que es preferible, a mi ver,
caer borracho que muerto.»

«Odas de Anacreonte»
(traducción de Vicente Colorado)

Lírica coral

En la modalidad coral, el poeta se presenta como **portavoz del sentimiento colectivo** e intenta reflejar el alma de la ciudad. Las **características** más significativas de la poesía coral son:

- Uso de estrofas y lenguaje muy complicado.
- Son composiciones destinadas al canto con acompañamiento musical y de danza.
- Su origen está vinculado a la ceremonia religiosa, aunque su sentido litúrgico pierde importancia con el tiempo y se secularizan los temas.
- Los **temas principales** de la lírica coral serán la acción de gracias a los dioses, los cantos nupciales, el elogio de las victorias atléticas, las alabanzas al anfitrión de los banquetes o los cantos orgiásticos en honor de Dionisos.

Entre los poetas corales destaca **Píndaro** (521-441 a. C.), autor entre otras composiciones de un gran número de *epinicios* o **poemas en honor de atletas** triunfadores. En sus composiciones aborda cuatro elementos recurrentes: la victoria del atleta; el elogio de sus antepasados y de su ciudad natal; la referencia a la ciudad en la que se han celebrado los juegos, lo que da pie al autor para abordar la materia legendaria vinculada a la urbe; y consejos morales derivados.

La poesía de Píndaro es difícil, oscura y formalista. En ella parece tener más importancia la forma lingüística que el contenido, repetido en unas composiciones tras otras.

+ JUEGOS OLÍMPICOS EN LA ANTIGUA GRECIA

Grecia es también el lugar de origen de las Olimpiadas, ¿quieres saber cómo eran entonces? Consulta el siguiente enlace: www.guiadegrecia.com/general/juegos.html

01.3 El teatro

El **teatro griego se desarrolló a partir del *ditirambo***, himnos corales en honor de Dionisos, que lo alababan y contaban una historia. Los interpretaban un coro de cantantes y danzarines capitaneado por el bailarín más destacado: el corifeo. En el siglo VI a. C. aparece la figura del actor, que dialogaba con el corifeo y el coro. Solo había que dar un pequeño paso hacia la evolución del drama como forma independiente incorporando otros actores y personajes.

La **configuración de la representación** se producirá en el 534 a. C., momento en que se reglamentó el espectáculo, integrado por tres tragedias seguidas de un breve drama satírico vinculado al asunto de las mismas.

Los **actores** vestían de forma solemne y llevaban un elevado calzado, llamado *coturnos*. Cubrían sus rostros con máscaras, lo que les permitía interpretar distintos personajes, incluso femeninos, dado que en esta época no había actrices.

+ EL TEATRO GRIEGO

El teatro era un género de increíble éxito en Grecia. Si quieres saber cómo era el edificio al que acudían para ver las representaciones, puedes consultar el siguiente enlace: www.guiadegrecia.com/general/teatro.htm. Si deseas conocer más detalles sobre el tema (actores, curiosidades, etc.), te animamos a que leas el artículo «Un espectáculo para la democracia: el teatro en la Atenas clásica», disponible en el siguiente enlace: www.slideshare.net/Gamarra92/el-teatro-en-la-atenas-clsica.

La tragedia

La tragedia griega se define por las siguientes **características**:

Acción	Lenguaje	Argumento	Recursos	Objetivo
• Elevada (personajes y acontecimientos fuera de lo común) • Completa (incluyendo causas y antecedentes)	• Rico • Adornado	• Extraído de la materia legendaria y mítica • Distintos enfoques, según el autor, para los mismos temas	• Piedad • Terror	• Lograr la *catarsis* o purificación del espectador: al identificarse con el sufrimiento de los personajes es consciente de la necesidad del cumplimiento de las normas establecidas

Durante el siglo V a. C. se produjo un extraordinario desarrollo del género, sobre todo gracias a los tres grandes dramaturgos del momento —Esquilo, Sófocles y Eurípides—, cuyas obras conservadas solo son una pequeña parte de lo que debió representarse en el momento. A través de estos autores puede observarse el **proceso evolutivo**, que se centra en dos aspectos:

- **Teatralidad.** Aumenta el número de actores en escena y, en consecuencia, el diálogo va imponiéndose al coro.
- **Humanización.** Los personajes trágicos tendrán comportamientos cada vez más cercanos a lo humano. Dicho cambio culminará en los dramas de Eurípides.

> «Esquilo, Sófocles y Eurípides pusieron en escena a los mismos hombres y las mismas mujeres [...] y situados de hecho ante los mismos conflictos, porque se veían obligados a permanecer fieles al mito y la leyenda. En Esquilo esos seres tienen todavía mucho de mítico y lejano [...]. En Sófocles lo que ocurrió hace siglos se ha atenuado tanto que se hace modelo de una conducta, para bien o para mal, perfectamente asimilable por los humanos. Cuando estos personajes aparecen en el teatro de Eurípides ya son como nosotros, y más que arrancados del remoto pasado parecen una sublimación y a veces una exageración de los seres de carne y hueso que habitaban en Atenas.»
>
> Martín DE RIQUER y José M.ª VALVERDE, *Historia de la Literatura universal*. Planeta.

Los **argumentos** y temas de las tragedias griegas conservadas pueden agruparse en **ciclos temáticos**, entre los que destacan principalmente dos. Ambos comparten una misma estructura: un personaje afrenta a un dios al cometer algún crimen terrible y el dios lo maldice a él y a su descendencia.

- El **ciclo de Argos** aborda la suerte de la familia de Agamenón y es desarrollado por Esquilo en *La Orestía*, por Sófocles en *Electra*, y por Eurípides en sus obras *Electra*, *Ifigenia en Áulide* e *Ifigenia en Táuride*.
- El **ciclo de Tebas** se centra en la familia de Edipo y es desarrollado en una obra de Esquilo, *Los siete contra Tebas*, y tres de Sófocles, *Edipo Rey*, *Edipo en Colono* y *Antígona*.

Layo asesina a Crisipo, por lo que es maldecido por Apolo. Visita después al oráculo, que le comunica su destino: será asesinado por su hijo y este tendrá hijos con su madre. Por miedo a su futuro, Layo abandona a su hijo Edipo al nacer. Lo cría el rey Pólipo, sin que se conozca su verdadera identidad. Pasado el tiempo, Edipo acude en secreto al oráculo, que le comunica la misma profecía. Para evitarla, huye del reino y camino de Tebas mata a Layo. En Tebas responde a la adivinanza de la Esfinge, es coronado rey y se casa con la reina viuda, su madre, con la que tiene cuatro hijos: Eteocles, Polinices, Antígona e Ismene. Al averiguar su parentesco, la reina Yocasta se suicida, Edipo se castiga cegándose y se encamina al destierro. Sus hijos ocupan el trono que deben alternar anualmente, pero Eteocles se niega a ceder el poder y Polinices sitia Tebas con un ejército. Los dos hermanos se matan mutuamente. A la muerte de estos, Creonte, hermano de Yocasta, se hace con el trono y prohíbe enterrar a Polinices bajo pena de muerte. Antígona intenta enterrarlo, pero es descubierta y encerrada en una cueva en la que se suicida. El final del ciclo llega con el perdón de los dioses a Edipo.

Tres son los **autores** de los que se han conservado mayor número de tragedias. El primero en aparecer en escena fue **Esquilo** (524-455 a. C.), dramaturgo preocupado principalmente por la función del destino como guía de la vida del hombre y de todo su linaje. Destacan sus obras *La Orestía* (en la que Orestes venga a su padre, Agamenón) y *Los siete contra Tebas* (en la que el linaje de Edipo sufre su maldición). Tras Esquilo, **Sófocles** (497-406 a. C.) fue el principal dramaturgo griego. En sus tragedias se preocupa especialmente por el análisis del dolor humano, así como la dignidad de comportamiento ante situaciones extremas.

+ MUJERES EN LA TRAGEDIA GRIEGA

- **Antígona**, hija de Edipo, decide enterrar a su hermano, Polinices, a pesar de la prohibición real. Representa el conflicto entre la ley humana y la divina y finalmente afronta con entereza la sentencia de muerte que lleva aparejada su acción.
- **Electra**, hija de Agamenón, actúa movida por la venganza contra su madre y su padrastro, ambos asesinos de su padre. Incita a Orestes, su hermano a que cometa el doble crimen y, al contrario que este, no tiene remordimientos por ello.
- **Medea** es uno de los personajes más apasionados de la literatura griega. Enamorada locamente de Jasón, su marido, traiciona a su propia familia por él. Cuando se entera de que Jasón la va a abandonar para casarse con Glauca, le regala a esta una túnica envenenada que la consume. Ante la marcha de Jasón, llega a asesinar a sus propios hijos.

+ CICLO TEBANO

La familia de Agamenón

Atreo, para vengarse de su hermano Tiestes (que había cometido adulterio con su esposa), le ofrece a sus hijos como comida en un banquete y es maldecido por Apolo. Agamenón, hijo de Atreo, sacrifica a su hija Ifigenia para que sus naves puedan llegar a Troya. Al volver de Troya, es asesinado por su esposa Clitemnestra y su amante, Egisto. Electra y Orestes, hijos de Agamenón y Clitemnestra, matan a su madre y a Egisto para vengar a su padre. Orestes enloquece por la culpabilidad, pero los dioses acaban perdonándolo.

Antígona, por F. Leighton, c.1882.

La irrupción de **Eurípides** (484-406 a. C.; *Andrómaca, Electra, Medea*, etc.) en el panorama teatral heleno supuso una auténtica revolución debido a la humanidad de sus criaturas, tanto hombres como dioses; además, se encargó de reflejar en sus obras la realidad de la Atenas de su tiempo.

Medea entregando a Glauca la túnica envenenada, cerámica griega de figuras rojas, s. v a. C.

La comedia

Dentro de la evolución de la comedia griega se establecen tres periodos: la Comedia Antigua, representada por Aristófanes; la Comedia Media, de la que prácticamente no queda nada, y la Comedia Nueva de la época helenística, cuyo máximo exponente es Menandro.

De la **Comedia Antigua** apenas se conservan obras más allá de las de **Aristófanes** (444-385 a. C.), motivo por el cual la caracterización de esta forma dramática debe hacerse sobre las obras de dicho autor, entre cuyos **rasgos** destacan los siguientes:

- Frente a la tragedia, que trataba argumentos legendarios conocidos por el público, la comedia ofrece asuntos nuevos, en los que se reflejan la vida cotidiana y la realidad contemporánea de la Atenas de Aristófanes.
- Los **personajes** son, en consecuencia, seres extraídos de la realidad social del momento y **representan a los distintos grupos sociales**. Junto a ellos es frecuente encontrar a dioses y entes procedentes del mundo mítico que se comportan de manera muy alejada a como lo hacían en la tragedia.
- La intención de las obras, por tanto, es simplemente la **búsqueda de la carcajada**, olvidando toda moralización o crítica de costumbres. Sin embargo, en ocasiones Aristófanes arremete contra la clase política, haciendo crueles sátiras de personajes públicos.
- El lenguaje empleado se convierte en un elemento más para la consecución de sus objetivos, lo que explica la frecuencia con que se leen **expresiones groseras** y vulgares, dobles sentidos, chistes y juegos de palabras.

MEDEA: PASIÓN DESTRUCTORA

«MEDEA.—¡No, corazón mío, no realices este crimen! ¡Déjalos, desdichada! ¡Ahorra el sacrificio de tus hijos! Aunque no vivan conmigo, me servirán de alegría.

No, nunca sucederá que yo entregue mis hijos a los enemigos para recibir un ultraje. Es de todo punto necesario que mueran, y, puesto que lo es, los mataré yo, que les he dado el ser. Está completamente decidido y no se puede evitar [...]. Y puesto que me dirijo por el camino más penoso y a ellos los voy a enviar por uno más penoso aún, deseo despedirme de mis hijos. (Los niños aparecen en escena.) Dadme, hijos míos, dadme vuestra mano derecha para que vuestra madre la cubra de besos. ¡Oh mano queridísima, boca queridísima, rasgos y noble rostro de mis hijos! ¡Que seáis felices, pero allí! [...] Sí, conozco los crímenes que voy a realizar, pero mi pasión es más poderosa que mis reflexiones y ella es la mayor causante de males para los mortales.»

EURÍPIDES, Medea,
en *Tragedias I*.
Gredos.

1. ¿Por qué decide el personaje matar a sus hijos? ¿Entre qué sentimientos se debate?

En época helenística, la comedia resurge con de **Menandro** (342-293 a. C.), máximo representante de una forma de entender el teatro de humor muy diferente a la de Aristófanes.

En esta **Comedia Nueva** la sátira política, la grosería y la vulgaridad han desaparecido. Ahora las comedias están construidas más artísticamente y han derivado hacia un teatro de costumbres, basado en la complicación de una intriga que padecen unos personajes estereotipados que en nada reflejan el panorama humano de la época. Se trata de un teatro mucho **más racional**, calculado y verosímil que influirá poderosamente sobre los posteriores dramaturgos romanos y, a través de ellos, en la Edad Media y en el Renacimiento europeos.

01.4 La prosa

Los primeros textos de la prosa griega que podemos considerar literarios datan del siglo VI a. C. Es en dicha época en la que se formaron los tres principales géneros prosísticos: la fábula, la filosofía y la historiografía.

La fábula

El fabulista más conocido de la antigüedad fue **Esopo**, a quien se debe la configuración del género: narración breve en prosa que relata una anécdota imaginaria en la que los personajes son, en su mayoría, animales dotados de capacidades humanas.

La fábula se organiza en torno a dos elementos, **el relato conciso** y sintético seguido de **la moraleja** en que se expone la enseñanza concreta.

TEME A LOS MALVADOS

«Cuando las bodas de Zeus todos los animales le ofrecieron presentes. La serpiente, trepando, subió con una rosa en la boca. Pero Zeus, al verla, dijo: «De todos los demás, incluso de sus patas, acepto los regalos, pero de tu boca nada quiero.»

La fábula muestra que los favores de todos los malvados son de temer.»

ESOPO, *Fábulas*. Gredos.

La filosofía

La filosofía griega alcanzó altísimas cotas y encontró en la literatura el aliado perfecto para la expresión del pensamiento. No es este el lugar para ocuparnos de autores de la importancia de Platón o Aristóteles, aunque sí es necesario destacar al primero como el creador del **diálogo filosófico**.

Los temas filosóficos solían abordarse en forma de monólogos retóricos hasta la llegada de **Platón**. Este pensador, que pretendía dar un giro a la filosofía de su tiempo, escribió la totalidad de su obra en forma de diálogo (con obras como *Fedro*, *Teeteto*, *Menón* o *República*, entre otras), gozando desde entonces este género de una importante vida a lo largo de la historia de la literatura.

Busto de Platón, copia romana de original griego del s. IV a. C.

La historiografía

La historiografía griega nació con la consolidación de la nación como proyecto colectivo frente a los pueblos extranjeros y de la consecuente necesidad de dejar constancia de los acontecimientos para la memoria futura.

El primero de los historiadores griegos fue **Herodoto** (484-429 a. C.), que en su libro *Historias* se propuso relatar la guerra que enfrentó a griegos y persas recurriendo a diversidad de fuentes escritas y, sobre todo, al viaje a los lugares en que se desarrollaron los hechos. El autor pretendía conocer así de primera mano la historia oral de los supervivientes. El método de trabajo empleado por Herodoto explica que su obra se aleje de lo que hoy entendemos por historia y se acerque a algo parecido a los estudios folclóricos o etnográficos.

Estatua de Tucídides en la ciudad de Viena.

SOBRE LOS PERSAS

«Sé que los persas observan los siguientes usos: no acostumbran erigir estatuas, ni templos, ni altares y tienen por insensatos a los que lo hacen; porque, a mi juicio, no piensan como los griegos que los dioses tengan figura humana.»

HERODOTO, *Historias*. Gredos.

Será necesario esperar a que **Tucídides** (460-399 a. C.) escriba su *Historia de la guerra del Peloponeso* para encontrar auténtica historiografía. En su obra, Tucídides pretende ofrecer una versión cierta, imparcial y objetiva de la guerra que enfrentó a espartanos y atenienses, así como dar una explicación de los sucesos narrados desde diferentes perspectivas. Este último propósito es el que persigue con la inclusión de discursos de los personajes históricos implicados en la narración, que ofrecen su particular punto de vista.

MATANZA EN EL RÍO

«Los atenienses se apresuraban hacia el río Assinaros, pensando que tendrían más respiro si lograban atravesarlo y además empujados por el deseo de beber. Cuando llegan a él se precipitan sin ningún orden. En su impaciencia de querer ser cada uno el primero en llegar, unida a la presión del enemigo, se hacía difícil la travesía desde este momento. Al verse obligados a avanzar en masa, caían los unos sobre los otros y se pisoteaban, o incluso, cayendo sobre sus jabalinas y todo su armamento, ya se mataban del golpe, ya, al embarazarse unos y otros, eran arrastrados hacia abajo por la corriente. Los siracusanos que se situaron en la orilla opuesta, que era escarpada, disparaban desde lo alto sobre los atenienses, quienes, en su mayoría, bebían con avidez y se hallaban agobiados en el lecho del río. Los peloponenses, descendiendo tras ellos, degollaron a los que se encontraban allí. El agua se tornó turbia en seguida, pero no se bebió menos al mezclarse con barro y sangre, y debía combatirse por disputarse el momento de hacerlo.»

TUCÍDIDES, *Historia de la guerra del Peloponeso*. Editorial Juventud.

1. Investiga qué es el *pathos* y comenta si se observa en el texto de Tucídides.

Conviene citar también a **Jenofonte** (430-355 a. C.), que en su *Anábasis* nos dejó un magnífico relato de la expedición de mercenarios griegos que marchó a tierras persas en auxilio de Ciro y en la que él mismo participó.

02 Roma

La literatura romana imita la griega tanto en sus formas como en sus contenidos y, a su vez, se convierte en modelo para las literaturas occidentales posteriores.

La literatura latina será capaz de reformular géneros ya existentes y aportar novedades esenciales, como el desarrollo de la **sátira** y la **historiografía**, la **profundización de la lírica en el *yo* poético** y el cambio de rumbo que se opera en la epopeya, convertida por Virgilio en un poderoso instrumento ideológico mediante el que defender la concepción romana del mundo.

Foro y columna del emperador Trajano, Roma, s. II d. C.

02.1 Etapas en la literatura romana

La literatura romana se extiende por espacio de ocho siglos, y en ella se advierten **tres épocas**:

Época republicana

Las primeras manifestaciones de la literatura latina en el siglo III a. C. son importaciones más o menos directas de la gran tradición griega. Resulta curioso que el nacimiento de la literatura romana se vincule con el periodo clásico griego y no con las formas helenísticas con las que coexiste, pero debe tenerse en cuenta que el arte helenístico surge en un modelo social urbano, cosmopolita, erudito y exquisito, al que Roma llegará en época imperial.

Los primeros autores romanos conocidos desarrollaron su actividad artística en el terreno del teatro, la historiografía y la sátira, pero será necesario esperar al periodo que va desde el siglo I a. C. hasta el comienzo del I d. C., entre los mandatos de César y el emperador Augusto, para que Roma ofrezca uno de los periodos más florecientes de su literatura de la mano de Catulo, Plauto o Julio César.

Época imperial

Entre la muerte de César (44 a. C.) y el siglo III d. C. se extiende el **periodo de mayor esplendor** de la literatura romana, gracias a autores como Virgilio, Horacio u Ovidio.

Como consecuencia de la extensión del Imperio se produce un significativo aumento de los **escritores de procedencia no itálica**. La sociedad romana cambió hasta convertirse en un mundo acomodado y refinado en el que se aspiraba a conseguir la máxima perfección técnica en las obras. Junto al preciosismo formal, las obras del periodo se llenarán de **contenidos didácticos y filosóficos**, como puede apreciarse en la obra de Marco Aurelio o de Séneca.

Época paleocristiana

A partir del siglo III, el cristianismo dará un nuevo rumbo a la literatura latina, que se llenará de **contenidos religiosos**.

Tras la desaparición del Imperio romano, el latín seguirá siendo vehículo de una importante literatura durante la Edad Media y el Renacimiento, sobre todo en obras referentes a la religión y la didáctica.

+ EL CRISTIANISMO Y LA LITERATURA LATINA

Entre los autores más importantes figuran Tertuliano, San Agustín, del que destacan las *Confesiones*, y San Jerónimo, autor de la traducción al latín de la *Biblia* conocida como la *Vulgata*. De signo algo diferente es la obra de Boecio —*De consolatione Philosophiae*— que abandona el asunto estrictamente religioso para adentrarse en lo filosófico.

02.2 La poesía

En el siglo I a. C se inicia la edad de oro de la poesía latina de la mano de Lucrecio y del grupo de los *poetas nuevos*, líricos eruditos procedentes de la clase alta. Son muy numerosos los autores romanos que dedicaron la totalidad o una buena parte de su obra al verso, convirtiéndolo en el género más destacado de la literatura romana junto con la historiografía.

La principal aportación de la poesía latina consiste en la profundización y, sobre todo, remodelación de géneros y motivos iniciados en la literatura helénica y que los romanos desarrollaron en torno a **tres focos de atención**:

- La **poesía del *yo***, que explora la intimidad del artista mostrándola al lector en sus relaciones con el entorno real o ideal.
- La **poesía del *tú***, donde crítica y ataque personal se convierten en el núcleo del poema.
- La **poesía del *nosotros***, que contribuye como pocas a la constitución de la idea de Roma como nación y como cultura que atravesará los siglos.

Los poetas romanos más significativos se asociarán con alguna de las tendencias indicadas, aunque no de manera exclusiva, ya que la variedad de propuestas define sus obras. Así, desde nuestra perspectiva actual, vinculamos a Catulo con la tendencia más intimista, a Horacio con la sátira y a Virgilio y Ovidio con la construcción de lo que conocemos como **romanidad***.

GLOSARIO

Romanidad: actitud caracterizada por la dignidad, abnegación, honradez, austeridad, humanidad, fidelidad al destino, perseverancia y fe en las propias capacidades.

Catulo

Catulo (84-54 a. C.) es el mejor representante de los poetas romanos de clase alta, refinados y eruditos, que triunfan en los últimos años de la República. De sólida formación cultural, fue un enamorado de la lírica griega y, en concreto, de Safo, de cuyos poemas nos dejó algunas versiones en latín que parten de la escritora griega para aplicarse a sus propias circunstancias vitales.

La poesía de Catulo oscila entre tres **núcleos temáticos** bien diferentes. Uno de ellos es la agresividad del poeta que ataca a quienes desprecia y utiliza incluso el insulto personal, grosero y obsceno. En otras ocasiones, el ataque se presenta de manera irónica, como sucede en el poema que dirige al orador Marco Tulio Cicerón.

«Oh, el más elocuente de los nietos de Rómulo,
de cuantos son y fueron, Marco Tulio,
y serán en los años venideros,
recibe las más cumplidas gracias de Catulo,
el peor de todos los poetas,
tanto el peor de todos los poetas
cuanto tú eres el mejor de todos los abogados.»

CATULO, *Poesía*. Alma Mater.

El poeta también se interesa por la materia mitológica, sobre la que escribe extensos poemas narrativos. Pero es su poesía amorosa la que más ha influido en las literaturas posteriores y llegado hasta nosotros plena de sentido. Entre estas composiciones destacan las dirigidas a Lesbia, nombre literario mediante el que designa a una mujer con la que mantuvo una relación.

«Vivamos, querida Lesbia, y
amémonos,
y las habladurías de los viejos puritanos
nos importen todas un bledo.
Los soles pueden salir y ponerse;
nosotros, tan pronto acabe
[nuestra efímera vida,
tendremos que vivir una noche sin fin.
Dame mil besos, después cien,
luego otros mil, luego otros cien,
después hasta dos mil,
[después otra vez cien;
luego, cuando lleguemos a
[muchos miles,
perderemos la cuenta para ignorarla
y para que ningún malvado
[pueda dañarnos,
cuando se entere del total de
[nuestros besos.»

CATULO, *Poesía*. Alianza.

1 Busca en la biblioteca del centro o en Internet la traducción del poema de Catulo «Vivamos, querida Lesbia» que realizó Cristóbal de Castillejo en el siglo XVI y compara ambos textos: ¿qué le interesa a Castillejo del poema de Catulo? ¿Comparten los mismos temas? ¿Van dirigidos a la misma persona? ¿Piensas que Castillejo es un verdadero traductor? ¿Por qué?

Esta relación amorosa atravesó turbulentas crisis, como ejemplifica este fragmento:

«Desgraciado Catulo, deja de hacer tonterías, [...]
Ahora ella ya no quiere; tú, no seas débil, tampoco,
ni sigas sus pasos ni vivas desgraciado,
sino endurece tu corazón y mantente firme.
¡Adiós, amor! Ya Catulo se mantiene firme:
ya no te cortejará ni te buscará contra tu voluntad.
Pero tú lo sentirás, cuando nadie te corteje.
¡Malvada, ay de ti! ¡Qué vida te espera!
¿Quién se te acercará ahora? ¿Quién te verá hermosa?
¿De quién te enamorarás? ¿De quién se dirá que eres?
¿A quién besarás? ¿Los labios de quién morderás?
Pero tú, Catulo, resuelto, mantente firme.»

CATULO, *Poesía*. Alianza.

Catulo fue el gran autor romano de lo que hemos llamado **«poesía del *yo*»**. Sus versos presentan una historia amorosa a la manera de diario íntimo cuya autenticidad no podemos afirmar. El sentimiento lírico que Catulo nos ha legado es intenso y aparentemente personal, pero sobre todo es creación literaria que nos habla del sufrimiento de quien oscila entre el odio y el amor: «Odio y amo. Tal vez preguntes por qué lo hago. / No lo sé, pero siento que es así y sufro.»

Virgilio

Virgilio (70-19 a. C.) es en buena medida **responsable de la construcción de la idea de Roma** al trabajar sobre el material legendario de origen griego y vincularlo con el nacimiento de la nación romana. Toda **su obra responde a un** proyecto ideológico, aunque esa intención va acompañada de unas virtudes formales inigualables, de manera que en sus textos el fondo y la forma van indisolublemente unidos y contribuyen a la creación de una obra que sostiene el proyecto colectivo que fue Roma.

La primera obra compuesta por Virgilio fue las ***Bucólicas***. A través de las diez églogas que componen el texto, el autor presenta diferentes **cuadros de la vida pastoril** que imitan, aunque con diferencias, los *Idilios* de Teócrito. El paisaje de Virgilio se aleja de la realidad, convirtiéndose en un lugar idealizado donde los personajes, también idealizados, exponen dolores y satisfacciones.

En su segunda obra, ***Geórgicas***, Virgilio también se ocupó del escenario natural, pero de una manera diferente. *Geórgicas* es un poema sobre las virtudes de la **agricultura**, aunque se incluyen digresiones en torno a asuntos contemporáneos (como la muerte de César) o mitológicos (como la leyenda de Orfeo).

La **intención** de Virgilio es infundir en los lectores el **amor a la tierra y su trabajo**, lo que encaja a la perfección en los nuevos tiempos que vive el autor. Roma ha construido un imperio que se extiende por buena parte del mundo conocido y según su opinión han acabado los tiempos bélicos. Ahora se hace necesaria la paz y el trabajo de los ciudadanos para consolidarla.

+ LOCUS *AMOENUS* Y ARCADIA

El *locus amoenus* es un tema literario recurrente a lo largo de la historia que consiste en la descripción de un **escenario natural idealizado** y definido por una serie de elementos paisajísticos (el prado verde, las aguas claras y sonoras, la claridad, la eterna primavera), así como por la presencia de animales pacíficos (aves que cantan, ganados tranquilos). El escenario natural funciona como símbolo de perfección, espacio de refugio o, simplemente, lugar en el que se desenvuelven los personajes.

La configuración del tópico se debe a Teócrito, que en sus idilios ya lo utilizó y, sobre todo, a Virgilio. Este último, en sus *Bucólicas*, añade la idea del paisaje como lugar completamente apartado de la naturaleza real y válido por sus valores simbólicos. El poeta romano nos presenta la región mítica de **la Arcadia**, lugar asociado con **la inocencia** —perdida en el mundo real contemporáneo— y la felicidad. Allí el hombre y la naturaleza conviven en perfecto equilibrio y paz.

1. El dístico «Odio y amo» suele señalarse como la esencia de la poesía de Catulo, ¿crees que los otros poemas del autor que has leído confirman esta idea?

Pero la gran obra de Virgilio fue la ***Eneida***. En ella se propuso escribir un poema épico que ofreciese la **versión poética del pasado, presente y futuro de Roma**. Virgilio utiliza todo el material que se encuentra a su disposición, de los textos de Homero a la tradición oral y escrita romana, para componer un gran canto a la nación latina. Roma se sitúa al mismo nivel de Grecia mediante el recurso a la leyenda que vincula su origen con la destrucción de Troya y que convierte a César y Augusto en descendientes de Venus y de su hijo Eneas.

Sin embargo, Virgilio no quiere ofrecer una historia exclusivamente legendaria, por lo que sugiere paralelismos entre el mito y la realidad contemporánea que se encontraba en la mente de cualquier persona cultivada de su tiempo:

Mito/leyenda	Realidad que refleja
Personaje de Eneas	Augusto
Personaje de Dido	Cleopatra, que retuvo a Marco Antonio en Egipto
Aventuras norteafricanas de Eneas	Guerra entre Roma y Cartago, de la que Roma salió vencedora
Batallas de Eneas en tierras italianas	Guerras civiles acaecidas en Roma

Dido y Eneas, miniatura de códice medieval del siglo XV.

Desde el punto de vista del tratamiento de los **personajes**, uno de los rasgos que más destacan en la *Eneida* es la **desaparición del carácter fabuloso** que tenían los héroes de la epopeya griega. A Virgilio no le interesa presentar ante sus lectores superhéroes alejados de toda verosimilitud, sino hombres que encarnen el **ideal de varón romano**. Eneas es, en consecuencia, la esencia de la romanidad por su abnegación y fidelidad a su destino de fundador de un imperio.

Junto a los anteriores, y para ser coherente con el género épico, el protagonista se define también por su **capacidad guerrera y su sabiduría**, rasgos que en la epopeya homérica ya se observaban claramente equilibrados en Héctor, principal héroe troyano, al igual que Eneas.

+ ENEIDA

Argumento y estructura

La *Eneida*, dedicada al héroe troyano Eneas, se divide en dos partes simétricas. Los seis primeros libros se inspiran en la *Odisea*, donde se narra la huida de Troya y la posterior llegada a Cartago, allí la reina Dido se enamora de él y le retiene largo tiempo. Finalmente, animado por sus compañeros y por los dioses, Eneas reanuda su viaje, provocando el suicidio de Dido y la maldición de esta a sus descendientes (lo que justificará la futura enemistad entre Roma y Cartago). En su viaje hasta Italia Eneas, acompañado de la sibila de Cumas, baja al mundo de los muertos, donde se reencuentra con los héroes troyanos y aqueos y con su padre Anquises, que le narra el glorioso futuro de Roma.

La segunda parte está inspirada en la *Ilíada*. Eneas se establece en Italia y pretende a Lavinia, hija del rey Latino que ya estaba comprometida con Turno. Se suceden los combates singulares y las batallas entre los ejércitos hasta que finalmente Eneas mata a Turno, consiguiendo así a la princesa.

1. Has estudiado que Virgilio es el poeta de la «romanidad». Justifica esa afirmación.

2. Busca en la biblioteca del centro o en Internet (puedes encontrar una buena versión en www.bibliotecasvirtuales.com) una edición de la *Eneida* y lee el Libro IV que dedica a la relación de Eneas y Dido. Resume el episodio e indica el sentido que tiene en el conjunto de la obra.

Horacio

La obra poética de Horacio (65 a. C.-8 a. C.) se agrupa en cuatro libros que publicó en vida, a través de los cuales puede apreciarse una evolución que va de la sátira algo agresiva hacia una actitud mucho más moderada, en la que la cuestión política ya no es un tema central. Esta evolución tiene que ver con la que sufre la propia Roma, desde los tempestuosos tiempos del fin de la República hasta la estabilidad del inicio del Imperio, y que se refleja a la perfección en la vida Horacio, que pasa de estar alineado con los partidarios de la República a convertirse en un protegido del emperador.

El primer libro de Horacio es ***Epodos***, cuyo asunto principal es el comentario de los aspectos y anécdotas de los tiempos inmediatamente posteriores al asesinato de César. El poeta volcará en él toda su violencia verbal en el ataque a personas concretas y grupos humanos. La postura de Horacio en este libro es muy pesimista con el futuro de Roma, pues ve en sus conciudadanos una actitud que parece llevar al Estado a una nueva guerra civil.

«¿Adónde, adónde corréis, malvados? ¿Por qué las diestras
empuñan espadas antes envainadas?
¿Acaso sobre los campos y el mar
es poca la sangre latina derramada,
y no para que de la envidiosa Cartago
el romano quemara las soberbias fortalezas,
ni para que el britano no sometido bajara
encadenado por la vía Sacra,
sino para que, según los deseos de los partos[1],
esta ciudad perezca por su propia mano?»

HORACIO, *Epodos*. Academia Calasancia.

[1] *partos:* pueblo que fundó un imperio en lo que hoy es Irán.

Tras los Epodos, Horacio compuso sus ***Sátiras***, libro en el que cobra importancia la cuestión moral y la crítica de costumbres por encima de lo puramente político. El libro refleja la vida cotidiana romana y contiene elementos autobiográficos y reflexiones sobre moral y filosofía.

El libro de ***Odas*** fue escrito por Horacio en un momento en que la vida le sonreía especialmente y la paz y estabilidad del Estado parecían plenamente garantizadas. Por ello desaparecen la agresividad y el posicionamiento político. Ahora, Horacio se centra en la contemplación de la naturaleza y el canto a los pequeños **placeres de la vida**. En el fragmento de la derecha el poeta incita a Leucónoe a disfrutar de su presente, configurando un tópico que tendrá gran recorrido en la historia literaria occidental: el *carpe diem*.

1. Entre Virgilio y el Horacio de los *Epodos* hay diferencias en torno a la idea de Roma y su futuro, ¿en qué consisten?, ¿a qué crees que se deben?

2. ¿Con qué autores ya estudiados puede relacionarse la oda en la que Horacio configura el *carpe diem*? ¿Qué semejanzas y diferencias existen entre el planteamiento de Horacio y el de esos otros autores?

+ HORACIO, CREADOR DE TÓPICOS

La literatura debe a Horacio tres de los tópicos más utilizados a lo largo de la historia. En relación con el aprovechamiento del presente encontramos el ***carpe diem***, ya tratado en esta unidad. En materia natural, Horacio, aunque de modo irónico, configura el tópico del ***beatus ille***, en el que una naturaleza idealizada funciona como refugio del hombre de ciudad que desea apartarse de lo mundano y que ha tomado su nombre de las primeras palabras de su epodo II: *«Beatus ille qui procul negotiis»*. La tercera aportación horaciana a la tópica literaria es el ***odi profanum vulgum***, es decir, el desprecio a la masa iletrada incapaz de apreciar la poesía y de comprender el pensamiento de los artistas.

Los tres tópicos tienen una enorme vida literaria, principalmente a partir del Renacimiento, tanto desde posturas que siguen el planteamiento de Horacio como desde las que se enfrentan a los tópicos, actitud muy habitual en la literatura del siglo XX.

«Mejor será aceptar lo que venga,
ya sean muchos los inviernos que [Júpiter
te conceda, o sea este el último,
el que ahora hace que el mar [Tirreno
rompa contra los opuestos cantiles.
No seas loca, filtra tus vinos
y adapta al breve espacio de tu vida
una esperanza larga.
Mientras hablamos, huye el tiempo [envidioso.
Vive el día de hoy. Captúralo.
No fíes del incierto mañana.»

Antología de la poesía latina. Alianza.

La obra de Horacio se cierra con su libro ***Epístolas***, colección de cartas literarias en las que se interesa por la filosofía, la moral y por la creación literaria, tema principal de su *Epístola a los Pisones*, como conjunto unitario y verosímil, alejado de la fantasía y desmesura.

> «Si por capricho uniera un dibujante
> a un humano semblante
> un cuello de caballo, y repartiera
> del cuerpo en lo restante
> miembros de varios brutos, que adorara
> de diferentes plumas, de manera
> que el monstruo cuya cara
> de una mujer copiaba la hermosura,
> en un pez enorme y feo rematara,
> al mirar tal figura,
> ¿dejaríais de reír, Pisones?»
>
> HORACIO, *Epístola a los Pisones*.
> Biblioteca Virtual Cervantes.

Estatua del poeta latino Publio Ovidio Nasón en la ciudad de Constanza, Rumanía.

Ovidio

La poesía de Ovidio (43 a. C.-17 d. C.) se centra en tres temas que se asocian con tres momentos de su vida. Su **primera etapa** coincide con su juventud y en ella el tema dominante es el amor. En ***Amores*** Ovidio ofrece la historia de sus amores por Corina, desde una perspectiva intimista.

> «Era el estío y el día brillaba en la mitad de su carrera;
> Me tendí en el lecho buscando reposar de mis fatigas. [...]
> De pronto llega Corina con la túnica suelta.
> cubriendo con sus cabellos la garganta de mármol [...].
> Le quité la túnica, cuya transparencia
> apenas ocultaba ninguno de sus encantos;
> pero ella pugnó por conservarla,
> aunque con la flojedad de quien desea la victoria
> pero se aviene de buen grado a ser derrotada.
> Cuando apareció completamente desnuda ante mis ojos,
> confieso que no vi en todo su cuerpo el más mínimo lunar.
> ¡Qué espalda!, ¡qué brazos pude ver y tocar!,
> ¡qué lindos pechos oprimieron con avidez mis manos! [...]
> Cuanto vi en ella merecería fervorosas alabanzas,
> y oprimí contra el mío su desnudo cuerpo.
> ¿Quién no adivina lo demás? Por fin, agotados,
> nos entregamos los dos al descanso.
> ¡Ay!, ojalá consiga saborear muchos mediodías semejantes.»
>
> OVIDIO, *Los amores*. El Aleph.

1 Indica la estructura del poema que Ovidio dedica a Corina. Justifícala.

En ***Arte de amar*** y ***Remedios de amor*** el poeta se presenta como experto en materia erótica y adopta una actitud didáctica teñida de ironía: da consejos a los hombres sobre cómo deben conquistar a las mujeres, y a estas, sobre cómo deben conservar el amor de los hombres.

> «Joven soldado que te alistas en esta nueva milicia, esfuérzate primero por encontrar el objeto digno de tu predilección; en seguida trata de interesar con tus ruegos a la que te cautiva, y en tercer lugar, gobiérnate de modo que tu amor viva largo tiempo. Este es mi propósito, este el espacio por donde ha de volar mi carro, esta la meta a la que han de acercarse sus ligeras ruedas.»
>
> OVIDIO, *Arte de amar*. El Aleph.

La **segunda etapa** poética de Ovidio llega con los ***Fastos***, obra en la que pretende hacer una descripción de las festividades romanas, y las ***Metamorfosis***, colección de doscientas cincuenta **leyendas mitológicas** que marcan la cima más alta de su arte y que se convierten en una auténtica enciclopedia a la que futuros artistas recurrirán habitualmente en busca de inspiración. En el siguiente fragmento de la leyenda de Apolo y Dafne, Ovidio narra el momento de la transformación, tan versionado en el futuro.

Metamorfosis, de Ovidio.
Grabado con la representación
de las muertes de Píramo y Tisbe.

«Apenas la plegaria acabó, un entumecimiento pesado ocupa su organismo,
se ciñe de una tenue corteza su blando tórax,
en fronda sus pelos, en ramas sus brazos crecen,
el pie, hace poco tan veloz, con morosas raíces se prende,
su cara copa posee: permanece su nitor[1] solo en ella.
A esta también Febo la ama, y puesta en su madero su diestra
siente todavía trepidar bajo la nueva corteza su pecho,
y estrechando con sus brazos esas ramas, como a miembros,
besos da al leño; rehúye, aun así, sus besos el leño.»

Metamorfosis (traducción de A. Pérez Vega).
Biblioteca Virtual Miguel de Cervantes.

[1] *nitor*: nitidez

La ambiciosa **intención** de Ovidio en las *Metamorfosis* era escribir una historia universal de la mitología desde la creación del mundo hasta la muerte de César, escogiendo para ello leyendas en las que se produjera la transformación de alguno de los personajes.

El tratamiento del mito se despoja de todo sentido religioso y las pasiones y conflictos de **los dioses se han humanizado** por completo. Para Ovidio la mitología es una excusa que le permite mostrar su maestría y preciosismo literario.

En el 8 d. C. Ovidio fue desterrado al Ponto Euxino, a orillas del mar Negro. Este acontecimiento marca el inicio de la **tercera etapa** de su evolución literaria, en la que predominan el **lamento del autor** y las **peticiones de clemencia** dirigidas a distintas personalidades. Pero las capacidades literarias que encumbraron a Ovidio como uno de los más grandes poetas romanos no sirvieron para que fuese perdonado. El escritor del amor y la mitología, el responsable en buena medida de la construcción del imaginario colectivo que Roma proyectará sobre la literatura posterior, murió en el exilio, consumido por el dolor de su desgracia. Las dos obras más significativas del periodo son *Tristes* y *Epístolas pónticas*.

TRISTES

«Mientras seas feliz contarás numerosos amigos; si el cielo de tu dicha se anubla, te quedarás solo. Mira cómo acuden las palomas a las blancas moradas, mientras que la torre ennegrecida por los años no recibe a ningún huésped alado. Nunca las hormigas se dirigen a los graneros vacíos, y nadie solicita la amistad del que perdió sus riquezas. Como a los rayos del sol sigue la sombra a nuestro cuerpo, y huye al momento que las nubes obscurecen su disco, así el vulgo inconsecuente sigue el brillo de la fortuna y se aparta al instante que la envuelve un nublado amenazador.»

OVIDIO, *Tristes*. El Aleph.

02.3 La prosa

Los dos autores que abordaremos a continuación representan ideas diferentes de lo que es la lengua literaria: Cicerón, optó por el discurso brillante, mientras que Julio César se decantó por una aparente sencillez estilística. Sin embargo, la intención de ambos coincide, pues utilizan el idioma como instrumento que sirve a finalidades concretas de tipo ideológico y político.

- **Cicerón** (106-43 a. C.) fue un brillante orador que ejerció su labor en una época conflictiva en la que cualquier palabra pronunciada podía tener graves consecuencias. Sus textos oratorios abordan tres asuntos diferentes. En unos se dedica a la teorización del **arte de la declamación**, en otros trata sobre la **defensa legal o acusación** de diferentes personajes, y un tercer grupo lo componen los **discursos de contenido político**, como los pronunciados contra Marco Antonio o las *Catilinarias*. También escribió un buen número de cartas literarias y de obras que podemos denominar filosóficas, en las que teoriza a partir de un problema personal.
- De **Julio César** (100-44 a. C.) se conservan dos textos de **asunto histórico** centrados en acontecimientos producidos entre el 58 y el 52 a. C. Los *Comentarios a la Guerra Civil* y *Comentarios a la guerra de las Galias* son obras que van más allá de lo puramente histórico, pues en ellas César escribe una autobiografía redactada en tercera persona en la que defiende las acciones de importancia llevadas a cabo. Son obras de **propaganda política**, aunque realizada de una manera muy inteligente, narrando los hechos de manera aparentemente objetiva, para que sea el lector el que les dé su verdadera importancia.

La historiografía romana no se reduce a Julio César ni mucho menos. Entre los historiadores romanos se hace necesario destacar a **Salustio** (86-35 a. C.), dedicado al relato de acontecimientos recientes que aborda con clara intención moralizante, destacando el análisis psicológico de los personajes históricos. **Tito Livio** (59 a. C-17 d. C.), en cambio, se remonta en el tiempo con su *Ab urbe condita*, con la pretensión de hacer una historia de Roma desde su fundación que promoviera el patriotismo.

La prosa romana no solamente cultivó la oratoria política o legal y la historia, sino que también nos ha dejado un par de ejemplos de **novelas** que siguen el modelo de la narración griega de época helenística. El esquema de este género se basa en la sucesión de aventuras imaginarias de personajes en trances conflictivos y que suelen terminar con un final feliz. Eso es lo que puede apreciarse en el *Satiricón*, de **Petronio**, caracterizada por su intención paródica y abundantes dosis de obscenidad. Más perfecta es *El asno de oro*, de **Apuleyo**, que narra en primera persona las peripecias de un personaje transformado en asno.

LA MUERTE DE CICERÓN, SEGÚN TITO LIVIO

«Ante la inminencia de la llegada de los triunviros, Cicerón se había alejado de Roma teniendo por seguro, como era cierto, que del mismo modo que Casio y Bruto no escaparon de la venganza de César Octaviano, él no podría sustraerse a la de Antonio. [...] Varias veces se adentró en el mar, pero siempre fue echado a la costa por los vientos, y sintiéndose incapaz de soportar las oscilaciones de la nave agitada por olas tempestuosas y cansado de tantas tentativas de fuga y de la vida, volvió a la villa diciendo: «Que muera en la patria, pues más de una vez la he salvado.» Consta que los suyos estaban dispuestos a luchar por él con valor y fortaleza; pero él les ordenó deponer la litera y esperar tranquilamente lo que la suerte inicua había dispuesto. Sacó de la litera la cabeza y la ofreció, inmóvil, a los golpes, que la seccionaron del busto. La estúpida crueldad de los soldados no se contentó con esto: también le cortaron las manos por haber escrito contra Antonio. Luego la cabeza fue llevada a Antonio, y por orden de este fue expuesta, entre las dos manos, en la tribuna donde él, perorando como cónsul aquel mismo año contra Antonio, había suscitado en el auditorio una admiración que jamás provocó otra voz humana.»

Martín de Riquer y José M.ª Valverde, *Historia de la Literatura universal*. Planeta.

1. Investiga quiénes son los personajes citados en el texto y su relación con Cicerón.

02.4 El teatro

Existía en Roma una **tradición teatral popular** de la que no quedan restos escritos más allá de los elementos que los autores de la comedia incorporaron en sus obras. Dentro de ese teatro popular merece especial atención la ***fabula atellana***, modalidad cómica caracterizada por la inexistencia de un argumento, por el hecho de que los personajes poseen un carácter fijo y preestablecido que facilita la improvisación de los actores y por la búsqueda de la comicidad mediante recursos cercanos a la grosería. Este tipo de representación influirá de manera determinante en la Commedia dell'Arte italiana del Renacimiento y, a través de ella, en otras modalidades teatrales que llegan hasta la actualidad.

El **teatro culto latino** bebe directamente de las fuentes del griego, tanto en lo referente a escenarios como a géneros y temas, aunque ofrece un **mayor desarrollo en la comedia**. Los dramaturgos romanos utilizaron la técnica de la **«contaminación»** para incorporar en sus obras argumentos, personajes y situaciones de diferentes obras griegas que mezclaban con libertad para ofrecer un nuevo producto adaptado a los gustos del público romano.

Dependiendo de la ambientación de las obras, cada uno de los géneros teatrales clásicos presentó **dos variantes** en la escena romana:

- **Tragedia**
  - La ***fabula cothurnata***, denominada así por el calzado utilizado por los actores —los *cothurnos*—, era una tragedia de asunto y ambientación griegos.
  - La ***fabula praetexta*** era también tragedia, aunque de ambientación romana, y su nombre proviene de un tipo de toga.
- **Comedia**
  - La ***fabula palliata*** toma su nombre de la túnica característica griega, el *pallium*. Sus argumentos están ambientados en Grecia y en ellos desempeña un papel esencial el esclavo que hace la función de gracioso y de guía de la historia. Este tipo de comedias es el cultivado por los dos autores más representativos del periodo, Plauto y Terencio, y al que pertenece la práctica totalidad de los textos conservados.
  - La ***fabula togata***, comedia de argumento y escenario localizado en Roma, en la que los actores visten la clásica toga romana.

Plauto

A Plauto (254-184 a. C.) se le atribuyen más de cien comedias, aunque la realidad es que solamente se conservan una veintena de ellas. La **intención** del autor es **provocar la carcajada** del espectador mediante cualquier recurso que se encuentre a su mano. Para ello no dudará en recurrir a un **lenguaje vulgar** cercano a lo obsceno, así como a la inclusión de personajes esquemáticos que representan grupos sociales, virtudes o defectos fuertemente ridiculizados, aunque sin que se advierta una actitud sancionadora o moralizante.

Teatro romano de Cartagena, Murcia.

+ EL MILITAR FANFARRÓN

Como sabemos, Plauto construyó sus personajes de manera esquemática con la intención de hacer burla de determinados colectivos sociales. Con *Miles gloriosus* les tocó el turno a los soldados que en tiempos de paz presumen con fanfarronería de un valor que nadie ha podido comprobar. Este personaje tipo se perpetuará en el tiempo y podremos encontrarlo en la *Commedia Dell'Arte* italiana convertido en Capitán Fracassa, por ejemplo, o en uno de los sonetos de Cervantes, titulado «Al túmulo de Felipe II en Sevilla», en el que el valentón toma la palabra para dejar constancia de su condición de matón en una circunstancia en la que no se discute el ardor guerrero de nadie. En el siguiente enlace podrás encontrar el soneto que te comentamos, así como el resto de los que compuso el insigne autor del Quijote: www.cervantesvirtual.com/obra-visor/sonetos-de-miguel-de-cervantes--0/html/ffd65f5a-82b1-11df-acc7-002185ce6064_1.html

El **argumento** de las obras de Plauto se construye mediante la técnica de la contaminación, aprovechando las situaciones dramáticas extraídas de la Comedia Nueva griega, aunque sobre la ambientación helénica introduce **abundantes referencias romanas** que actualizan el texto ante los ojos del espectador de su tiempo. El mundo griego de sus comedias refleja una clase media viciosa, decadente y ridícula que habita en los lugares que están siendo ocupados por Roma.

Desde el punto de vista de la **construcción de las obras**, sus comedias están basadas en un enredo amoroso en el que la acción se complica hasta límites insospechados gracias a diferentes mecanismos, como pueden ser los cambios de identidad de los personajes o el desconocimiento de los orígenes.

La **clasificación** de la producción teatral de Plauto que se ha conservado puede hacerse en cinco tipos, dependiendo de su asunto principal:

- Las **comedias de intriga**, en las que niños perdidos son encontrados tras múltiples aventuras.
- Las que representan las **aventuras de un joven** de buena familia, algo vividor y desorientado.
- Las **comedias de engaños** realizados por mujeres o esclavos.
- Las obras que presentan una cierta tendencia a la **moralización**.
- Una única comedia de **asunto mitológico** (*El Anfitrión*).

Terencio

Aunque también es autor de *fabula palliata*, el teatro de Terencio (190-159 a. C.) presenta importantes diferencias respecto al de Plauto. Pese a utilizar la técnica de la contaminación y mantener la influencia de la Comedia Nueva como rasgo de partida, su obra se aparta al sustituir la **intencionalidad** puramente cómica por la **moralizante**, derivada del tratamiento de temas de mayor hondura, como el problema de la educación y el desfase entre generaciones.

El deseo de Terencio de ofrecer al espectador **obras más artísticas**, en la línea de Menandro, explica que la acción sea mucho menos compleja, que escaseen las situaciones de comicidad vulgar y que el trabajo sobre los personajes se centre en su análisis psicológico, huyendo de los arquetipos esquemáticos empleados por Plauto.

Terencio compone sus comedias para un **público urbano, culto y refinado** al que ofrece unos argumentos bien construidos que resaltan el refinamiento moral y la dignidad de las costumbres.

La forma de entender el teatro de Terencio tendrá gran éxito durante la Edad Media y el Renacimiento. El autor romano será la gran referencia cómica de dramaturgos tan importantes como Shakespeare o Molière.

1 Escribe una breve reflexión sobre la siguiente cuestión: la presencia griega en el teatro romano. Puedes valerte de la información que existe en este libro de texto y de aquella que puedas encontrar haciendo una búsqueda en Internet.

+ LITERATURA Y OTRAS ARTES

La comedia romana en el cine

Richard Lester se inspiró en el teatro de Plauto para su película *Golfus de Roma* (1966). El filme no es una adaptación de ninguna obra concreta del dramaturgo romano, sino que incorpora elementos de varias de ellas: personajes característicos, situaciones intrincadas, esclavos intrigantes, estructura. La película es una magnífica puerta de entrada al mundo de la comedia clásica.

Actores representando una comedia. Mosaico procedente de Pompeya, siglo II a. C.

Influencia romana

Estatua de Séneca en su ciudad natal, Córdoba.

Roma fue capaz de recoger el legado cultural griego y adaptarlo a sus necesidades imperiales, lo que se materializa en la expansión de la cultura y valores romanos por un amplio territorio, desde Britania hasta Oriente Medio.

Aunque la presencia romana en la Península Ibérica se remonta al 218 a. C, no será hasta dos siglos después cuando pueda afirmarse que buena parte del territorio hispánico se encuentra ya romanizado y en condiciones de aportar ideas y nombres a la historia romana. En el terreno literario, desde el siglo I d. C. podemos encontrar algunos escritores nacidos en tierras hispánicas convertidos en protagonistas de la cultura romana de su tiempo.

La **poesía romana** oscila entre tres tendencias principales: la que se centra en la expresión de la intimidad, la que pone su foco de interés en la crítica y la moral y una tercera que aspira a identificar los valores comunes a la forma de ser romana.

Pese a que las principales aportaciones del **teatro romano** se encuentran en la comedia con Plauto y Terencio, el pensador hispanorromano **Lucio Anneo Séneca** nos ha dejado un conjunto de diez tragedias —casi todas de asunto griego— que revisten interés por su influencia en dramaturgos posteriores como Shakespeare.

Además de la poesía y el teatro, otros escritores hispanorromanos destacaron en el terreno de la **prosa discursiva**: el propio **Séneca**, con sus diálogos y cartas morales, **Quintiliano** y sus textos sobre oratoria, o el gaditano **Columela**, preocupado por la práctica de la agricultura.

MEDEA, DE SÉNECA

Medea participó en la muerte de sus familiares, entre ellos su padre y su hermano, para ayudar a Jasón; pero este decide abandonarla para casarse con Creusa (o Glauca, según las fuentes), hija del rey Creonte. En venganza, Medea envía a Creusa un vestido mágico que la abrasa cuando se lo pone, mata a sus propios hijos en presencia del padre y sale huyendo por los aires.

«MEDEA.—He decidido esta forma de castigo y lo he decidido con razón: el crimen extremo hay que prepararlo haciendo acopio de valor: hijos, antaño míos, pagad vosotros el castigo por los crímenes de vuestros padres.

El horror ha empezado a sacudir mi corazón, mis miembros están rígidos de escalofrío, y mi pecho se ha puesto a temblar. Se ha apartado la ira y vuelve la madre en su plenitud, echando fuera a la esposa. ¿Derramar yo la sangre de mis propios hijos? Piénsalo mejor, ¡ay!, insensata locura, ese crimen inaudito y esa espantosa impiedad, ¡lejos de mí también! ¿Qué delito van a expiar los desgraciados? El delito es tener a Jasón por padre y, delito aún mayor, a Medea por madre... Que sucumban, no son míos; que perezcan, míos son. Libres están de delito y de culpa, son inocentes: lo confieso. También lo fue mi hermano. ¿Por qué vacilas, alma mía? ¿Por qué riegan mi rostro las lágrimas y, envuelta en contradicciones, ora me lleva en un sentido la ira, ora en otro el amor?

Criaturas queridas, único consuelo de mi atormentado hogar, venid aquí y echaos sobre mí en estrecho abrazo... Pero apremia el destierro y la huida. Ahora mismo me los arrebatarán arrancándomelos del regazo entre llantos y gemidos. ¡Oh, qué crimen!... Que perezcan para su padre: para su madre ya han perecido.»

Lucio Anneo SÉNECA, *Medea*, en *Tragedias* I. Gredos.

1. ¿Qué dilema moral aborda Séneca en este texto? ¿Crees que tiene alguna justificación la decisión de Medea?
2. Entre otras cuestiones, Séneca expresa el desorden interior de los personajes. ¿Mediante qué recursos lingüísticos logra ese objetivo en el fragmento?
3. Al referirnos al teatro griego en esta unidad, hemos incluido un fragmento de la versión de Eurípides de *Medea*. Vuelve a leerlo y compara ambos textos. ¿Qué diferencias y similitudes aprecias?

ELABORA TU PROYECTO

LA MITOLOGÍA EN LA CULTURA OCCIDENTAL

Realiza individualmente o en pequeños grupos un póster digital, es decir una página web en la que puede mostrarse texto, imagen y sonido en torno a un tema común que le sirve como elemento unificador.

Elige uno de los cuatro temas que te proponemos y realiza una búsqueda de información:

- El nacimiento de Venus
- Laocoonte
- Apolo y Dafne
- Dánae

Puedes realizar esta tarea valiéndote de cualquier programa que permita crear presentaciones electrónicas; pero también puede ser de utilidad que emplees alguna aplicación web, como Lino o Padlet.

Ahora debes componer un póster en el que estarán presentes los siguientes recursos:

1. Datos de identificación:
   a. Título del póster.
   b. Nombres de los autores.
2. Recursos textuales:
   a. Breve relato —con vuestras propias palabras— del asunto mitológico abordado.
   b. Un fragmento significativo de un texto literario que se refiera al tema elegido.
3. Recursos gráficos:
   a. Imagen de una obra pictórica o escultórica que ilustre la cuestión.
   b. Video o archivo de sonido que guarde relación con el hilo conductor del póster.
4. Cita de las fuentes consultadas y enlace a su ubicación electrónica.

Recursos en la Red

→ www.en.linoit.com/

Lino: sencilla herramienta para crear notas virtuales.

→ www.es.padlet.com/

Padlet: útil aplicación para crear muros o pizarras en la nube.

→ www.elolimpo.com/

El Olimpo: sitio web con abundante información y recursos gráficos sobre mitología clásica.

→ www.clasicas.usal.es/Mitos/

Mitología clásica: sitio web creado por Mª del Henar Velasco López en el que puede encontrarse gran cantidad de información sobre mitos y leyendas.

→ www.cervantesvirtual.com/

En la **Biblioteca Virtual Cervantes** puede encontrarse una traducción de la *Metamorfosis* de Ovidio, uno de los principales depósitos de mitos al que se han referido multitud de escritores y artistas a lo largo de los siglos. (Introduciendo «Ovidio» en el buscador de la Biblioteca se llega a la traducción de Ana Pérez Vega: www.cervantesvirtual.com/obra-visor-din/metamorfosis--0/html/)

ELABORA TU ORGANIZADOR VISUAL

1 Asocia los poetas citados en esta unidad con alguno de los siguientes bloques temáticos: el amor, la moral, la crítica, la política, la cultura común. Ten en cuenta que algunos de ellos pueden relacionarse con más de un tema.

POESÍA CLÁSICA	Temas	Amor	Moral	Crítica	Política	Cultura común
	Autores					

2 Construye un mapa conceptual de las principales manifestaciones de la prosa y el teatro clásicos.

«A DELIO», DE HORACIO

«Acuérdate de conservar una mente tranquila
en la adversidad, y en la buena fortuna
abstente de una alegría ostentosa,
Delio, pues tienes que morir,
y ello aunque hayas vivido triste en todo momento
o aunque, tumbado en retirada hierba,
los días de fiesta, hayas disfrutado
de las mejores cosechas de Falerno[1].

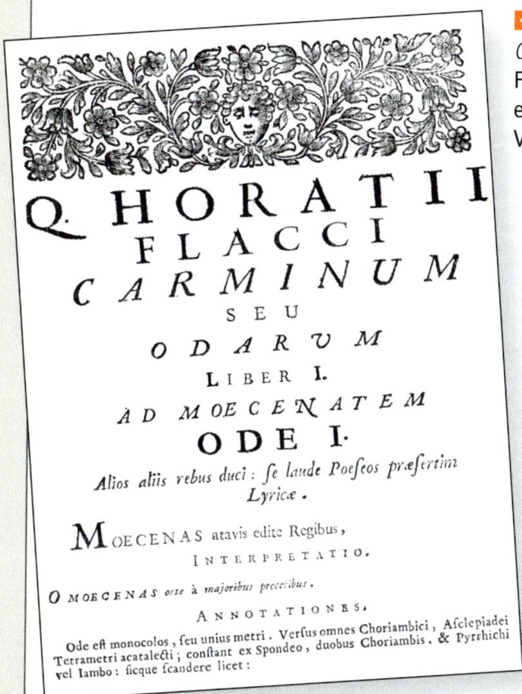
Q. HORATII FLACCI CARMINUM SEU ODARUM LIBER I.
AD MOECENATEM ODE I.
Alios aliis rebus duci: se laude Poeseos praesertim Lyricae.
MOECENAS atavis edite Regibus,
INTERPRETATIO.
O MOECENAS *orte à majoribus proceribus.*
ANNOTATIONES.
Ode est monocolos, seu unius metri. Versus omnes Choriambici, Asclepiadei Tetrametri acatalecti; constant ex Spondeo, duobus Choriambis. & Pyrrhichi vel Iambo: sicque scandere licet:

Odas, de Quinto Horacio Flaco. Portada de la edición realizada en Venecia en 1727.

¿Por qué al enorme pino y al plateado álamo
les gusta unir la hospitalaria sombra
de sus ramas? ¿Por qué la linfa fugitiva
se esfuerza en deslizarse por sinuoso arroyo?
Manda traer aquí vinos, perfumes y rosas
—esas flores tan efímeras—, mientras
tus bienes y tu edad y los negros hilos
de las tres Hermanas te lo permitan.
Te irás del soto que compraste, y de la casa,
y de la quinta que baña el rojo Tíber;
te irás, y un heredero poseerá
las riquezas que amontonaste.
Que seas rico y descendiente del venerable
Ínaco nada importa, o que vivas
a la intemperie, pobre y de ínfimo linaje:
serás víctima de Orco[2] inmisericorde.
Todos terminaremos en el mismo lugar.
La urna da vueltas para todos.
Más tarde o más temprano ha de salir
la suerte que nos embarcará
rumbo al eterno exilio.»

Antología de la poesía latina. Alianza.

[1] Lugar de Italia donde se producía un afamado vino.

[2] Reino de los muertos.

COMENTARIO DE TEXTO

Localización del texto

1. Sitúa el poema en el panorama de la poesía romana e indica las razones que lo avalan.
2. Indica a qué periodo de la evolución poética de Horacio pertenece el texto y por qué.

Contenido

3. Comenta el tema del texto. Intenta vincularlo con alguno de los tópicos estudiados en la unidad.

Técnica

4. Señala las partes que pueden señalarse en la estructura del texto.
5. Comenta los aspectos formales más significativos del poema y el sentido de los mismos.

Valoración

6. En la actualidad, muchas personas se lanzan al goce del instante al grito de «YOLO» (*You only live once: solo se vive una vez*). Escribe un breve texto en que conectes esta tendencia con lo expresado por Horacio en su poema. ¿En qué se asemejan? ¿En qué se diferencian?

Teoría relacionada

7. Desarrolla el siguiente tema: la poesía grecorromana entre el yo y el nosotros.
8. Define los siguientes tópicos literarios: *locus amoenus*, *beatus ille*, *odi profanum vulgum*, *carpe diem*.

02 LITERATURA MEDIEVAL

01 La difusión de la cultura en la Edad Media

Con la caída de Roma no se produce el aislamiento completo de la cultura europea. Para permitir el viaje fluido de las ideas, el mundo medieval dispone de cuatro figuras que garantizan el intercambio cultural:

01.1 El juglar

La cultura que transmiten los juglares medievales es fundamentalmente de **carácter popular** y va dirigida a los estamentos no privilegiados y algunas veces a los estamentos nobles. Desde el punto de vista literario, los juglares difunden el género de la epopeya o **cantar de gesta**, que habla de héroes y sus hazañas guerreras, y el de la **lírica**, que aborda cuestiones relacionadas con el amor, la fiesta o el trabajo.

01.2 El clérigo

El clérigo, en cambio, es el difusor y, a menudo, **creador de obras cultas** que van dirigidas a personas capaces de comprenderlas, pertenecientes a nobleza y clero. Cultivaron todo tipo de **géneros**, pero destacaron en la **didáctica** y la **narración** en prosa y verso. También conservaron la literatura popular que hoy conocemos, ya que pusieron por escrito o dieron noticia de los textos de los juglares.

01.3 El trovador

Aparece en el siglo XII y puede considerarse sinónimo de *poeta*, pues su dedicación preferente fue la **composición de textos líricos**, especialmente de temática amorosa. Fueron hombres cultos pertenecientes a la nobleza, que encontraron en la creación literaria la dimensión artística que completaba sus vidas en la corte. Entregaban sus textos a un grupo reducido de gentes cercanas para que los difundieran.

01.4 El peregrino

Los peregrinos viajaban durante años y se empapaban de los asuntos, técnicas y modas literarias de los lugares por los que pasaban. Los **géneros** en los que más se dejó sentir el intercambio fueron los más enraizados en lo popular: el **cantar de gesta**, la **lírica amorosa** y el **cuento folclórico**.

CLÉRIGOS Y JUGLARES

El autor de *Libro de Alexandre*, un clérigo español del siglo XIII, establece diferencias entre su arte y el de los juglares analfabetos. Él utiliza la métrica regular («sílabas contadas») como muestra de su saber hacer.

«Mester traigo hermoso,
[que no es de juglaría;
mester traigo sin pecado,
[que es de clerecía:
hablar curso rimado,
[por la cuaderna vía,
con sílabas contadas,
[que es gran maestría.»

02 La literatura del caballero

La Edad Media fue una época dominada por las guerras y enfrentamientos bélicos de todo tipo. Ese hecho determina que el caballero guerrero se convierta en el centro de atención de muchas obras. Los autores los presentan como la **representación del valor, el honor, la lealtad** y todo tipo de altas virtudes, aunque algunos de ellos incumplan el código de honor del caballero. El guerrero fue protagonista indiscutible de dos modalidades literarias, la epopeya y la narración caballeresca. Observa las diferencias en la siguiente tabla:

Epopeya	Narración caballeresca
Anterior al siglo XII.	Posterior al siglo XII.
Tema: la guerra.	Tema: aventuras, amor, guerra.
Personajes: héroes sabios, fuertes y símbolos de la nación.	Personajes: caballeros y damas.
Transmisión oral.	Transmisión escrita.
Autor anónimo y colectivo.	Autor individual y conocido.
Compuesta en verso.	Compuesta en verso y, después, en prosa.
Dirigida preferentemente al estamento no privilegiado.	Dirigida preferentemente a los estamentos privilegiados.

02.1 La epopeya medieval

La epopeya medieval sigue la misma línea que la clásica, pues también es el relato de acciones guerreras protagonizadas por héroes que representan el ideal de fuerza, valor y sabiduría. Este género ha llegado hasta nosotros gracias a su puesta por escrito en fechas muy posteriores a las de composición. En casi todos los casos, la escritura de las epopeyas se debe a **autores cultos** que unificaron y refundieron el material existente con la intención de fijarlo y embellecerlo.

En la epopeya medieval europea se pueden identificar **dos tendencias**:

- **La épica germánica**, que relata asuntos legendarios en la mayoría de los casos y no suele incluir contenidos cristianos.
- **La épica románica** (francesa y castellana, principalmente), donde las acciones están protagonizadas por personajes históricos.

La épica germánica

Se supone que las **primeras obras** de la épica germánica datan del **siglo VIII** y tuvieron su origen en Islandia, Escandinavia y Centroeuropa. Destacan los *Edda*, un conjunto de narraciones breves sobre mitología nórdica compuestos a partir del siglo IX. Contemporáneas de los *Edda* son las *Sagas*, conjunto de relatos sobre las aventuras de personajes legendarios a los que se presenta como reales. Pero, sin duda, la obra más importante de la épica germánica es *El cantar de los Nibelungos*.

+ LOS NIBELUNGOS

La leyenda

Unidad 2
Doc. 1

Lee aquí un resumen de la leyenda de los Nibelungos.

Cartel del estreno de *Los Nibelungos: la muerte de Sigfrido* (1924), dirigida por Fritz Lang.

+ EL CANTAR DE LOS NIBELUNGOS

Principales innovaciones:

- Reúne leyendas procedentes de **fuentes escandinavas y alemanas** en una única obra.
- El verdadero **tema** es la **venganza** personificada en el personaje de Krimilda.
- El **protagonismo** se alterna entre los personajes masculinos (Sigfrido, Gunter y Hagen) y los femeninos (Brunilda y Krimilda), a diferencia de otros textos épicos en los que la mujer no tiene peso en la narración.
- El autor demuestra su interés por captar la **psicología femenina** y presentar personajes que evolucionan a lo largo de la obra.

La épica románica

En la épica románica o cantar de gesta pueden distinguirse diferentes variantes dependiendo de la lengua en que se compusieran las obras, aunque todas comparten algunos **rasgos comunes**:

- Los relatos parten de un **hecho histórico** documentado que es deformado y mezclado con elementos maravillosos.
- Incorporan como contenido primordial la **defensa de la cristiandad** frente a la presión islámica.
- La ambientación de la mayoría de las obras se sitúa en **España**, frontera entre los reinos musulmanes y cristianos.
- Suelen narrar la **biografía de un héroe** en una época determinante de su vida (la última batalla de Roldán o el destierro del Cid).
- Los cantares de gesta **se agrupan en ciclos**; es decir, en conjuntos de relatos que abordan la figura del héroe o de su linaje en diferentes momentos.

Dentro de la épica románica, los **cantares de gesta franceses** son los más abundantes y mejor conservados, ya que a partir del siglo XIII se pone de moda en Francia la copia de estos textos en manuscritos lujosos destinados a su conservación en las bibliotecas.

El Cantar de Roldán

Es el más importante de los poemas épicos franceses. Aunque probablemente fue compuesto en torno al año 1000, el texto que hoy conocemos es la refundición que hizo Turoldus, a finales del siglo XI, con la intención de regularizar el verso y la narración para ofrecer a los juglares una versión embellecida y moderna.

Uno de los aspectos más interesantes del *Cantar de Roldán* es la caracterización de sus **personajes** principales:

CARLOMAGNO	Rey de los francos, anciano poco hablador, vigoroso y protegido por Dios. Se define por el amor hacia sus caballeros y la cristiandad, lo que provoca que al final del relato vierta sus lágrimas cuando el arcángel San Gabriel le pide que acuda en ayuda de otro príncipe cristiano.
ROLDÁN	El prototipo del héroe, valiente y fuerte, aunque demasiado orgulloso e indisciplinado. Precisamente su carácter temerario es lo que determina el triste final del ejército francés, ya que el orgullo de Roldán le impide hacer sonar el cuerno para pedir ayuda a Carlomagno.
OLIVEROS	Compañero del héroe, es el complemento perfecto de Roldán. También es valiente y poderoso, pero además reúne las virtudes de la prudencia y la disciplina militar.
GANELÓN	El noble francés que traiciona a Carlomagno. No es presentado como un ser repugnante lleno de defectos, sino como un caballero gallardo y valeroso que tiene el corazón tierno. Lo que le pierde es su deseo de venganza al sentirse ofendido por la fanfarronería de Roldán.

+ CANTAR DE ROLDÁN

Roldán, sobrino de Carlomagno, dirige la retaguardia de las tropas francesas en el paso de Roncesvalles, pero, traicionados por el noble francés Ganelón, son atacados y aniquilados por las tropas del rey musulmán Marsilio. Ya agonizante, Roldán toca el cuerno para avisar a Carlomagno que, al llegar y encontrar muertos a Roldán y a su compañía, pide a Dios que pare el sol. De esa manera consigue alcanzar al ejército sarraceno y derrotarlo, vengando así la muerte de Roldán. Posteriormente, el traidor Ganelón es juzgado y ajusticiado.

«Batalla de Roncesvalles: muerte de Roldán», de J. Fouquet, en *Grandes crónicas de Francia* (siglo XV), Biblioteca Nacional de París.

02.2 La narración caballeresca

En el siglo XII, se inicia un nuevo género literario, la narración caballeresca, emparentado con los cantares de gesta, pues tiene al caballero como protagonista y el ejercicio de las armas como actividad primordial. Los **rasgos** que más claramente diferencian a estos dos géneros son:

- La narración caballeresca es obra de **autores cultos**, de clérigos, que componen sus **textos para ser leídos** por un público culto.
- El **asunto bélico** casi exclusivo de los cantares de gesta se amplía, añadiéndose el **tema** amoroso y las aventuras inverosímiles. Esto explica que, junto al héroe, aparezcan personajes no habituales: los seres fantásticos y la mujer (solo presente hasta entonces en la épica germánica).
- El protagonista de las narraciones caballerescas es el **caballero individual**, que ya no representa a ninguna nación o Estado, sino a sí mismo o a la caballería, entendida como institución ideal.
- El caballero protagonista del relato persigue uno de los dos **objetivos** siguientes: la **gloria**, a través de la realización de algún hecho extraordinario, o la purificación y **perfección moral**.

El caballero de la carreta, Chrétrien DE Troyes.

La narración caballeresca evoluciona a lo largo de tres **etapas**:

Primera mitad del siglo XII	Mediados del siglo XII	Desde el siglo XIV hasta el siglo XVI
Se componen las primeras narraciones caballerescas. Destaca sobre todo la historia de los amores de *Tristán e Isolda*.	Comienza la producción literaria de **Chrétien de Troyes**. El género se centra en la **materia de Bretaña**, es decir, la leyenda del rey Arturo y sus caballeros.	Se desarrolla, **en castellano y catalán**, en la península ibérica. Las historias ya no tienen relación directa con la materia artúrica y los personajes se convierten en **caballeros andantes** que viven aventuras inverosímiles.

"

EL TORNEO, ELEMENTO CENTRAL DE LA VIDA CABALLERESCA

«Mientras la reina estuvo fuera del país, celebraron consejo las damas y doncellas privadas de protección, y decidieron que querían casarse lo antes posible. Para ello, la asamblea creyó oportuno organizar un gran torneo. Presidían ambos bandos la dama de Pomelegoi y la dama de Noauz. [...]

La nueva del torneo conoció Lanzarote, la hora y la fecha, y en sus ojos no escasearon lágrimas, ni su corazón se alegró cuando lo supo. Doliente y pensativo le ve la dama de la casa, y en secreto le dice:

—Señor, por Dios y vuestra alma, decidme la verdad, ¿por qué estáis tan cambiado? No bebéis ni coméis, no os veo bromear ni reír. Podéis confiarme sin temor alguno vuestro pensamiento y vuestro dolor.

—¡Ah! Señora, no os maravilléis, por Dios, si estoy triste. Desamparado estoy, en verdad, cuando no puedo estar allí donde todo lo hermoso del mundo se da cita, en este torneo que reúne, según se dice, a todo un pueblo. Sin embargo, si quisierais y Dios os hiciese tan generosa que me dejaseis ir, estad completamente segura de que, como respuesta a vuestro gesto, regresaría aquí inmediatamente, en calidad de prisionero.»

Chrétien DE TROYES, *El caballero de la carreta*. Labor.

1. ¿Qué papel juegan las mujeres en el texto?
2. ¿Cuál es el motivo de la celebración del torneo?
3. ¿Qué diferencias entre narración caballeresca y cantares de gesta se advierten en el fragmento?

El ciclo artúrico

Con el nombre de ciclo artúrico o **materia de Bretaña** se designa a un conjunto de obras que abordan la historia de un rey semilegendario, **Arturo**, y de la corte caballeresca que construyó a su alrededor en la mítica ciudad de Camelot.

Se trata de un **grupo de obras muy diferentes entre sí**, que van desde los tratados históricos hasta el relato de pura ficción o los textos de intención didáctica que convierten al rey y a sus caballeros en emblemas de la cristiandad. Estas obras fueron escritas en diferentes lenguas y distintos países, transformando a los personajes en símbolos de valores universales y no nacionales.

La variedad de enfoques de los personajes explica que se encuentren importantes diferencias en las historias narradas en cada obra, así como en el tratamiento de los personajes principales. A pesar de ello, es posible indicar cuatro **motivos argumentales** del ciclo artúrico:

- El primero de dichos núcleos temáticos es el paso de un mundo caótico a otro ordenado. El personaje que protagoniza este núcleo es el propio Arturo, destinado a unificar y pacificar la tierra. Los sucesos más importantes serán:
  - El engendramiento del futuro rey.
  - La coronación del personaje, gracias a que disponía de la espada mágica Excalibur.
  - La creación de la Tabla Redonda, en torno a la cual se reunirá la flor de la caballería una vez Arturo haya sido coronado rey y llevado la paz al reino.
- El segundo núcleo narra el paso del mundo ordenado y pacificado por Arturo a una nueva situación de caos y violencia. El protagonismo es asumido ahora a otros personajes: Ginebra, la esposa de Arturo, y Lanzarote, su fiel amigo, mantienen una relación amorosa y traicionan al rey provocando la desestabilización del reino.
- Como consecuencia del desorden, los caballeros de la Tabla Redonda acometen la misión de restablecer la estabilidad de Arturo y el reino. Nuevos personajes aparecen vinculados a este núcleo argumental: Perceval, que encuentra el **Grial*** pero no es capaz de comprender su significación, es quizá el más interesante de todos ellos.
- El ciclo se cierra con la última batalla del rey Arturo y sus caballeros, tras la cual el rey parte a bordo de una misteriosa nave camino de la isla de Avalon. Según la leyenda anglosajona, desde allí volverá cuando el reino lo necesite.

> «Todos los hombres de cualquier rincón de Inglaterra dicen que el rey Arturo no ha muerto, sino que está en algún lugar por voluntad de nuestro señor Jesucristo; y la gente dice que volverá y volverá con la santa cruz. Yo no sé si esto sucederá, pero estoy seguro de que cambiará la vida aquí y en este mundo.»
>
> Thomas MALORY, *La muerte de Arturo*. Siruela.

+ ARTURO, HISTORIA Y LEYENDA

Aunque no está demostrada su existencia histórica, parece que existió en Gran Bretaña un Arturo Pendragón, que en la primera mitad del siglo VI dirigió la resistencia de los britanos contra los invasores anglosajones.

Según la leyenda, Arturo fue hijo de Uther, rey de Britania. Estuvo oculto durante su infancia hasta que en la adolescencia fue presentado al pueblo y coronado rey. Arturo y sus caballeros brillaron en cuantos hechos de armas participaron hasta que el rey se enfrentó a su sobrino Mordred que le había traicionado. En dicha batalla muere el traidor y Arturo es conducido a la mítica isla de Avalon para sanar de sus heridas.

El rey Arturo y los caballeros de la Tabla Redonda.

* GLOSARIO

El Grial: la palabra *grial* designa a un plato o copa utilizada en los banquetes. Pero interesa más su sentido legendario, según el cual el Santo Grial fue la patena o el cáliz empleado por Jesús en la Última Cena y entregado por Cristo resucitado a José de Arimatea. Se trata, por tanto, de un objeto mitológico al que se asignan propiedades maravillosas.

Como ya hemos apuntado, el universo artúrico es tremendamente complejo porque no fue creado por una única mano ni en una misma época, sino que se fue haciendo a lo largo del tiempo. En **la construcción del argumento del ciclo** se observan diferente momentos:

- Con anterioridad al siglo XII, **Geoffrey de Monmouth** dedica a Arturo unos pasajes de su *Historia de los reyes de Bretaña* basándose en la tradición oral celta. Monmouth introduce algunos de los principales personajes (Arturo y Ginebra, Merlín, Morgana), habla de la corte caballeresca de Camelot y menciona el traslado del rey a la isla de Avalon. **Norman Wace** traducirá al francés la obra de Monmouth, incorporando la Tabla Redonda.
- El **desarrollo del mito** artúrico llega en el siglo XII con el escritor francés **Chrétien de Troyes**, quien compone cinco novelas en verso sobre el asunto, entre cuyas aportaciones destacan:

Incorpora dos personajes esenciales en la historia: Lanzarote, en *El caballero de la carreta*, y Perceval, en ***El cuento del Grial***.	Establece la estructura de las novelas artúricas como un viaje de búsqueda del caballero errante.	Fija el código del caballero, que se define por su lucha contra la maldad, la pereza y la sensualidad, aunque a menudo acabe siendo vencido por sus pasiones.	Añade la búsqueda del Grial a la materia artúrica.

- En el siglo XIII se **cristianiza el ciclo** mediante la condena del espíritu mundano de la caballería y de las relaciones amorosas que llevan al desastre la corte de Camelot. Se incorpora el personaje de Galahad.
- **Thomas Malory**, ya en el siglo XV, escribe *La muerte de Arturo*, libro que ofrece un resumen completo de la materia de Bretaña y en el que ya aparecen integrados y unificados los principales episodios.
- **Desde la Edad Media hasta hoy**, la historia de Arturo y sus caballeros ha seguido siendo un asunto vivo. Durante el siglo XIX se produce un renacer de la materia caballeresca gracias a escritores como Mark Twain (autor de la novela *Un yanki en la corte del Rey Arturo*, 1889) o el músico Wagner (compositor de la tetralogía **El anillo del Nibelungo**, 1848-1874), que ven en estos argumentos una manera de referirse indirectamente a acontecimientos de su presente. En el siglo XX, el cine y de la novela histórica de consumo encuentran en la materia artúrica una fuente inagotable de inspiración.

+ CABALLEROS DE LA EDAD MEDIA

Lanzarote, Perceval y Galahad

- **Lanzarote** es el caballero mundano, valeroso, brillante y atractivo. Sin embargo, se deja arrastrar por su pasión amorosa hacia la esposa de Arturo, Ginebra.
- **Perceval** es criado al margen de la corte y su voluntad le lleva a aprender qué significa la caballería a través de distintos episodios. Pero le falta la formación suficiente y fracasará cuando encuentre el Grial y no sepa interpretar su importancia.
- **Galahad**, en cambio, sí simboliza la perfección cristiana del caballero, ya que es capaz de mantener su vida y sus acciones al margen de los vicios mundanos que amenazan al caballero.

> LITERATURA Y OTRAS ARTES

El ciclo artúrico y el cine

El cine ha abordado los episodios artúricos de dos formas diferentes: haciendo adaptaciones explícitas del ciclo de manera más o menos libre (así lo encontramos en filmes como *Excalibur*, de John Boorman) o introduciendo referencias indirectas en las películas (esta opción ha sido la elegida por George Lucas, en *La guerra de las galaxias*, o por Steven Spielberg, en *Indiana Jones y la última cruzada*).

PERCEVAL DESCUBRE LA CABALLERÍA

La madre de Perceval cría a su hijo en un bosque porque quiere apartarlo de los peligros físicos y morales de la caballería. Sin embargo, la tendencia natural del muchacho aflora en el momento en que se encuentra por primera vez con un caballero y queda deslumbrado por él.

«—Muchacho, no tengáis miedo.

—No lo tengo —dice el muchacho—, por el Salvador en quien creo. ¿Sois vos Dios?

—De ningún modo, a fe mía.

—¿Quién sois, pues?

—Soy un caballero.

—Jamás conocí a caballero —responde el muchacho— ni vi ni oí hablar nunca de ninguno, pero vos sois más hermoso que Dios. ¡Ojalá fuera yo así, tan reluciente y hecho de este modo!»

Chrétien DE TROYES,
El cuento del Grial. Espasa Calpe.

03 La literatura erudita. De los goliardos al Humanismo

Existe una idea tópica de la Edad Media como época en la que impera el bajo nivel intelectual. Sin embargo, la labor de los intelectuales o clérigos es determinante, ya que a ellos se debe la continuación del saber clásico, la escritura de las composiciones de transmisión oral y la creación de obras que hunden sus raíces en todas las fuentes culturales del periodo, tanto las de origen popular como las de origen culto.

Los intelectuales de la Edad Media fueron los creadores de un amplio conjunto de obras definidas por el sustrato cultural que encierran y por estar dirigidas a un público capaz de comprender las referencias eruditas que incorporan.

Los **temas** más habituales en esta tendencia literaria pueden organizarse en tres bloques:

- La comunicación del saber. Los autores abordarán diferentes temas casi siempre con una intención didáctica: la religión y la moral, el pasado histórico o la reflexión filosófica.
- El canto a los placeres mundanos del amor, el vino y la diversión.
- La crítica de ciertas costumbres sociales y el ataque concreto a personalidades o instituciones.

La literatura erudita atraviesa tres **etapas** a lo largo de la Edad Media, en cada una de las cuales predominan unos temas determinados y una forma de expresarlos:

- **El primer periodo se extiende hasta finales del siglo XII**, aproximadamente. En él encontramos como rasgo definitorio el hecho de que las obras estén escritas en **latín**, considerada la lengua de cultura universal. Desde el punto de vista temático, predomina el didactismo religioso y moral.
- **Entre los siglos XIII y XIV los autores cultos comienzan** a abandonar el latín como lengua exclusiva de cultura y ganarán peso las lenguas vernáculas europeas. Cobra importancia la preocupación por la historia y, sobre todo, la crítica social.
- **En los primeros años del siglo XIV** aparece en Italia el **Humanismo** de la mano de Dante, Petrarca y Boccaccio. Esta tendencia es la propia de un nuevo tipo de intelectual que desea acercarse a la cultura clásica directamente y recupera el latín como lengua de expresión escrita. Lo más destacado en el contenido de sus obras es la valoración de lo humano, frente a la importancia que lo divino tenía en la literatura intelectual anterior.

A continuación, nos centraremos en dos escuelas literarias que reflejan algunos de los rasgos definitorios de las dos primeras etapas: la **poesía de los goliardos**, como representación de la primera, y la **narración erudita**, como ejemplo de la segunda. En el caso de los **orígenes del Humanismo**, abordaremos las figuras de Dante, Petrarca y Boccaccio.

POESÍA TABERNARIA

«Cuando estamos en la taberna
no nos preocupamos de nuestro
[entierro,
sino que nos precipitamos al juego,
en el que siempre nos afanamos. [...]
Bebe la señora, bebe el señor,
bebe el soldado, bebe el clérigo, [...]
bebe el siervo con la criada, [...]
bebe el niño, bebe el viejo,
bebe esta y bebe aquel,
beben ciento, beben mil.»

Carmina Burana, en *Historia de la literatura universal*. Planeta

1. ¿Qué sentido tiene la relación de bebedores que aparece en el poema del *Carmina Burana*? ¿Crees que puede haber algún tipo de denuncia social en dicha relación?

03.1 La poesía de los goliardos

Con el término *goliardo* se denomina a los clérigos y estudiantes universitarios de sólida formación intelectual que, entre los siglos XI y XIII, compusieron **poemas líricos** en los que abandonaban la erudición para centrarse en el canto a los placeres.

La poesía de los goliardos se ha conservado en distintos cancioneros, como el *Carmina Burana*, que reúnen textos de diversos autores y que abordan dos **temas** principales:

- El más habitual de los asuntos es la referencia autobiográfica del goliardo a su vida amorosa vinculada a los ambientes tabernarios, en los que corre el vino y domina la diversión placentera. El goliardo conocido como Archipoeta de Colonia combina en el siguiente poema sus dos debilidades, la mujer y el vino:

> «Es cosa muy ardua vencer a la naturaleza
> y que a la vista de una doncella la mente permanezca pura;
> los jóvenes no podemos seguir una ley tan dura
> y no prestar atención a cuerpos tan tiernos.
> Me propongo morir en la taberna
> para que el vino esté cerca de mi boca agonizante
> y que entonces cante alegremente el coro de los ángeles:
> Dios. Sé propicio a este santo bebedor.»
>
> Martín DE RIQUER y José M.ª VALVERDE, *Historia de la Literatura universal*. Planeta.

- La crítica y el ataque a las instituciones religiosas es otro asunto recurrente en esta modalidad poética, en especial, la denuncia de la hipocresía y corrupción eclesiástica.

03.2 La narración erudita

La otra gran aportación literaria de los intelectuales medievales presenta textos de carácter serio y erudito en los que se narran **acontecimientos históricos** o **sucesos inventados**.

Entre las autores que se ocupan de **asuntos históricos**, destacan los historiadores franceses como Wace en el siglo XIII y, sobre todo, **Jean de Froissart**, que a finales del siglo XIV escribe una crónica excepcional de los acontecimientos de su tiempo. Lo más relevante del texto de Froissart es la mezcla del dato histórico documentado con sus propias apreciaciones sobre lo que ha vivido o le han contado. De este modo, su obra, *Crónicas de Francia, de Inglaterra y de los países vecinos*, se aparta de la historiografía convencional para acercarse más hacia lo novelístico.

En el terreno de la narración de **pura ficción** es inevitable referirse a la **clerecía castellana**. Esta tendencia se desarrolla entre los siglos XIII y XIV, y reúne las obras de clérigos castellanos preocupados por dos **temas** principales:

- Historias religiosas, modalidad en la que destaca Gonzalo de Berceo.
- Asuntos profanos. El gran autor de esta temática es, sin lugar a dudas, **Juan Ruiz** con su *Libro de Buen Amor*, en el que es capaz de integrar todos los temas y formas de expresión propias del intelectual medieval.

> «Yo he visto a muchos monjes en
> [sus predicaciones
> denostar al dinero y a las sus
> [tentaciones,
> pero, al fin, por dinero otorgan los
> [perdones,
> absuelven los ayunos y ofrecen
> [oraciones.»
>
> Juan RUIZ, *Libro de Buen Amor*. Castalia.

Juan RUIZ, poeta español autor del *Libro de Buen Amor*.

1. Identifica las dos partes en que se estructura el poema del Archipoeta de Colonia. ¿Qué tema domina en cada una de ellas? ¿Qué relación crees que existe entre ambas partes?

2. En un mundo tan dominado por los valores morales cristianos, ¿por qué piensas que algunos clérigos se interesaron por los placeres del vino y el amor?

03.3. Los orígenes del Humanismo

Dante Alighieri

Dante representa a la perfección al intelectual humanista del final de la Edad Media que prepara ya el camino hacia lo que será el Renacimiento. Fue capaz de escribir tanto en lengua latina como en italiano y demostró un profundo conocimiento de la cultura profana y de la cristiana. Aunque siempre estuvo preocupado por el saber, no por ello dejó de inmiscuirse en los asuntos políticos de su tiempo, en los que tuvo una participación protagonista. Compuso obras de géneros y asuntos tan diversos como la lírica amorosa o el tratado sobre cuestiones lingüísticas.

Sus **obras** se clasifican en dos grupos:

- Las obras escritas **en latín** tratan sobre cuestiones de tipo político o filosófico. A este grupo pertenece *De vulgari eloquentia*, un tratado en el que defiende el uso de la lengua romance como herramienta apta para la alta literatura. También son de interés su *Monarchia*, un tratado político en el que defiende la separación entre Iglesia y Estado, y el *Convivio*, texto en el que nos ofrece sus ideas filosóficas.
- Las obras escritas **en lengua toscana**, *Vita nuova* y *Divina comedia*, abordan cuestiones mucho más personales y son las responsables de la fama posterior del autor.

La *Vita nuova*, compuesta entre 1292 y 1294, fue escrita como consecuencia del conocimiento de la muerte de Beatrice. El libro es una colección de textos en prosa y poemas que tratan en su conjunto la historia amorosa del poeta y la dama.

DANTE ALIGHIERI

Nació en Florencia en 1265, en el seno de una familia aristocrática. En una época convulsa de la vida política florentina, se adscribió a una de las facciones en conflicto y llegó a ocupar en 1300 la más alta magistratura de la ciudad. Al año siguiente, al perder su facción el poder, fue condenado al exilio y posteriormente a muerte, en el caso de que volviese a Florencia. Murió exiliado en Rávena, en 1321.

Dante se enamora de Beatrice al verla por primera vez en 1274. La dama florentina murió en 1290 con apenas veinte años. Nada más se sabe sobre ella, aunque lo que realmente interesa del personaje es el tratamiento que Dante le da como ser angelical capaz de llenar el mundo de hermosura.

BEATRICE

«Lleva en sus ojos al amor sin duda
la que embellece todo lo que mira;
y tal respeto su presencia inspira,
que el corazón le tiembla al que saluda.

Dobla él la faz que de color se muda
y sus defectos al sentir suspira;
huyen ante ella la soberbia e ira;

¡oh bellas, dadme en su loor ayuda!
Toda dulzura, toda venturanza
nace en el alma del que hablar la siente;
mas, si en sus labios la sonrisa brilla,

se muestran tal, que ni la lengua alcanza
nunca a decir, ni a comprender la mente
tan nueva e increíble maravilla.»

Sonetos italianos (edición de C. ALTHAUS).
Biblioteca Digital Andina.

«El resplandor de Beatriz», ilustración de Salvador Dalí para una edición de 1960 de *La Divina Comedia* de Dante.

1. Comenta el tema del poema.
2. ¿Qué elementos físicos de la mujer destaca Dante? ¿Qué efecto producen en el poeta?

La **estructura** de la *Vita nuova* sigue un orden cronológico en el relato de su relación amorosa:

- El **nacimiento del amor**. Dante encuentra a Beatrice y cae perdidamente enamorado.
- La **muerte de Beatrice**. El poeta tiene una visión que anuncia la muerte de la amada y que se confirma con la noticia real de la misma. Tras este hecho, en el libro domina la expresión del dolor y el recuerdo emocionado de la mujer.
- La **aparición de otra mujer**, al final de la *Vita nuova*, que consuela a Dante y está a punto de conquistar su corazón, aunque el poeta es capaz de mantener su fidelidad póstuma a Beatrice.

Los últimos años de su vida, entre 1307 y 1321, fueron empleados por Dante en la composición de la *Divina comedia*. La intención del autor era ofrecer un resumen completo de la sabiduría de su tiempo, aunque junto a ese interés nos dejará también su visión del mundo presente y del carácter humano.

Se trata de un largo poema narrativo en el que se relata el viaje alegórico realizado por el autor por los mundos de ultratumba. Todo el viaje se organiza en torno al número tres, ya que tres son las partes del poema (Infierno, Purgatorio y Cielo), que a su vez se dividen en treinta y tres cantos compuestos en tercetos, y tres son los personajes conductores de la narración: Dante, Virgilio y Beatrice.

El **poema** se divide en tres partes:

- **Infierno.** Acompañado por el poeta Virgilio, símbolo del saber pagano y encargado de devolver a Dante al recto camino, se inicia la ruta por los espacios infernales hasta llegar al lugar en que habita el mismo Lucifer. En su viaje de descenso, atraviesa nueve círculos concéntricos, el primero dedicado a los nacidos antes de Cristo, y los siguientes, a diferentes pecados: lujuria, gula, avaricia, ira y pereza, herejía, violencia, fraude y traición, el peor de ellos porque es el que comete Lucifer. La escenografía del Infierno de Dante está repleta de seres monstruosos que atormentan a personajes reales o inventados, históricos y mitológicos, que narran brevemente sus historias a la pareja de viajeros a cambio de la promesa de mantener su recuerdo en el mundo.
- **Purgatorio.** En la segunda parte, Dante y Virgilio atraviesan el Purgatorio, representado como una montaña de cumbre plana cuyas laderas son escalonadas y redondas, simétricas al Infierno. En cada una de las cornisas o escalones que componen el Purgatorio se rediment distintos pecados. La pareja ascenderá por ellos en un proceso de purificación que les llevará en la cumbre al encuentro con Beatrice, símbolo de la ciencia cristiana.
- **Paraíso.** En este espacio Dante se despide de Virgilio y se encuentra con Beatrice, quien lo acompaña en su recorrido a través de nueve esferas celestes movidas por coros angelicales. Allí, Dante es examinado por tres apóstoles, lo que le permite alcanzar el centro del universo y contemplar la Santísima Trinidad. Dante se ha purificado completamente y puede disfrutar de la presencia de Dios.

Retrato de Dante Alighieri (1265-1321), de Sandro Botticelli.

+ LEE MÁS

Dante en Internet

Jorge Sanguinetti mantiene un sitio web dedicado por entero al poeta italiano en www.servisur.com/cultural/dante/. En él puedes encontrar la traducción y guía de lectura de un buen número de obras, así como comentarios, enlaces y colaboraciones diversas.

A través del encuentro con diferentes personajes, Dante aborda cuatro **temas** principales en la *Divina Comedia* que van de lo personal a lo universal y general:

- La exposición de su propia intimidad, de sus rencores, frustraciones y esperanzas, así como el recuerdo de su historia amorosa con Beatrice.
- El reflejo de la vida cotidiana y de los sentimientos del hombre de su tiempo a través de personajes que, aun habiendo fallecido, siguen conservando sus rasgos humanos.
- La crítica de la situación política de la que él mismo es protagonista y del pasado reciente, así como la expresión de su pesimismo ante el futuro de Italia.
- La síntesis del conocimiento de su época, tanto del de origen clásico como del pensamiento cristiano, del que nos ofrece un auténtico tratado sobre la redención.

Divina comedia, de Dante Alighieri. Grabado de Gustave Dore.

Desde un punto de vista técnico, la *Divina Comedia* se caracteriza por el conocimiento de la **lengua toscana** en una gran variedad de registros que van de lo coloquial a lo culto y, sobre todo, por el dominio del autor en **el uso de la alegoría y el símbolo.**

ENTRADA DE DANTE AL INFIERNO

«POR MÍ SE VA HASTA LA CIUDAD DOLIENTE,
POR MÍ SE VA AL ETERNO SUFRIMIENTO,
POR MÍ SE VA A LA GENTE CONDENADA. [...]

ANTES DE MÍ NO FUE COSA CREADA
SI NO LO ETERNO Y DURO ETERNAMENTE.
DEJAD, LOS QUE AQUÍ ENTRÁIS, TODA ESPERANZA.

Estas palabras de color oscuro
vi escritas en lo alto de una puerta;
y yo: "Maestro, es grave su sentido".

Y, cual persona cauta, él me repuso:
"Debes aquí dejar todo recelo;
debes dar muerte aquí a tu cobardía.

Hemos llegado al sitio que te he dicho
en que verás las gentes doloridas,
que perdieron el bien del intelecto".

Luego tomó mi mano con la suya
con gesto alegre, que me confortó,
y en las cosas secretas me introdujo.

Allí suspiros, llantos y altos ayes
resonaban al aire sin estrellas,
y yo me eché a llorar al escucharlo.

Diversas lenguas, hórridas blasfemias,
palabras de dolor, acentos de ira,
roncos gritos al son de manotazos,

un tumulto formaban, el cual gira
siempre en el aire eternamente oscuro,
como arena al soplar el torbellino.

Con el terror ciñendo mi cabeza
dije: "Maestro, ¿qué es lo que yo escucho,
y quién son estos que el dolor abate?".

Y él me repuso: "Esta mísera suerte
tienen las tristes almas de esas gentes
que vivieron sin gloria y sin infamia".»

DANTE, *Divina comedia*. Cátedra.

1. ¿Qué partes pueden identificarse en la estructura del texto?
2. ¿Quiénes dialogan en el fragmento? ¿Cuál es la función de cada personaje?
3. ¿Qué es lo que llama la atención del personaje? ¿Qué rasgo define el Infierno?

Francesco Petrarca

Petrarca, al igual que Dante, representa al perfecto humanista que hace posible el salto de las formas medievales a las renacentistas.

En su vida y obra comprobamos el intento de unir la tradición clásica y la cristiana, ya que para el autor italiano no son culturas antitéticas, sino complementarias.

> «¿Quién me objetará que Cicerón sea un obstáculo a la verdadera fe? Cristo es nuestro Dios, Cicerón, el príncipe de la elocuencia: cosas diversas, lo concedo, pero niego que adversas.»
>
> Francesco PETRARCA, «Familiares», en *Obras*. Alfaguara.

2 Observad el siguiente fragmento en el que defiende el estudio de los clásicos, sin que ello signifique la negación de Dios.

Como buen amante de los clásicos, Petrarca compone su obra en latín y en lengua toscana.

En latín redacta un gran número de textos filológicos, en los que se dedica a la reconstrucción de la obra de autores de la Antigüedad o a la recreación de géneros de raíz grecolatina, como la épica, la égloga o las epístolas familiares.

En **lengua italiana**, en cambio, compone exclusivamente dos obras, ambas de contenido amoroso y personal: el *Cancionero* (que trataremos en el apartado dedicado a la poesía amorosa), y los *Triunfos* (1352-1374).

Los *Triunfos* es una obra en la que Petrarca pretendió sintetizar las dos dimensiones de su vida, esto es, la sabiduría del erudito y el análisis del sentimiento amoroso. Se trata de una **narración alegórica**, en la línea de la *Divina Comedia* de Dante, sobre la capacidad del amor y otros valores perdurables como medio para purificar al ser humano. Por ella desfilan personajes de la Antigüedad, que ejemplifican diferentes tipos de superaciones, y también el propio autor debatiéndose entre la alegría por haber amado y una cierta vergüenza por sus actos pasados.

> «También vi, entre mujeres extranjeras,
> a quien a causa de su fiel esposo
> y no de Eneas escogió la muerte:
> ¡calle el vulgo ignorante! Dido es esta,
> cuya entereza la llevó a matarse,
> no vano amor, como se dice a voces.»
>
> Francesco PETRARCA, *Triunfos*. Cátedra.

3 Investiga quiénes son los personajes nombrados en el fragmento y resume el episodio que protagonizan.

Los *Triunfos*, por tanto, se encuentra a medio camino entre las dos tendencias de la obra de Petrarca: la erudición propia de un humanista y la lírica personal y sincera que aparece en el *Cancionero*. En ella abandona el uso del latín y se acerca a su sentimiento amoroso por Laura; pero junto a la mujer real amada, el escritor introduce otros personajes que sirven como término de comparación.

1 Investiga sobre la vida de Petrarca y confecciona un mapa en el que figuren los lugares, fechas y hechos capitales de su existencia.

FRANCESCO PETRARCA

Unidad 2
Doc. 2

Accede aquí a una breve biografía del autor.

+ DIDO

En el fragmento, Petrarca presenta a Dido —mujer que se enamora de Eneas en la *Eneida* de Virgilio— como ejemplo de victoria sobre el tiempo, pues su suicidio no se debió al amor que sentía por el héroe, sino por respeto al marido a quien traicionó. La actitud intelectual de Petrarca aflora en los versos en dos aspectos: primero, al glosar una obra clásica y, en segundo lugar, al proponer una interpretación del suicidio de Dido alejada de la opinión general.

Giovanni Boccaccio

En la actualidad el nombre de Boccaccio está asociado a la idea de cuentos pícaros y obscenos, pero ni esto es lo único que hay en el *Decamerón*, ni esta es su única obra, aunque sí la más importante por sus logros artísticos y su proyección posterior.

En la **evolución literaria** de Boccaccio se pueden distinguir dos periodos muy claros, diferenciados por la temática, la técnica e incluso el idioma empleado. La composición del *Decamerón* (que trataremos en el apartado dedicado a la narración breve) será el eje que los separe.

- **Creación artística**. De 1333 a 1355, escribe Boccaccio en dialecto toscano obras de tema amoroso que se apartan de la idealización del *dolce stil nuovo* (tendencia lírica que diviniza el sentimiento amoroso). Como elemento característico de la etapa destaca su constante experimentación y, así, toca distintos géneros y juega con los diferentes registros lingüísticos. Entre las aportaciones más relevantes del periodo debemos señalar:
  - La inauguración del género de la **novela pastoril** con *Ninfale d'Ameto* y *Ninfale fiesolano*. En estas obras pone en escena pastores que viven ociosamente entre ovejas y bosquecillos, y expresan sus amores en elegantes rimas.
  - La creación de la **novela psicológica** en su *Elegia di Madonna Fiammetta*, texto en el que se consuela de la definitiva traición de la amada, haciendo que sea ella la abandonada.
  - La constitución de lo que se conoce como **narración burguesa** con el *Decamerón*, colección de cuentos de ambientación ciudadana en los que predomina la visión realista de la sociedad.
- **Erudición y divulgación**. A partir de 1355, la obra de Boccaccio va a dar un giro radical. Reniega de sus escritos de asunto amoroso y en lengua vulgar, sobre todo del *Decamerón*, y escribe en latín composiciones de tipo humanístico y erudito.

Reinterpretando las fábulas grecolatinas bajo la luz de la moral cristiana, redacta la *Genealogía de los dioses paganos*, que será utilizada como libro de consulta hasta el siglo XIX. Asimismo, compone una especie de enciclopedia sobre topónimos literarios antiguos y glosa las vidas de hombres y mujeres ilustres.

Admirador de Dante, al final de su vida, vuelve a utilizar la lengua vulgar para componer una biografía espiritual del autor y un comentario sobre la *Divina Comedia*, con el que pretendía poner la obra al alcance del vulgo. De hecho, con su exposición en forma de conferencia de estos comentarios creó las conferencias públicas que aún hoy se celebran con el título de «Lectura Dantis».

1. Lee la entrada que aparece en *Biografías y vidas* sobre Boccaccio (www.biografiasyvidas.com) y confecciona una tabla cronológica con los acontecimientos más importantes.
2. Busca en Internet información sobre la extensión y vigencia de la «Lectura Dantis».

+ GIOVANNI BOCCACCIO

Unidad 2 Doc. 3

Aquí encontrarás una breve biografía del autor.

Retrato de Giovanni Boccaccio (1313-1375).

+ FIAMMETTA

Al igual que Dante y Petrarca, Boccaccio también se enamoró de una dama en una iglesia. Según cuenta el propio autor, fue la mañana del 30 de marzo de 1331, Sábado Santo, cuando conoció a la dama napolitana aludida en sus obras con el nombre de Fiammetta. A diferencia de las historias amorosas de Dante y Petrarca, Boccaccio fue correspondido por Fiammetta durante un tiempo, pero acabó traicionándolo con otro hombre, lo que provocó un hondo pesar en el joven escritor.

04 La lírica del amor y la muerte

La poesía lírica medieval se ocupa de distintos **temas**, pero son dos, el amoroso y el de la muerte, los que dominan en la producción tanto de los poetas cultos como de la poesía popular tradicional conservada.

Acuarela *En la mezquita*, de Carl F. Heinrich Werner.

04.1 Poesía amorosa

El asunto amoroso es el dominante en los **textos líricos populares** más antiguos conservados en Europa. Estas composiciones reciben el nombre de **jarchas** y han llegado hasta nosotros gracias a poetas árabes y hebreos de la península ibérica que las incluyeron como conclusión de sus poemas. En ellas, una mujer expresa su dolor por la ausencia del amado («Decidme vosotras, ¡ay hermanitas!, / ¿cómo refrenaré mi dolor? / Sin el amado yo no viviré, / y volaré a buscarlo»).

Pero el tema amoroso gana peso cuando es tratado por los **autores cultos** medievales. Estos nos ofrecieron dos acercamientos: por un lado, una visión erótica, en la que domina el placer del contacto carnal, y, por otro, una más espiritual, en la que prevalece el sentimiento puro del enamorado.

Estas dos perspectivas aparecen ya en la **lírica árabe** de los siglos VIII y IX. La poesía árabe medieval aborda, junto a lo amoroso, diferentes temas (lo guerrero, la naturaleza, los placeres, la sátira), aunque siempre con un gran formalismo. Por ese motivo es muy significativo cuando un poeta deja escapar entre sus versos notas autobiográficas sinceras.

En el siguiente poema, Al Mutamid, rey de Sevilla y poeta, expresa en el exilio su nostalgia por lo perdido:

> «Yo era amigo del rocío, señor de la indulgencia,
> amado de las almas y de los espíritus;
> mi diestra regalaba el día de los dones,
> y mataba, el día del combate;
> mi izquierda sujetaba todas las riendas que dominaban
> a los corceles en los campos de batalla.
> Hoy soy rehén, de la cadena y de la pobreza
> apresado, con las alas rotas.»

En ese tiempo asistimos al nacimiento de dos tendencias líricas:

- Los **poetas udríes** escriben versos dedicados a una única mujer en los que expresan sus lamentos y nostalgia por la separación de la amada.
- Frente a ellos, los **poetas ciudadanos** escriben una poesía más sensual en la que proliferan los tipos femeninos.

1. Investiga sobre la figura de Al Mutamid y contesta a las siguientes preguntas: ¿en qué época vivió?; ¿qué motivó su exilio?; ¿dónde se produjo?; ¿qué otros temas afloran en su obra poética?

Durante mucho tiempo, la lírica árabe se debatió entre estas dos tendencias, pero a partir del siglo XI encontramos ya algunas soluciones intermedias. **Al Mutamid** de Sevilla, por ejemplo, nos ha dejado una serie de poemas dedicados a su amada Itimad en los que puede adivinarse una relación más sincera y real. A veces, el poeta se centra en la figura de la mujer y en el efecto que sobre él produce:

«¡Oh, mi elegida entre todos los seres humanos!
¡Oh estrella! ¡Oh luna! [...]
¡Oh aliento del jardín, cuando
la agita la brisa de la aurora!
¡Oh dueña de una mirada lánguida
que me encadena!
¿Cuándo me curaré? Por ti daría
la vista y el oído.
Tu frescor aliviaría
la oscuridad de mi corazón.»

Al MUTAMID, *Poesías*.
Instituto Hispanoárabe de Cultura.

Pero en otras ocasiones, la relación carnal aflora en los versos, aunque sea a través de un sueño:

«Te he visto en sueños en mi lecho,
Y era como si tu brazo mullido fuese mi almohada;
era como si me abrazases, y sintieses
el amor y el desvelo que yo siento;
era como si te besase los labios, la nuca,
las mejillas y lograse mi deseo.[...]»

Al MUTAMID, *Poesías*.
Instituto Hispanoárabe de Cultura.

Este debate también lo encontramos en las **literaturas occidentales**. Como vimos en el apartado anterior, los goliardos reflejan en algunos poemas sus escarceos eróticos. Esta visión realista del amor debe mucho a la poesía romana, especialmente al Ovidio de su primera etapa, y es contestada por escritores que componen sus obras desde una óptica marcadamente cristiana y por aquellos otros que inician, a partir del siglo XII, el camino de idealización del amor que conduce hasta el Renacimiento.

En las cortes feudales de la Provenza francesa, surge en el siglo XII la primera escuela de lírica culta en lengua no latina: la **poesía trovadoresca**. Los autores provenzales, conocidos como trovadores, crean una poesía sometida a estrechas reglas en la que el artista debe someterse a unos formalismos, tanto de género como temáticos, que caracterizan sus obras.

Grupo de trovadores cantando y recitando con acompañamiento musical. Ilustración del maestro Heinrich Frauenlob, siglo XIV.

Géneros y estilos trovadorescos

Cinco fueron los **géneros poéticos** que cultivaron los trovadores: la *cansó*, de contenido amoroso; el *sirventés*, de asunto satírico y crítico; la *pastorela*, centrado en el encuentro entre el trovador y una pastora; el *planto*, utilizado para exponer el dolor por la muerte de un ser querido; y la *tensó*, que presenta el debate entre dos poetas en torno a un tema común.

Los poetas provenzales compusieron sus poemas según **dos estilos** bien diferentes: el *trobar leu*, una forma de escribir sencilla y directa; y el *trobar clus*, que buscaba la complicación del poema acercándolo al hermetismo.

Entre los **temas** de la lírica de los trovadores destaca por encima de todos la expresión de la pasión amorosa, entendida de una forma muy concreta a la que se ha llamado amor cortés. El amor de los trovadores está sometido a un férreo canon que se sintetiza en los siguientes **tópicos**:

- El amor es una relación en la que el trovador se comporta como **vasallo de la dama**, a quien debe obediencia y respeto.
- La relación amorosa se debate entre el deseo carnal y el sentimiento puramente espiritual. En la mayoría de los trovadores predomina, sin embargo, una visión del amor como **relación purificadora** que hace mejor persona al amante.
- Cuatro rasgos definen a la **mujer** que se convierte en objeto poético:

Es «señora» del trovador, es decir, **superior en la escala social.**	Está **casada**, lo que obliga al poeta enamorado a ser discreto en su pasión.	Está adornada por una gran **belleza física**, que en algunos casos se ajusta a la descripción tópica de cabellos rubios, ojos y piel claros, y manos delicadas.	Su único defecto es la **crueldad** hacia el trovador, con cuyos sentimientos juega constantemente.

- El poeta enamorado actúa como cantor de las virtudes de la mujer y sufridor de sus desdenes, aunque el suyo es un **sufrimiento gozoso** que se transforma en el objetivo de su vida.
- Es habitual que por los poemas trovadorescos desfilen **otros personajes**, como el marido de la dama, caracterizado por sus celos y sospechas, o los aduladores del marido que espían y entorpecen la relación entre trovador y dama.

La forma de entender la poesía de los trovadores provenzales se difunde rápidamente por Europa occidental y, entre los siglos XII y XIV, surgen escuelas poéticas en alemán, los Minnesänger, en catalán y en lengua gallego-portuguesa.

El dolce stil nuovo

En el siglo XIII aparece en Toscana (Italia) una tendencia lírica que aporta ciertas novedades respecto al esquema provenzal: el *dolce stil nuovo*. La principal aportación de estos poetas italianos (Frescobaldi, Cavalcanti, Guinizelli y Dante) reside en la **espiritualización** de la relación amorosa y en la configuración del tópico de la ***donna angelicata***. Aunque se inspiren en mujeres concretas, como sucede en el caso de Dante con Beatrice, la mujer amada se presenta como reflejo de la bondad y belleza divinas, y no como un auténtico ser humano.

Tras el *dolce stil nuovo*, el proceso idealizador se detendrá. Petrarca y Ausias March volverán a situar a la mujer amada en un plano más humano. Para ellos la relación amorosa sigue siendo un camino de perfección espiritual, pero la mujer no es ya un ser casi divino, sino simplemente un ser humano inalcanzable. En el siglo XV, el francés François Villon, como veremos después, desmitificará completamente la belleza femenina al ofrecerla expuesta a los agentes aniquiladores del tiempo y la muerte.

LA IDEALIZACIÓN DE LA MUJER

El proceso de idealización de la mujer llegará a extremos cercanos a la herejía religiosa. En el siguiente poema, Álvaro de Luna, autor castellano de la primera mitad del siglo XV, idealiza a la mujer («amiga») de tal manera que la presenta digna de ser amada por el mismísimo Dios, con quien competiría si fuese necesario por su amor.

«Si Dios, nuestro Salvador,
hubiera de tomar amiga,
fuera mi competidor. [...]
Si fueras mantenedor,
contigo me las pegara,
y no te alzaría la vara,
por ser mi competidor.»

Álvaro DE LUNA, *Cancionero de palacio*.
Biblioteca Virtual Miguel de Cervantes.

El *Cancionero* de Petrarca

El libro de Petrarca que más ha influido en la literatura posterior es el *Cancionero*, un conjunto de **poemas** amorosos **dedicados a** su amada **Laura**. El autor consideró estos textos como obra menor, pues de ellos desaparece la erudición y reflejan una historia personal. Desde el mismo soneto que sirve de prólogo al libro, Petrarca quiere dejar claras sus intenciones:

- El poeta se avergüenza y arrepiente de sus sentimientos amorosos juveniles. En consecuencia, pide al lector que perdone sus locuras y hace un llamamiento moral sobre la vanidad de las pasiones humanas.
- Es una colección de versos escritos a lo largo de los años y correspondientes a géneros diferentes.
- También aparecen apuntados en el soneto prólogo los que serán **temas** casi exclusivos del libro:
  - El análisis del dolor del poeta provocado por el fracaso de su historia amorosa con Laura.
  - La idealización de dicha relación amorosa, que se aleja de todo contenido carnal.
  - La lectura moral propia de la vejez, presentada como principal intención de la obra.

Desde el punto de vista de su intención y contenido, el *Cancionero* es una **obra unitaria**, pese a las diferencias formales entre sus versos. Esa unidad es conseguida, principalmente, por el hecho de que el objeto de la obra sea una sola mujer: Laura. La amada es presentada como un ser lleno de virtudes y belleza, pero también de defectos. Es una mujer real que el poeta contempla, que ve caminar por el mundo y que provoca en él una explosión de amor que le lleva a cantar su belleza y a llorar por una relación imposible. Tras su muerte, la amada pasará a ocupar un lugar en el Paraíso, aunque en el recuerdo del poeta será un ser humano y no un ángel.

La estructuración del libro en **dos partes** también contribuye a dotar de unidad a la obra. Cada una de ellas se relaciona con un momento de la historia amorosa:

- En **vida de Laura.** En las primeras composiciones se exponen los sentimientos de Petrarca vinculados a la vida de la amada. Aquí encontramos el nacimiento del amor y las quejas del poeta, las alabanzas de la belleza y de la virtud de la amada y el presentimiento de su muerte.
- Tras la **muerte de Laura.** En el segundo grupo de poemas, encontramos la queja del autor por la muerte de la dama. Junto a ella, aparece el arrepentimiento por la pasión, pero también la idea de que el amor se ha convertido en camino de salvación al dejar de ser Laura una tentación carnal y real. Petrarca se consuela de su ausencia, pues sabe que su belleza permanece inalterable en compañía de Dios y desde allí puede interceder por el poeta.

«De los más bellos ojos y del más luminoso rostro
que jamás relució, de los más hermosos cabellos
que superaban al oro y al sol,
de la más dulce voz y dulce risa,

de las manos y brazos que sin moverse
hubieran conquistado a los más rebeldes
al Amor, de los más bellos y esbeltos pies,
de la persona hecha en el paraíso,

tomaba vida mi espíritu: ahora en ello se deleita
el rey del cielo con sus alados mensajeros;
y yo aquí me quedé, desnudo y ciego.

Solo un consuelo para mis penas espero:
que ella, que todo ve en mis pensamientos,
pida la gracia de que pueda estar con ella.»

Francesco PETRARCA,
Los sonetos del Cancionero. Bosch

El día en que ve a Laura y cae perdidamente enamorado de ella aparece glosado en el siguiente fragmento:

«Era el día en que al sol se le
[atenuaron
por compasión de su Hacedor los
[rayos,
cuando fui aprisionado, y de ello no
[me guardé,
que vuestros bellos ojos, señora,
[me amarraron. [...]
Hallóme Amor del todo
[desarmado,
abierto el rumbo hacia el corazón
[por los ojos
que de lágrimas se han vuelto
[puerta y paso. [...]»

Francesco PETRARCA,
Los sonetos del Cancionero. Bosch.

1. ¿Crees que existen similitudes entre las relaciones amorosas de Dante y Petrarca?
2. Lee los poemas de Petrarca e indica la importancia de los ojos para el autor.
3. ¿Mediante qué elementos físicos establece Petrarca la belleza de Laura?

04.2 Poesía de la muerte

La muerte es un **tema recurrente** en literatura, ya que se trata del gran misterio que los seres humanos se han empeñado en explicar y justificar a lo largo de la historia. En el final de la Edad Media el tema adquiere capital importancia y define buena parte de la poesía del periodo, bien porque es el asunto central de las obras, bien porque se funde con otros motivos, como puede ser el amor.

La razón de que la muerte aparezca como idea central en la literatura de la segunda mitad del siglo XIV y, sobre todo, durante el siglo XV se debe a tres **acontecimientos históricos** que influyeron de manera determinante en los escritores: la Guerra de los Cien Años, que asoló el occidente de Europa entre 1337 y 1453, la epidemia de peste negra y la hambruna producida por una sucesión de malas cosechas.

Los escritores no pudieron cerrar sus ojos ante una realidad tan amenazante y convirtieron la misma muerte en núcleo literario caracterizado por los siguientes **rasgos**:

Miniatura del siglo XV: *La vida rural y la muerte.*

- **Poder igualador**, al llegar a todos sin distinguir entre clases sociales o niveles de riqueza.
- **Llamada de atención moral**, pues la certeza de la muerte hace que pierdan sentido otros deseos humanos, como la riqueza, la belleza o el poder.
- **Carácter amenazador**, ya que es considerada la gran enemiga de la humanidad por ser inevitable y presentarse en el momento menos deseado.

Ante la muerte, los escritores medievales manifestaron diferentes actitudes. Algunos, como es el caso del español **Jorge Manrique**, aprovecharon su lección moral para advertir sobre la vanidad de los esfuerzos humanos y la necesidad de emplear la vida terrenal para preparar la eterna. Otros, en cambio, se lanzaron a defender el goce del presente ante la inevitabilidad de la muerte. Una tercera actitud es la que se encuentra en la obra de poetas como François Villon, que oscila, según el momento de su vida, entre un comportamiento y otro.

En el siguiente texto, se da cuenta de las diferentes actitudes que las gentes del siglo XIV tomaron ante la epidemia:

> «Y así, tales cosas y otras muy semejantes a estas, y mayores, engendraron diversos y grandes miedos e imaginaciones en los que quedaban con vida, de tal modo que todos estuvieron de acuerdo en poner en práctica un proceder bastante inhumano y cruel: el de no visitar a los enfermos ni entrar en su casa, creyendo que cada uno aseguraba más su buena salud, cuanto más de ellos se mantenía apartado. Y para preservarse de este peligro recurrían a muchos y diversos remedios. Algunos sostenían que mostrándose moderados en el comer y el beber y absteniéndose de todo lo superfluo podrían resistir tal accidente, así como apartándose de toda compañía innecesaria [...] sin querer oír hablar de muertos ni de enfermos, oyendo canciones y sones de instrumentos. Otros sostenían la opinión contraria; porque decían que el mucho comer y beber, y alegrarse andando, cantando y bailando, y dar satisfacción al apetito de cualquier cosa que deseasen, [...] era el verdadero remedio contra tanto mal, y así lo practicaban de noche y de día, cuanto podían, de una taberna a otra andando a beber sin medida y sin regla alguna, y andaban por todas las calles haciendo lo que les agradaba.»
>
> Giovanni BOCCACCIO, *Decameron*. Planeta.

1 ¿Qué dos actitudes diferentes tomó la población ante la peste? ¿Crees que tiene alguna relación con las actitudes literarias de la época?

François Villon

La obra literaria de Villon es muy escasa y exclusivamente poética. En ella, el autor se centra en una serie de **temas** novedosos por la forma tan sincera de su tratamiento:

- La nota autobiográfica salpica toda su producción, permitiéndonos conocer algunos hechos de su vida y, sobre todo, bastantes caracteres de una personalidad compleja que oscila entre lo moralizante y lo placentero.
- El tema amoroso también aparece entre sus preocupaciones, pero es contemplado desde una perspectiva burlesca. En la «Balada de Margot la Gorda» podemos leer una parodia de la relación amorosa cortés en la que los personajes han cambiado drásticamente:

> «Si amo y sirvo a mi señora de buen corazón, ¿me tendréis por tonto? Ella tiene en sí virtudes para un gusto sutil. Por su amor ciño escudo y daga; cuando vienen gentes, corro y tomo una jarra y me voy discretamente, sin hacer ruido; les sirvo agua, queso, pan y fruta. Si pagan bien les digo: "Bien está, volved por aquí cuando estéis en celo, a este burdel donde trabajamos."»
>
> Pero hay un gran enfado cuando Margot va a acostarse sin dinero: no la puedo ver, mi corazón la odia a muerte. Tomo su vestido, su cinturón y su camisa: le juro que lo tendrá cuando pague. A los lados se me agarra: «¡Eres el Anticristo!», grita. [...] Empuño entonces un trozo de lo que sea y sobre la nariz le dejo un escrito, en este burdel donde trabajamos.
>
> Después se hace la paz y me suelta un gran pedo, más gordo que un escarabajo venenoso. [...] Borrachos los dos, dormimos como un zueco. [...]
>
> Nos gusta la suciedad: la suciedad nos colma. Huimos del honor: él nos rehúye, en este burdel donde trabajamos.»

1. Explica cómo consigue Villon parodiar el amor cortés en la «Balada de Margot la Gorda».

- El paso del tiempo que conduce a la muerte atraviesa la obra completa de Villon porque es presencia constante en su vida de delincuente. Esa certeza le lleva a preguntarse por grandes personajes del pasado que, como todo ser humano, fueron derrotados por tan poderosa enemiga.

Villon refleja a la perfección el espíritu del siglo XV: se debatió entre la actitud moral y el deseo de disfrute de los placeres de quien siente la muerte como realidad cercana; se dejó arrastrar por los convencionalismos de la poesía trovadoresca, pero no pudo evitar parodiarlos porque ya habían perdido su sentido. Aunque fue un poeta de formación medieval, anticipó ya algunas actitudes propias del Renacimiento.

+ EL TÓPICO DEL *UBI SUNT*?

Se trata de un tema de origen clásico (significa '¿Dónde están?') que es muy utilizado en la Edad Media. Se emplea para preguntar por personalidades del pasado que han muerto sin que su poder, belleza o riqueza hayan podido evitarlo. El sentido del tópico encaja a la perfección con la mentalidad cristiana, que ve la vida como un simple tránsito hacia la eternidad.

Formalmente, el tópico se configura mediante una sucesión de interrogaciones retóricas iniciadas por un mismo elemento lingüístico.

FRANÇOIS VILLON

Se supone que nació en París, probablemente en 1431, y que en la universidad de esta ciudad obtuvo una maestría en Artes, gracias a la protección de un capellán de quien tomó el apellido y al que consideró un verdadero padre. A medida que se formaba académicamente, Villon comenzó a frecuentar los círculos de la delincuencia parisina. En 1456, participó en una riña y poco después en un gran robo, a consecuencia de lo cual abandonó la ciudad. Llevó durante algún tiempo una vida errante en la que alternaba los intentos por hacer carrera poética y la participación en actos de delincuencia en compañía de otros bandidos. Después de distintas vicisitudes, volvió a París en 1461, donde fue encarcelado y condenado a morir en la horca a causa de sus antecedentes criminales, aunque la sentencia le fue conmutada por diez años de destierro. Ese es el último dato biográfico que tenemos del poeta.

05 La narración breve en prosa y verso

La narración breve se configura a lo largo de la Edad Media para ofrecernos en su último periodo los más completos ejemplos de cuentística. Pueden distinguirse **tres tipos de relatos** dependiendo de la intención con que fueron compuestos, aunque debe tenerse en cuenta que es habitual la contaminación entre unos grupos y otros:

- Los primeros relatos escritos en la Edad Media responden a una intención moralizante, bien con enseñanza explícita en forma de moraleja, bien con el mensaje implícito en la historia. Esta modalidad fue muy cultivada tanto en el mundo musulmán como en la Europa cristiana, donde estuvieron muy extendidos los **libros de «ejemplos»** que utilizaban los sacerdotes como apoyo a la predicación, siguiendo el ejemplo de Jesucristo con sus parábolas.

  Los argumentos de estos ejemplos proceden de fuentes variadas: las fábulas griegas y latinas, la literatura sagrada, la tradición oral y la experiencia personal de los predicadores.

LA MUERTE INEVITABLE

«Un hombre vino muy temprano a presentarse en el palacio del profeta Salomón, con el rostro pálido y los labios descoloridos. Salomón le preguntó:

—¿Por qué estás en ese estado?

Y el hombre le respondió:

—Azrael, el ángel de la muerte, me ha dirigido una mirada impresionante, llena de cólera. ¡Manda al viento, por favor te lo suplico, que me lleve a la India para poner a salvo mi cuerpo y mi alma!

Salomón mandó, pues, al viento que hiciera lo que pedía el hombre. Y, al día siguiente, el profeta preguntó a Azrael:

—¿Por qué has echado una mirada tan inquietante a ese hombre, que es un fiel? Le has causado tanto miedo que ha abandonado su patria.

Azrael respondió:

—Ha interpretado mal mi mirada. No lo miré con cólera, sino con asombro. Dios, en efecto, me había ordenado que fuese a tomar su vida en la India, y me dije: ¿Cómo podría, a menos que tuviese alas, trasladarse a la India?.»

Yalal Al-Din Rumi,
Salomón y Azrael.
Biblioteca Digital Ciudad Seva.

1. ¿Cuál es el tema del texto? ¿Crees que tiene intención moralizante? ¿En qué consiste?
2. Investiga quién es el autor y explica por qué podría haberle interesado el tema de este cuento.
3. ¿Qué partes se identifican en su estructura?

- La intención burlesca o satírica mediante la cual se realiza una denuncia social es lo dominante en los ***fabliaux***, un tipo de relato en verso surgido en el siglo XIII en Francia. Estos textos tienen como objetivo provocar la hilaridad y la risa de los burgueses reflejando sus propios miedos para intentar que se rieran de sí mismos. Son textos ficticios cuyo propósito es divertir al público. Los personajes representan a la clase media francesa de la época medieval y reflejan un mundo de estudiantes goliardescos, prostitutas, maridos engañados y pícaros que habitan en una sociedad cruelmente denunciada.
- También es posible encontrar el relato de puro entretenimiento, que suele presentar una trama llena de fantasía. Esta variedad es propia de los cuentos folclóricos transmitidos oralmente. En ellos aparece, a veces, una intención educativa sin vinculación con lo religioso, ya que durante generaciones el cuento ha sido una herramienta formativa de primer orden.

La mayoría de la cuentística ha llegado hasta nosotros **gracias a las grandes colecciones de relatos** configuradas a lo largo de la Edad Media. En algunos casos, la recolección se debió al deseo de conservar las narraciones, como sucede con *Las mil y una noches*, que recoge la tradición oriental en el siglo XV. En otras ocasiones respondió a intenciones de índole educativa (es el caso de *Libro del Conde Lucanor*, de Don Juan Manuel) o de intencionalidad artística (como la que justifica el *Decamerón*, de Boccaccio, y los *Cuentos de Canterbury*, de Chaucer).

Todas las colecciones de cuentos mencionadas presentan tres **rasgos comunes**:

- El primero de ellos es la **variedad de asuntos**: maravillosos, realistas, de amores puros y no tan puros, humorísticos, de aventuras, etc.
- El argumento de algunos relatos procede de fuentes diversas (clásicas, hindúes, árabes, bíblicas, folclóricas, milagros de santos o de la Virgen, *fabliaux*), pero con ellos se alternan otros originales de sus autores.
- Los autores de estas obras crean un marco narrativo o **hilo conductor** de los relatos que da unidad al libro.

Un buen número de argumentos y caracteres elementos definitorios del cuento europeo proceden de Oriente, concretamente del *Panchatantra* hindú. Ya estudiamos en la Introducción la importancia del *Panchatantra* hindú y cómo fue tempranamente traducido al castellano en el siglo XIII con el título de *Calila e Dimna*. También es necesario hacer mención de la tradición árabe que nos ofrece en *Las mil y una noches*, uno de los libros de relatos que más ha influido sobre la literatura europea posterior a la Edad Media. En él podemos leer las aventuras inolvidables de Simbad o la astucia de Aladino, que se han convertido en patrimonio universal de la literatura infantil.

+ LAS MIL Y UNA NOCHES

Plagada de relatos de diversa procedencia (india, persa, egipcia, etc.), esta obra tiene su ligazón y su hilo conductor en el personaje de Sherezade. Hija del visir de Bagdad, es llevada a palacio para contraer matrimonio con el sultán. Este, desde que fuera traicionado por su primera esposa, desposaba diariamente a una muchacha a la que mandaba ejecutar al día siguiente. Sherezade relata a medias una de sus historias en la noche de bodas, dejando intrigado al sultán y salvando así la vida. Noche a noche, Sherezade conquistará el corazón y la confianza de su marido.

+ LEE MÁS

El cuento medieval en Internet

Te recomendamos que visites el sitio web Ciudad Seva (www.ciudadseva.com/bibcuent.htm). En él encontrarás, entre otros recursos, una estupenda biblioteca de cuentos organizados por autores y épocas.

«La princesa Sherezade», ilustración de G. Barbier para *Las mil y una noches*.

05.1 *El Decamerón*, de Boccaccio

El *Decamerón* es la obra más conocida, notable e interesante de Boccaccio y ha alcanzado extraordinaria importancia en todas las literaturas europeas. En ella coexisten la técnica y la fantasía medieval con los elementos renacentistas. No tiene afán moralizador, sino que constituye un canto al amor y al goce de la vida, al margen de las hipocresías sociales. Es una obra realista, que refleja el mundo burgués de su época, pero también exalta el ideal cortés del amor y la virtud.

Los **cien relatos** que componen la obra se enlazan mediante un **hilo conductor** que sirve para dotarlos de unidad: siete mujeres y tres hombres se refugian de la peste negra en una villa y durante diez días cuentan un cuento cada uno.

La **estructura** de cada jornada es férrea. Comienza con una breve introducción, a la que sigue la decisión del rey o reina del día del tema de los cuentos. Tras el establecimiento del asunto, se van narrando los relatos precedidos por un escueto resumen. La jornada finaliza con una breve conclusión.

La **ambientación** de la mayoría de los cuentos se sitúa en la época contemporánea de la obra, los siglos XIII y XIV, en el Mediterráneo, sobre todo, en Florencia y Nápoles. Los ambientes aparecen trazados con rápidas pinceladas que sirven además para la representación psicológica de los personajes.

Por el *Decamerón* desfilan cientos de **personajes** de todo tipo: reales y famosos —como el pintor Giotto—, desconocidos o inventados. Algunos ejemplifican tipos humanos —como el simple, el burlador sinvergüenza o el fraile lascivo— y a través de ellos Boccaccio nos ofrece un retrato variopinto y crítico de la sociedad italiana del siglo XIV.

Los **temas** que aborda Boccaccio en su obra son muy variados. Cada jornada gira en torno a un núcleo argumental, y el rey del día es el encargado de matizar el asunto. Así, en la jornada segunda, Filomena manda contar «historias de mala suerte que inesperadamente cambian hacia felicidad». Las preocupaciones temáticas que atraviesan la totalidad de la obra pueden sintetizarse en las siguientes:

- El amor boccacciano, que es sensual, pero no se complace en lo obsceno. La pasión lleva a algunos personajes a la locura, aunque también al sacrificio que engrandece al ser humano.
- El ingenio o inteligencia, que se manifiesta en una amplia gama, desde la astucia del delincuente hasta la discreción o el sentido común del vecino Scalza.
- La crítica de las costumbres sociales, que es también tema determinante en la obra gracias a la abundancia de tipos humanos que la pueblan.

Boccaccio conoció inmediatamente el éxito popular con su obra. Fue acogida con entusiasmo entre la burguesía emergente a la que va dirigida y, aunque apenas encontró eco entre los intelectuales, el mismo Petrarca la empezará a traducir al latín y disuadirá a Boccaccio de quemarla, como pretendió hacer en 1362. Su influencia destaca en los *Cuentos de Canterbury*, de Chaucer, y en algunas obras de Shakespeare.

EL INGENIO DE SCALZA

«Empezó una disputa sobre cuáles serían los hombres más nobles de Florencia y los más antiguos. Y oyéndolos Scalza, comenzó a reírse y dijo: «Los hombres más nobles y los más antiguos, no en Florencia sino en todo el mundo y en ultramar, son los Baronci vuestros vecinos de Santa María la Mayor. Pensad en los Baronci y en los demás hombres. Mientras a todos los demás veréis con los rostros bien compuestos y debidamente proporcionados, podréis ver a los Baronci con la cara muy larga y estrecha, y alguno que la tiene ancha más allá de toda conveniencia, y tal con la nariz muy larga y tal con ella corta, y los hay que tienen un ojo mayor que el otro, y aun quien tiene uno más alto que el otro, como suelen ser las caras que pintan primero los niños que aprenden a dibujar; por lo cual, bastante bien se ve que Nuestro Señor los hizo cuando aprendía a pintar, por lo que estos son más antiguos que los otros, y por ello más nobles». Habiendo oído el divertido argumento de Scalza, empezaron todos a reírse y a afirmar que Scalza tenía razón.»

Giovanni Boccaccio, *Decamerón*. Biblioteca Digital Ciudad Seva.

1. Explica cuál es la tesis de Scalza y los argumentos en que la sustenta. ¿Crees que hay ironía? ¿En qué consiste?

05.2 Los *Cuentos de Canterbury*, de Chaucer

Los *Cuentos de Canterbury* es la última gran colección de relatos medievales. A diferencia de libros anteriores, como *El conde Lucanor*, los argumentos de los relatos son originales, aunque incorpora algunos elementos procedentes de la tradición cuentística que el autor adapta a sus intenciones artísticas. Este es el caso de la burla y la sátira social, presentes ya en los relatos árabes de *Las mil y una noches*, en los *fabliaux* franceses y en el *Decamerón* de Boccaccio. También la presencia de una historia que enlaza los distintos cuentos se remonta al *Panchatantra* hindú.

El **hilo conductor** o marco de los *Cuentos de Canterbury* nos sitúa en la taberna El Tabardo, donde Chaucer se encuentra con veintinueve personas de variada condición que van como peregrinos al santuario de Santo Tomás Becket, en Canterbury. El tabernero propone que, para entretener el viaje, cuenten cada uno dos cuentos en el viaje de ida y dos en el de vuelta y que el que mejor los relate será invitado a cenar por los demás a la vuelta. La obra, inacabada, solo incluye veintitrés cuentos.

Aunque en principio el marco del libro nos remita al *Decamerón*, escrito por Boccaccio con anterioridad, son muchas las **novedades** de los *Cuentos de Canterbury*:

- El **autor es omnipresente**, aparece como narrador y peregrino. Se retrata como un personaje tímido, torpe, distraído que no sabe cuentos.
- **Retrato detallado y participación activa de los narradores**: se interrumpen, opinan, discuten, se saltan el turno...
- **Humor**: visión divertida y abigarrada del mundo burgués. Uso de la ironía, juegos de palabras, chistes y parodias.

GEOFFREY CHAUCER

Unidad 2
Doc. 4

Descubre aquí una breve biografía del autor.

EL MARCO DE LOS CUENTOS

«—Esto marcha. Ya se ha roto el hielo. Veamos quién sugiere otro cuento. El juego ha tenido un buen comienzo. Ahora, señor Monje, es su turno. Cuéntenos algo que pueda compararse al relato del caballero.

El molinero, pálido en su embriaguez, que apenas se mantenía en su montura ni podía quitarse el sombrero y guardar la compostura, exclamó con voz de falsete, soltando maldiciones:

—Por los brazos, la sangre y las entrañas de Cristo. Os podría relatar ahora algo que haría la competencia al cuento del caballero.

—Espera, querido Robin. Demos la oportunidad en primer lugar a alguien mejor que tú.

—¡Rediez! —contestó el molinero—. No esperaré. Lo hago ahora mismo o me largo.

—¡Caramba! No estás en tus cabales. Eres un necio. Has perdido el juicio.

—Escuchad todos —dijo el molinero—. En primer lugar, confieso que estoy borracho. Por consiguiente, echadle la culpa a la cerveza de Southwark. Os contaré el cuento y la vida de un carpintero y su esposa y la forma en que un estudiante les tomó el pelo.

¿Qué más puedo decir? Este molinero no escatimó palabras con nadie y contó su relato de modo grosero. Lamento tenerlo que repetir aquí. ¡Por el amor de Dios! No juzguéis equivocadamente mi relato. Carece de cualquier mala intención. Relato todos los cuentos, buenos o malos. De otra forma no sería fiel testigo de los acontecimientos. Por consiguiente, si no deseáis escucharlo, girad página y escoged otro. Tendréis donde elegir: cuentos largos y cortos, de trasfondo y hechos caballerescos, moralizantes y santos.»

Geoffrey CHAUCER,
Cuentos de Canterbury. Planeta.

1. Uno de los rasgos que definen los *Cuentos de Canterbury* es el amplio retrato de la sociedad inglesa. ¿Cómo queda reflejado en el fragmento?
2. En el último párrafo, el propio autor se dirige al posible lector de la obra. ¿Qué idea quiere comunicar?

Literatura medieval española

Tres son las principales contribuciones medievales de la literatura española: el *Poema de Mío Cid*, en el siglo XIII, el *Libro de Buen Amor*, en el XIV, y las *Coplas por la muerte de su padre*, de Jorge Manrique, ya en el siglo XV.

El ***Poema de Mío Cid*** es la única obra completa conservada de épica hispánica. Esta epopeya castellana comparte la mayoría de caracteres que identifican la épica románica, aunque también pueden apreciarse ciertas diferencias. Entre ellas, las más destacadas son:

- La desaparición de todo elemento fantástico, ya que el relato mantiene en todo momento un alto grado de verosimilitud.
- La cercanía a una realidad histórica que puede rastrearse con relativa facilidad a través de los versos del poema.
- La menor presencia de la defensa de la cristiandad frente al mundo musulmán, pues, aunque los «moros» son enemigos del Cid en el campo de batalla, los verdaderos «villanos» son los cristianos leoneses.

El ***Libro de Buen Amor***, escrito por Juan Ruiz, narra la historia amorosa ficticia del Arcipreste. El conjunto de la obra constituye un verdadero «cuaderno de clase» de un estudiante medieval en el que figuran todos los géneros habituales: el sermón, la lírica religiosa y profana, la narración de origen folklórico y oriental, el relato caballeresco y cortés, la teoría amorosa inspirada en Ovidio, la referencia erudita o la crítica de costumbres sociales. Se abordan numerosos temas en la obra, pero destacan la denuncia moral y el canto a los placeres mundanos.

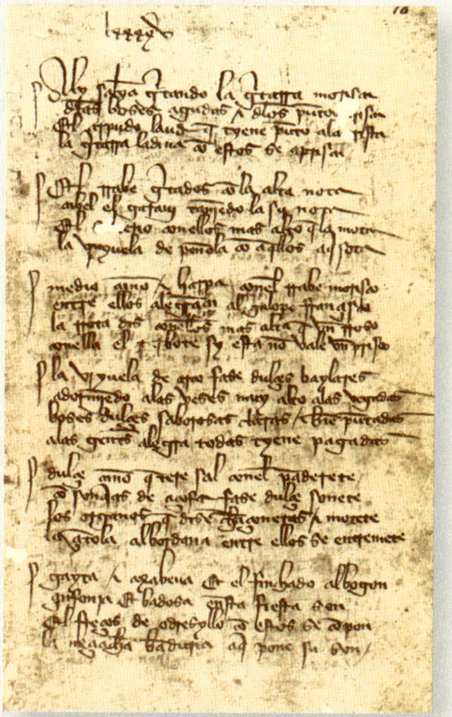

Libro de Buen Amor, de Juan Ruiz. Largo poema de cerca de 7 000 versos alejandrinos.

El final de la Edad Media nos deja un poema excepcional: las ***Coplas*** de Jorge Manrique. El poema se ocupa, ante todo, de la vida. La intención del autor no es otra que la de mostrar cómo debe vivirse para que la muerte no se convierta en el horror, sino en un breve trance que permita al ser humano ser recompensado en la eternidad y en la memoria de quienes le conocieron. Para alcanzar tal objetivo, Manrique ordena su poema en tres secciones: una argumentación teórica sobre la condición temporal del hombre, las referencias a gentes que equivocaron el rumbo de sus vidas y el ejemplo positivo del padre, como hombre que supo vivir de acuerdo con lo que realmente merece la pena.

«Hace mucho el dinero, mucho se le ha de amar;
al torpe hace discreto, hombre de respetar,
hace correr al cojo, al mudo le hace hablar;
El que no tiene manos bien lo quiere tomar.
Aun al hombre necio y rudo labrador
Dineros le convierten en hidalgo doctor;
Cuanto más rico es uno, más grande es su valor,
Quien no tiene dineros no es de sí señor [...]
Yo he visto a muchos monjes en sus predicaciones
Denostar al dinero y a las sus tentaciones,
Pero, al fin, por dinero otorgan los perdones,
Absuelven los ayunos y ofrecen oraciones [...]
En resumen lo digo, entiéndelo mejor:
El dinero es del mundo el gran agitador,
Hace señor al siervo y siervo hace al señor;
Toda cosa del siglo se hace por su amor.»

Juan Ruiz,
Libro de Buen Amor. Castalia

1. El fragmento de Juan Ruiz es una argumentación. Indica cuál es la tesis que plantea, qué argumentos utiliza y de qué estructura se sirve.
2. Relaciona este fragmento con las tendencias y modalidades literarias estudiadas en la unidad.

ELABORA TU PROYECTO

LITERATURA MEDIEVAL Y MÚSICA CONTEMPORÁNEA

Los poemas goliardescos de *Carmina Burana* fueron utilizados en la década de los treinta del siglo xx por el músico alemán Carl Orff como base textual de una cantata para orquesta y coro.

Os proponemos que realicéis —individualmente o en pequeños grupos— una investigación sobre ambas obras, la medieval y la contemporánea, y grabéis un *podcast* de no más de cinco minutos cuyo contenido responda a las siguientes cuestiones:

- ¿Qué es el *Carmina Burana*?
- ¿Quién fue Carl Orff?
- ¿En qué temas se centra la versión musical de Orff?
- ¿Cuál es la estructura de la obra musical?
- ¿Cómo se relacionan la música y el texto literario?

Además de la grabación de vuestras voces, el *podcast* debe incorporar algunos fragmentos selectos de la obra de Carl Orff que ilustren y expliquen los contenidos explicados.

Vuestro proyecto debe cubrir las siguientes fases:

1. **Investigación:** búsqueda, selección y redacción de los contenidos que vais a incorporar en el *podcast*.
2. **Guionización:** elaboración de un guion del *podcast* que incluya la apertura del programa, los contenidos que van a tratarse, la banda sonora, las transiciones entre las partes que lo componen y el cierre.
3. **Grabación** de las partes y montaje.
4. **Publicación** en Internet.

Recursos en la Red

→ www.orff.de/es.html

Orff: sitio web que ofrece interesante información sobre el músico y su obra.

→ www.holocaustmusic.ort.org/es/

La música y el Holocausto: en este sitio web puede encontrase el texto original del *Carmina Burana* de Orff y su traducción al español.

→ www.podcast.uctv.tv/vod/11787.mp4

Universidad de California: *Carmina Burana* versionado por la orquesta y el coro de esta Universidad.

Un ***podcast*** es un archivo de audio que se publica en Internet y puede ser escuchado *on line* o descargado por los usuarios.

→ www.audacity.sourceforge.net/

Audacity: programa muy potente para la grabación y mezcla de archivos sonoros.

→ www.ivoox.com/

iVoox: sitio web que permite el alojamiento y la difusión de *podcasts*.

→ www.spreaker.com/

Spreaker: aplicación web que permite la grabación *online* de *podcast* y su posterior audición o descarga.

ELABORA TU ORGANIZADOR VISUAL

1 Adscribe las siguientes obras y autores a los géneros correspondientes.

- Género: Narrativo - Lírico
- *Los Nibelungos*, Anónimo – *Cantar de Roldán*, Anónimo – *La muerte de Arturo*, de Thomas Malory – *Carmina Burana*, Anónimo – *Divina Comedia*, de Dante – *Los sonetos del Cancionero*, de Petrarca – *Decamerón*, de Boccaccio – obras de François Villon – *Libro de Buen Amor*, de Juan Ruiz – obras de Al Mutamid.

GÉNERO	AUTORES Y OBRAS
Narrativo	
Lírico	

2 Construye un mapa conceptual con las principales tendencias de la lírica medieval y otro con las de la narrativa.

«LA MUERTE DE OLIVEROS», DEL *CANTAR DE ROLDÁN*

«Sintiendo está Oliveros que de muerte está herido
y sabe que vengarse no podrá como quiere.
En medio del combate se lanza como un bravo:
va destrozando astas y escudos broquelados,
también piernas y manos y sillas y costados.
Quien lo pudiese ver rajando sarracenos
y amontonando muertos en los que ya lo están
podría recordar lo que es un buen guerrero.
Mas la enseña de Carlos no quiere olvidar
y "¡Monjoyá!" va gritando con alta y clara voz.
Allí llama a Roldán, que es su par y su amigo:
«¡Señor y compañero, acudid a mi lado!
Hoy con mucho dolor ya nos separaremos.»

Roldán está mirando el rostro de Oliveros:
Lívido, macilento, descolorido y pálido.
Su clarísima sangre le corre por el cuerpo
y manchando la tierra van cayendo los coágulos.
El conde dice: «¡Dios, no sé qué hacer ahora!
¡Señor y compañero, malograda belleza!
Jamás existirá un hombre que te valga.
¡Qué sola te quedarás desde hoy, dulce Francia,
de buenos caballeros, y humillada y caduca!
Por ti el emperador un gran pesar tendrá!»

Después, sobre el caballo, desmayado se cae.
Oliveros ya siente que la muerte le angustia,
ya siente que sus ojos giran en su cabeza,
ya ha perdido el oído, ya ha perdido la vista.
Desciende del caballo, en el suelo se acuesta
y dando grandes voces sus pecados confiesa;
con las manos unidas, alzadas hacia el cielo,
está pidiendo a Dios que le abra el paraíso
y que bendiga a Carlos con su Francia la dulce
y a su amigo Roldán sobre todos los otros.
Le falla el corazón, el yelmo se le cae
y el cuerpo enteramente se desploma en el suelo.
El conde ya está muerto, ya se acabó su vida.
Roldán lo está llorando y se está lamentando:
no veréis en la tierra hombre más apenado.»

Cantar de Roldán (edición de J. Victorio).
Cátedra.

COMENTARIO DE TEXTO

Localización del texto

1. Sitúa el texto en el género al que pertenece.
2. Localiza el fragmento en el hilo argumental de la obra.

Contenido

3. Comenta los temas significativos que aparezcan en el texto. Presta atención a los siguientes aspectos: relación entre los dos caballeros, heroísmo de los personajes y contenido religioso presente en el fragmento.

Técnica

4. Indica y razona la estructura del texto.
5. Comenta los aspectos formales más significativos del poema y el sentido de los mismos. Fíjate en los recursos propios del recitado juglaresco (adjetivación, apelaciones al receptor del mensaje, epíteto épico) y en cómo el autor incluye las palabras de los personajes.

Valoración

6. Los héroes mueren de una manera especial. Intenta recordar la muerte de alguno que hayas visto en el cine (la de William Wallace en el filme *Braveheart* o la de Máximo en *Gladiador*, por ejemplo) y compárala con la de Oliveros. Piensa también en la muerte de algún personaje no heroico y escribe un breve texto con tus conclusiones.

Teoría relacionada

7. El asunto caballeresco en la Edad Media.
8. La muerte en la literatura medieval.

03 LITERATURA DEL RENACIMIENTO AL BARROCO

01 Del Renacimiento al Barroco

Como ya estudiamos en la Unidad anterior, en torno al siglo XIV la cultura medieval comienza a transformarse gracias a la labor de los primeros humanistas italianos —Dante, Petrarca y Boccaccio— que vuelven su mirada hacia el mundo clásico y sus valores. Pero no será hasta entrado el siglo XV cuando podamos realmente hablar de **Renacimiento**, aunque solamente en Italia, puesto que este nuevo movimiento no llegó a los demás países europeos hasta principios del siglo XVI.

Muy pronto la literatura renacentista deriva hacia nuevas formas. A mediados del XVI, a causa de los problemas religiosos y políticos que dominan este siglo, la creación artística europea muestra ya una nueva preocupación por lo religioso y moral. Se prepara así el camino hacia un nuevo estilo en el siglo XVII, el **Barroco**, cuyos rasgos más significativos son el desengaño, el pesimismo y la ruptura de los ideales renacentistas.

No obstante, esta evolución no fue igual en todas las culturas europeas. En algunos países, como es el caso de Francia, la literatura del siglo XVII continúa las formas renacentistas y la imitación de los clásicos grecolatinos en un movimiento artístico al que se ha llamado **Clasicismo**. Esa continuación no quiere decir que Francia no comparta las mismas preocupaciones de índole moral y religiosa que inundan la literatura barroca europea, sino que los valores formales de las obras se mantienen apegados a los del siglo XVI.

+ LA IMPRENTA

La imprenta aparece en Europa a mediados del siglo XV y su invento es atribuido a Johannes Gutenberg, aunque probablemente no se deba exclusivamente a su ingenio. Su aparición resultó determinante en el paso de la cultura medieval a la renacentista, especialmente por tres razones:

- Acaba con una cultura basada en la tradición oral.
- Permite una más amplia difusión de las nuevas ideas.
- Democratiza el saber al acercarlo a un mayor número de personas.

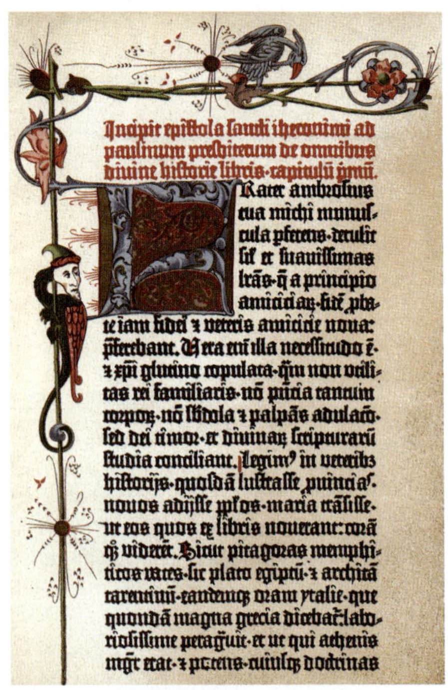

Página de la Biblia (1455).

01.1 Caracterización de los siglos XVI y XVII

El **Renacimiento** se define por un conjunto de rasgos que podemos agrupar en tres bloques: la recuperación de la cultura clásica grecolatina, la valoración de lo humano y la búsqueda de la perfección ideal.

El primero de ellos, la recuperación de la **cultura clásica**, se debe a la tarea de los humanistas italianos que desde el siglo XIV exploran las bibliotecas en busca de textos de autores latinos y griegos, con la intención de traducirlos para difundir de esa manera sus ideas. Gracias a esta tarea, la literatura clásica se convierte en el modelo literario de los autores renacentistas, que pretenden imitar sus técnicas, géneros, temas e incluso lengua, ya que el latín volvió a ser el idioma preferido por los intelectuales para componer sus obras.

Frente al mundo medieval, dominado por la figura de Dios, el Renacimiento considera lo humano como medida de todas las cosas.

El **antropocentrismo** del periodo explica la aparición de modelos humanos ideales que son ofrecidos como objetivos a los que aspirar:

- El perfecto **caballero**, definido por Baltasar de Castiglione en *El cortesano* (1528), encarna al hombre de armas y letras, buen soldado y también escritor.
- El perfecto **intelectual** es quien cultiva con solvencia diferentes artes y saberes (literatura, artes plásticas, ciencias, filosofía) y es capaz de integrarlos en su vida.
- El perfecto **gobernante**, a quien Nicolás Maquiavelo dedica *El príncipe* (1513), se define por la virtud y la firmeza en la consecución de su objetivo prioritario: el bien de la nación.
- El perfecto **cristiano**, abordado por Erasmo en *Enchiridion* (1503), reúne en su persona la férrea fe en Dios, la imitación de la vida de Cristo y la práctica de una religiosidad que huye del rito y la superstición. Este ideal provoca la aparición de una nueva religiosidad que se opone frontalmente a la practicada durante la Edad Media.
- La **mujer** perfecta, símbolo de la belleza divina, es definida por sus rasgos físicos (cabellos dorados, ojos claros, piel blanca, cuello largo, manos delicadas) y por sus virtudes morales (discreción, virtud, pureza, bondad).

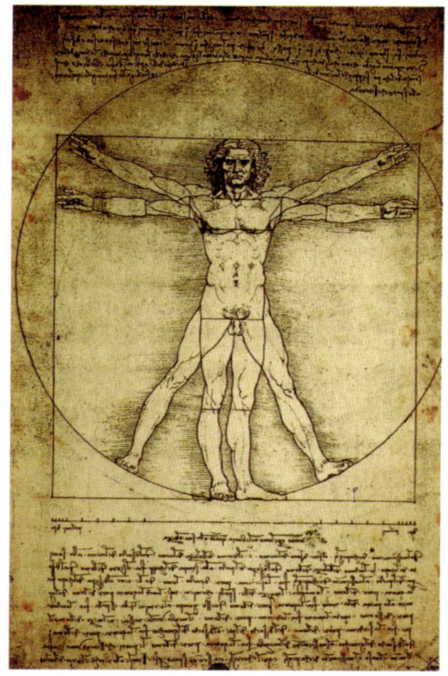

El hombre de Vitrubio, de Leonardo Da Vinci (1492).

Pero la valoración de lo humano no significa la negación de la religión. Dios es la perfección absoluta, y el hombre y la naturaleza, sus creaciones y, por tanto, reflejo de esa perfección.

La novedad renacentista reside, precisamente, en considerar que **el ser humano es capaz de alcanzar y reflejar dichas perfecciones** mediante su inteligencia y habilidad; si eliminamos el componente religioso, vemos en el Renacimiento un claro preludio de la confianza ilustrada en las capacidades y raciocinio humanos.

Para mostrar la perfección ideal a la que aspira, el arte renacentista incorpora una serie de caracteres técnicos: la simetría y el equilibrio en la composición, la sencillez aparente en el estilo y la claridad en la construcción de los escenarios.

Los **cuatro rasgos** que definen la literatura renacentista se concretan en una serie de **temas** característicos:

El **amor**, entendido como relación espiritual que purifica y perfecciona al enamorado.

La **naturaleza**, que simboliza la perfección divina y la aspiración de paz y estabilidad.

La **mitología clásica**, bien como simple adorno erudito, bien como ejemplo de los sentimientos expresados por sus autores.

El **comportamiento humano**, tratado en un buen número de obras que exponen la denuncia de las actitudes negativas o la alabanza de las positivas, según se adecuen a los ideales renacentistas de virtud, tolerancia y honradez.

Como ya se ha apuntado, este esquema característico comienza a descomponerse a mediados del siglo XVI. El enfrentamiento entre quienes se suman a la Reforma protestante y los defensores de la ortodoxia católica, unido a la lucha de ciertas naciones europeas por ocupar un papel dominante en el mundo, provocan el derrumbe de los ideales renacentistas.

Lutero expone al público sus 95 tesis colgándolas en la puerta de la capilla de Wittemberg (1517).
Grabado de Spangerberg, 1882.

Reforma y Contrarreforma

La Reforma protestante se inicia en 1517 cuando Lutero, preocupado por la corrupción en la Iglesia, expone sus 95 tesis en la iglesia de Wittenberg. En muy poco tiempo se extienden sus ideas sobre la salvación a través de la fe, la no obediencia al papa y la negación de la doctrina de la Iglesia. La Iglesia católica responde con la convocatoria del Concilio de Trento (1545-1563) que, además de atacar la corrupción, reafirma los principales puntos de la doctrina católica: la salvación a través de la fe y de las obras y el rechazo de la Biblia como única fuente de doctrina.

En el siglo siguiente, la Guerra de los Treinta Años y las hambrunas hacen que el desengaño y el pesimismo sean los rasgos dominantes en la producción literaria europea y caractericen un nuevo movimiento, el **Barroco**. A consecuencia de esa **actitud pesimista**, el artista barroco se siente incapaz de creer en los ideales renacentistas. La naturaleza ya no es símbolo de perfección, sino que, a menudo, refleja la inestabilidad emocional de los escritores; las relaciones amorosas se tiñen de impureza y sensualidad; y la denuncia de una realidad insatisfactoria ocupa el centro de muchas obras en las que escasean los comportamientos humanos positivos.

Los autores barrocos siguen considerando a los clásicos modelos dignos de imitación, pero se acercan a ellos con mayor libertad. En el escritor del XVII prevalece el **deseo de originalidad** y la búsqueda de elementos que diferencien sus obras y reflejen el nuevo estado espiritual. El contraste entre sentimientos, la asimetría y desequilibrio, la abundancia de elementos ornamentales o la dificultad de las obras son recursos habituales empleados por los escritores del Barroco para representar sus nuevos objetivos.

Al igual que sucedía en el Renacimiento, el Barroco concretó los caracteres anteriores en una serie de **temas** recurrentes:

- La literatura del siglo XVII continúa los **temas renacentistas** (amor, naturaleza, mitología y comportamiento humano), aunque alterando sus sentidos para ofrecer a los lectores una visión desengañada de la vida.
- La reflexión moral sobre **el paso del tiempo** y sus efectos, así como el análisis de los **defectos humanos** se convierten en centro de buena parte del Barroco.
- El **asunto religioso** es abordado por multitud de autores que ven a Dios como única esperanza de salvación y sentido de la vida humana.
- Junto a los temas derivados del desengaño y el pesimismo, el Barroco ofrece también el canto de **los goces de la vida** y del presente, ya que si algo define la época es el contraste de actitudes incluso en un mismo autor.

Finis gloriae mundi, de Juan de Valdés Leal (1671-72). Ilustra el paso del tiempo y el fin de las glorias mundanas.

02 La prosa de los siglos XVI y XVII

A través de la literatura en prosa, los autores renacentistas y barrocos comunicaron su pensamiento y visión de la nueva forma de entender el mundo. Asimismo, prepararon el camino para el nacimiento de la novela contemporánea.

Escuela de Atenas, uno de los frescos que pintó Rafael Sanzio en el Vaticano (1510-11).

02.1 Del Humanismo a la prosa moral del siglo XVII

El **Humanismo** se inicia en Italia en el siglo XIV gracias a la labor, entre otros, de Petrarca. Los intelectuales italianos del siglo siguiente establecieron las principales preocupaciones del movimiento:

- **La filología.** La valoración del latín es el carácter más relevante del Humanismo. Gracias a esta labor, el pensamiento y la literatura clásica se proyectaron sobre los autores renacentistas.
- **La pedagogía.** Los humanistas defendieron la enseñanza de las Humanidades (retórica, oratoria, historia, filosofía, etc.) para restaurar así el ideal educativo de la Antigüedad. Esta idea les llevó a la consideración negativa de la Edad Media, a la que tacharon de época oscura y primitiva por el abandono de dicho ideal.
- **La filosofía moral y política.** La reflexión sobre el comportamiento humano y las formas de organización social son temas importantes del Humanismo, que intentó aplicar al mundo contemporáneo los valores clásicos de honradez, virtud y tolerancia. Este asunto les llevó, a consecuencia de la Reforma luterana y de la Contrarreforma católica, a la preocupación por los **asuntos religiosos**.

Los géneros literarios empleados por los humanistas fueron diversos (diálogos, sentencias, discursos, etc.), aunque todos ellos utilizan la prosa como carácter unificador.

En la **evolución** del Humanismo se pueden diferenciar las siguientes etapas:

Siglo XIV **Formación**	Preocupaciones filológicas y pedagógicas, como muestra la obra de Dante, Petrarca y Boccaccio.
Siglo XV **Esplendor**	Edad de oro del Humanismo italiano, con escritores como Lorenzo Valla, Marsilio Ficino o Pico della Mirandola. **Maquiavelo**, en *El príncipe*, introduce el asunto político; y **Baltasar de Castiglione** ofrece en *El cortesano* un modelo del nuevo hombre del Renacimiento
Siglo XVI **Expansión**	Gana peso la cuestión moral, social y religiosa. **Erasmo**, el gran humanista que capitanea la discusión intelectual en la primera mitad, y a **Montaigne**, que en la segunda mitad prepara ya el camino hacia una nueva forma de expresar el pensamiento.

Tras el Humanismo, algunos intelectuales del **siglo XVII** recogieron su legado, especialmente en Francia.

+ EL LEGADO HUMANISTA EN FRANCIA

La prosa de estos autores abandona las cuestiones filológicas y pedagógicas para centrarse en las preocupaciones del nuevo siglo: la **discusión religiosa**, que es el asunto al que **Blas Pascal** dedica sus *Provincianas y Pensamientos*, y la **denuncia de costumbres sociales**, tema central de las obras de La Rochefoucauld y La Bruyère.

Erasmo de Rotterdam

La obra de Erasmo se ocupa de todos los asuntos propios del Humanismo. Sin embargo, sobre algunos **temas** sus propuestas fueron más innovadoras, influyentes y polémicas:

Al **tema religioso** le dedica por entero el *Enchiridion* o *Manual del caballero cristiano*. En esta obra hace una llamada a la concordancia entre protestantes y católicos, y expone su concepto de nueva religiosidad cristiana:

- Defiende un cristianismo interior, que se manifiesta a través de los actos y cuyo modelo debe ser la vida de Cristo reflejada en los Evangelios.
- Denuncia las prácticas supersticiosas y las ceremonias vacías de significado.
- Ataca las discusiones teológicas interminables, así como la ambición y los enfrentamientos entre las órdenes religiosas.

El asunto social es abordado en los *Coloquios* y en el *Elogio de la locura*. Erasmo ridiculiza las costumbres sociales, critica la hipocresía y censura a los grupos sociales convencidos de su importancia y sometidos a rígidas normas.

Con el *Elogio de la locura*, la intención de Erasmo es defender la naturaleza humana, compuesta por una parte racional y otra pasional. La locura es entendida en la obra como pasión, instinto, irracionalidad, alegría. Según Erasmo, a esta forma de locura se deben algunas de las más grandes aportaciones humanas: el amor, el arte, la gloria, la investigación, la felicidad...

Su pensamiento se extiende por Europa a lo largo del siglo XVI. Aflora en el valenciano Juan Luis Vives, defensor del hombre de letras burgués frente al modelo caballeresco medieval, o en Tomás Moro, que ataca el poder del dinero y defiende una religiosidad personal y tolerante. También se advierte en la literatura de ficción. Así, por ejemplo, el *Lazarillo de Tormes* y *El Quijote* incorporaron la crítica a la hipocresía social, a una religiosidad vacía y la denuncia de la pérdida de fe en la naturaleza humana.

ERASMO DE ROTTERDAM

Accede aquí a la biografía de este humanista.

Unidad 3
Doc. 1

Michel de Montaigne

Montaigne (1533-1592) se retiró a su castillo, en el año 1571, y comenzó la escritura de sus *Ensayos*. Antes de esa fecha, el autor había recibido una sólida formación humanística y había hecho carrera en la política y las leyes francesas. Los *Ensayos* se convirtieron pronto en una obra relevante debido a su contenido y a su forma. Con ellos, Montaigne creó un **nuevo género** literario caracterizado por los siguientes rasgos:

- No es un libro unitario, sino un conjunto de textos breves sobre temas diversos.
- Redacción en primera persona. Montaigne pretende exponer su visión del mundo argumentando cuando se hace preciso.
- Parte de una experiencia personal del autor. Sobre ella, medita, la relaciona con anécdotas o con ejemplos eruditos y termina ofreciendo una reflexión generalizadora.

Montaigne aborda casi todas las preocupaciones de un hombre de su tiempo: la defensa de la **honestidad**, del sentido común y la razón; la denuncia de la **hipocresía** social, de la **ignorancia** de la cultura oficial y de los crímenes cometidos en nombre de la **verdad**, así como la **neutralidad** ante los graves problemas de su tiempo.

EL HUMOR DE MONTAIGNE

Uno de los rasgos más significativos de los *Ensayos* de Montaigne es el uso abundante del humor y la ironía. En el siguiente fragmento puedes apreciar cómo el autor busca la sonrisa del lector al narrar una anécdota erudita fuera de toda razón. La comicidad se consigue también con el empleo de un vocabulario popular:

«Como notabilísimo testimonio de la imbecilidad humana, señalan los antiguos que el dialéctico Diodoro murió repentinamente de extrema vergüenza cuando, en su escuela y en público, no supo desarrollar un tema que le habían propuesto.»

Michel DE MONTAIGNE, *Ensayos*. Orbis.

1. Investiga sobre la polémica religiosa de la Francia de los siglos XVI y XVII e indica qué relación guarda con las obras de Montaigne y de Pascal.

02.2 La novela

En los siglos XVI y XVII el género novela aun no está plenamente configurado, lo que explica que se incluyan en él tanto relatos largos como novelas cortas que siguen el camino iniciado por Boccaccio. Será necesario esperar a que Cervantes y los escritores picarescos españoles compongan sus obras para que realmente la novela quede establecida como un género similar al que hoy conocemos; sin embargo, la trascendencia de los novelistas españoles no llegará hasta el siglo XVII, cuando los autores ingleses vuelvan sus ojos sobre la novela picaresca y cervantina.

El periodo fue, por tanto, una época de «tanteos» novelísticos en la que proliferan modalidades diferentes, como la novela pastoril, los libros de caballerías y la novela picaresca.

La **novela pastoril** nace en 1504 con *La Arcadia*, de Sannazaro. Las fuentes del género están en Teócrito, las *Bucólicas* de Virgilio y los dos *Ninfale* de Boccaccio. Sobre estas obras, Sannazaro estableció el modelo del género que acogieron principalmente autores ingleses y españoles.

Los **libros de caballerías** se inician con el *Amadís de Gaula* (1508), en el que Garci Rodríguez de Montalvo refunde una historia anterior. Tras él, multitud de obras españolas y portuguesas imitan sus caracteres hasta que Cervantes demuestra el sinsentido de la caballería en *El Quijote*.

El *Lazarillo de Tormes* (1554) inicia la **novela picaresca**, aunque el género no queda configurado plenamente hasta el siglo XVII.

El lazarillo de Tormes, de Francisco de Goya (1808).

	Novela pastoril	Libro de caballerías	Novela picaresca
Personajes	Pastores idealizados que representan la pureza e inocencia.	Caballero, escudero y damas. Las relaciones amorosas siguen el canon del amor cortés.	Pícaro, antihéroe que encarna el deshonor y contrasta con los personajes idealizados de otros géneros.
Argumento	Biografía amorosa de los personajes.	Aventuras que debe superar el caballero para conquistar la fama o el amor.	Autobiografía ficticia del protagonista. Es presentada como un viaje de aprendizaje.
Peculiaridades	Escenario natural idealizado. Se acoge al tópico del locus amoenus.	Seres fantásticos y escenarios irreales.	Realismo en la ambientación, crítica social y tono pesimista ante los comportamientos humanos.

La novela picaresca triunfó en la literatura española con *Guzmán de Alfarache* (1599), de Mateo Alemán, y fue imitada fuera de nuestras fronteras por autores como el alemán H. J. C. von Grimmelshausen en sus *Aventuras de Simplicius Simplicissimus* (1669), que narra la vida de su protagonista en una Europa devastada por la Guerra de los Treinta Años.

+ OTROS GÉNEROS NOVELÍSTICOS

Durante el siglo XVI, algunos narradores escriben **novelas cortas** siguiendo el modelo de los relatos de Boccaccio en *Decamerón*. Los asuntos son variados: historias sentimentales, narraciones humorísticas, novelas en las que domina el análisis de la psicología del personaje y cuentos de intención satírica.

También pueden encontrarse en esta época **novelas bizantinas**, que narran las increíbles aventuras de dos enamorados hasta que pueden reunirse en el final, y **novelas moriscas**, en las que las relaciones caballerescas y amorosas se establecen entre personajes musulmanes y cristianos.

François Rabelais

Rabelais (1494-1553) ha pasado a la historia por ser el autor de *Gargantúa y Pantagruel*, cinco libros que compuso entre el año 1531 y el de su muerte. No es posible encuadrar esta obra en ninguno de los géneros de la época, ya que es un compendio de ellos. Los libros cuentan la vida y disparatadas aventuras de dos gigantes, Gargantúa y su hijo Pantagruel.

Rabelais insiste una y otra vez sobre los siguientes **temas**: el goce vital (representado en el sexo, la comida y bebida), la transgresión de las normas y convenciones sociales, la sátira de la Iglesia, la justicia y la cultura oficial, y el lenguaje entendido como instrumento que permite al hombre comprender, manipular y dominar el mundo.

Junto a sus temas, los **rasgos** más significativos de la obra son, por un lado, el uso de **diversidad de fuentes**, tanto populares como humanistas, así como la realidad inmediata de la Francia de su tiempo (las guerras, la familia, la educación, el colonialismo, etc.); y, por otro, la **distorsión** de los hechos narrados mediante diferentes procedimientos, como la exageración de las situaciones y el trabajo sobre el idioma.

EL NACIMIENTO DE GARGANTÚA

«El niño ascendió por la vena aorta y, perforando el diafragma, se encaminó por la izquierda y vino a salir por la oreja de este lado.

Al nacer, gritó con fuerza: «¡A beber, a beber!», como invitando a todo el mundo.

Dudo de que creáis en tan extraño nacimiento. Si no lo creéis, no me importa. Pero un hombre de bien, un hombre de buen sentido, debe creer siempre lo que encuentra escrito. ¿Va esto contra nuestra ley, nuestra fe, nuestra razón o contra la Sagrada Escritura? Por mi parte, nada encontré en la Santa Biblia que vaya contra ello. Por favor, no embarulléis vuestros espíritus jamás con tan vanos pensamientos, porque yo os digo que nada es imposible para Dios y, si Él quiere, en lo sucesivo todas las mujeres parirán sus hijos por las orejas.

¿No engendró Júpiter a Baco en el muslo? ¿No nació Minerva del cerebro de Júpiter por una de sus orejas y Cástor y Pólux del cascarón de un huevo puesto y empollado por Leda? Mucho más asombrados y admirados quedaríais si os transcribiese aquí todo aquel capítulo de Plinio en que habla de alumbramientos extraños y contra natura. Pero yo no soy un embustero tan ilustrado como él lo fue. Leed el capítulo III de su Historia natural.»

François RABELAIS, *Gargantúa y Pantagruel*. Aguilar.

1. ¿Qué temas de la novela puedes apreciar en este fragmento?
2. En el texto se aprecian algunos rasgos propios del Humanismo del siglo XVI. Indícalos.
3. ¿Crees que existe ironía en esta narración del nacimiento de Gargantúa? ¿Por qué?

Las aportaciones de Cervantes en *El Quijote*

Sin lugar a dudas, el principal narrador de los siglos XVI y XVII fue Miguel de Cervantes. Las innovaciones de *El Quijote* son tan importantes que convertirán la obra en punto referencia del género novelístico a partir del siglo XVII. Entre sus aportaciones, conviene destacar:

- **Resume todos los géneros** novelísticos del siglo XVI mediante la inserción de historias puestas en boca de distintos personajes.
- El **narrador** de la novela se multiplica (Cide Hamete Benengueli, los personajes narradores, el propio autor) y adquiere diferentes puntos de vista (objetivismo, subjetivismo, narrador dubitativo).
- **Mezcla realidad y ficción**, eliminando la diferencia que existía entre novelas idealistas y realistas.
- El **diálogo** entre personajes permite asistir a su evolución psicológica. Frente a otras obras del XVI, los personajes de *El Quijote* alteran su personalidad y carácter del principio al fin de la novela.
- Introduce **nuevas técnicas**, como las diferentes perspectivas sobre un hecho o la narración simultánea de acciones que coinciden en el tiempo.
- Apuesta por el **humor**, conseguido mediante procedimientos lingüísticos (chistes, equívocos, inadecuación de registros lingüísticos) o la narración de situaciones cómicas.
- Incluye la **literatura dentro de la literatura**, pues el autor aprovecha para dar su opinión sobre la creación artística.

La comida de Pantagruel, grabado de G.Doré.

03 La poesía de los siglos XVI y XVII

En este periodo la poesía presenta dos variedades: **la lírica**, en la que predomina la expresión de sentimientos, y **la narrativa**, que usa el verso para narrar una historia.

03.1 Poesía lírica

La lírica evoluciona desde formas renacentistas hasta otras más barrocas. Esta evolución pasa por tres momentos cuyas fechas no coinciden en todos los países: el petrarquismo, su superación y la poesía del siglo XVII.

El petrarquismo

Petrarca recogió la poesía amorosa provenzal para escribir su historia amorosa en el *Cancionero*. Un siglo después, **Pietro Bembo** (1470-1547) fija la forma en que la poesía amorosa será abordada durante el siglo XVI. Los rasgos que definen la lírica petrarquista se organizan en torno a dos núcleos de interés: la forma de expresión y los temas poéticos.

La **expresión poética** se caracteriza por lo siguiente:

- Las **estrofas** preferidas son el soneto y la estancia, que combina endecasílabos y heptasílabos.
- Los poemas se agrupan en **cancioneros** que relatan una historia amorosa unitaria.
- La expresión de los sentimientos es **moderada**, pues el poeta debe controlar su sufrimiento.
- El lenguaje empleado aspira a la **expresión sencilla** y huye de los juegos verbales y conceptuales.

El **tema poético** casi único es el amoroso. Su tratamiento es fruto de distintas fuentes, entre las que destacan Platón, Ovidio, el amor cortés y, por supuesto, Petrarca. La nueva forma de entender el amor puede descomponerse en una serie de motivos temáticos:

- Concepto de amor. Se produce un enfrentamiento entre una idea espiritual y purificadora del amor y otra impura y carnal. Las dos concepciones llevan al poeta a debatirse entre sentimientos contradictorios.
- Enamoramiento. La belleza de la amada es la causa del enamoramiento del poeta y produce en él una herida agradable, pues la pasión amorosa da sentido a su vida. El enamoramiento puede producirse por voluntad propia o a causa del destino ciego.
- El amor tiene efectos físicos en el poeta (palidez, debilidad, timidez) y anímicos, entre los que destaca el dolor provocado por la indiferencia de la amada o por su ausencia.

1 ¿Qué partes pueden encontrarse en el poema de Gutierre de Cetina?

2 ¿Qué contraste se aprecia en el texto de Cetina?

LA MUJER PETRARQUISTA

En los poemas petrarquistas se encuentran mujeres idealizadas que simbolizaban pureza y son reflejo de la belleza de Dios. Los caracteres físicos predominantes son los cabellos dorados, los ojos claros y la piel clara y sonrosada. La mujer hiere de amor a través de sus ojos, como se ve en el siguiente poema de Gutierre de Cetina:

«Ojos claros, serenos,
si de un dulce mirar sois alabados,
¿por qué, si me miráis, miráis
[airados?
Si cuanto más piadosos,
más bellos parecéis a aquel que os
[mira,
no me miréis con ira,
porque no parezcáis menos
[hermosos.
¡Ay tormentos rabiosos!
Ojos claros, serenos,
ya que así me miráis, miradme al
menos.»

Gutierre DE CETINA,
Sonetos y madrigales completos.
Cátedra.

- La amada se caracteriza por su belleza y virtud. Sin embargo, encierra el defecto de la falta de piedad hacia el enamorado, lo que la convierte en «**dulce enemiga**».
- El poeta enamorado se define por dos caracteres: el sometimiento a la amada y el sufrimiento por sus desdenes o por su ausencia.

  En el siguiente poema, una sucesión de preguntas sin respuestas sirven al portugués Sá de Miranda para expresar su sufrimiento:

«¿Quién dará a mis ojos una fuente
de lágrimas, que manen noche y día?
¿Respirará siquiera esta alma mía,
llorando ora el pasado, ora el presente?

¿Quién me dará apartado de la gente,
suspiros, que en la mi larga agonía,
me valgan, que el afán tanto encubría?
¡Siguióseme después tanto accidente!

¿Quién me dará palabras con que iguale
a tanto agravio cuanto amor me ha hecho,
pues que tan poco el sufrimiento vale?

¿Quién me abrirá por medio este mi pecho,
do yace tanto mal, donde no sale,
a tanta cuita mía y mi despecho?»

Francisco SÁ DE MIRANDA,
Obras completas. Sá da Costa Editora.

Retrato de *Simonetta Vespucci como ninfa*, de Sandro Botticelli (1480).

Junto al amor, **otros temas** aparecen en los textos como complemento de la idea central:

- La naturaleza, que el Renacimiento considera reflejo de la perfección divina, es frecuente escenario de las historias amorosas y se ajusta al tópico del ***locus amoenus***.
- La mitología es empleada con dos sentidos: como un simple adorno o como representación del estado espiritual que el poeta quiere comunicar.

Este esquema poético creado en Italia a finales del siglo XV se exporta a otras literaturas a lo largo del XVI. En **España** triunfó en los primeros años del siglo con Garcilaso de la Vega y Juan Boscán. En fechas similares se introdujo en **Portugal** gracias a Francisco Sá de Miranda y António Ferreira. Algo más tardía es la llegada a **Francia**, ya que hasta 1545 no aparece el primer cancionero de estilo petrarquista de manos de Maurice Scève. En la literatura inglesa, el petrarquismo no se incorpora plenamente hasta el último tercio del siglo XVI con Edmund Spenser y Philip Sidney.

1. ¿Qué causa el dolor del poeta en el soneto de Sá de Miranda?
2. ¿Crees que en el poema de Gutierre de Cetina o en el de Francisco Sá de Miranda se encuentran los tópicos de la «dulce enemiga» y del «sufrimiento gozos»?

La superación del petrarquismo

En la segunda mitad del siglo XVI comienza la transformación del petrarquismo, que se advierte, sobre todo, en la **ampliación temática** de los poemas. El amor sigue siendo tema capital de la poesía, pero fue habitual encontrarlo vinculado a otros asuntos, como el paso del tiempo. Así sucede en la poesía de **Pierre Ronsard**, que hace una llamada a la mujer para que aproveche su presente antes que llegue la vejez.

«Cuando seas muy vieja, a la luz de una vela,
y al amor de la lumbre, devanando e hilando,
cantarás estos versos y dirás deslumbrada:
«Me los hizo Ronsard cuando yo era más bella».

No habrá entonces sirvienta que al oír tus palabras,
aunque ya doblegada por el peso del sueño,
cuando suene mi nombre la cabeza no yerga
y bendiga tu nombre, inmortal por la gloria.

Yo seré bajo tierra descarnado fantasma
y a la sombra de mirtos tendré ya mi reposo;
para entonces serás una vieja encorvada,

añorando mi amor, tus desdenes llorando.
Vive ahora, no aguardes a que llegue el mañana:
coge hoy mismo las rosas que te ofrece la vida.»

Pierre RONSARD,
Sonetos para Helena. Bruguera.

El sentimiento religioso hace acto de presencia en la segunda mitad del siglo. Poetas como **San Juan de la Cruz** utilizaron el lenguaje y los motivos temáticos petrarquistas para expresar sus experiencias místicas. **Miguel Ángel Buonarroti** compone al final de su vida poemas de contenido religioso en los que expresa el arrepentimiento por sus pecados y pide a Dios que entre en su alma.

«Te amo, sí, con la lengua, y luego lloro
porque el amor no llega al alma: en vano
querría abrir las puertas a la gracia,
que entre en mi alma, expulsando todo orgullo.
¡Rompe el velo, Señor! ¡Rompe ese muro
que no deja a tu sol traer su luz
a mi mundo de sombras apagadas! [...]»

Martín DE RIQUER y José M.ª VALVERDE,
Historia de la Literatura universal. Planeta.

Otro tema importante en la segunda mitad del siglo XVI es la reflexión moral sobre el sentido de la vida, el comportamiento humano y los efectos del tiempo. Este último asunto se convierte en el centro del siguiente texto de Joachim du Bellay:

«Recién llegado que buscas a Roma en Roma,
y nada de Roma en Roma percibes,
estos viejos palacios, estos arcos que ves,
y estos muros, es lo que Roma se llama.
Mira qué orgullo, qué mina: y cómo,
la que puso al mundo bajo sus leyes
para dominarlo todo, se domeñó algunas veces,
y se convirtió en presa del tiempo, que todo lo consume. [...]»

Joachim DU BELLAY, *Las antigüedades de Roma*.
Anales de Literatura Francesa.

+ LA PLÉYADE

Fue un grupo poético francés de la segunda mitad del siglo XVI entre cuyos miembros destacan Joachim du Bellay (1522-1560) y Pierre Ronsard (1524-1585). Los **rasgos** que unifican el grupo son:

- La aceptación del código petrarquista, aunque acaben superándolo.
- El carácter intelectual y algo elitista de su literatura.
- La presencia de la personalidad de los poetas en los poemas, en los que incluyen frecuentes referencias autobiográficas.
- La variedad temática: el amor, la naturaleza, el goce de los placeres; pero también sobre el paso del tiempo, la política y la realidad contemporánea francesa.

1. ¿Qué poema de esta página responde al tópico del *carpe diem*? Explica en qué consiste y cómo se manifiesta en el texto.

2. Los poetas españoles Garcilaso de la Vega (siglo XVI) y Luis de Góngora (siglo XVII) también se ocuparon del *carpe diem*. Investiga sobre ellos y lee los textos que dedicaron al tópico. Compara sus poemas con el que se encuentra en esta página.

La poesía del siglo XVII

La lírica de la segunda mitad del XVI preparó la llegada del desengaño y de la ruptura de ideales que caracterizarían el siglo XVII. Los poetas de este siglo continuaron los **temas** ya existentes (amor, moral, religión); pero también recuperaron la poesía satírica y de crítica social tan habitual en los últimos tiempos de la Edad Media y que se había mantenido como tema menor.

En este siglo es necesario distinguir **dos tendencias** poéticas muy diferentes: la poesía clasicista francesa y la poesía escrita en España e Inglaterra.

A finales del siglo XVI, François de Malherbe (1555-1628) establece las bases de lo que será el **Clasicismo francés**. En sus obras predominan la técnica sobre la inspiración del autor, la expresión contenida de los sentimientos, la claridad en la expresión poética y el uso del verso alejandrino.

La tendencia iniciada por Malherbe no triunfó inmediatamente. Algunos autores de principios del XVII componen una poesía en la que expresan libremente sus sentimientos. Incluso cuando el Clasicismo es la tendencia dominante, **Jean de La Fontaine** (1621-1695) escribe una poesía que respeta las normas formales (claridad, cuidado técnico, sentimiento moderado), pero que se aparta en los **temas**, al prevalecer su sentido del humor y la crítica de costumbres.

Frente al Clasicismo francés, la lírica que se compuso en **España** e **Inglaterra** es bastante diferente. Destaca la expresión libre que no se somete a reglas férreas. Esto permite una mayor variedad métrica y convertir el trabajo sobre el lenguaje en elemento poético principal.

En el **aspecto temático**, la poesía inglesa y española se centra en lo amoroso, lo moral y lo religioso. Los poetas se debaten entre sentimientos contradictorios que oscilan entre el hedonismo y el arrepentimiento, entre el goce del presente y la reflexión sobre el tiempo y la muerte.

Aparte de la española, la lírica más interesante del siglo XVII es la compuesta en **Inglaterra**. Allí destaca **William Shakespeare**, que publica en 1609 un libro de sonetos según la **forma inglesa***. Esta colección de poemas se divide en dos **bloques temáticos**. En los primeros sonetos incita a un desconocido W. H. a perpetuar su belleza casándose y teniendo hijos. El segundo bloque se centra en la expresión del sentimiento amoroso, dirigido a una amada desconocida que ya nada tiene que ver con el ideal de belleza renacentista.

Tras Shakespeare, Inglaterra vuelve a ofrecer un autor importante con **John Donne** (1572-1631), cuya obra oscila entre dos **núcleos temáticos**: sus experiencias amorosas, expuestas desde una perspectiva muy realista; y la preocupación moral y religiosa, que le lleva a reflexionar sobre el discurrir del tiempo, la muerte y el arrepentimiento por sus pecados juveniles. La suya es una lírica caracterizada por el coloquialismo y la **ironía**.

1. ¿Cuál es la intención y tema del texto? ¿Crees que puede tener alguna relación con los de la página anterior?

2. ¿Qué partes pueden señalarse en él?

GLOSARIO

Soneto inglés: composición poética compuesta por tres serventesios de rima consonante y un pareado final también de rima consonante.

«Para su cena, un glotón
ordena que con presteza
le sirvan un esturión.
Exceptuando la cabeza
lo come, enferma, le dan
cien lavativas copiosas,
y le dicen, con afán
que ponga en orden sus cosas.
«Amigos, dijo el glotón,
tenéis sobrada razón,
y puesto que he de morir,
haced que sin dilación
me puedan aquí servir
el resto de mi esturión.»

Jean De La Fontaine,
Fábulas libertinas. El Aleph.

03.2 Poesía narrativa o épica culta

La narración de historias en verso sufre, al igual que la lírica, una **evolución temática** a lo largo de los siglos XVI y XVII: poemas de asunto novelesco, en la primera mitad del XVI, poemas de asunto histórico, en la segunda, y poemas de asunto religioso, en el XVII.

Los poemas de asunto novelesco

Las historias de Roldán (u Orlando, en italiano) y Carlomagno produjeron a lo largo de la Edad Media un conjunto de leyendas conocido como «materia carolingia».

En Italia, ese argumento dio origen a un gran número de cantos populares que en el siglo XV se pusieron de moda con dos peculiaridades: se omite la muerte de Roldán y se incluyen elementos fantásticos inventados, hasta el punto de que desaparece toda referencia histórica.

Siguiendo la moda, Matteo María Boiardo compuso el poema *Orlando enamorado*. En él, mezcló la materia carolingia con la materia de Bretaña. La historia de Roldán se transforma: Orlando se enamora de la princesa pagana Angélica y por ella se lanza a vivir una sucesión de combates y aventuras maravillosas.

El éxito de la historia fue tan grande que, en los primeros años del siglo XVI, **Ludovico Ariosto** (1474-1533) escribió *Orlando furioso*, una continuación del poema de Boiardo.

Orlando furioso

La historia es tremendamente compleja por la acumulación de acciones y episodios que se entremezclan.

Una de las líneas argumentales es la lucha entre la cristiandad, representada por Carlomagno y su ejército, y los sarracenos de Agramante, que acaban siendo derrotados.

Un segundo eje son los amores de Ruggiero, héroe sarraceno, y la cristiana Bradamante, que finalizan con la conversión del musulmán y el matrimonio de ambos.

La tercera acción es el amor de Orlando por Angélica, princesa de Catay. Esta siempre lo rechaza y es cortejada por multitud de caballeros hasta que se enamora del sarraceno Medoro, con quien se casa en secreto. Cuando, por arte de magia, Orlando se entera de la relación entre Angélica y Medoro, enloquece de tal manera que siembra el mundo de destrucción y caos. Un compañero de Orlando, Astolfo, emprende un viaje fantástico en busca de la razón perdida de Orlando hasta que consigue encontrarla y devolvérsela.

Roger libera a Angélica, de J.A. Ingres (1819).

Los caracteres más significativos de la obra sonlos que se presentan en la siguiente tabla:

Composición en **estrofas de ocho versos endecasílabos** (octava real), que se convertirá en la forma estrófica elegida por los demás poemas épicos de la época.	**Modelo de la epopeya:** – división en cantos del poema. – protagonistas: héroes. – peso de la historia: episodios bélicos y caballerescos.	Intención **burlesca** del autor. Así, Ariosto dice en el prólogo que escribió a la obra «para broma y recreo de los Señores y personas de ánimo gentil y señoras».	Dominio de la **fantasía**, la imaginación y la desmesura en el texto.

Los poemas de asunto histórico

El éxito del libro de Ariosto provocó que, en la segunda mitad del siglo XVI, proliferasen los poemas de intención épica. En la mayoría de los casos, sin embargo, los autores de ese tiempo renunciaron a la intención burlesca y acercaron sus textos a la seriedad de la épica clásica.

Lo más característico de estos poemas es el intento de reflejar **asuntos históricos verdaderos** para convertirlos en señas de identidad de sus naciones. En definitiva, pretendieron recuperar la función nacionalista de la epopeya clásica y de los cantares de gesta medievales, aunque dirigiendo sus obras a un público culto que exigía una literatura trabajada y erudita.

La moda de la épica culta triunfó en España con Alonso de Ercilla y su *Araucana* (1569), poema que relata algunos episodios de la guerra entre españoles y mapuches en Chile. En Italia, Torcuato Tasso escribió la *Jerusalem liberada* (1580), cuyo asunto es el asedio a los Santos Lugares durante la Primera Cruzada.

El gran poema épico de la época es *Os Lusíadas* (1572), del portugués **Luis de Camoens**.

La obra relata el primer viaje de Vasco de Gama, con el que se abrió la ruta marítima que permitía comunicar Europa y la India. Camoens recorre la ruta completa de los marinos portugueses desde Lisboa hasta Calcuta y su regreso a la patria. Los rasgos más significativos son:

- La intención del autor portugués es cantar **hazañas reales**, y desde el principio de su obra quiere marcar la distinción con Ariosto:

> «Veréis, no con palabras lisonjeras,
> fantásticas, fingidas, mentirosas,
> loar los vuestros, cual las extranjeras
> musas de engrandecerse deseosas:
> son tan grandes las vuestras verdaderas
> que exceden las hazañas fabulosas
> Ruggero y Rodamonte, aunque más fuera,
> y Orlando, aunque de verdad de él se dijera.»
>
> Luis DE CAMOENS, *Los Lusíadas*. Cátedra.

- El protagonista de la obra no es un héroe individual, como en la épica anterior; sino el conjunto del **pueblo portugués** que asume la construcción de un imperio.
- El tema de la obra trasciende la intención puramente nacionalista para representar el **enfrentamiento del ser humano con la naturaleza**, a la que acaba dominando gracias a su esfuerzo e inteligencia.
- Al igual que otros poemas épicos, Camoens alterna en su obra **historia y mitología**. En el texto encontramos la referencia del viaje auténtico junto a la presencia de dioses griegos y seres fabulosos que simbolizan los peligros de la empresa.
- Aunque la obra es épica, su argumento **no es exclusivamente bélico**. Para dar variedad a su relato, Camoens introduce pasajes líricos, descriptivos y simbólicos.

LUIS DE CAMOENS

Nació en 1524 o 1525 en Lisboa. Se cree que estudió en la Universidad de Coimbra. Sobre 1550 se encuentra en Lisboa viviendo una vida disipada y frecuentando tanto los ambientes cortesanos como los más populares. En 1552 hirió a un miembro de la casa real en un duelo y evitó la cárcel a condición de embarcarse al servicio del rey.

De 1553 a 1568 vivió en la India y Macao, sufriendo graves dificultades económicas y algún periodo de cárcel por deudas. En 1568 viajó a Mozambique, donde vivió míseramente y preparó la edición de sus poemas que le serían robados antes de entregarlos para su publicación. Con la ayuda de sus amigos puede volver a Lisboa ese mismo año, donde vivió pobremente hasta el final de su vida, en 1580. En 1572 consiguió publicar *Os Lusíadas*, la única de sus obras editada en vida.

Los poemas de asunto religioso

El siglo XVII marca un nuevo cambio de dirección en la poesía épica culta con el giro hacia el tema religioso. Este cambio se debe al inglés **John Milton** (1608-1674) y su epopeya religiosa *Paraíso perdido* (1667), que narra la desobediencia de Adán y Eva a través de **cuatro episodios:**

- En el primero, Milton relata la rebelión de Satanás y su expulsión del Cielo. Como consecuencia, el Diablo decide vengarse de Dios utilizando al hombre como instrumento.
- El segundo episodio cuenta cómo Satanás averigua cuál es la morada del hombre y la prohibición de comer la fruta del Árbol de la Ciencia del Bien y del Mal. También se expone en él cómo Cristo decide bajar a la tierra para purgar los pecados humanos.
- El tercero se centra en la tentación de Satanás a Eva, a quien acaba convenciendo para que coma el fruto prohibido del Árbol.
- El último episodio muestra cómo Eva ofrece la fruta a Adán y este la come. Tras la consumación del pecado de desobediencia, Dios envía al arcángel Miguel para que expulse a la pareja del paraíso. Este les muestra también el futuro que espera a la humanidad a causa de su pecado.

Algunos años después, Milton compuso el *Paraíso recobrado* (1671), poema que funciona como cierre de la historia anterior. En él se narran las tentaciones sufridas por Jesús en el desierto y cómo fue capaz de vencerlas.

Ambos poemas encajan a la perfección con el estado espiritual del siglo XVII, en el que los artistas volvieron sus ojos hacia Dios para encontrar una explicación del sufrimiento humano.

«Del primer hombre la desobedencia
Canto, y la fatal fruta del
Árbol, cuyo bocado,
Desterrando del mundo la inocencia,
Dio entrada a los dolores, y a la muerte,
Y nos hizo perder el paraíso;
Hasta que el hijo del Eterno quiso,
Lleno de amor, bajar a nuestro suelo,
Hacerse hombre, y volver con brazo fuerte
A abrir las puertas del cerrado cielo.»

John MILTON. *Paraíso perdido*. El Aleph.

LAS CONSECUENCIAS DEL PECADO

Adán y Eva, símbolo de toda la humanidad, pierden su inmortalidad y su derecho a habitar el Paraíso como consecuencia de su pecado: comer del fruto prohibido por mandato de Dios.

El arcángel Miguel les anuncia lo que les espera: morirán, aunque dentro de largos años; tener hijos, multiplicarse, vendrá acompañado de grandes dolores; la tierra, antes fértil y ahora maldita por el pecado, exigirá un gran esfuerzo para poder sacar de ella el alimento necesario para sobrevivir. El arcángel les dedica duras palabras como estas: «Sacarás tu alimento de ella con penoso afán durante toda tu vida [...]. Ganarás el pan con el sudor de tu rostro, hasta que vuelvas al seno de la tierra de la que saliste, porque polvo eres y en polvo te convertirás.»

1. Escribe una breve reflexión en la que indiques las semejanzas y diferencias entre la poesía narrativa de los siglos XVI y XVII, y la literatura clásica y medieval. ¿Van dirigidas al mismo público? ¿Su difusión es igual? ¿Los argumentos y personajes tienen funciones similares?

04 El teatro de los siglos XVI y XVII

El teatro se convierte en uno de los principales géneros en las literaturas europeas a partir del siglo XVI. En este lento proceso es necesario señalar sus **antecedentes**: la Edad Media y el siglo XV, época de transición entre las formas medievales y renacentistas.

Durante la **Edad Media** surgen las primeras representaciones teatrales, que responden a asuntos religiosos y profanos. El nacimiento del **teatro religioso** tiene que ver con las representaciones navideñas y de la Pasión de Cristo, realizadas con la intención de dar a conocer los principios cristianos de una manera más didáctica y atractiva. El origen del **teatro profano**, en cambio, se vincula a la labor de los juglares, que a menudo incluían en sus recitados pequeñas dramatizaciones de la historia cantada o sobre otros asuntos. Los autores cultos medievales también cultivaron el teatro profano. Así sucede en la **comedia elegíaca***.

El **siglo XV** supone un avance importante en la historia del teatro. En esa época se ponen de moda las **danzas de la muerte***. También surge en este siglo la **comedia humanística*** que sigue la línea iniciada por la elegíaca y entronca también con la comedia de Terencio. La obra más interesante de esta tendencia es ***La Celestina***, del español **Fernando de Rojas**.

Desde **finales del siglo XVI** se produce la fusión de las tendencias teatrales populares y cultas con el nacimiento de los teatros nacionales inglés, español y, posteriormente, francés. La teatralidad forma parte de la vida europea de la época, lo que explica, en parte, dicha fusión. Así lo demuestran la puesta en escena y el sentido del espectáculo en el contenido de las fiestas populares y religiosas.

El teatro se convierte en los siglos XVI y XVII en **espectáculo de masas** y reproduce en sus textos la vida, los sentimientos y las necesidades de las gentes. El eco social que alcanza el género explica la necesidad de reglamentar las representaciones para controlar su moralidad. Así, se separó a hombres y mujeres en los teatros o se prohibió a las mujeres interpretar papeles en las obras, como sucede en Inglaterra.

Pero el deseo de someter a reglas el hecho teatral también afecta a los propios textos literarios. Siguiendo a los clásicos grecolatinos, algunos teóricos pensaron que el teatro, en su afán de alcanzar la verosimilitud, debía someterse a tres **reglas literarias**: la unidad de tiempo (duración de 12 horas máximo), de lugar (en el mismo espacio) y de acción (una única acción).

El respeto a estas leyes teatrales permitió establecer **dos tendencias** en el teatro europeo del siglo XVII:

- El **respeto de las unidades** dramáticas, que se convirtió en carácter definitorio del teatro francés de la segunda mitad del siglo XVII.
- La **ruptura** de dichas unidades, que define el teatro representado en Inglaterra y España.

Junto a estas dos tendencias, pervive un tipo de representación de origen popular que triunfa en Italia con el nombre de Comedia del Arte.

*** GLOSARIO**

Comedias elegíacas: género habitualmente escrito en latín que sigue la tendencia iniciada por las comedias de Terencio.

Danzas de la muerte: espectáculo popular en el que la muerte invita a bailar a diferentes personajes que representan distintos grupos humanos y sociales.

Comedia humanística: género dialogado en prosa y destinado a la lectura, no a la representación.

Cartel de la película *La Celestina*, dirigida por Gerardo Vera en 1995, con Penélope Cruz y Juan Diego Botto, basada en la obra de Fernando de Rojas.

04.1 La Comedia del Arte

La Comedia del Arte triunfa popularmente en Italia en los siglos XVI y XVII. Su origen se remonta a la época romana, la *fabula atellana*, caracterizada por la improvisación en torno a una serie de personajes con caracteres fijos y que se convierte en el núcleo central de las compañías italianas de cómicos itinerantes.

La intención de la Comedia del Arte es provocar la carcajada mediante un **enredo amoroso**. Los actores adaptan las carreras, los equívocos y las bromas a los gustos del público que asiste a la representación. Junto al humor, es frecuente que las obras ofrezcan ciertas dosis de **sátira** social y política.

El rasgo más significativo de estas representaciones es la **inexistencia de diálogos** escritos. Los actores tan solo cuentan con un leve guion sobre el que improvisan una historia que se adecue al carácter de los personajes que encarnan.

Como consecuencia de dicho rasgo, los **personajes** responden a un código que establece su vestuario, maquillaje, accesorios, tipo de lenguaje y comportamiento en escena. De esta manera, el público los reconoce y sabe qué se puede esperar de ellos en la representación. Precisamente, el juego con lo que el espectador espera del personaje se convierte a menudo en un mecanismo para mantener la tensión teatral y buscar la comicidad.

Los personajes pueden clasificarse en tres **grupos**:

Criados: campesinos, buscan trabajo en la ciudad, están a la orden de un patrón.	– **Arlequín**. Vestimenta: traje de rombos y máscara de cuero negro. Carácter: hambre constante y amor por Colombina, mezcla de torpeza, inteligencia natural y astucia. – **Brighella**. Vestimenta: presencia de franjas verdes sobre ropas blancas. Carácter: está dominada por la codicia. Tiene trabajo independiente u ocupa un puesto de prestigio en la casa de los patronos. Los amos le tienen cierto respeto y los criados acuden a él en demanda de ayuda. – **Polichinela**. Vestimenta: traje amplio de color blanco, careta con nariz ganchuda y una enorme joroba. Carácter: melancólico, conocedor de rumores y cotilleos. – **Colombina**: enamorada de Arlequín. Suele burlarse de los patronos que intentan cortejarla.
Amos: los padres de la familia y centro de la acción, ya que de ellos depende el matrimonio de los hijos y el premio o castigo de otros personajes.	– **Pantaleón**. Vestimenta y aspecto físico: atuendo rojo y capa negra, barba larga. Carácter: rico, codicioso, pierde la cabeza por las muchachas jóvenes. Su personalidad lo coloca en situaciones ridículas. – **El Doctor**. Aspecto físico: tremenda barriga. Carácter: ignorante, ridículo. – **El Capitán**: no es exactamente un amo, pero tampoco un criado. Vestimenta: militar, espada que siempre amenaza con sacar, aunque nunca lo hace. Carácter: bravucón que presume de valor y fuerza, pero que se asusta a las primeras de cambio.
Enamorados	Son los hijos de Pantaleón y el Doctor. Son jóvenes que sienten un amor puro recíproco y que aspiran a casarse. Sufren a lo largo de la obra por los equívocos, castigos y prohibiciones.

Arlequín, de D. Roentgen (1780).

+ LA DIFUSIÓN DE LA COMEDIA DEL ARTE

Gracias a las compañías de cómicos itinerantes, la Comedia del Arte se difundió fuera de las fronteras italianas. Sus elementos fueron incorporados por el español Lope de Rueda, en la primera mitad del siglo XVI, y por el teatro francés del XVII, que los adaptó en algunos casos.

La Comedia del Arte también traspasó las fronteras temporales. Así, en el siglo XVIII, el italiano Carlo Goldoni basó en ella algunas de sus obras y el siglo XX ha visto cómo algunos autores (Benavente, en España, o Dario Fo, en Italia) recurren en ocasiones a sus caracteres.

1. Escribe el guión de una representación basada en los caracteres de la Comedia del Arte. Utiliza los que hemos analizado en esta página o amplíalos con los que encuentres en este sitio web: www.teatrodellazzi.es/

04.2 El teatro inglés

W. Shakespeare (1564-1616), cuyo estudio podrás ampliar en el volumen práctico, fue el gran autor dramático del periodo. Por ello, el teatro inglés suele parcelarse en tres etapas: la época anterior al autor, la suya y la posterior.

Antes de Shakespeare se advierten dos tendencias predominantes en el teatro inglés:

- Representaciones de tipo **popular** sobre asuntos **religiosos** o **morales**, junto a otras de carácter humorístico.
- Obras **cultas** inspiradas en el teatro latino y la comedia humanística del Renacimiento.

En la **época de Shakespeare** se constituye el **teatro isabelino**, que funde la tradición popular con la culta y se convierte en espectáculo de masas. El espectáculo teatral del momento se caracteriza por los siguientes **rasgos**:

- Se representaba en **edificios poligonales**. En el patio de estos edificios se encontraba la escena, y alrededor del patio, dos o tres pisos de galerías. No existía diferenciación social en el tipo de localidades que se repartían entre el patio, las galerías e, incluso, la propia escena.
- Las **representaciones** comenzaban a primera hora de la tarde y se extendían hasta el anochecer.
- La **escenografía** era muy escasa, prácticamente sin decorados, de modo que el peso de la representación recaía sobre el texto.
- Las **compañías** de actores estaban integradas únicamente por hombres y solían situarse bajo la protección de algunas instituciones públicas.
- Las obras se adscribían a tres **géneros**: la tragedia sangrienta, inspirada en Séneca, la comedia de enredo, que sigue a Plauto y Terencio, y el drama histórico de asunto medieval inglés.

En este panorama triunfan, además de Shakespeare, algunos **autores** que anticipan caracteres de sus obras. El primer gran éxito fue *La tragedia española* (1594), de **Thomas Kyd**, que ofrece dos rasgos significativos: resalta el horror, la crueldad, la muerte y la venganza; y fija tres tipos de personajes que Shakespeare convertirá algo después en mitos literarios. Estos son el hombre vengador (Hamlet), la heroína enérgica (Lady Macbeth) y el conspirador maquiavélico (Iago).

Pero el dramaturgo que comparte protagonismo con Shakespeare fue, sin duda, **Christopher Marlowe** (1564-1593). A él se deben dos innovaciones esenciales: el uso del **«verso blanco»** para la composición del texto dramático, y la creación de un modelo de **héroe** capaz de vencer sus limitaciones de clase o condición para alcanzar sus objetivos y caracterizado por su lucha interior entre el sometimiento a las normas religiosas o políticas y la afirmación de su individualidad.

Tras la época de Shakespeare, la escena inglesa continuó su desarrollo y éxito popular durante algún tiempo. Sin embargo, las circunstancias que el país vivía (guerra civil, enfrentamiento religioso) motivaron sucesivos cierres de teatros, hasta que la representación se prohibió en 1660.

+ EL VERSO BLANCO

El verso blanco no tiene rima y responde al esquema del pentámetro yámbico latino, alternando sílabas átonas y tónicas de la siguiente manera:

o - ó / o - ó / o - ó / o - ó / o - ó.

Veamos un ejemplo de *La tempestad* de Shakespeare: «A **time** before we **came** unto this **cell**?» ('Tiempo antes de que llegásemos a esta cárcel').

EL HÉROE DE MARLOWE

«FAUSTO.—La ofensa de Fausto no puede perdonarse nunca. Puede que se conceda la salvación a la serpiente que tentó a Eva, pero no a Fausto. [...]

ESTUDIANTE.—Con todo, Fausto, invocad a Dios.

FAUSTO.—¿A Dios, de quien Fausto ha abjurado? ¿A Dios, a quien Fausto ha blasfemado? [...] Quisiera alzar las manos al cielo; pero ved: me las sujetan, me las sujetan...

ESTUDIANTE.—¿Quiénes, Fausto?

FAUSTO.—Lucifer y Mefistófeles. Les vendí el alma a cambio de mi sabiduría.»

Cristopher MARLOWE, *La trágica historia del doctor Fausto*. Icaria.

1. El *Fausto* de Marlowe presenta a un héroe trágico que vende su alma para poder alcanzar sus objetivos. Investiga sobre la obra e indica por qué Fausto pacta con el Diablo y qué consecuencia trae al final de la obra. ¿Cuál crees que es la intención de Marlowe con esta historia? ¿El tema de Fausto ha sido tratado posteriormente en la literatura?

04.3 El teatro francés

En Francia, a diferencia de Inglaterra y España, el teatro tuvo un florecimiento más tardío y menos popular, en la segunda mitad del siglo XVII. Son varias las razones de esta diferencia:

- En Francia, el teatro se desarrolla bajo el patrocinio de la realeza y la corte. La regente Catalina, el hermano del rey y, posteriormente, el rey Luis XIV y Richelieu mantienen los teatros, pagan a las compañías teatrales y, por lo tanto, eligen la línea de las obras de su preferencia: **la tragedia**.
- Estas mismas compañías teatrales representaban grandes espectáculos en la corte, en los que se combinaba el baile, la música, el mimo y una lujosa escenografía.
- A esto se une la prohibición de representar espectáculos religiosos públicos, del tipo de los autos sacramentales españoles.
- La presión de la **Academia*** para que se respetara la ley de las tres unidades: tiempo, lugar y acción.

Consecuentemente, el teatro no va a ser un género popular, sino elitista. Solo la comedia, con la adaptación al gusto francés de la Comedia del Arte y posteriormente con Molière, gozará del favor popular, aunque nunca se llegará al «fervor» de los espectadores ingleses o españoles.

El género más representativo y peculiar del teatro francés es la **tragedia**, cuyos rasgos se van depurando, esencialmente de la mano de **Pierre Corneille** (1606-1684), hasta llegar a su máxima expresión con **Jean Racine** (1639-1699):

- Antes de Racine los argumentos están inspirados en la Antigüedad clásica, sobre todo en las obras de Séneca, y en la materia hispánica, como el Cid o los reyes castellanos.
- Racine toma sus argumentos preferentemente de la Biblia y de la Antigüedad romana.
- La tragedia se somete a la ley de las tres unidades.
- Se eliminan los asesinatos y escenas truculentas a la vista del público (solo se admitirá el suicidio).
- La intención de las obras es provocar en el espectador «admiración y asombro», no «terror y lástima», como indicaba Aristóteles.

Molière

La aportación de Molière (1622-1673) es decisiva para la evolución del teatro como espectáculo y como texto. En él se funden la tradición medieval, la latina, la Comedia del Arte, la influencia italiana y la española. Es maestro tanto de la farsa como de la comedia de costumbres, y en esta mezcla radica su originalidad.

El objetivo declarado de Molière era «enseñar a los hombres cómo son sin dejar nunca de divertirlos». Esto explica que en sus textos destaquen los temas de la familia, la educación, la condición de la mujer y la crítica al machismo, así como el más importante de todos ellos, la **hipocresía**.

* GLOSARIO

Academia Francesa: institución fundada en 1634 con la intención de vigilar el correcto uso de la lengua francesa y proteger la creación literaria. Desde sus comienzos, estableció un modelo literario que se adecuara a la grandeza de la Francia de la época.

+ LA DESNUDEZ DE LA TRAGEDIA FRANCESA

Unidad 3
Doc. 2

Lee sobre Racine, el trágico francés por excelencia.

MOLIÈRE

La vida y el teatro se hallan indisolublemente mezclados en la figura de Molière. Nacido en París en 1622 como Jean-Baptiste Poquelin, se cambió el nombre para no deshonrar a su padre con la profesión de actor. Aunque cursó estudios de abogacía, con poco más de veinte años se unió a una *troupe* de actores, con los que se dedicó durante quince años al teatro ambulante, representando espectáculos tradicionales, obras de otros autores y, progresivamente, añadiendo personajes y acciones propias hasta llegar a dirigir la compañía. Ya en París en 1658, su compañía, bajo la protección del hermano del rey, pone en escena sus propias obras y, gracias al éxito absoluto que alcanzaron, quedó encargado de organizar los espectáculos de la corte. La fama, el reconocimiento del público y el favor real ya no le abandonarían. En 1673 murió tras la representación de *El enfermo imaginario*, en la que interpretaba el papel protagonista.

> LITERATURA Y OTRAS ARTES

Investigando a Molière

Las obras de Molière han sido objeto de numerosas adaptaciones cinematográficas durante el siglo XX. Te recomendamos el visionado de alguna de ellas y la elaboración de una pequeña reseña en la que muestres cómo ha resuelto el guionista o director el respeto a las unidades dramáticas aristotélicas.

Molière fustiga sin piedad este comportamiento y satiriza muchas de sus facetas:

- La frivolidad y la insinceridad de la nobleza quedan al descubierto desde la primera obra que representó en París, *Las preciosas ridículas* (1659), donde dos «damitas» rechazan a sus pretendientes y son conquistadas por los lacayos.
- El esnobismo del burgués que imita la nobleza en *El burgués gentilhombre* (1670) presenta a un nuevo rico empeñado en pasar por caballero.
- La gran obra sobre la hipocresía es *Tartufo* (1664). En ella, un beato se introduce en una familia y consigue que el padre, Orgón, le dé el control sobre sus bienes y pretenda casarlo con su hija. Tartufo hace proposiciones a la esposa y al quedar descubierto denuncia a Orgón por esconder a políticos perseguidos. La crítica a la beatería provocó que la reina madre impidiera su estreno durante diez años.

Pero no olvidemos la segunda parte de su objetivo, «sin dejar nunca de divertirlos». Molière consigue **hacer reír** a carcajadas usando todos los recursos de la comedia: golpes y gags físicos, juegos de palabras, etc.

En otras ocasiones, el humor se consigue mediante la crítica a grupos sociales u oficios, como sucede a continuación con los médicos:

«DIAFOIRUS.—A deciros verdad, nuestra profesión, aplicada a la gente aristocrática no me ha parecido agradable nunca; cuando se trata de miembros de la grandeza, siempre se está en vilo, porque, si caen enfermos, se empeñan con obstinación en que sus médicos les curen.

TOÑITA.—¡Vaya, qué gracia! ¡Se necesita ser impertinente para pediros que les curéis! No es tal vuestra misión, sino recetar y cobrar; es cuenta de ellos curarse, si pueden.»

MOLIÈRE, El *enfermo imaginario*. Club Internacional del Libro.

Otra de las aportaciones de Molière son los **personajes**:

- Crea tres tipos que participan en muchas de sus comedias y que solía representar él mismo: Mascarille, Scapin y Sganarelle. El carácter de estos personajes se define por la mezcla de astucia y sentido común, de dependencia y rebeldía.
- Sus protagonistas son seres representativos de un vicio, aunque con matices que los convierten en únicos: Tartufo es hipócrita pero deja ver sus sentimientos; Alceste, más que misántropo, es sincero con los que le rodean.

En cuanto a las novedades que trae Molière al **espacio escénico**, hay que resaltar el uso de la tramoya y las **máquinas teatrales** en una escenografía compleja.

Molière, en colaboración con pintores y músicos, incorporó en sus obras la música, el baile y muchos de los hallazgos técnicos propios de los espectáculos cortesanos.

El sentido del humor y del espectáculo de Molière fue más allá de su vida, como demuestra el epitafio que hizo poner en su sepultura: «Aquí yace Molière, el rey de los actores. En este momento hace de muerto, y de verdad que lo hace bien».

LA COMICIDAD DE MOLIÈRE

El enfermo imaginario muestra todos los recursos humorísticos de Molière. En el siguiente texto se aprecia un diálogo rápido entre personajes y una persecución ridícula:

«ARGÁN.—Ordeno terminantemente a mi hija que se disponga a casarse con quien yo he dicho.

TOÑITA.—Pues yo terminantemente se lo prohíbo.

ARGÁN.—¿En qué país vivimos? ¿Una pícara sirvienta tiene la osadía de hablarle de este modo a su amo?

TOÑITA.—Cuando el amo no piensa lo que hace, corresponde a la sirvienta juiciosa el derecho de corregirle.

ARGÁN. *(Corriendo tras Toñita.)* —¡Insolente! ¡Voy a matarte!

TOÑITA. *(Huyendo.)* —Tengo el deber de impedir que mis señores se deshonren.

ARGÁN. *(Persiguiendo a Toñita, bastón en mano. Ella se escuda rodeando la silla.)* —¡Ven acá, que voy a enseñarte a hablar!

TOÑITA. *(Dando vueltas alrededor de la silla.)* —Me intereso, como debo, en evitaros que cometáis locuras.

ARGÁN. *(Del mismo modo.)* —¡Perra!

TOÑITA. *(Lo mismo.)* —Nunca consentiré en ese matrimonio.

ARGÁN.—¡Descarada!»

MOLIÈRE, *El enfermo imaginario*. Club Internacional del Libro.

1. ¿A qué grupo social pertenece Toñita? ¿Te parece normal su comportamiento en estos fragmentos? ¿Crees que Molière quiere expresar con él alguna idea sobre la sociedad?

2. ¿Qué denuncias expone Molière en este texto?

Poesía, teatro y novela españolas durante Renacimiento y Barroco

Los artistas y escritores españoles no solo incorporan durante los siglos XVI y XVII ideas estéticas, sino que son capaces de aportar propuestas innovadoras y, en algún caso, iniciar tendencias que serán continuadas por otros artistas en otros tiempos y lugares.

En el campo de la **lírica**, desde muy tempranas fechas contamos con poetas —**Garcilaso de la Vega**— que se dejaron llevar por el petrarquismo para expresar el sentimiento amoroso. La segunda mitad del siglo XVI fue el tiempo en que la lírica española abrió el abanico temático para dar entrada a la cuestión moral —**Fray Luis de León**— o religiosa —**San Juan de la Cruz**—, al tiempo que la poesía narrativa encontraba en la figura de **Alonso de Ercilla** uno de sus principales nombres. Pero será durante el siglo XVII cuando la poesía lírica española alcance sus más altas cotas en las obras de **Francisco de Quevedo** y **Luis de Góngora**, dos poetas capaces de expresar el caos espiritual de una época en que la fe renacentista en la perfección queda recluida a los estrechos límites de la obra artística.

En una sociedad tan dada al espectáculo y celosa de las apariencias como la España de la dinastía Austria, el **teatro** había de ser, por fuerza, uno de los géneros más innovadores. **Lope de Vega**, **Tirso de Molina** y **Calderón de la Barca**, entre otros, configuraron el teatro español del XVII, una tendencia que ofreció al público diversión desbordada mediante el culto a una violencia moderada y las referencias sexuales más o menos explícitas. Junto a esta vocación por el «teatro de masas», los dramaturgos españoles no olvidaron el poder educador del teatro, por lo que llenaron sus obras de motivos, situaciones y personajes que perseguían también el adoctrinamiento en los principios religiosos y sociales sobre los que se había construido la España Imperial.

La **novela** de estos siglos se caracteriza por la diversidad de subgéneros. El libro de caballerías inicia su andadura con una novela española, ***Amadís de Gaula*** (1508), y cierra su recorrido con otra, ***El Quijote*** (1605 y 1615). Por otra parte, el ***Lazarillo de Tormes*** inaugura en 1554 el subgénero picaresco y una nueva forma de narrar en la que tienen cabida el realismo, el humor y la intención crítica. Tanto *El Quijote* como el *Lazarillo* y la novela picaresca española se convertirán en el siglo XVIII en las principales referencias de los autores ingleses y franceses que crearán la novela burguesa moderna.

1. Indica de qué manera se aprecian en el texto el sexo y la violencia como motores de la obra teatral. También aparece en el fragmento la alusión a uno de los pilares de la sociedad española del siglo XVII. ¿De cuál se trata?

2. Fíjate en el tratamiento que reciben los amos de Lázaro de Tormes y en el comportamiento del loco Don Quijote y escribe un breve texto en el que se expongan las relaciones que a tu juicio existen entre estas obras y el pensamiento de Erasmo que has estudiado en la unidad.

FUENTEOVEJUNA

«LAURENCIA.—
Aún no era yo de Frondoso,
para que digas que tome,
como marido, venganza;
que aquí por tu cuenta corre;
que en tanto que de las bodas
no haya llegado la noche,
del padre, y no del marido,
la obligación presupone [...]
Llevóme de vuestros ojos
a su casa Fernán Gómez;
la oveja al lobo dejáis
como cobardes pastores.
¿Qué dagas no vi en mi pecho?
¿Qué desatinos enormes,
qué palabras, qué amenazas,
y qué delitos atroces,
por rendir mi castidad
a sus apetitos torpes?
Mis cabellos ¿no lo dicen?
¿No se ven aquí los golpes
de la sangre y las señales?
¿Vosotros sois hombres nobles?
¿Vosotros padres y deudos?
¿Vosotros, que no se os rompen
las entrañas de dolor,
de verme en tantos dolores?
Ovejas sois, bien lo dice
de Fuenteovejuna el nombre.»

Lope DE VEGA, *Fuenteovejuna*. Cátedra.

Fuenteovejuna, de Antonio Gades. Flamenco Festival London 2012.

Ballet inspirado en la obra homónima de Lópe de Vega.

ELABORA TU PROYECTO

LÍNEA TEMPORAL

Al hilo de la exposición sobre las diversas tendencias y modalidades literarias desarrolladas durante los siglos XVI y XVII se han ido citando en la unidad los nombres de diferentes autores. Te proponemos ahora que selecciones aquellos cuyas aportaciones te parezcan más relevantes y confecciones **una línea del tiempo** que pueda ser accesible en Internet.

Recuerda que una línea del tiempo es una herramienta que se emplea para registrar y ordenar datos cronológicos. Ha de ser visualmente atractiva y debe presentar la información de manera que los datos puedan ser comparados con facilidad.

No es recomendable que se incluya demasiado texto en este tipo de documentos, pero sí que la información resulte atrayente y variada. Para conseguir tal fin, te proponemos que en la línea temporal incluyas lo siguiente:

- **Texto breve** que justifique la importancia que tiene el autor elegido para la historia literaria.
- Alguna **imagen** del autor o la obra a la que te refieras.
- **Enlaces** electrónicos que dirijan a lugares donde pueda consultarse más información o leer textos significativos.
- En algún caso, puede ser interesante que la línea temporal incluya algún video o archivo de audio que ilustre la importancia del autor en cuestión.

Recursos en la Red

→ www.timerime.com/es/

TimeRime: aplicación web en español que permite crear con facilidad líneas de tiempo e incluir en ellas breves textos, imágenes, videos y enlaces a otras direcciones electrónicas.

→ www.slideshare.net/negraleidy/tutorial-timerime-32961639?next_slideshow=1

Tutorial de TimeRime: en esta dirección puede encontrarse una presentación que explica el funcionamiento básico de la aplicación TimeRime.

ELABORA TU ORGANIZADOR VISUAL

1 Asocia los siguientes autores con el periodo correspondiente.

Autores	Luis de Camoens - Pietro Bembo - Rabelais Pierre Ronsard - Erasmo de Rotterdam Shakespeare - Ariosto - John Donne

Periodos	Autores
Renacimiento	
Barroco	

2 Construye un mapa conceptual con las principales tendencias en la poesía de los siglos XVI y XVII.

ENCHIRIDION, DE E. DE ROTTERDAM

«No pienses tú luego que está la caridad en venir muy continuo a la iglesia, en hincar las rodillas delante de las imágenes de los santos, en encender ante ellos muchas candelas, ni doblar las oraciones muy bien contadas. No digo que es malo esto; mas digo que no tiene Dios tanta necesidad de estas cosas. ¿Sabes a qué llama Pablo caridad? Edificar al prójimo con buena vida y ejemplo, con obras de caridad y con palabras de santa doctrina, tener a todos por miembros de un mismo cuerpo, pensar que todos somos una misma cosa en Jesucristo, gozarte en el Señor por los bienes y provechos de tu prójimo como por los tuyos mismos, remediar los males y daños ajenos como los tuyos propios, corregir con mansedumbre al que yerra, enseñar al que no sabe, levantar y aliviar al que está abatido, consolar al desfavorecido, ayudar al que trabaja, socorrer al necesitado.

En conclusión: todo tu poder y hacienda, todo tu estudio y diligencia, todos tus cuidados y ejercicios emplearlos en aprovechar a muchos por Jesucristo, así como él lo hizo, que ni nació ni vivió, ni murió para sí; mas todo se dio enteramente por nuestro provecho, así también nosotros sirvamos y ayudemos al de nuestro prójimo y no al nuestro.»

Erasmo De Rotterdam,
Educación del príncipe cristiano. Tecnos.

Erasmo de Rotterdam, de Hans il Giovane Holbein, 1530.

COMENTARIO DE TEXTO

Localización del texto

1. ¿A qué tendencia literaria pertenece el texto? ¿Por qué?
2. ¿Qué relación existe entre lo que el fragmento expone y los conflictos religiosos de la primera mitad del siglo XVI?

Contenido

3. Enuncia el tema del fragmento.
4. ¿En qué reside la verdadera religiosidad para Erasmo?

Técnica

5. Indica la estructura u organización del texto.
6. ¿Se trata de un texto expositivo o argumentativo? ¿Por qué?
7. Erasmo dirige su texto a una segunda persona, ¿quién es? ¿Qué recursos lingüísticos emplea para realizar esa referencia?
8. Indica los casos de paralelismo que encuentres en el texto.

Valoración

9. Demuestra con razones la posible actualidad del texto de Erasmo.

Teoría relacionada

10. Explica por qué Erasmo es un humanista y cuál es su importancia.

Bloque II

LOS SIGLOS XVIII Y XIX

Las Unidades de este Bloque (4. La época de la razón: la Ilustración, 5. La época de la sinrazón: el Romanticismo y 6. La segunda mitad del siglo XIX: Realismo, Naturalismo y Simbolismo) recorren las literaturas europea y americana desde el final del Antiguo Régimen hasta las puertas del siglo XX. Nunca en tan poco tiempo la humanidad había sufrido tantas transformaciones. Con la Ilustración el ser humano se da cuenta de que puede transformar el mundo gracias a su razón e iniciativa, y se aplica a la tarea mediante reformas sociales, económicas y políticas.

El descubrimiento del derecho a la felicidad de las personas domina en el Siglo de las Luces; sin embargo, los últimos años del XVIII y los primeros del XIX suponen un terrible golpe contra una realidad que no acepta las propuestas de cambio derivadas del proceso revolucionario francés, aferrándose a las viejas mentalidades. En medio de esa lucha surge el individuo, un *yo* dominado por los deseos y pasiones, que se niega a aceptar las normas y tradiciones que limitan su libertad. En la segunda mitad del siglo XIX el individuo sigue siendo la referencia principal de los textos literarios, pero en esos años interesa no ya la exposición de sus sentimientos, sino la explicación de sus comportamientos; los autores de la época dejan a un lado lo sentimental para centrarse en lo real.

1700 — 1750 — 1800

- **1702-1714** Guerra de Sucesión española
- **1713** Tratado de Utrech
- **1714** Fundación de la Real Academia Española
- **1719** Defoe publica *Robinson Crusoe*
- **1745-1772** Diderot y D'Alembert elaboran *La Enciclopedia*
- **1762** Rousseau escribe *El contrato social*
- **1769** Patente de la máquina de vapor de J. Watt
- **1776** Declaración de Independencia de los Estados Unidos de América
- **1789** Revolución Francesa: el asalto a la Bastilla
- **1791** Mozart compone *La flauta mágica* y deja inacabado su *Réquiem*
- **1799-1815** Etapa napoleónica

1714
Fundación de la Real Academia Española

Nace con el objetivo de fijar y reglamentar la lengua española. Sirvieron como modelo para su creación las otras Academias ya fundadas en Europa, la Italiana (1582) y la Francesa (1635). Según su histórico lema, «limpia, fija y da esplendor» a nuestra lengua. Hoy día forma parte, junto a otras veintiuna Academias de países de habla hispana, de la Asociación de Academias de la Lengua Española.

1789
Revolución Francesa: el asalto a la Bastilla

La toma de esta prisión, símbolo del Antiguo Régimen, por parte del pueblo francés el 14 de julio de 1789, supone el inicio de la Revolución Francesa, y, con ella, de la Edad Contemporánea. Aunque tiempo después, tras Napoleón, el Absolutismo regresaría, esta Revolución consagró la libertad y la igualdad ante la ley, bases del actual Estado de derecho.

1815

Fin del Congreso de Viena

Pocos días antes de la derrota definitiva de Napoleón en Waterloo, las grandes potencias europeas trataron de establecer un nuevo equilibrio de fuerzas en Europa, fijando en este Congreso las bases para la Restauración del Antiguo Régimen. Esta decisión chocaba con las ideas liberales que ya se habían difundido, por lo que en unos años estallarían las revoluciones de 1820, 1830 y 1848.

1885

Conferencia de Berlín: el reparto de África

Las principales potencias europeas llevaban reclamando su porción de la "tarta africana" desde finales del siglo XVIII. Fue en esta Conferencia cuando el reparto se produjo de manera efectiva, estableciéndose qué territorios podía colonizar cada país europeo; muchas de las tensiones originadas por este reparto estallarían en la Primera Guerra Mundial.

1800 — 1850 — 1900

- **1807-1832** Goethe escribe *Fausto*
- **1810-1824** Proceso de Emancipación de América Latina
- **1814** Goya pinta *Los fusilamientos del 3 de mayo*
- **1815** Fin del Congreso de Viena
- **1820**, **1830**, **1848** Revoluciones liberales en Europa
- **1824** Beethoven compone *La novena sinfonía*
- **1837-1839** Dickens escribe *Oliver Twist*
- **1848** Marx y Engels redactan el *Manifiesto comunista*
- **1855** Whitman publica *Hojas de hierba*
- **1860-1870** Unificaciones de Italia y Alemania
- **1861-1865** Guerra de Secesión de Estados Unidos
- **1862** V. Hugo escribe *Los miserables*
- **1866** Dostoievski escribe *Crimen y castigo*
- **1879** Ibsen estrena *Casa de muñecas*
- **1885** Conferencia de Berlín: el reparto de África
- **1885** Pasteur descubre la vacuna contra la rabia
- **1895** Los hermanos Lumière crean el cinematógrafo

1848

Marx y Engels redactan el *Manifiesto comunista*

Este tratado político plantea que cada sociedad tiene una ideología propia, cuyo origen está en el sistema económico-productivo de dicha sociedad. Denuncia que en el capitalismo, como en el resto de sistemas precedentes, se produce la explotación del hombre (clase obrera) por el hombre (clases dominantes), y que esta no acabará hasta que la revolución proletaria destruya el sistema de clases y la propiedad privada.

01 El siglo XVIII

Como continuación de los siglos XVI y XVII del Bloque anterior, pertenecientes a la Edad Moderna, **el siglo XVIII** se enmarca en el mismo periodo y mantiene las mismas estructuras políticas, económicas y sociales. En este siglo se impuso un nuevo modelo político: el **despotismo ilustrado**. Era una continuación de la monarquía absoluta del siglo anterior, a la que se le suma un plan de reformas, de cambios, que pretendía atender las necesidades del pueblo en materia económica, sanitaria, educativa, etc. El rey sigue ostentando todo el poder, añadiéndole una actitud paternalista hacia su pueblo («todo para el pueblo pero sin el pueblo»). Las reformas, por su parte, crearon un modelo de Estado más centralizado, llevaron la educación a otros grupos sociales, fomentaron el libre comercio y mejoraron la tolerancia religiosa.

En el terreno cultural, el XVIII es conocido como el siglo de la **Ilustración** o Siglo de las luces, por el deseo de «iluminar» al mundo con la luz de la razón y abandonar definitivamente la «oscuridad» de la ignorancia y la superstición. Este objetivo debía alcanzarse a través de la educación y la difusión de publicaciones que alentasen la formación y el conocimiento (*Enciclopedia*). Ilustrados como Diderot, Voltaire, Montesquieu, Rousseau o D'Alembert, se convierten en los teóricos políticos inspiradores de los grandes cambios históricos que se habrían de producir: en el ámbito político, la independencia de Estados Unidos y la Revolución Francesa y, en el plano económico, la revolución industrial. Por todo ello, el XVIII es, ante todo, el siglo de las revoluciones (cambios violentos en las estructuras de una sociedad).

01.1 La Revolución industrial

La Revolución industrial surge en Gran Bretaña a finales del siglo XVIII. Las novedades que introduce en las fuentes de energía (carbón), en las tecnologías (máquina de vapor) y en las formas de trabajo (la especialización en la fábrica) provocan un aumento de la producción y una reducción de costes. Este cambio en el plano económico transforma la sociedad que, de ser esencialmente rural, se convierte en industrializada.

01.2 La Independencia de Estados Unidos

La primera gran revolución política del XVIII la protagonizan las trece colonias británicas de América del Norte. La razón principal de la rebelión es la creación de nuevos impuestos para sanear la economía británica, agotada tras numerosas guerras. Los colonos americanos proclaman la Declaración de Independencia y consiguen, después de varios años de duros combates, el reconocimiento de los ingleses como una nueva nación: los Estados Unidos de América. Su gobierno resulta muy innovador al redactar una constitución que incluía entre sus principios el respeto de los derechos y libertades de los ciudadanos (liberalismo) y la triple división del poder (legislativo, ejecutivo y judicial). La Independencia de Estados Unidos influye años después en la Revolución francesa y establece las bases para la independencia de los Estados hispanoamericanos en el siglo XIX.

01.3 La Revolución francesa

Este acontecimiento transformó profundamente las estructuras que se habían mantenido casi inalterables desde la Edad Media. Se convirtió en el modelo para otros procesos revolucionarios del siguiente siglo y marcó, también, el inicio de nuestra Edad Contemporánea. Estas fueron sus causas: **económicas** (crisis provocada por malas cosechas, elevados gastos de la corte y costosas campañas militares), **sociales** (el deseo de la burguesia de participar del poder político que estaba en manos de la nobleza), **ideológicas** (defensa de unos derechos básicos para todos los ciudadanos).

La Revolución francesa comienza con la simbólica toma de la prisión de la Bastilla, el 14 julio de 1789. Durante todo el proceso revolucionario (1789-1815), el modelo de gobierno en Francia pasó por diferentes fases políticas: monarquía absoluta, monarquía constitucional (el rey gobierna con una asamblea), república (el poder está en manos de los representantes del pueblo, elegidos por sufragio universal) e imperio (Napoleón Bonaparte inicia, ya a principios del siglo XIX, la conquista de toda Europa).

02 El siglo XIX

El estallido de la Revolución francesa en 1789 abre una nueva etapa en la Historia de la humanidad, la **Edad Contemporánea**, que traerá enormes cambios en materia política, económica, social y cultural.

Tras la derrota de Napoleón (Waterloo, 1815), las naciones vencedoras —Gran Bretaña, Austria, Rusia y Prusia— se reunieron en el **Congreso de Viena** y restablecieron el Antiguo Régimen de monarquías absolutas. No obstante, los ideales de la Revolución Francesa perduraron y afloraron en las **revoluciones de 1820, 1830 y 1848**, que obligaron a las monarquías a hacer más concesiones democráticas. Dichos movimientos revolucionarios se caracterizaron por: la afirmación de la identidad nacional después de la invasión napoleónica; los principios liberales; y la exigencia de una Constitución que entregara la soberanía al pueblo. Una consecuencia de estas revoluciones fue el **nacionalismo**, ideología que busca la unidad política de los pueblos apoyándose en principios comunes de lengua, etnia, costumbres o historia. Siguiendo estos principios, surgieron naciones fruto de la unificación de pequeños Estados —Alemania e Italia— o de la separación de grandes imperios.

En el siglo XIX se acentúa el **imperialismo colonial**, debido a la necesidad que tienen las potencias de materias primas para la revolución industrial, por exigencias estratégicas, por prestigio internacional e, incluso, por la creencia en la superioridad cultural de Occidente. Gran Bretaña y Francia se convierten en las grandes potencias colonizadoras, y sus colonias se distribuyen principalmente por Asia y África.

Desde el punto de vista económico, la **Revolución industrial** entra en una nueva fase al incorporarse diferentes fuentes de energía —electricidad y petróleo— y sistemas para aumentar la producción —cadena de montaje—. En esta etapa, Gran Bretaña empieza a perder su supremacía dando paso a otras naciones como Estados Unidos o Alemania.

Asimismo, en el siglo XIX, alentado por los cambios políticos y económicos que se están produciendo, Europa vive un proceso acelerado de **urbanización**: aumenta el número y el tamaño de las ciudades así como su población (a raíz de las mejoras en higiene y sanidad y por el éxodo rural). Las ciudades adquieren una nueva fisonomía: aparecen los nuevos ensanches, en los que vive la burguesía, y los barrios industrializados, donde se instalan los obreros. Al mismo tiempo, las ciudades se modernizan con la incorporación de sistemas de alcantarillado, iluminación o recogida de basuras.

En el ámbito social, la estructura estamental del Antiguo Régimen se transforma en una **sociedad de clases** donde la distinción entre grupos ya no viene determinada por el nacimiento, sino por el poder adquisitivo.

Con la Revolución industrial y la nueva sociedad de clases, las condiciones laborales se vuelven muy difíciles para el proletariado, lo que da lugar al movimiento obrero, destacando las siguientes doctrinas:

- El **marxismo**, teoría que debe su nombre a K. Marx, considera que la sociedad es resultado de la lucha entre burguesia y proletariado, enfrentamiento que debe acabar con el triunfo del proletario y con el establecimiento de un Estado comunista, sin clases sociales ni propiedad privada.
- El **anarquismo** rechaza la política, los partidos y las elecciones y cualquier forma de gobierno; busca la asociación voluntaria y su principal representante fue Bakunin.

El movimiento obrero se organizó a través de asociaciones de trabajadores llamadas **sindicatos**. La unidad de estos y el uso de instrumentos de presión como las huelgas permite conquistar reivindicaciones como la reducción de la jornada laboral, la mejora de las condiciones de trabajo, el aumento de los salarios o la creación de seguros de paro, enfermedad y vejez.

El siglo XIX termina con un amplio periodo de paz y calma en Europa, pero con el alineamiento de las naciones en bloques, que acabarán enfrentándose en el XX, el siglo de las grandes Guerras Mundiales.

04 LA ÉPOCA DE LA RAZÓN: LA ILUSTRACIÓN

01 Periodización

En el siglo XVIII domina el deseo de obtener reformas sociales y vitales que cristaliza en un movimiento ideológico al que se ha llamado **Ilustración**. Se destacan tres **etapas** en su desarrollo:

- **Antecedentes.** En el siglo XVII, las aportaciones de Descartes y Spinoza potencian la importancia de la razón humana como medio de conocimiento del mundo.
- **Reformismo.** Durante la mayor parte del siglo XVIII se desarrolla el pensamiento ilustrado y se intenta la aplicación práctica de algunos de sus principios, como la modernización de las comunicaciones, el cambio en las instituciones políticas o la mayor participación de la burguesía.
- **Revolución.** En los últimos años del siglo XVIII el panorama cambia bastante, ya que en el pensamiento europeo se advierte una mayor valoración de las emociones. Además, las ideas políticas y sociales de los pensadores ilustrados se convierten en la base de dos procesos revolucionarios que suponen el final de la Ilustración: la Revolución norteamericana y la Revolución francesa.

Las ideas reformistas, que surgen a finales del XVII y se amplían a lo largo del siguiente siglo, se manifiestan de acuerdo con tres **tendencias literarias**:

- El **Rococó**, continuación del estilo y de las técnicas del Barroco del siglo XVII, se caracteriza por el recargamiento y complejidad. Esta tendencia se desarrolla, primordialmente, en los ambientes cortesanos franceses de los primeros años del XVIII.
- El **Neoclasicismo** es la tendencia típicamente ilustrada y la que ocupa la mayor parte del siglo.
- El **Prerromanticismo** surge en el último tercio del siglo XVIII y anticipa el Romanticismo del XIX al anteponer los sentimientos a la razón. Esta preferencia explica la aparición de las pasiones desbordadas, la ambientación en una naturaleza estridente o macabra y la presencia de la intimidad del autor en las obras.

La Ilustración, por tanto, no debe entenderse como una tendencia o estilo artístico, sino como un movimiento ideológico que se manifiesta, según el momento y el autor, de una u otra manera. Este hecho explica que las distintas tendencias literarias convivan en el tiempo. También en la obra de algunos autores se encuentra la coexistencia de estilos literarios.

+ LOS PRINCIPALES RASGOS DEL NEOCLASICISMO

- Imitación de los clásicos grecolatinos y renacentistas, tanto en sus géneros como en los temas y argumentos.
- Predominio de lo natural y verosímil sobre la fantasía, desconfianza hacia lo original.
- Sometimiento a las reglas de creación literaria y perfecta distinción de géneros, como sucede con las unidades dramáticas.
- Búsqueda de la utilidad y la finalidad práctica en el arte y la literatura, lo que explica la constante discusión sobre ideas reformistas que se encuentra en las obras.
- Eliminación de los sentimientos desbordados, que son sustituidos por posturas razonables.
- Valoración de la ironía y la parodia como herramienta de crítica.
- Búsqueda de la claridad y corrección lingüística.

El español Cadalso refleja como nadie la coexistencia de tendencias en el siglo XVIII.

02 El pensamiento ilustrado

La Ilustración fue un fenómeno cultural que se extendió por Europa y América, afectando a la práctica totalidad de las parcelas sociales, políticas y culturales del mundo del siglo XVIII.

El movimiento no tuvo la misma importancia en todas las naciones: algunas aportaron constantemente nuevas ideas, mientras que otras se limitaron a seguir, de cerca o de lejos, las innovaciones que se iban produciendo. Los **focos ilustrados** y sus principales aportaciones fueron:

Francia	Preocupación por los asuntos sociales y políticos. Autores destacables: Montesquieu, Voltaire y Rousseau.
Inglaterra	Ciencia: herramienta de conocimiento humano. Científicos destacables: Newton y Berkeley.
Alemania	Análisis y alcance de la razón. Filósofo destacable: Kant.

En estos tres países se conformó el pensamiento ilustrado en torno a una serie de **características** definitorias:

- **Racionalismo.** La razón se considera la única base del saber y sustituye a la emoción, imaginación o fe. Según los ilustrados, se pueden explicar los secretos del universo sin recurrir a interpretaciones no comprobables.
- **Empirismo.** Frente a cualquier forma de imposición intelectual que pretendiera estar en posesión de la verdad, los ilustrados contraponen su fe en la experimentación para aprender y conseguir el progreso de la humanidad.
- **Criticismo.** La aspiración del intelectual ilustrado es someter a crítica todo el conocimiento humano. Su intención es demostrar si los saberes heredados responden a la verdad o son fruto de la superstición o de una tradición que no ha sido comprobada.
- **Deseo de conocimiento.** El ilustrado aspira a comprender el mundo donde habita e «iluminarlo», pero también necesita dar a conocer lo aprendido. Esto último explica la aparición de uno de los grandes proyectos de la época: la *Enciclopedia*.
- **Utopismo.** Se cree que la aplicación de la razón a todos los aspectos de la vida humana permitirá una mejora constante de la sociedad, así como un progreso económico y cultural ilimitado.
- **Progreso y felicidad.** Frente a los planteamientos del siglo anterior, el hombre del XVIII cree que el ser humano puede y tiene derecho a disfrutar de este mundo, y no tiene necesidad de esperar a que en otra vida se le compense. Esta creencia explica la multitud de reformas sociales, políticas y cambios de actitud que aparecen a lo largo de la época.
- **Reformismo.** Para lograr el objetivo de conseguir el progreso del ser humano, los ilustrados proponen modernizar la sociedad mediante lentas reformas, que serán llevadas a cabo por reyes y gobiernos de carácter absolutista en la mayoría de los Estados europeos.

SAPERE AUDE

«La Ilustración es la salida del Hombre de su autoculpable minoría de edad. La minoría de edad significa la incapacidad de servirse de su propio entendimiento sin la guía de otro. Uno mismo es el culpable de esta minoría de edad cuando la causa de ella no reside en la carencia de entendimiento, sino en la falta de decisión y valor para servirse por sí mismo de él sin la guía de otro. ¡*Sapere audere*! ¡Ten valor para servirte de tu propio entendimiento! He aquí el lema de la Ilustración.»

Immanuel KANT,
¿Qué es la ilustración?, Alianza.

1 ¿En qué consiste la «mayoría de edad» del ser humano según Kant? ¿Cuál es el principal carácter de la nueva época para el filósofo alemán?

Inmanuel Kant (1724-1804).

02.1 La *Enciclopedia*

Muchos escritores pretendieron alcanzar los objetivos de resumir, divulgar y someter a crítica el saber humano: Montesquieu en *El espíritu de las leyes*, Voltaire en su *Diccionario filosófico* o el conde de Buffon con su *Historia natural*. Sin embargo, el proyecto más completo, ambicioso y polémico es la *Enciclopedia* francesa, dirigida por Diderot y D'Alembert. La **publicación** de la obra pasa por cuatro fases:

- En 1750: *Prospecto de la Enciclopedia*.
- Entre 1751 y 1765: publicación de los diecisiete volúmenes de artículos.
- Entre 1765 y 1772: aparecen once tomos de grabados.
- Desde 1775 a 1835: El editor Panckoucke publica índices, suplementos y nueva edición más económica.

La *Enciclopedia* es una obra de **creación colectiva** en la que interviene lo más selecto de la Ilustración francesa, además de Diderot (economía, tecnología) y D'Alembert (matemáticas), Voltaire (filosofía, historia y literatura), Rousseau (música) y el conde de Buffon (historia natural). También cuenta con la colaboración puntual de Montesquieu.

Pese a la variedad de autores y perspectivas, la obra se ajusta a la línea ideológica marcada desde el comienzo en la que domina un espíritu **antitradicionalista** y, sobre todo, anticlerical, a menudo disimulado bajo una capa de ironía.

Los **objetivos** del proyecto, además de cuestionar el conocimiento humano heredado, fueron expuestos por D'Alembert en el *Discurso preliminar*:

- Exponer el orden y encadenamiento del conocimiento humano en torno a tres ramas: memoria, razón e imaginación.
- Informar de los principios y detalles principales de las ciencias, las artes y los oficios.
- Colocar en el centro del saber al ser humano, ya que es quien hace interesante la existencia.
- Dar menor importancia a las referencias concretas de tipo geográfico o biográfico.

Entre los **valores e ideas** que se encuentran en la *Enciclopedia*, es conveniente destacar los siguientes:

- Amor por la ciencia.
- Defensa de la felicidad humana.
- Apuesta por la tolerancia ideológica y religiosa.
- Defensa del sistema parlamentario frente al absolutismo.
- Creencia en la existencia de Dios como creador del universo y las leyes que lo rigen, pero no en la intervención constante de la divinidad sobre las vidas humanas.
- Defensa de la igualdad entre clases sociales y ataque a los privilegios de la nobleza.

En definitiva, la *Enciclopedia* incluye buena parte de las ideas ilustradas y prepara el camino a la explosión revolucionaria de 1789 al defender los valores de libertad, igualdad y tolerancia.

+ ESPÍRITU ANTICLERICAL

El ataque a los valores cristianos tradicionales explica la enorme polémica que la *Enciclopedia* trae consigo. Prácticamente desde su aparición, el proyecto tuvo que luchar contra la censura y prohibiciones de todo tipo; y desde 1759 se incluyó en el *Índice de libros prohibidos* de la Iglesia católica. La sociedad francesa tomó partido ante el proyecto a través de revistas que defendían la *Enciclopedia* o atacaban la obra y a sus responsables.

LA POSICIÓN ANTE LA RELIGIÓN

La postura religiosa de estos intelectuales es contraria al poder de la Iglesia y a sus normas, ya que piensan que la fe es algo personal.

En *Emilio* o *La educación*, presenta Rousseau a un religioso saboyano que ha perdido su fe en la Iglesia, aunque no en Dios.

«Había visto que la religión solo sirve de disfraz al interés, y el culto sagrado, de salvoconducto a la hipocresía; en la sutileza de las vanas disputas había visto el cielo y el infierno hecho premio o castigo de juegos de vocablos; había visto la sublime y primitiva idea de la Divinidad desfigurada con las desatinadas imaginaciones de los hombres.»

Jean-Jacques ROUSSEAU, *Emilio*. El Aleph.

1. ¿Qué denuncia Rousseau de la religión?

02.2 La prosa ilustrada de ideas

A lo largo del siglo XVIII, en la literatura predomina la exposición de **ideas reformistas** ilustradas y la crítica de las viejas costumbres y sistemas políticos. Esta característica provoca que, en muchas ocasiones, se discuta si una obra debe considerarse literaria o ser objeto de estudio de otras disciplinas, como la filosofía, la ciencia o la sociología. Sin embargo, en el tiempo en que se dieron a conocer, se entendieron como claramente literarias, aunque en ellas la creatividad de los autores se subordinase a la utilidad ideológica.

Los escritores ilustrados buscan la polémica, la denuncia, la crítica y la creación de climas de opinión favorables a sus posiciones ideológicas. Para ello se valieron de todos los géneros literarios existentes: la poesía, el teatro y la narrativa, entre los denominados de ficción, y el discurso o el ensayo, entre los de carácter didáctico. En estos moldes literarios vertieron las nuevas ideas y que se agrupan en torno a tres **núcleos temáticos** de discusión:

- La reflexión sobre las **ciencias** y tecnologías como medio de conocimiento y dominio del universo.
- La **teoría literaria** y artística, que es una de las grandes preocupaciones del siglo al intentar establecer un molde literario adecuado a los nuevos intereses humanos. El francés Boileau, el alemán Lessing y el español Luzán establecen la teoría literaria neoclásica.
- Las **cuestiones políticas y sociales** son, sin lugar a dudas, el centro del pensamiento ilustrado. Montesquieu, Voltaire, Diderot y Rousseau analizan en sus escritos la sociedad de su tiempo y anticipan algunos de los elementos del sistema democrático actual.

+ CARTAS PERSAS

Unidad 4 Doc. 1

Descubre aquí más sobre esta obra.

Primera edición de *Cartas persas* (1721), de Montesquieu.

Montesquieu

Las ideas de Montesquieu (1689-1755) no se concentran en ninguna obra ni son expuestas de manera sistemática. De hecho, su pensamiento político es contradictorio: a veces defiende que las naciones respeten sus tradiciones y otras aboga por cambiar los principios del Estado cada veinte años.

La **cuestión social** es expuesta, fundamentalmente, en *Cartas persas*. Aquí expresa su visión crítica de la sociedad francesa de su tiempo y denuncia las corrupciones de la corte. También muestra su sarcasmo ante la supuesta civilización europea.

Aunque aparecen en *Cartas persas*, sus **ideas políticas** se manifiestan sobre todo en *El espíritu de las leyes* (1748), obra que encontró una acogida muy variada. Para algunos, su pensamiento es reaccionario y conservador, mientras que para otros es claramente progresista; hubo quien pensó que era demasiado científico, frente a quienes lo acusaron de superficialidad. En cualquier caso, lo cierto es que toda su obra es una gran fuente de sugerencias para el pensamiento ilustrado.

+ LEE MÁS

Según el modelo de Montesquieu, José Cadalso compuso sus *Cartas marruecas*, obra que puedes leer en: www.cervantesvirtual.com/FichaObra.html?Ref=10

+ PRINCIPALES APORTACIONES DE MONTESQUIEU

- Intenta dar una explicación racional y científica de la diversidad de sociedades, costumbres y leyes del mundo.
- No se limita a describir diferentes situaciones, sino que intenta agruparlas por sus caracteres comunes con la intención de reducir la variedad social a unos pocos tipos.
- Propone una división del Estado en tres poderes independientes: el legislativo, que hace las leyes; el judicial, que vigila su cumplimiento y la administración de la justicia; y el ejecutivo, encargado de su aplicación.
- Piensa que cada nación posee un «espíritu general» que es resultado de la suma de múltiples factores: clima, historia, religión, costumbres, etc.

Voltaire

La obra de Voltaire representa la aparición de un nuevo intelectual nacido de la Ilustración que quiere convertirse en la **conciencia moral** y **crítica** de la sociedad. A ese objetivo dedicó su vida, aunque su personalidad y actos contradijeran a veces sus obras críticas. Sus duras denuncias contra el poder político y religioso resultan contradictorias: siempre estuvo cerca de reyes absolutos y al final de su vida se retractó de sus ataques a la Iglesia católica.

La obra literaria de Voltaire es amplísima. El autor aspira a **divulgar los conocimientos científicos** que van surgiendo para ofrecérselos al público burgués (como por ejemplo los diferentes ensayos con los que colabora en la *Enciclopedia)* y, sobre todo, pretende **agitar las conciencias** mediante la denuncia y crítica de las injusticias y las ideas contrarias a los planteamientos ilustrados. Esta intención polémica es la que llena la mayor parte de su obra, terminando enfrentado tanto a los más conservadores como a los más progresistas. Siempre fue consciente de lo conflictivo de sus ideas, por lo que escondió su pensamiento bajo seudónimos o lo difundió indirectamente mediante los personajes de sus textos narrativos y teatrales.

En el recorrido literario del autor se advierten **tres etapas**:

Primera etapa 1694-1726	Corresponde a su **formación** y entrada en el mundo literario y cortesano francés. El periodo culmina con el éxito popular de su tragedia *Edipo* y con el exilio a Inglaterra.
Segunda etapa 1726-1750	Es la de su **consagración** como figura estelar de la intelectualidad francesa y europea. Se trata de un periodo marcado por el optimismo de quien se siente seguro de la validez de sus propuestas, aunque ellas le obliguen a enfrentarse con los poderes establecidos: la aristocracia y la Iglesia.
Tercera etapa 1750-1778	Último tramo de su vida. Está marcado por la **crisis** de sus creencias religiosas y de los planteamientos reformistas de la Ilustración. Pese a dicha situación personal, Voltaire es en estos años el máximo exponente y punto de referencia de la Ilustración y de la modernidad.

POEMA SOBRE LA LEY NATURAL

«Si me he engañado ha sido buscando tu ley.
Mi corazón puede extraviarse, pero está lleno de ti.
Veo, sin alarmarme, aparecer la eternidad:
y no puedo pensar que un Dios que me ha hecho nacer,
que un Dios que sobre mis días ha vertido tantos beneficios,
cuando mis días se extingan, me atormente para siempre.»

VOLTAIRE, en M. DE RIQUER y J. M. VALVERDE,
Historia de la Literatura universal. Planeta.

1. ¿En qué momento de la vida del autor está escrito el poema? ¿Por qué?
2. El fragmento expone una duda que atormenta a Voltaire, ¿cuál es?
3. ¿Crees que hay alguna diferencia entre la idea de Dios de Voltaire y la existente en su tiempo?

+ VOLTAIRE

Unidad 4
Doc. 2

Accede aquí a una biografía del autor.

François-Marie Arouet, más conocido como Voltaire (1694-1778).

Los textos literarios de Voltaire pueden clasificarse en cuatro grupos:

Teatro	Tragedias según modelo cásico de Racine. Mucho éxito en el público burgués.	Obra destacada: *Edipo*. Se muestra un ataque decidido a la religión, al culpar a los dioses de los pecados humanos.
Poesía	Se aleja de la expresión de la intimidad del autor. Expresión de sus denuncias sociales y políticas.	Obras destacadas: *Poema sobre el terremoto de Lisboa* (1756), en el *Poema sobre la ley natural* (1756). Aflora el pesimismo, fruto de su crisis espiritual.
Narración	Brevedad, simbolismo y alegoría. Sentido crítico y moral. Ambientación exótica alejada del realismo.	Obra destacada: *Cándido*, (1759).
Literatura crítica	Cartas, ensayos, diccionario, artículos, etc.	Obra destacada: *Cartas filosóficas*, publicada a su vuelta de Inglaterra en 1727. Presenta el modelo inglés (parlamentarismo, tolerancia religiosa, libertades individuales, poder de la burguesía) como la situación social ideal.

La obra de Voltaire toca una gran variedad de **temas**:

- El ataque furioso a los abusos de poder de la Iglesia católica, a la hipocresía y a las supersticiones religiosas es asunto repetido por el autor a lo largo de toda su creación. La fuerte crítica religiosa de sus obras fue la responsable, en buena medida, de que Voltaire se encontrase en el centro de la polémica intelectual de su tiempo y sufriese a menudo la censura y prohibición de sus textos.
- En materia política, Voltaire es defensor de las **libertades individuales** y ataca duramente los abusos del poder político. Pese a que el sistema parlamentario inglés le parece el ideal, se manifiesta partidario del **despotismo ilustrado**, pues confía en que sea el rey quien conduzca al pueblo por el camino del progreso y la modernidad.
- En la cuestión social, defiende los valores y el predominio de la **burguesía** emergente frente a los privilegios tradicionales de la nobleza y el clero. Frente a la herencia y la tradición, en sus obras se imponen los ideales de trabajo, iniciativa y mérito personal. Voltaire considera la **tolerancia** y el respeto a las opiniones ajenas como la herramienta imprescindible para acabar con el Antiguo Régimen.

El autor francés entiende que existe una **moral universal** que permite el buen funcionamiento de las sociedades. Esta creencia motiva su optimismo, ya que piensa que esta puede extenderse a todos los seres humanos y traer su felicidad.

+ VOLTAIRE Y DIOS

Para Voltaire, Dios es el creador del mundo y sus leyes y ha dado al ser humano la razón para que descubra la ciencia y las exigencias morales. Fue acusado de **deísmo**, por considerar que la presencia de Dios no era constante en la vida humana, sino solamente causa primera de ella. La idea que Voltaire tiene de Dios provoca también su sufrimiento, pues no comprende cómo un Dios que ha creado el universo, el hombre y la razón puede permitir el sufrimiento en el mundo.

El terremoto que asoló Lisboa en 1755 es el detonante de la reflexión de Voltaire sobre la vida humana.

Diderot

Diderot (1713-1784) es el autor más completo del siglo XVIII francés, ya que compone obras de todo tipo de géneros que pueden encuadrarse en las tres tendencias literarias de la época: Rococó, en sus comienzos, Neoclasicismo y Prerromanticismo, a partir de su compromiso con la *Enciclopedia*.

Pertenecía a la burguesía provinciana que solo podía ascender mediante la carrera eclesiástica o artística. Su deseo de progresar socialmente le llevó a París, donde pronto entró en contacto con los círculos literarios más avanzados y logró formar en su entorno el grupo de intelectuales que se hará cargo de la Enciclopedia.

En su obra se advierten tres **etapas** claramente diferenciadas: hasta 1753, que significa su entrada en el mundo literario francés; desde 1753 hasta 1761, periodo en el que se centra en el proyecto de la *Enciclopedia* y en la producción teatral; y los últimos años de su vida, marcados por un gran pesimismo.

Sus **primeros trabajos** son ya muy polémicos. En *Pensamientos filosóficos* (1746) defiende la **supremacía de la razón** sobre Dios, así como que los intelectuales ocupen el lugar que hasta el momento tenía la Iglesia. La tesis, expuesta en *Carta sobre ciegos* (1749), de que la inteligencia humana no se debe a Dios, sino que se forma a través de la experiencia y por medio de los sentidos le llevará a la cárcel acusado de ateísmo.

A este primer periodo pertenece también una obra de ambiente galante y bastante frívola, *Las joyas indiscretas* (1748). En ella, Diderot denuncia las costumbres cortesanas convirtiendo a los órganos sexuales femeninos en narradores de sucesos que solo ellos conocen.

Pero la gran empresa de esta etapa es la puesta en marcha de la *Enciclopedia*, que será determinante en su obra literaria. Como sabemos, la publicación de la obra comenzó en 1751 y se encontró con la oposición de la Iglesia y los sectores más conservadores de la sociedad francesa.

La **segunda etapa** de su obra se extiende entre 1753 y 1761. En este periodo el autor se centra en el proyecto de la *Enciclopedia* y en la producción teatral (por la que adquiere renombre), ya que es un género que escapa a la prohibición de publicación. El teatro de Diderot se aparta de las modalidades tradicionales y configura un nuevo género conocido como **drama burgués** y definido por los siguientes rasgos:

- La exhibición de la virtud, mérito y moral laica de la burguesía frente a la corrupción, inutilidad y amoralidad de la aristocracia y el clero.
- Ante la imposibilidad de escenificar la opresión política, sitúa en el seno familiar los problemas provocados por la dominación feudal en la monarquía absoluta.
- El protagonista de las obras es un burgués ilustrado, ateo, científico, moralista, muy trabajador y ahorrador.
- En el argumento de los dramas destaca la explosión sentimental de los personajes, caracterizados por la alternancia entre sus actitudes razonables y el llanto mediante el que manifiestan su sensibilidad.

Denis Diderot, de Louis-Michel van Loo (1767).

PUBLICACIÓN DE LA ENCICLOPEDIA

Para que la publicación de la *Enciclopedia* pudiese continuar, Diderot hubo de comprometerse a no publicar en el futuro ninguna obra suya personal. Este hecho determinó que fuese un autor prácticamente desconocido en su tiempo.

Junto a sus dramas, Diderot compuso también obras de otros géneros que fueron publicadas póstumamente. En la novela *La religiosa* denuncia la hipocresía de la Iglesia y los intereses económicos que están detrás de las vocaciones religiosas.

El sobrino de Rameau (1761) es una obra que marca la evolución de Diderot hacia el pesimismo. Se trata de un diálogo entre un filósofo (progresista, positivo y moral) y un parásito (bufón y medio loco) sobre el sentido de la existencia. La discusión termina en empate, sin que Diderot deje claro el sentido de la existencia humana y de los esfuerzos reformadores ilustrados.

EL PESIMISMO

«ÉL.—[...] Mi gente era más ecuánime, y su carácter se avenía a mis cualidades. Me trataban a cuerpo de rey. Me agasajaban. No se separaban de mí sin echarme a faltar. Yo era su pequeño Rameau, su Rameau el loco, el impertinente, el ignorante, el perezoso, el comilón, el bufón, el memo. Todos estos epítetos familiares me valían una sonrisa, una caricia, un golpecito en el hombro, una bofetada, un puntapié; en la mesa, un poco de comida que arrojaban en mi plato, y fuera de la mesa, alguna libertad que yo me tomaba sin consecuencias, porque yo soy inconsecuente. Hacen de mí, conmigo, ante mí, todo cuanto quieren, sin que me ofenda. ¿Y los regalitos que me llovían? Siendo tan loco, lo perdí todo. Lo perdí todo por haber tenido sentido común una sola vez en mi vida. ¡No me volverá a suceder!

YO.—¿De qué se trataba?

ÉL.— Fue una tontería incomparable, incomprensible, irremisible.

YO.—Pero ¿qué tontería?

ÉL.—Rameau, Rameau, ¿te invitaban sólo por eso? ¡La estupidez de haber hecho prueba de un poco de gusto, un poco de sentido común y de entendimiento! Rameau, amigo mío, esto te enseñará a seguir siendo como Dios te hizo y como querían tus protectores. Por eso te cogieron por los hombros, te llevaron a la puerta y te dijeron: «Bribón, largaos, y no volváis a aparecer por aquí.»

DIDEROT, *El sobrino de Rameau*. Planeta.

1. ¿Cuál es el motivo por el que cambia la vida de Rameau?
2. ¿En qué reside el pesimismo del fragmento? ¿Crees que se advierte en el texto la crisis de alguno de los valores ilustrados?

La **tercera etapa** de su obra se inicia con el reconocimiento internacional de Diderot en 1761, pues comienza su relación con la monarca absolutista Catalina de Rusia. Pronto se da cuenta de que nadie en Rusia cree realmente en sus ideas y abandona su puesto de consejero. Esta experiencia motiva que las obras de este periodo estén dominadas por el desengaño. Diderot defenderá desde entonces que la función de los intelectuales es estar en contra del poder, aunque este sea benéfico.

La obra más destacada de la etapa es *Jacques el fatalista*, una novela muy innovadora y libre en la que su protagonista se siente perdido en el laberinto del Estado. Con ella, Diderot abre la puerta al Romanticismo y anticipa uno de los temas más relevantes de la novela existencial del siglo XX.

Escena de *Jacques el fatalista*, Teatro Meridional (Madrid).

IMPORTANCIA DE JACQUES EL FATALISTA

Esta obra es una síntesis de pensamiento y literatura que aborda temas de vital importancia, como la ficción dentro de la ficción y la función de la novela, la contraposición entre determinismo y fatalismo (que aborda mediante la ironía) y el problema de la libertad humana en general.

Rousseau

Junto con Diderot, Rousseau protagoniza la evolución política producida en Francia desde el despotismo ilustrado hasta las ideas democráticas. Ambos autores representan también la irrupción en los textos literarios de la sensibilidad y el análisis del *yo*, elementos básicos del futuro movimiento romántico. El carácter de autor de transición explica, probablemente, que Rousseau se mantuviera al margen de los círculos intelectuales franceses de su tiempo, así como que llegase al enfrentamiento abierto con Voltaire, el máximo exponente del pensamiento ilustrado.

La obra literaria del autor se centra en tres **núcleos temáticos** que se suceden en el tiempo, aunque confluyan en algunos casos: la música y el análisis de los espectáculos, en sus primeros años; la preocupación moral y política, después; y, en sus años de vejez, el análisis de su propia individualidad a través de una serie de obras de carácter autobiográfico.

Rousseau se da a conocer mediante sus colaboraciones musicales en la *Enciclopedia* y dos obras en las que analiza el impacto de los **espectáculos** artísticos en la nueva sociedad: *Discurso sobre las ciencias y las artes* (1750) y *Carta sobre la música francesa* (1753).

Pero la importancia internacional de Rousseau llega con las obras en que muestra sus **ideas filosóficas, morales y políticas**. Este asunto lo inicia en 1755 con su *Discurso sobre el origen y fundamento de la desigualdad*. En él apunta ya algunos conceptos que desarrollará con posterioridad:

- La situación de la existencia primitiva es ideal y deseable, pero resulta imposible volver a ella. Rousseau expone su idea de la bondad natural del ser humano.
- La sociedad contemporánea anula las libertades del individuo.
- El ser humano puede preservar su individualidad y desarrollarla en el seno de la sociedad.

El estado de desigualdad y de insatisfacción humana que Rousseau establece en su *Discurso sobre el origen y fundamento de la desigualdad* es completado en dos obras posteriores en las que aporta posibles soluciones:

***Emilio o La educación* (1762)**	Describe la formación de un individuo al margen de cualquier contacto social. Propone un sistema educativo que respete el ritmo de la naturaleza y atraviese distintas fases: desarrollo de la sensibilidad en la niñez, de la inteligencia, descubrimiento del otro y de la sexualidad y, finalmente, de la sociedad y las leyes que la rigen (religión, política y moral). Para Rousseau, la educación debe permitir que el individuo se asegure la felicidad personal y contribuya a la de los otros.
***El contrato social* (1762)**	Propone un sistema que permita la gobernabilidad de la sociedad mediante la cesión de ciertas libertades personales al interés general. Este planteamiento cristaliza en un pacto o contrato, según el cual los ciudadanos se someten al imperio de la ley.

EL BUEN SALVAJE

«El hombre salvaje, cuando ha comido, hállase en paz con la naturaleza y es amigo de todos sus semejantes. Si alguna vez se trata de disputar los alimentos, no se viene jamás a las manos sin haber antes comparado la dificultad de vencer con la de procurarse en otra parte su subsistencia; y como el orgullo no interviene en lo más mínimo en la pelea, esta termina con algunos puñetazos: el vencedor come, el vencido se marcha en busca de fortuna, y todo queda pacificado. En el hombre civilizado las circunstancias son otras: trátase primeramente de suministrar lo necesario, después, lo superfluo; enseguida vienen los placeres; luego, inmensas riquezas; más tarde, súbditos, y por último, esclavos. Ni un solo momento de descanso.»

Jean-Jacques ROUSSEAU, *Discurso sobre el origen y fundamento de la desigualdad*. El Aleph.

1. ¿En qué consiste la principal diferencia entre el estado natural y civilizado? ¿Cuál parece más idóneo a Rousseau? ¿Por qué?

Julie o *La nueva Heloísa* incluye algunas de estas ideas en forma de novela epistolar, género que favorece la integración de las mismas en una unidad. El principal valor de la novela es la inclusión de una serie de rasgos que son ya propios del Romanticismo: la pasión amorosa que domina a los personajes, el análisis de las tensiones espirituales y el suicidio final de Julie, protagonista de la novela.

Las últimas obras de Rousseau pertenecen al género autobiográfico y en ellas se dedica a la **exposición de su intimidad**. Comenzó la redacción de sus *Confesiones* en 1765, momento en el que se sentía atacado duramente por Voltaire y otros ilustrados. El autor ginebrino siente la necesidad de justificar sus actos e ideas, mostrándolas al lector, a quien quiere convertir en juez de su vida. Rousseau es consciente de la novedad que supone su obra, y así lo expone en las primeras líneas:

> «Inicio una empresa de la que no existe ningún ejemplo y cuya ejecución no tendrá ningún imitador. Quiero mostrar a mis semejantes al hombre en toda la verdad de su naturaleza, y ese hombre seré yo.
>
> Yo solamente. Conozco a los hombres y siento lo que hay dentro de mí mismo. No estoy hecho como ninguno de cuantos he visto, y aun me atrevo a creer que no soy como ninguno de cuantos existen. Si no valgo más que los demás, soy, cuando menos, distinto de ellos. Si la naturaleza ha obrado bien o mal rompiendo el molde en que me ha vaciado, solo podrá juzgarse después de haberme leído. Cualquiera que sea el día en que suene la trompeta del juicio, yo, con este libro en la mano, me presentaré ante el supremo juez y le diré resueltamente: he aquí lo que hice, lo que pensé, lo que fui. Dije lo bueno y lo malo con igual franqueza. Nada malo me callé, ni me atribuí nada bueno, y si he empleado algún adorno indiferente, lo hice únicamente para llenar un vacío causado por mi falta de memoria.»

A lo largo de la obra narra su vida hasta el año 1767, fecha en la que interrumpe la redacción. Pero no se limita solamente al relato de los acontecimientos, sino que incide a menudo en el análisis de su personalidad. En ella destaca, por encima de todas sus virtudes y defectos, la sensibilidad, motivo de todas sus desgracias.

Su propia personalidad como tema se encuentra también en *Diálogos* y en *Ensoñaciones* (publicadas en 1782). La diferencia de estas obras respecto a las *Confesiones* reside en que el autor ya no se dirige al lector ni tiene voluntad de justificación. Parece que Rousseau quisiera con estos textos bucear en su propio yo, descubrirse, conocerse, juzgarse y encontrarse consigo mismo.

> «Tengo pasiones muy ardientes, y mientras me dominan nada iguala a mi impetuosidad; carezco de respeto, de educación, de temor, de decoro; soy cínico, audaz, violento, intrépido. Pero eso solo dura un instante y el instante que sigue me arroja al aniquilamiento.»
>
> Jean-Jacques ROUSSEAU, *Confesiones*. El Aleph

1. ¿Piensas que Rousseau se arrepintió de sus actos y opiniones? ¿Cómo los justifica?
2. ¿Por qué sus últimas obras se apartan de lo que se entiende por Ilustración?

+ JEAN-JACQUES ROUSSEAU

Unidad 4
Doc. 3

Aquí encontrarás una breve biografía del autor.

> LITERATURA Y OTRAS ARTES

Rousseau y la música

Junto al acercamiento teórico y crítico, Rousseau también compuso en sus primeros años algunas piezas musicales y diálogos para óperas en las que puso en práctica sus ideas musicales:

- *Las musas galantes* (1747): www.youtu.be/YcKK1AdtfVI (fragmentos)
- *El adivino de aldea* (1752): www.youtu.be/uEucVoQ1fsU
- *Pygmalion* (1762): www.youtu.be/daLXEg81ovo

03 La novela

La gran aportación estrictamente literaria del siglo XVIII es la dignificación de la novela. Rabelais, Cervantes y los autores picarescos españoles configuraron en buena medida este género literario en épocas anteriores, aunque la mayoría de sus continuadores lo entendieron como puro entretenimiento hasta que la Ilustración lo recondujo hacia formas más cercanas a la nueva visión del mundo que poco a poco se iba imponiendo.

Las **causas** que explican el nacimiento de la **novela moderna** en este siglo son variadas, pero han de destacarse principalmente dos:

- En primer lugar, el **ascenso de la burguesía** exige un género realista, relativamente sencillo en su comprensión y que aúne en las obras el entretenimiento y la exposición de las nuevas ideas. Este es el público al que mayoritariamente se dirige la novela del XVIII.
- La segunda causa del éxito de la novela es la aparición de un nuevo lector: la mujer burguesa. Esta irrupción explica, por ejemplo, que en las novelas del siglo XVIII proliferen protagonistas femeninas y que triunfe la narración sentimental, frente a los argumentos bélicos o de aventuras que abundaban los relatos del siglo anterior.

Los escritores del XVIII aportan ciertas **novedades** en las formas que las novelas adoptan:

- La **novela epistolar**, organizada en torno a un conjunto de cartas que los personajes de la historia se entrecruzan y que permiten al novelista exponer diferentes perspectivas sobre un mismo acontecimiento. Esta modalidad es muy utilizada tanto en las obras de intención crítica (*Cartas persas*, de Montesquieu), como en otras de contenido sentimental (*Pamela*, de Richardson).
- La **novela autobiográfica**. En ocasiones, se trata de autobiografías ficticias, como sucede en *Manon Lescaut*, de Prévost, pero también se encuentran textos en los que sus autores narran su propia vida en forma casi novelesca, como hacen Casanova en sus *Memorias* o Rousseau en sus *Confesiones*. Lo autobiográfico dominará a finales del siglo, preparando el camino hacia el Romanticismo.

La novela dieciochesca introduce también una serie de **subgéneros** que tendrán amplio recorrido en la historia de la literatura:

Subgéneros	Características	Autores / obras
Novela de **viajes** y **aventuras**	Los personajes pertenecen a la burguesía. Predomina el realismo.	*Robinson Crusoe*, de Daniel Defoe *Los viajes de Gulliver*, de Johnatan Swift
Novela de **ideas**	Se expone el pensamiento ilustrado sobre determinadas cuestiones.	Voltaire, Diderot o Rousseau
Novela **sentimental**	Análisis de la relación amorosa desde un punto de vista femenino.	Richardson
Novela **erótica**	Relato de las relaciones sexuales de los personajes. Dos tendencias: obras que responden a una intención moral o de crítica social y aquellas en las que domina una absoluta falta de moralidad.	*Fanny Hill*, de J. Cleland Marqués de Sade

+ LEE MÁS

La novela del siglo XVIII en Internet

- *Robinson Crusoe*: www.es.wikisource.org/wiki/Robinson_Crusoe
- *Los viajes de Gulliver*: www.es.wikisource.org/wiki/Los_viajes_de_Gulliver
- *Pamela*: www.cervantesvirtual.com/FichaAutor.html?Ref=1934
- *Manon Lescaut*: www.cervantesvirtual.com/FichaAutor.html?Ref=1935

La lectora, de J.H. Fragonard (1776).

03.1 La novela inglesa

Desde principios del siglo XVIII, Inglaterra aporta un importante conjunto de obras que establecen el modelo de la novela moderna. En algunos casos, estos relatos parten de líneas ya existentes; mientras que en otros se trata de verdaderas novedades en la historia del género. Sea cual fuere la modalidad novelística, lo cierto es que la literatura inglesa del XVIII inventa un mundo narrativo caracterizado por los siguientes rasgos:

- El protagonista es un individuo cualquiera, no un héroe o un príncipe como en épocas anteriores.
- El objetivo del relato es el análisis y explicación de la conducta y personalidad del protagonista.
- Las obras buscan la verosimilitud y abandonan los elementos fantásticos habituales en los relatos del siglo XVII. Los autores insisten en la descripción detallada y situación realista de los escenarios.
- El lenguaje literario de las novelas se aparta de la complejidad y la brillantez artística para convertirse en herramienta al servicio de la historia narrada.

En el **desarrollo de la novela inglesa** se advierten dos periodos. El primero de ellos está dominado por las figuras de Daniel Defoe y Jonathan Swift, que continúan modalidades narrativas existentes, adaptándolas a la nueva situación. A partir de 1740, fecha en que Richardson publica *Pamela*, puede hablarse ya de la madurez del género novelístico en Inglaterra. Tras esta obra, autores como Fielding y Sterne demostrarán el dominio del género mediante la ironía y parodia de las novelas anteriores.

Daniel Defoe y *Robinson Crusoe*

Defoe (1660-1731) es el iniciador de la novela inglesa con la publicación en 1719 de *Robinson Crusoe*. La novela sigue la línea de los libros de viajes auténticos, género de moda en la Inglaterra del momento caracterizado por la narración en tercera persona, así como por la intención de entretener y dar a conocer los lugares exóticos que se van sumando al incipiente Imperio Británico. Defoe, en cambio, se decanta por el relato en primera persona, lo que le permite añadir el análisis del protagonista y de su evolución de la juventud a la madurez.

Antes de *Robinson Crusoe*, Defoe se había dedicado al comercio y al periodismo político. No es un autor de sólida formación intelectual, sino un hombre de origen humilde y escasa educación que decide con su esfuerzo encontrar un hueco en la sociedad. Su propia vida se refleja, de alguna manera, en el protagonista de la novela que, al igual que el autor, se empeña en dominar su mundo con las herramientas del trabajo y la razón.

EL INCONFORMISMO HUMANO

«He sido, en todas las circunstancias de mi vida, un vivo ejemplo de aquellos que padecen de esta plaga general que ataca a la humanidad, de donde proceden, a mi entender, la mitad de las desgracias que ocurren en el mundo. Me refiero a la inconformidad con los designios de Dios y la naturaleza.»

Daniel DEFOE, *Robinson Crusoe*. Biblioteca Virtual Digital.

+ ROBINSON CRUSOE

La novela relata las aventuras vividas por el joven Robinson desde que se embarca a los 19 años, sin el consentimiento paterno, hasta que consigue establecerse en Brasil como próspero plantador. El espíritu emprendedor del protagonista no se calma con el éxito de sus negocios y decide embarcarse nuevamente con la intención de ir a Guinea en busca de esclavos. A la altura de la desembocadura del Orinoco naufraga su barco, aunque él consigue llegar a una isla desierta donde permanece 27 años. Gracias a algunos objetos que salva del naufragio puede llevar en la isla una vida de agricultor, ganadero y artesano. Pasados los años, descubre que unos salvajes utilizan la isla como lugar de sacrificios humanos. Una de sus víctimas es Viernes, que se convertirá en el compañero de Robinson hasta que ambos personajes puedan abandonar la isla gracias a un barco cuya tripulación se había amotinado. Robinson y Viernes liberan al capitán y a los marinos fieles, recuperan la nave y dejan a los rebeldes en la isla. El protagonista llega a Londres tras 35 años de ausencia, pero muy pronto abandona la ciudad para regresar a Brasil.

1. ¿Crees que *Robinson Crusoe* es una novela ecologista? Razona tu respuesta.

El **tema central** de la novela es la capacidad del ser humano para dominar la naturaleza y transformarla. Esta es una idea propia de los nuevos tiempos, ya que el hombre se considera dueño y señor de la creación. Robinson consigue su objetivo valiéndose de dos herramientas típicamente burguesas e ilustradas:

- Su **capacidad de trabajo**, considerada ya una virtud digna y no un castigo divino, como en épocas anteriores. Robinson se comporta como artesano, agricultor, ganadero y también educador del buen salvaje que es Viernes.
- Su **razón** y su **idea de la civilización**. Robinson no se adapta a las condiciones de la isla desierta, sino que impone en ella la ley humana y sus convenciones.

> «Debo observar aquí que, del mismo modo que la razón es la esencia y el origen de las matemáticas, si se formulan y encuadran las cosas dentro de la razón y se juzga racionalmente, todo hombre puede, con el tiempo, dominar cualquier arte mecánica.»
>
> Daniel DEFOE, *Robinson Crusoe*. Planeta.

Ilustración de M. Schaefer para una edición de 1910 de *Robinson Crusoe*.

Robinson, protagonista absoluto de la historia, representa al **hombre moderno**, burgués, trabajador, digno y obsesionado por su supervivencia y ascenso económico. No le mueven altos ideales, como sucedía en la narrativa anterior. Solamente cuando aparece Viernes, un salvaje cuya alma debe ser salvada y educada según los principios de la civilización occidental, el protagonista parece demostrar un cierto interés por el prójimo.

La **estructura** de la novela responde a las tres partes clásicas:

PRIMEROS VIAJES	LA VIDA EN LA ISLA	REGRESO A LA CIVILIZACIÓN
Presentación del protagonista y de sus inquietudes aventureras y de ascenso social. Se extiende hasta el naufragio que lo lleva a la isla.	El núcleo central de la narración se organiza en dos tiempos diferentes: • Dominio de la naturaleza. • Educación de Viernes.	Tras demostrar Defoe la capacidad humana para sobrevivir en un espacio natural adverso, Robinson vuelve a Inglaterra.

Tras *Robinson Crusoe*, Defoe escribió **otras novelas** que no llegaron a alcanzar el éxito de la primera. De todas ellas, la más interesante es *Moll Flanders* (1722), texto que responde al papel que la mujer comienza a representar en la sociedad del siglo XVIII. Moll es el paralelo femenino de Robinson y, al igual que él, intenta ascender socialmente utilizando las herramientas de que dispone: su trabajo y esfuerzo. Sin embargo, Defoe demuestra la imposibilidad real de que el personaje logre sus objetivos, ya que solo puede alcanzarlos explotando su belleza y capacidad para atraer a los hombres. Con *Moll Flanders*, Defoe dejará una única puerta abierta al desarrollo de la mujer: el ámbito de lo amoroso y sentimental.

Jonathan Swift y *Los viajes de Gulliver*

Frente a Daniel Defoe, Jonathan Swift (1667-1745) representa la falta de fe en el ser humano. *Los viajes de Gulliver* (1726) es una novela amarga en la que el autor ironiza ferozmente contra la humanidad y denuncia su corrupción y maldad intrínsecas.

Los viajes de Gulliver,
de Jonathan Swift (1726).

LA CRÍTICA DE LAS COSTUMBRES HUMANAS

«Del bolsillo derecho del chaleco colgaba una gran cadena de plata, con una admirable especie de máquina al extremo [...] que resultó ser un globo, mitad de plata, mitad de un metal transparente: pues, por el lado transparente, vimos varias figuras extrañas dibujadas en círculo, y creímos poder tocarlas, hasta que encontramos nuestros dedos detenidos por esa sustancia lúcida. Nos acercó a los oídos esa máquina, que hacía un ruido incesante, como el de un molino de agua: y conjeturamos que o bien es un animal desconocido, o el dios que él adora; pero nos inclinamos más a la segunda opción porque nos aseguró que rara vez hacía nada sin consultarlo. Lo llamó su oráculo, y dijo que señalaba el momento para cada acción de su vida.»

JonathaN Swift, *Los viajes de Gulliver*. Planeta.

La novela se organiza en torno a **cuatro viajes** a través de los cuales la crítica va creciendo en intensidad:

- En Lilliput, el país de los seres diminutos en el que Gulliver se convierte en un terrible gigante, Swift parodia el sistema parlamentario inglés y denuncia las corrupciones de la corte real.
- En el segundo viaje, Gulliver descubre Brobdingnag, un país de gigantes en el que el protagonista se convierte ahora en un ser diminuto. La crítica en Brobdingnag es algo más amarga: los gigantes que pueblan el lugar son seres racionales, pero desde la perspectiva de Gulliver resultan repugnantes físicamente.
- En el tercer viaje, el autor presenta una isla voladora gobernada por un rey que amenaza a un mundo inferior. La crítica de este viaje va dirigida contra los científicos y filósofos que aturden con sus discursos y proyectan inventos imposibles y absurdos.
- La tierra de los caballos está dominada por caballos racionales que tienen esclavizados a unos seres humanos repugnantes y demenciales: los yahoos. En este viaje, Swift muestra la naturaleza corrupta de la humanidad que lleva a su personaje a avergonzarse de ser hombre. No hay virtud posible, y todo es perversión y maldad.

Swift no propone en su libro ninguna solución ni esperanza de mejora. Tan solo muestra la realidad humana y su estructura social. El pensamiento del autor puede resumirse en las siguientes líneas:

«Odio y detesto a ese animal llamado hombre; aunque amo a Juan, Pedro, Tomás, etcétera.»

Jonathan Swift, *Los viajes de Gulliver*. Biblioteca juvenil. Alianza Editorial.

1. ¿Qué denuncia Swift en este fragmento?

Samuel Richardson y la novela sentimental

En 1740, Richardson (1689-1761) publicó *Pamela* o *La virtud recompensada*, en forma de cartas entrecruzadas. El relato presenta a Pamela, una joven criada hermosa y virtuosa que se ve asediada por Mr. B., el hijo de sus amos. La acción relata los intentos de seducción y la resistencia de la muchacha. Al final, Mr. B., convencido ya de las virtudes de Pamela, decide casarse con ella.

La **intención** de esta novela episcolar es moralizante, ya que la muchacha asciende de clase social gracias a su virtud. Pero lo realmente interesante es que presenta el papel de la mujer en la nueva sociedad burguesa. La mujer ha sido apartada de la acción directa, de las decisiones y del poder, y debe buscar su destino en un hombre que la redima y del que dependerá toda su vida. Esto explica que Pamela defienda celosamente su virginidad, única herramienta de la que puede valerse.

Escena de *Pamela*, de Samuel Richardson.

LA VIRTUD POR ENCIMA DE TODO

Los padres de Pamela escriben a su hija y manifiestan su preocupación porque la muchacha caiga en la deshonra:

«Pero lo que más nos inquieta es el temor que tenemos de que viéndote en ese estado, tan superior al de tu nacimiento, te dejes arrastrar a cometer alguna acción vergonzosa y criminal. Todo el mundo dice que estás crecida y bien dispuesta. Algunos añaden que eres muy linda ... Pero ¿de qué sirve todo esto si te llegas a perder y arruinar una vez? Cree, amada hija, que tu situación nos hace temer en extremo. Porque ¿de qué sirven todas las riquezas del mundo cuando tenemos una mala conciencia y no obramos bien? ... Me lisonjeo de que ese buen caballero no tendrá ninguna torcida intención [...] Realmente [...] es de temer, amada hija mía, sí, es de temer que seas demasiado agradecida y le recompenses con el sacrificio de tu virtud, ya que ni el oro, ni los favores, ni ninguna cosa de la tierra conseguirán pagar dignamente... Preferimos verte cubierta de andrajos, o acompañarte a la sepultura y llorar tu muerte, que oír que una hija nuestra prefirió las dádivas al pudor.»

Samuel RICHARDSON, *Pamela*. Cátedra.

Tras *Pamela*, Richardson publicó otras novelas sentimentales. De todas ellas, la más interesante es *Clarissa*, mujer acosada que acaba perdiendo su virginidad víctima de una violación, pero que renuncia a la posibilidad de matrimonio y acaba muriendo. La perspectiva de Richardson en Clarissa es mucho más pesimista que en *Pamela*, ya que la virtud no se ve recompensada y el amor no es ya un vehículo de igualación social.

+ CLARISSA HARLOWE

También llamada *Historia de una joven dama*, esta obra es uno de los primeros intentos de hacer novela psicológica y una de las novelas más largas escritas en lengua inglesa. A pesar de su gran extensión, resultó un éxito abrumador desde el primer momento.

A través de las cartas que intercambian cuatro personajes, el autor nos relata la desdichada historia de Clarissa. Se ha de destacar el detalle con que se reflejan los sentimientos y vida interior de la heroína, ejemplo de la virtud, y que, paradójicamente, resulta sumamente desgraciada. El malvado Lovelace, ejemplo del atormentador atormentado, que persigue sin piedad a la angelical doncella, aparecerá también en la literatura francesa del momento (en la figura del libertino) y servirá de modelo para uno de los grandes personajes del Romanticismo.

1. Busca información e indica las diferencias que puedas encontrar entre las mujeres protagonistas de *Moll Flanders*, *Pamela* y *Clarissa*. ¿Cuál te parece más moderna? ¿Por qué?

Henry Fielding y Laurence Sterne

Henry Fielding (1707-1754) publica en 1742 *Joseph Andrews*, obra que refleja la madurez del género, pues el autor se permite parodiar las novelas sentimentales de Richardson y manejar elementos narrativos de procedencia diversa.

La principal referencia literaria es el *Quijote*, de donde toma los siguientes elementos:

- Utilización de personajes procedentes de otras obras. Joseph Andrews es hermano de la Pamela de Richardson. Al igual que ella, es virtuoso y se ve acosado sexualmente por la señora a quien sirve. Al final de la novela aparece la propia Pamela, convertida en una señora remilgada y fastidiosa.
- La novela adopta la estructura de un viaje en el que Joseph es acompañado por el párroco Abraham Adams, cuya figura imita a la de don Quijote.
- La venta o posada funciona, al igual que en el *Quijote*, como lugar de encuentro entre los personajes y espacio apropiado para el enredo argumental.
- La intención de Fielding es parodiar un género literario de moda —el sentimental—, siguiendo el ejemplo de la parodia que Cervantes hizo de los libros de caballerías.
- Incluye constantes reflexiones sobre el propio libro y sobre la técnica del género novelesco.

Joseph Andrews, de Henry Fielding.

La ironía y parodia de Fielding vuelve a ser el elemento fundamental de *Tom Jones* (1749). Con esta novela, el autor crea la estructura narrativa y temática de la novela de acción moderna sobre la base del género picaresco, aunque sustituye el pesimismo barroco por el humor. Los personajes se lanzan en busca de su destino y forcejean con las virtudes y, sobre todo, los vicios de su tiempo: hipocresía, pragmatismo y materialismo, corrupción, insolidaridad.

La novela inglesa del XVIII llega a su extremo de ironía y parodia satírica con *Vidas y opiniones del caballero Tristram Shandy*, de **Laurence Sterne** (1713-1768). Lo más característico de la obra es la libertad con la que Sterne se enfrenta al género, ya que se aparta de los convencionalismos y reglas artísticas.

Esta libertad se aprecia en los siguientes caracteres:

- Ausencia de un hilo argumental convencional, pues la obra es una acumulación de retratos de personajes, de reflexiones satíricas y de citas de otras obras.
- Saltos temporales constantes, que rompen la linealidad cronológica del relato, y ausencia de un protagonista en torno al cual gire la narración.
- Inclusión de elementos extraliterarios: dibujos, juegos tipográficos y **caligramas***.

Fielding y Sterne representan la madurez de la novela inglesa que, a partir de ellos, se diversificará en multitud de subgéneros: gótica, costumbrista, exótica, de aventuras, realista, etc.

GLOSARIO

Caligrama: composición literaria en la que se representa una imagen mediante la disposición de las palabras.

03.2 La novela francesa

En Francia, el género novelístico también experimentó un importante desarrollo a lo largo del siglo XVIII. Junto a la novela de ideas o de tesis, como la de Montesquieu, Voltaire, Diderot y Rousseau, algunos autores compusieron otras cuya intención no era tan claramente doctrinal.

En la primera mitad del siglo destaca **Antoine-François Prévost** (1697-1763), conocido sobre todo por su *Historia del caballero Des Grieux y de Manon Lescaut* (1728-1731 y 1753). Esta novela relata los amores de Des Grieux y la prostituta Manon Lescaut que acaban conduciendo a los personajes a su destrucción. La intención de la obra es moralizante, pues el autor defiende la imposibilidad de la felicidad basada exclusivamente en lo amoroso y sexual.

Prévost utiliza en sus obras elementos que provienen de la novela del siglo XVII. Pero introduce ya algunos rasgos propios de la nueva narrativa: el realismo en la ambientación de la historia; el predominio de la sensibilidad; algunos personajes que pertenecen a la burguesía enriquecida; narración en primera persona; uso de la discusión ideológica característica del XVIII, como el concepto de hombre honesto que choca con una sociedad corrupta y llena de intereses.

En 1782, **Pierre Choderlos de Laclos** (1741-1803) publica *Las amistades peligrosas*, una novela epistolar que reúne caracteres procedentes de la novela erótica, muy desarrollada en Francia, la novela sentimental de Richardson y la novela de análisis psicológico de los personajes.

La novela narra dos procesos de seducción llevados a cabo por el libertino vizconde de Valmont con el asesoramiento de la marquesa de Merteuil.

La novela de Laclos introduce **novedades** importantes en el género novelístico:

Perspectivismo	Derivado de los distintos puntos de vistas que sobre los hechos muestran los personajes: Merteuil refleja la visión inmoral; Tourvel, el amor puro; Cecile, la ingenuidad; la madre de Cecile, la decencia pública.
Diversidad de registros lingüísticos	Los estilos con que se expresan en sus cartas cada uno de los personajes. El propio Valmont altera el lenguaje de sus cartas dependiendo de a quién se dirijan.
Anticipo al Romanticismo	Valmont, el amante característico del Romanticismo, evoluciona desde un comportamiento inmoral hasta un hombre profundamente desgraciado por la imposibilidad de sus amores con Tourvel.
Papel del lector	La novela no ofrece una intención explícita por parte del autor, sino que deja en manos del lector la interpretación de los hechos y comportamientos de los personajes del relato.

A finales del siglo XVIII, el **Marqués de Sade** publicará novelas que reflejan su visión inmoral y contraria a las normas y convenciones sociales. Son novelas de contenido altamente erótico que muestran una total ausencia de principios y valores a través de unos personajes que buscan su felicidad exclusivamente mediante el sexo y la transgresión.

+ EL LIBERTINO

Las amistades peligrosas está protagonizada por un personaje característico de la narrativa francesa: el libertino. Se trata de un hombre —aunque también puede ser una mujer— que representa la transgresión en materia sexual y, habitualmente, también en la religiosa, social y política. El libertino de la literatura francesa no se conforma con romper las normas, sino que aspira a ganar a otros personajes para su causa. En las obras del Marqués de Sade, el libertino se convierte, por encima de todo, en corruptor de jóvenes muchachos y muchachas.

El primer objetivo del libertino de *Las amistades peligrosas* es Madame de Tourvel, una señora extremadamente virtuosa que en principio rechaza a Valmont, pero que acabará enamorada de él. La segunda historia que se entrecruza es la conquista y corrupción de una muchacha inexperta, Cecile de Volanges, con la que desea casarse el amante de la marquesa de Merteuil. Cada una de las historias sirve para mostrar una faceta de Valmont: su cara inmoral y depravada, en su relación con la joven Cecile, y su sensibilidad en la historia con Tourvel, de la que el libertino terminará perdidamente enamorado.

Ilustración de *Las amistades peligrosas*, de Pierre Choderlos de Laclos, edición de 1796.

04 Otros géneros

La prosa es la gran modalidad literaria de la Ilustración. Esta afirmación es válida desde nuestra perspectiva actual, pero durante el siglo XVIII otros géneros tuvieron importancia y fueron cultivados por gran número de autores.

04.1 La poesía

Los poetas dieciochescos emplearon el verso para la exposición de sus ideas sobre la sociedad, las relaciones humanas, el arte o la sátira. El uso del verso por parte de los escritores ilustrados es muy diferente a como lo entendemos en la actualidad.

La poesía ilustrada presenta diferentes **modalidades**:

Tipo de poesía	Características	Autores destacados
Doctrinal	Los versos traducen ideas reformistas.	Voltaire
Fábula	Exposición de la nueva moral dominada por la honestidad, la valoración del trabajo y del mérito personal. Los poetas siguen el ejemplo de los fabulistas clásicos y de La Fontaine.	Tomás de Iriarte Félix M.ª de Samaniego
Satírica	Espíritu polémico y crítico.	Alexander Pope
De circunstancias	Se detiene en detalles sin importancia o en la alabanza de alguna personalidad.	Casi todos los poetas ilustrados

Alexander Pope (1688-1744) es uno de los más destacados poetas de la época. Llegó al uso del verso por diversión y como manera de ser tenido en cuenta. Así lo expresa en el «Prefacio» a sus obras:

> «Escribí porque me divertía; corregí porque para mí era tan agradable corregir como escribir, y publiqué porque me dijeron que podría agradar a quienes era honroso agradar. Hasta qué punto lo he logrado, lo ignoro realmente. »
>
> Alexander POPE, «Prefacio a sus obras», en M. DE RIQUER y J. M. VALVERDE, *Historia de la Literatura universal*. Planeta.

Su poesía se centra en tres **temas** principales:

- La meditación sobre la naturaleza ocupa sus primeras obras y es el núcleo del libro *Pastorales*.
- La reflexión sobre la poesía, las reglas de creación artística y la crítica literaria es uno de sus intereses a partir de *Ensayo sobre la crítica*. La postura defendida por Pope es la característica de un autor neoclásico que cree que el arte debe consistir en la imitación de los modelos literarios de la Antigüedad y del Renacimiento.
- Como hombre de la Ilustración, Pope dedicó muchos poemas a la sátira de las costumbres de su entorno social y al ataque a personas que no se ajustaban a los ideales modernos. Este tema es el dominante en la epopeya burlesca *El robo del rizo*, donde ridiculiza las costumbres y preocupaciones de las clases acomodadas.

ALEXANDER POPE

Pope es un poeta muy moderno, que piensa que la buena literatura es fruto del trabajo y la revisión constante de los textos, y no consecuencia de la inspiración ni de las capacidades innatas del artista. El autor se considera un profesional de la poesía y fue el primero que pudo vivir de los beneficios de su obra.

04.2 El teatro

Aunque en la actualidad pocas obras teatrales dieciochescas siguen representándose, el teatro tuvo en el siglo XVIII una gran importancia, ya que permitía que los autores expusieran sus ideas de manera directa y fácilmente comprensible ante el público burgués al que deseaban llegar.

Entre las modalidades dramáticas más interesantes destacan las comedias de enredo, la comedia de costumbres y el drama burgués.

- **Comedias de enredo.** El autor francés **Pierre-Augustin de Beaumarchais** (1732-1799) estrenó dos piezas teatrales, *Las bodas de Fígaro* y *El barbero de Sevilla* (ambas de 1785), con las que buscaba la sonrisa del espectador mediante una acción complicada y la abundancia gags cómicos.
- El italiano **Carlo Goldoni** (1707-1793) es el creador de la **comedia de costumbres**, que tendrá mayor desarrollo en el siglo XIX. Goldoni adapta la tradición de la Comedia del Arte italiana al nuevo siglo y dota a los personajes de mayor profundidad psicológica. En sus manos, los problemas de los criados y señores característicos de la Comedia del Arte se convierten en vehículo para la denuncia del mal funcionamiento de la sociedad italiana del siglo XVIII, que es reflejada en las obras de manera muy realista.
- Los dos subgéneros señalados proceden de otros ya existentes, pero es el **drama burgués**, también conocido como «comedia lacrimógena», la principal innovación teatral del siglo XVIII. Al ocuparnos de **Diderot** ya se establecieron los principales caracteres del nuevo subgénero dramático, entre los que se destacaron la procedencia burguesa de los personajes y la importancia que en las obras se daba a la sensibilidad. La comedia lacrimógena creada por Diderot tuvo gran éxito y fue seguido por multitud de autores franceses y de otros países, como es el caso de Jovellanos en España, con obras como *El delincuente honrado*.

La expresión de la ideología reformista fue la principal intención de muchos autores en sus obras. A esta modalidad teatral podemos denominar **teatro de ideas** y utilizó tanto el género cómico como el trágico, en la línea marcada en el siglo anterior por Molière y Racine, principalmente. Un buen ejemplo de esta modalidad se encuentra en las comedias de Leandro Fernández de Moratín, dedicadas cada una de ellas a un problema ideológico, como la situación de la mujer en *El sí de las niñas* (1806), obra en la que se denuncia la crueldad de los matrimonios concertados, o la crítica teatral que realiza el autor en *La comedia nueva* (1792).

Desde el **punto de vista técnico**, el teatro ilustrado se caracteriza por el respeto a las leyes dramáticas aristotélicas:

- Las obras se ajustan a las unidades de acción, lugar y tiempo.
- En ellas prevalece la verosimilitud por encima de la fantasía.
- Respetan la ley del decoro, que obliga a que cada personaje se exprese con un lenguaje coherente con la clase social a la que pertenece.
- Cumplen las características de género, aunque a medida que pasa el tiempo la separación de géneros no es tan clara, e impiden la mezcla de elementos trágicos y cómicos.

SENSIBILIDAD Y DISTANCIAMIENTO

«PRIMER INTERLOCUTOR.—Yo quiero al actor con mucho juicio; preciso tener en ese hombre un espectador frío y tranquilo; exijo, consecuentemente, penetración y ninguna sensibilidad, el arte de imitarlo todo, o, lo que viene a ser lo mismo, una aptitud igual para todo tipo de caracteres y de papeles.

SEGUNDO INTERLOCUTOR.—¡Ninguna sensibilidad!

PRIMER INTERLOCUTOR.—Ninguna. Si el comediante fuera sensible, ¿le sería posible interpretar dos veces seguidas un mismo papel con el mismo calor y el mismo éxito? Muy fogoso en la primera representación, estaría agotado y frío como el mármol en la segunda. Mientras que el imitador atento y discípulo reflexivo de la naturaleza [...], copista riguroso de sí mismo o de sus estudios y observador continuo de nuestras sensaciones, su interpretación, lejos de debilitarse, se fortificará con reflexiones nuevas que habrá recogido.»

DIDEROT, *Escritos filosóficos*. Editora Nacional.

1. ¿A qué dos tipos de interpretaciones se refiere Diderot? ¿Qué caracteriza cada una de ellas?
2. ¿Por qué crees que el libro al que pertenece el fragmento se llama *La paradoja del comediante*?
3. ¿Piensas que hay algún rasgo ilustrado en el texto? Razona tu respuesta.

Reinados de Fernando VI y Carlos III

Mientras corrían en Europa tiempos de reflexión racional y de cambios encaminados a la consecución de la felicidad del ser humano, los intelectuales españoles debieron enfrentarse durante el siglo XVIII a unas estructuras políticas, culturales y sociales que impedían la apertura a las nuevas ideas europeas. Pese a todo, la llegada al trono de los Borbones en 1700 facilitó que se acometieran algunas reformas, más abundantes en la segunda mitad del siglo, durante los reinados de Fernando VI y, sobre todo, Carlos III. Coincidiendo con el reformismo favorecido desde el poder durante este tiempo, algunos escritores pondrán sus obras al servicio de la transformación de España, con la intención de que esta no pierda el paso de las grandes naciones europeas.

No obstante, antes del periodo más claramente ilustrado ha de destacarse la figura de **Benito Jerónimo Feijoo**, un intelectual libre que con sus dos principales obras, *Teatro crítico universal* y *Cartas eruditas y curiosas*, publicadas entre 1726 y 1760, dio carta de naturaleza en España al género del **ensayo**. En ellas acometió materias diversas —ciencias empíricas, literatura, costumbres, teología y moral, etcétera— con la intención de revisar la verdad residente en las afirmaciones comúnmente aceptadas, siempre bajo el paraguas de la independencia de criterio, la razón y la experiencia:

> «Yo, ciudadano libre de la República de las Letras, ni esclavo de Aristóteles ni aliado de sus enemigos, escucharé siempre con preferencia a toda autoridad privada lo que me dictaren la experiencia y la razón».
>
> Benito Jerónimo FEIJOO,
> *Teatro crítico universal*.
> Cátedra.

El camino abierto por Feijoo será continuado por autores como **José Cadalso** en la segunda mitad del siglo, en especial con sus *Cartas marruecas*. Se presenta como la correspondencia cruzada entre tres personajes a raíz del viaje de uno de ellos —el marroquí Gazel— por tierras españolas.

Cadalso aborda dos **temas principales**:

- La situación de la España de aquel tiempo: la lengua, la historia, las costumbres, los defectos y las virtudes del carácter español.
- el ideario del hombre ilustrado: tolerante, racional, dotado de espíritu crítico y amor al saber.

Las ideas ilustradas no penetraron solamente en obras discursivas como las señaladas, sino que también fueron el sustento de los géneros de ficción. **Fabulistas** como **Tomás de Iriarte** y **Félix Mª de Samaniego** pusieron sus versos al servicio de la educación de las nuevas generaciones y el **teatro** neoclásico, con **Leandro Fernández de Moratín** a la cabeza, abordó cuestiones tan importantes como el papel de la mujer en la nueva sociedad o la necesidad de que la sinceridad imperase en las relaciones humanas.

LA EDUCACIÓN DE LA MUJER

> «DON DIEGO.—Ve aquí los frutos de la educación. Esto es lo que se llama criar bien a una niña: enseñarla a que desmienta y oculte las pasiones más inocentes con una pérfida disimulación. Las juzgan honestas luego que las ven instruidas en el arte de callar y mentir. Se obstinan en que el temperamento, la edad ni el genio no han de tener influencia alguna en sus inclinaciones, o en que su voluntad ha de torcerse al capricho de quien las gobierna. Todo se las permite, menos la sinceridad. Con tal que no digan lo que sienten, con tal que finjan aborrecer lo que más desean, con tal que se presten a pronunciar, cuando se lo mandan, un sí perjuro, sacrílego, origen de tantos escándalos, ya están bien criadas, y se llama excelente educación la que inspira en ellas el temor, la astucia y el silencio de un esclavo.»
>
> Leandro FERNÁNDEZ DE MORATÍN,
> *El sí de las niñas*.
> Edelvives.

1. En el fragmento anterior, Fernández de Moratín pone en boca de Don Diego la posición ilustrada ante la educación. Indica qué critica de la educación sufren las mujeres y cuál es su propuesta.

2. En esta página se ha citado a José Cadalso como uno de los principales ilustrados españoles y en la Unidad has estudiado que durante el siglo XVIII coexisten tres tendencias literarias diferentes: rococó, neoclasicismo y prerromanticismo. Investiga un poco sobre la obra literaria del autor y justifica la pertenencia a una o varias de esas tendencias.

ELABORA TU PROYECTO

COLECCIÓN DE CARTAS

En la Unidad has estudiado que el género epistolar cobra gran importancia durante el siglo XVIII como vehículo para la expresión de la ideología ilustrada. Ahora, te proponemos que elabores un proyecto creativo que consiste en componer tu propia obra epistolar al estilo dieciochesco, aunque referida al mundo actual y siguiendo las siguientes fases de trabajo:

- **Investigación y selección**. Entérate de lo que pasa en el mundo: lee la prensa, escucha las noticias en la radio o en la televisión. Selecciona los asuntos que más te interesen y que creas que mejor definen la realidad que vivimos.
- **Diseño del marco comunicativo**. Idea una situación —recuerda lo que hicieron Montesquieu o Cadalso en sus obras— y unos personajes con puntos de vista diferentes para que sus opiniones contrasten y se enriquezcan. Con dos o tres personajes puede ser suficiente.
- **Ordenación**. Establece el orden en que se tratarán los asuntos, teniendo en cuenta que lo más adecuado será que uno de los personajes proponga el tema y otro conteste con la exposición de su punto de vista o aportando nuevos datos. Antes de comenzar la redacción, construye un mapa conceptual con los temas y las posturas que mantendrán cada uno de los personajes.

  Recuerda que, aunque cada carta es un texto único, tu obra epistolar —el conjunto de la correspondencia— debe ser coherente; es decir, responder a un tema uniformador, incorporar cierta progresión temática y estar organizada.
- **Redacción**. Consulta las partes de que se compone una carta. No olvides que los textos deben cumplir con la propiedad textual de la adecuación; por tanto, utiliza un lenguaje acorde con los personajes diseñados y la relación existente entre ellos.

La carta familiar

- Una carta familiar es aquella que se escribe a un pariente o amigo y en la que se tratan asuntos íntimos o de la vida privada. Las formas y tonos que pueden presentar son múltiples, aunque existen algunas partes irrenunciables: lugar y fecha en que se escribe, saludo al destinatario, cuerpo de la carta, en el que se tratan los diferentes asuntos, despedida, firma y rúbrica. Como complemento perfecto a la obra epistolar que has elaborado, redacta una carta personal, dirigida a alguien cercano a ti, en la que expliques tu opinión y sentimientos acerca de algún tema tratado en tus propias cartas.

Recursos en la Red

→ www.modelo-carta.com/

Modelo de carta: consulta diversos modelos de carta en esta página web.

→ www.clasedelengua.fundacionflors.es/?page_id=185

La clase de Lengua: el artículo «Estructura de una carta» que encontrarás en este blog te será de gran utilidad para la elaboración de tu proyecto.

ELABORA TU ORGANIZADOR VISUAL

1. Vincula a Voltaire, Diderot, Montesquieu y Rousseau con los géneros en que más destacaron: novela, teatro, lírica, ensayo.
2. Construye un mapa conceptual con las principales modalidades de la novela durante el siglo XVIII.

ROBINSON CRUSOE, DE D. DEFOE

«En una ocasión el pobre Viernes me dejó tan confuso con una pregunta puramente natural e inocente, que apenas supe qué decirle. Yo le había estado hablando durante largo rato del poder de Dios, de su omnipotencia, de su horror al pecado, de que era un fuego devorador para los que cometían iniquidades; de cómo, del mismo modo que nos había creado a todos, podía destruirnos, y con nosotros a todo el mundo, en un instante; y él me escuchaba con atención durante todo el rato.

Tras esto, yo había estado contándole cómo el diablo era el enemigo de Dios en el corazón de los hombres, y usaba de toda su malicia y habilidad para frustrar los buenos designios de la Providencia y arruinar el reino de Cristo en el mundo; y así por el estilo.

—Bueno —dijo Viernes—; pero dices Dios es muy fuerte, muy grande... ¿No ser más fuerte, más poderoso que el diablo?

—Sí, sí, Viernes —dije—; Dios es más fuerte que el diablo, Dios está por encima del diablo, y por eso rogamos a Dios que le aplaste bajo nuestros pies y nos permita resistir sus tentaciones y apagar sus dardos ardientes.

—Pero —dijo de nuevo—, si Dios más fuerte, más poderoso que el diablo, ¿por qué Dios no matar el diablo, y así él no hará más malos?

Al principio, yo no sabía qué decir, así es que fingí que no le había oído bien y le pregunté qué había dicho. Pero él estaba demasiado ansioso por obtener una respuesta para olvidar su pregunta; así es que la repitió con la misma expresión chapurrada de más arriba. Pero para entonces yo ya me había recuperado un poco, y dije:

—Dios quiere castigarle severamente al final: lo reserva para el Juicio, y será arrojado al pozo sin fondo para que sufra el fuego eterno.

Esto no satisfizo a Viernes, sino que insistió repitiendo mis palabras.

—«Reservado», «al final»: yo no entender. ¿Por qué no matar diablo ahora? ¿O matar diablo hace mucho tiempo?

—También podrías preguntarme —dije— por qué Dios no nos mata a ti y a mí cuando hacemos cosas malas que le ofenden. Nos conserva la vida para que nos arrepintamos y seamos perdonados.

Esto le hizo cavilar un rato.

—Bueno, bueno —dijo, extraordinariamente exaltado—: esto ser bueno; así tú, yo, el diablo, todos los malos, todos seguir viviendo, arrepentirse, Dios perdonar todos.»

Daniel DEFOE,
Robinson Crusoe.
Planeta.

COMENTARIO DE TEXTO

Localización del texto

1. Indica qué rasgos propios de la Ilustración figuran en el texto.

2. ¿A qué parte de la novela pertenece el fragmento? ¿Por qué?

Contenido

3. Enuncia y comenta el tema del fragmento.

Técnica

4. Indica la estructura u organización del texto.
5. ¿De qué manera marca Defoe las diferencias entre Robinson y Viernes?

Valoración

6. El fragmento plantea uno de los grandes interrogantes humanos: ¿por qué existe el mal? En el texto se expone una posición, pero es posible que tú no estés de acuerdo con ella o quieras matizarla. Escribe un breve texto en que mantengas tu postura ante la cuestión.

Teoría relacionada

7. El nacimiento de la novela moderna.
8. ¿Cuál es la importancia de la literatura inglesa en el siglo XVIII?

05 LA ÉPOCA DE LA SINRAZÓN: EL ROMANTICISMO

01 La revolución romántica

La entrada del Romanticismo en el siglo XIX supuso una auténtica revolución en la forma de entender el arte. Sin embargo, desde mediados del XVIII muchos escritores van incorporando elementos que sugerían una nueva perspectiva artística en la que las emociones y la intimidad del autor ganaban protagonismo.

01.1 Caracterización general

La nueva forma de entender la literatura cristaliza en una serie de rasgos que configuran lo que se entiende por Romanticismo:

- **Individualismo**: intimidad, egocentrismo, exaltación de las pasiones.
- **Nacionalismo**: búsqueda de los elementos característicos de cada nación con la expansión de las ideas revolucionarias y la reacción ante las invasiones napoleónicas.
- **Búsqueda del Absoluto**: aspiración a alcanzar lo eterno, lo que lleva al desencanto y a un sentimentalismo enfermizo.
- **La función del artista**: el arte es entendido como una forma de conocimiento, y el creador, un ser favorecido por un don sobrenatural que le permite ver en su interior y comunicar a los demás mortales lo que no pueden contemplar.
- **Libertad**: principal valor de la condición humana que se manifiesta con el liberalismo (en política) y con el rechazo de las normas neoclásicas (en literatura).
- **Rebeldía** contra lo establecido causada por una realidad que coarta la libertad. En literatura se refleja en una serie de personajes característicos.
- **Evasión**. El artista huye de la realidad y escapa hacia mundos creados por su imaginación, hacia lo misterioso y lo onírico, hacia otras épocas y lugares.
- **Estilo**. Cultivo del relato en verso, empleo de recursos efectistas y declamatorios, combinación de valores contrapuestos (como la alternancia de episodios cómicos y trágicos en el teatro) y enriquecimiento del lenguaje literario (con abundantes recursos retóricos).

1 Investiga quiénes son estos personajes, en qué obras aparecen y explica por qué interesan tanto durante el Romanticismo.

Viajero frente al mar de niebla, de D. Friedrich (1818).

+ REBELDES ROMÁNTICOS

La rebeldía romántica fue expresada a través de ciertos personajes:

- **Prometeo** representa el levantamiento del hombre contra su propio destino y contra los dioses que lo crearon.
- **Satanás** es el ángel caído que desafía a Dios y se burla de lo sagrado.
- **Caín** se rebela contra Dios y todo lo considerado «bueno» al matar a Abel.
- **Don Juan** y **Carmen** buscan el sentido de sus vidas a través del amor y la satisfacción de sus deseos.

01.2 Etapas y tendencias

La literatura romántica se extiende desde mediados del XVIII hasta la segunda mitad del XIX a lo largo de casi un siglo. En este periodo se diferencian tres **etapas**:

Primera etapa: el Prerromanticismo desde la mitad del XVIII hasta la aparición de Goethe y la explosión revolucionaria francesa de 1789.

En la Ilustración autores como Rousseau o Diderot comenzaron a ocuparse de las emociones y el análisis de su intimidad como reacción contra el excesivo peso de la razón.

Más radical fue la postura del movimiento alemán **Sturm und Drang** ('La tormenta y el ímpetu'). Este movimiento, iniciado en Alemania por el pensador Herder, se opone al racionalismo y a la presión de las reglas neoclásicas sobre la creación artística y aboga por el individuo, la libertad creadora y la expresión de los sentimientos. Vinculados en sus inicios al *Sturm und Drang* destacan los escritores Goethe y Schiller.

Segunda etapa: el Romanticismo pleno hasta mediados del siglo XIX.

Los escritores de esta época proceden en su mayoría de la burguesía y se manifiestan partidarios de la Revolución Francesa de 1789 y sus ideas liberales. Sin embargo, el Terror de la época de Robespierre siembra el miedo en una parte de dichos autores, que evolucionan hacia posturas contrarias a la Revolución. Este proceso explica la existencia de **dos tendencias**:

Romanticismo conservador	• No llega a la rebeldía absoluta. • Se limita a la defensa de la libertad individual por miedo al desorden y al caos.	Goethe (Alemania) Walter Scott (Inglaterra) Chateaubriand (Francia)
Romanticismo liberal o progresista	• Defiende los principios democráticos. • Manifiesta su oposición al recorte de las libertades: idea de rebeldía e individualismo.	Lord Byron (Inglaterra) Victor Hugo (Francia) Larra (España)

Tercera etapa: el Posromanticismo de la segunda mitad del siglo XIX.

La literatura europea se orienta ahora hacia la realidad; sin embargo, un buen número de escritores continuarán la exploración de los sentimientos humanos y la negación del valor de lo real. En la mayoría de los casos, se trata de una pervivencia que afecta a los aspectos formales y a la actitud conservadora de ciertos artistas que rechazan la literatura realista nacida de la revolución industrial.

Algunos, como Baudelaire o Bécquer, parten de ideas románticas para preparar la forma en que se entenderá la literatura del siguiente siglo. El Romanticismo, entendido como actitud literaria que opta por la proyección del *yo* y se opone a lo real, lo material y lo establecido, se **extiende hasta** bien entrado **el siglo XX** y es punto de partida de la obra de muchos escritores contemporáneos.

+ BÉCQUER Y LA MODERNIDAD

Pese a que pertenece a la segunda mitad del siglo XIX, tradicionalmente se ha estudiado la obra de Bécquer dentro del Romanticismo por la presencia, entre otros caracteres, de la intimidad del autor y la ambientación misteriosa de sus *Leyendas*. Sin embargo, la manera en que Bécquer entiende la creación literaria ya no es típica del Romanticismo. Para el poeta español la literatura no es proyección inmediata de la experiencia vivida, sino elaboración posterior que le lleva a decir «cuando siento, no escribo». Esta idea lo aparta del Romanticismo y lo acerca al Simbolismo, movimiento del que nos ocuparemos en la siguiente Unidad.

01.3 Goethe y el comienzo del Romanticismo

La figura literaria clave en el nacimiento del Romanticismo es Goethe. Se trata de un escritor que todavía mantiene muchos **rasgos de la Ilustración**, entre los que merecen destacarse:

- Su vida, al igual que la de muchos de sus personajes, no se define por el heroísmo de quien lucha contra el orden establecido, sino por la búsqueda del placer y la felicidad. Esta búsqueda del goce vital, y no los problemas morales o sentimentales que angustian al escritor romántico, es la causa de las tensiones espirituales que lo atormentan.
- Aspira a lograr el triunfo de la inteligencia ordenadora sobre el azar y el caos. No cree en la intuición ni en el valor de las emociones por sí mismas.
- Políticamente se sitúa en una postura conservadora, pues su defensa de la libertad no se refiere a la del ciudadano, sino a la del artista y el gran hombre. Así se refleja en este fragmento:

> «El Estado y la Iglesia podrían mostrar motivos por los que debieran declararse dominantes, pues tratan con las recalcitrantes masas y, mientras se mantenga el orden, no importa por qué medios; pero en las ciencias es necesaria la libertad más absoluta».
>
> Johann Wolfgang von GOETHE,
> *Los años de aprendizaje de Wilhelm Meister*. Cátedra.

Pero junto a los rasgos anteriores, su obra también presenta **caracteres románticos**:

- Toda la obra literaria de Goethe es proyección de su personalidad y de sus experiencias vitales.
- Defiende, como hemos visto, la libertad del artista y rechaza de plano las reglas neoclásicas.
- Muchos de sus personajes se dejan arrastrar por las pasiones que, como sucede con Werther, acaban destruyéndolos.
- Su personalidad está dominada por el egoísmo, carácter que también define a sus personajes.
- En las obras de su primera etapa el lenguaje literario se caracteriza por la abundancia de exclamaciones y de recursos retóricos.
- La ambientación de algunos de sus textos está dominada por los paisajes nocturnos y misteriosos; la descripción del paisaje es un elemento que permite reflejar los sentimientos de los personajes.
- Aborda **temas** propios del Romanticismo, como la rebeldía y las pasiones amorosas desbocadas; sirva de ejemplo la declaración de este personaje enamorado:

> «Desde entonces el sol, la luna y las estrellas pueden salir y ocultarse cuando y como quieran, yo no sé ya cuándo es de día ni cuándo es de noche, cuándo hace sol o cuándo hace luna; para mí ha desaparecido el universo en su totalidad».
>
> Johann Wolfgang von GOETHE, *Las desventuras del joven Werther*. Cátedra.

+ GOETHE

Unidad 5 Doc. 1

Accede aquí a una breve biografía de este importante autor alemán.

Johann Wolfgang von Goethe (1749 -1832).

La producción literaria de Goethe pasa por dos **etapas** claramente diferenciadas. La **primera** de ellas (1749-1786) se caracteriza por el **romanticismo** de las obras compuestas. Es el periodo de formación en el que entra en contacto con el pensador Herder y los miembros del movimiento alemán *Sturm und Drang*.

Sin duda, la obra más importante del periodo es *Las desventuras del joven Werther* (1774). En esta novela Goethe relata la pasión amorosa de Werther hacia Carlota y la imposibilidad de dicho amor, pues ella está prometida. Werther se aleja de Carlota, pero su amor no desaparece y vuelve al cabo del tiempo junto a la amada, que ya se ha casado. Al ser rechazado por ella, Werther se suicida.

El **tema** principal de la novela es el dolor provocado por la imposibilidad amorosa. El sufrimiento de Werther es tan grande que la vida pierde su sentido y decide suicidarse. Esta decisión introduce un segundo tema en la obra: la rebeldía contra las normas morales, pues el personaje se siente dueño de su propia vida y usurpa el papel de Dios al disponer de ella.

El carácter romántico de la novela se manifiesta en los temas indicados, en el lenguaje lleno de hipérboles y exclamaciones, y en la utilización de experiencias biográficas propias. La frustración de Werther responde a un fracaso sentimental del propio Goethe y la idea de la muerte del protagonista proviene del suicidio de un colega del autor a consecuencia de una ruptura amorosa.

Ifigenia en Tauris, de J. Goethe.

La **segunda etapa** (desde 1786) en la producción literaria de Goethe se caracteriza por un acercamiento paulatino al **clasicismo**, aunque no dejará de abordar temas tan típicamente románticos como el de la rebeldía o la pasión amorosa.

El nuevo periodo se inicia en 1786, año en el que el autor abandona Alemania y se dirige a Italia, donde permanece dos años. En Italia compone tres obras interesantes: *Ifigenia en Tauris*, cuyo **tema** principal es la rebeldía contra la divinidad y la fe en que el hombre es capaz de resolver sus misterios y problemas; *Torcuato Tasso*, obra centrada en el trágico destino del artista; y las *Elegías romanas*, colección de poemas en torno a su agitada vida amorosa.

Ya de vuelta en Alemania, Goethe se dedicará a la redacción de *Los años de aprendizaje de Wilhelm Meister*, novela que verá publicada en 1796. Se trata de un clásico de la novela de formación (*bildungsroman*), género centrado en la vida de un protagonista que se va transformando a medida que se enfrenta a distintas situaciones y encuentros con otros personajes. La obra es un relato de su propia evolución personal y artística, pues nos cuenta la vida de un joven burgués que, después de dedicarse al arte y moverse entre figuras románticas, termina sentando la cabeza y trabajando para el bien de la humanidad.

EL DESEO DE FORMACIÓN PLENA

«[...] El educarme a mí mismo [...] ha sido, desdela niñez, mi deseo y propósito. Conservo todavía esos mismos sentimientos, con la sola diferencia de que los medios para hacer posible tal aspiración han llegado a ser para mí cosa más clara. [...] Si yo fuera noble, nuestra discusión estaría muy pronto terminada; pero como no soy más que un burgués, tengo que seguir un camino personal y deseo que puedas comprenderme».

Johann Wolfgang von GOETHE, *Los años de aprendizaje Wilhelm Meister*. Espasa-Calpe.

Pero el gran proyecto literario de Goethe fue, sin duda, ***Fausto***. La obra adopta forma aparentemente dramática, pero sus peculiaridades la hacen irrepresentable, dada la variedad de espacios, tiempos, acciones, complejidad de la trama, largas relaciones narrativas y digresiones puestas en boca de los personajes.

El *Fausto* publicado en 1808 se inicia con una apuesta por la que Dios permite a Mefistófeles poner a prueba al doctor Fausto, un anciano cansado de vivir y de la sabiduría. Mefistófeles ofrece a Fausto la juventud, el placer y la sabiduría a cambio de llevarse su alma cuando se sienta tan dichoso que pida que el tiempo se detenga. El doctor y el diablo firman el pacto e inician un viaje mágico por diferentes lugares. En ese viaje, el doctor conoce a Margarita y pide ayuda a Mefistófeles para seducirla. A consecuencia de sus relaciones amorosas, mueren la madre y el hermano de la muchacha y Margarita es encarcelada acusada de la muerte de su madre y del hijo nacido de sus relaciones con Fausto. El doctor vuelve a pedir a Mefistófeles ayuda para liberar a la muchacha; pero al salir de la cárcel Margarita rechaza a Fausto, horrorizada y arrepentida de sus actos, lo que permite su salvación.

La noche de Walpurgis (1887), obra de M. Barbasan, que ilustra una de las escenas finales de la primera parte de *Fausto*.

La segunda parte de la obra no se publicó hasta después de la muerte de Goethe. En ella, el relato se complica en grado sumo: Mefistófeles y Fausto viajan en el tiempo, se dirigen a la Grecia antigua, donde entran en contacto con Helena de Troya, de la que se enamora el doctor, y con un emperador, al servicio del cual Fausto lleva a cabo diferentes reformas y medidas para conseguir el bien del reino. La obra termina con la muerte de Fausto, ya anciano, convertido en emperador ilustrado. Pese a los errores cometidos, el alma del doctor Fausto es llevada al cielo, porque al final de sus días se ha esforzado por el bien común.

El **tema principal** del Fausto de Goethe es la búsqueda del sentido de la vida humana. Fausto intenta alcanzarlo mediante la pasión amorosa por Margarita y por Helena de Troya, pero en ambos casos fracasa, lo que provoca su angustia. En la segunda parte de la obra, Goethe ofrece la solución: el sentido de la vida de Fausto no está en el placer, sino en el conocimiento y en la aplicación de la sabiduría al bien de la humanidad. Teniendo en cuenta lo anterior, la obra puede interpretarse como un nuevo alejamiento del Goethe anciano de los presupuestos románticos, pues la salvación no se encuentra en el egoísmo individual, sino en el bien colectivo.

«FAUSTO.—Mi linda señorita, ¿podría yo atreverme a ofreceros mi brazo y mi compañía?

MARGARITA.—Ni soy señorita ni linda; puedo ir a casa sin escolta. (Se aparta y vase.)

FAUSTO.—¡Por el cielo, que es hermosa esa chica! [...] ¡Es tan decente y virtuosa y al mismo tiempo tiene algo de pizpireta! ¡La grana de sus labios, la luz de sus mejillas no las olvidaré en tanto dure el mundo! [...] Y el que sea tan reservada viene a colmar su hechizo! (A MEFISTÓFELES, que llega.) Oye: tienes que proporcionarme a esa muchacha. [...]

MEFISTÓFELES.—¿Esa? Pero si venía ahora del confesor, que la absolvió de todos sus pecados [...]. Es una chica la mar de inocente [...]; sobre ella no tengo yo ningún poder [...]. Os digo que con esa chica no se puede ir deprisa. Por la tremenda no se consigue ahí nada; hemos de valernos de la astucia.

FAUSTO.—¡Tráeme algo de ese tesoro angelical! ¡Llévame junto a su lecho! ¡Proporcióname una cinta de las que le ciñen el busto, una media de mi adorada!

MEFISTÓFELES.—Para que veáis que me intereso por vuestras cuitas y quiero serviros, no perderemos un instante y hoy mismo os introduciré en su aposento.»

Johann Wolfgang von GOETHE, *Fausto*. Planeta.

1. ¿Qué caracteres románticos se aprecian en el fragmento?
2. Investiga sobre el mito de Fausto, cuál es su origen y cómo llega hasta el tiempo de Goethe. ¿Qué otra obra has estudiado sobre el mismo asunto? ¿Qué diferencias encuentras?

02 La poesía romántica

La poesía es el género predilecto para la expresión de las pasiones y el sufrimiento tan característicos de la época. Su importancia es tal, que pasa a formar parte no solo de las composiciones líricas, sino también de obras teatrales y novelísticas, disolviéndose así las tradicionales fronteras entre géneros.

La gran novedad de los poetas románticos no reside solamente en los temas abordados o en la libertad formal con que se enfrentan a ellos, sino en la reflexión y **teorización sobre la labor creativa**. Desde el Romanticismo, muchos autores se esforzarán por explicar su peculiar manera de entender la creación artística, convirtiendo la reflexión literaria en un tema más de sus composiciones.

La **idea de la poesía** durante el Romanticismo se resume en estos aspectos:

- Poetas como el inglés Shelley o el español Bécquer piensan que la poesía debe aspirar a la **liberación de la belleza** escondida en el mundo. La poesía existe en la realidad, pero solamente los genios pueden percibirla y luchar con el lenguaje para comunicarla al resto de los seres humanos.
- La poesía es **independiente** del verso o de la prosa, no es un género literario. Esta idea explica que las obras narrativas y teatrales se llenen de momentos líricos, así como el nacimiento del breve poema en prosa.
- La poesía es **reflejo de la personalidad** del artista creador. Este carácter no significa que a través del poema se pueda llegar a conocer la vida del autor, sino que sus experiencias, sentimientos y emociones se reflejan en el texto literario mediante una posterior elaboración artística.
- La poesía es **libertad creadora**. El escritor no debe someterse a ningún tipo de regla formal, genérica, ni siquiera de coherencia textual.

Heinrich Heine, de G. Gassen (1828).

A lo largo del movimiento romántico se advierten **dos líneas poéticas** principales.

Líneas poéticas	Características	Temas	Autores
Intimista y contenida	Se inspira en las formas poéticas populares y se manifiesta en breves composiciones.	Melancolía, nostalgia, fluir del tiempo o la emoción provocada por el paisaje.	Heine; Novalis; Keats
Grandiosa y épica	Largos poemas en los que se alterna la narración y el desbordamiento pasional.	Rebeldía, amores destructores, muerte liberadora, etc.	Lord Byron; Shelley; Victor Hugo; Espronceda

INTIMISMO

El alemán Heine aprovecha las formas poéticas populares para componer unos textos breves en los que refleja su sentimiento amoroso con gran moderación lingüística.

«Te vi hermosa, purísima, radiante,
en sueño halagador; hoy vuelvo a verte:
aún es tan bello y dulce tu semblante;
pero pálido está como la muerte.
Solo tus labios el carmín inflama,
y borra el beso sus matices rojos:
de aquella que admiré, celeste llama,
nada queda en tus ojos».

Heinrich Heine, *Libro de los cantares*.
Biblioteca Virtual Miguel de Cervantes.

1 ¿Cuál es el tema del poema?

02.1. La lírica alemana

El desarrollo de la poesía alemana atraviesa **tres momentos** asociados con las tres generaciones románticas.

El **primero** de ellos se sitúa en la segunda mitad del siglo XVIII con el movimiento ***Sturm und Drang***, que inicia el Romanticismo. Lo característico de esta etapa es la **escenografía tormentosa**, nocturna y macabra, que quiere reflejar el desajuste espiritual que sufren los poetas.

El **segundo** momento llega de la mano de los dos poetas más importantes del Romanticismo alemán, Hölderlin y Novalis. La obra lírica de **Friedrich Hölderlin** (1770-1843) pasa por dos **etapas**: la de juventud está dominada por las odas, escritas en verso corto y caracterizadas por la serenidad emocional. Así se aprecia en el poema «Heidelberg», donde muestra la emoción que la contemplación del paisaje de su ciudad natal le produce:

> «Mi antiguo y largo amor quiere, para su gozo,
> Llamarte madre, dándote una canción sin arte,
> A ti, e las ciudades patrias
> la más bella que vi en los campos.
> Como el ave del bosque vuela sobre la cumbre,
> tal sobre tu reflejo en el río se cierne
> el puente, leve y poderoso,
> sonoro de hombres y carruajes [...]».
>
> Friedrich HÖLDERLIN, *Poemas*. IcariaLiteraria.

La segunda etapa de Hölderlin corresponde a la redacción de sus largas elegías en verso, llenas de complejidad y recursos retóricos, en las que intenta trasladar las estrofas y versos de la Grecia clásica. Su poesía se ocupa de tres **temas** principales:

- La realidad contemporánea provoca el dolor del poeta, que se esfuerza en buscar la pureza, la bondad y la inocencia. Hölderlin encuentra el ideal en la naturaleza y en una Grecia antigua que idealiza hasta convertir en ejemplo de los más altos valores. Sin embargo, en sus poemas de madurez, tanto la naturaleza como el mundo griego aparecen en ocasiones impregnados de mal, corrompidos por el tiempo o la mano del hombre.
- La creación poética sirve al escritor alemán para desvelar los misterios de la naturaleza y de Dios. El poeta se siente un elegido capaz de comunicar las verdades absolutas a los hombres comunes mediante su trabajo artístico.

> «Necesitamos, bajo las tempestades del dios,
> permanecer, oh poeta, con la cabeza descubierta,
> agarrar con nuestras manos el rayo del Padre,
> y acercar al Pueblo el presente
> Celestial envuelto en el velo del canto».
>
> «Hölderlin», en *Lecciones de literatura universal*. Cátedra.

1. ¿Crees que hay alguna relación entre el pensamiento de Hölderlin y el de Rousseau que estudiaste en la Unidad anterior? Explícala.
2. ¿Cuál es la función del poeta según Hölderlin? ¿Cómo se expresa en el fragmento de esta página?

- En los poemas de Hölderlin es frecuente encontrar al hombre abandonado por Dios y con la necesidad de enfrentarse solo a su destino. Esta soledad provoca en algunos textos la expresión del dolor de quien siente haber perdido su referente vital; pero en otras composiciones, el abandono de Dios funciona como un reto que empuja al ser humano a buscar un sentido a su vida.

> «Pero a nosotros no nos es dado
> descansar en ningún lugar,
> desaparecen, caen
> los dolientes hombres
> ciegamente de una hora a otra,
> como agua de peñasco
> en peñasco arrojada,
> a través de los años, hacia lo incierto».
>
> Friedrich HÖLDERLIN, *Poemas*. Icaria Literaria.

Novalis (1772-1801) es autor de una única obra lírica, los *Himnos a la noche*, poemario escrito a raíz de la muerte prematura de su amada, Sophie von Kühn. A lo largo del libro, se desarrolla un solo **tema**: la ausencia de la amada y el deseo de reencontrarse con ella. Con este asunto se vinculan los diferentes motivos en torno a los que se organizan los poemas: el recuerdo de la amada; el viaje al centro de la intimidad, ya que en la reflexión sobre sus sentimientos espera recuperarla; la sensación de ser un extraño en el mundo cotidiano del que ella está ausente; y el motivo de la noche, que da título a la obra. La **noche** es identificada con la muerte, pero el sentimiento del poeta hacia ella no es negativo, pues en la noche y su misterio es posible el reencuentro con la mujer. La noche lo llama para ofrecerle lo que tanto desea:

> «Pero hacia allá me vuelvo,
> a la feliz, inexpresable
> ¿Tienes tú también
> un corazón humano,
> oscura noche?
> ¿Qué es lo que guardas
> bajo tu manto,
> que, invisiblemente poderoso,
> llega hasta mi alma?».
>
> NOVALIS, *Himnos a la noche*. Icaria Literaria.

En un **tercer momento**, dentro de la última generación de poetas románticos, destaca **Heinrich Heine** (1797-1856). Su obra lírica se caracteriza por la imitación de las formas de la poesía popular. Desde el punto de vista temático, su poesía oscila entre la **sátira** social y política dirigida contra Alemania y los supuestos valores germánicos *(Alemania: un cuento de invierno)*, y las composiciones en las que expresa unos **sentimientos amorosos** que van de la alegría a la tristeza.

EL SENTIMIENTO AMOROSO

> «Me envuelve la sombra oscura,
> desde que tus ojos bellos
> no alumbran con sus destellos
> mi camino de amargura.
>
> Del amor y la alegría
> no veo el astro brillante;
> tengo el abismo delante;
> trágame, noche sombría.»
>
> Heinrich HEINE, *Libro de cantares*. Biblioteca Virtual Miguel de Cervantes.

02.2 La lírica inglesa

La lírica romántica inglesa arranca con el descubrimiento de los poemas de Ossian y la discusión en torno a su significación.

Ossian fue un supuesto poeta celta del siglo III autor de unos poemas entre lo lírico y lo épico que recrean el mundo celta antiguo, lleno de sentimientos heroicos y apasionados. Conocidos en 1770, estos textos son entendidos por las primeras generaciones románticas como el paralelo nórdico de la épica homérica. La defensa de Ossian se convirtió en un acto de rebeldía literaria contra los modelos grecolatinos seguidos por el Neoclasicismo.

Sin embargo, muy pronto se descubrió el engaño, ya que el verdadero autor de las composiciones era un poeta inglés del siglo XVIII, James Macpherson.

Pero es el poeta y grabador **William Blake** (1757-1827) quien representa la llegada de los nuevos tiempos. La poesía de este autor se centra en tres **asuntos principales**:

- La exposición de las visiones proféticas y religiosas que lo acompañan desde niño y que es capaz de plasmar también en sus trabajos gráficos. Estas visiones abren la puerta a la exploración del mundo de los sueños y el inconsciente al que con posterioridad se lanzarán algunos románticos.
- Un segundo tema recurrente en sus poemas es el ataque al racionalismo y materialismo desmesurado que dominaba en la Inglaterra de la segunda mitad del siglo XVIII. Frente a él, Blake apuesta por las fuerzas instintivas del ser humano, las pasiones, el erotismo y la expresión de las emociones.
- Vinculado con el tema anterior, surge en sus poemas la denuncia de la industrialización y sus efectos devastadores, que destruyen la naturaleza y al hombre. En el siguiente poema, la mirada de Blake se posa en un niño convertido por los poderes en un ser miserable; pero, pese a ello, sigue cantando y bailando para ocultar su dolor:

William Blake, deThomas Phillips

«Una cosita negra entre la nieve,
gimiente ¡llora! ¡llora! Con notas
de pesar.
Dime: ¿dónde están tu padre
y tu madre?
Ambos fueron a la iglesia para rezar.
Porque yo era feliz en los montes
y le sonreía a la nieve invernal,
me cubrieron con ropajes de muerte
y me enseñaron a cantar notas
de dolor.
Y porque soy feliz, y bailo y canto,
creen que no me han causado daño.
y fueron a alabar a Dios, a su Cura
y al Rey,
que con nuestra miseria construyen
un cielo».

William BLAKE,
Cantares de experiencia.
Librodot.

Ilustración del propio W. Blake, c. 1794.

1. ¿Qué denuncia Blake en su poema? ¿Quiénes son los enemigos del ser humano?

La obra puramente lírica de Blake se concentra en dos libros escritos en paralelo. En *Cantos de inocencia* el poeta ofrece una visión positiva del estado primitivo del hombre en el que triunfan la inocencia y la felicidad derivada de la confianza en la naturaleza. En *Cantos de experiencia* presenta, desde una perspectiva contraria, la corrupción impuesta a las vidas humanas por la sociedad y la explotación económica.

Aunque Blake incorpora bastantes elementos románticos en sus poemas, el inicio «oficial» del nuevo movimiento se sitúa en 1798, fecha en la que **Wordsworth** y **Coleridge** dan a conocer sus *Baladas líricas*. El libro es presentado por sus autores como un experimento con el que pretenden abrir nuevos caminos a la lírica inglesa y romper con el academicismo ilustrado imperante:

William Wordsworth (1770-1850).

«El principal objeto propuesto con estos poemas era escoger incidentes y situaciones de la vida ordinaria y relatarlos o describirlos completamente y, en tanto como fuera posible, en una selección de lenguaje realmente usado por los hombres, y al mismo tiempo verter sobre aquellos un cierto colorido de la imaginación, por el cual las cosas corrientes serían presentadas al espíritu con inusitado aspecto».

William WORDSWORTH y Samuel Taylor COLERIDGE,
Baladas líricas. Cátedra.

Las *Baladas líricas* se dividen en dos partes, cada una de las cuales es una propuesta lírica diferente. La primera, obra de Wordsworth, se inspira en situaciones de la vida cotidiana expresadas con un lenguaje cercano al de la gente común. En sus textos, muestra el rechazo a la herencia del racionalismo (ciencia e industria) porque alteran la simplicidad y pureza del estado natural tal y como fue creado por Dios.

Coleridge pretende en la segunda parte de las *Baladas líricas* transportar al lector a un mundo sobrenatural lleno de instinto y fantasía. La escenografía de los textos contribuye a reflejar el desorden espiritual del ser humano. En «La canción del viejo marino», verdadera alegoría del comportamiento humano, una tormenta destroza el barco y enfrenta al marinero con su destino:

«Y vino entonces la tormenta, [...]
Vencidos mástiles, bauprés hundido,
como el que, a palos perseguido,
en la sombra enemiga va
y angustiado la frente levanta,
así el bajel, al viento cruel,
hacia el sur, hacia el sur volaba.

Trayendo el frío insoportable
vinieron la niebla y la nieve:
y flotaban los altos hielos,
como las esmeraldas verdes».

Samuel Taylor COLERIDGE,
La canción del viejo marino.
El Áncora Editores.

1. ¿Cómo entienden Wordsworth y Coleridge que debe reformarse la poesía inglesa? ¿Qué dos líneas poéticas abren con sus *Baladas líricas*?
2. ¿Qué carácter romántico se advierte en el texto de Coleridge?

Los llamados **«poetas satánicos»**, Lord Byron (1788-1824) y Percy B. Shelley (1792-1822), representan, más con sus vidas que con sus obras, la más clara expresión del Romanticismo. Personifican la rebeldía absoluta contra toda norma social, moral o política; se sienten disconformes con el tiempo y la sociedad que les toca vivir y escapan de una Inglaterra que los oprime para intentar vivir con mayor libertad.

En la poesía de **Lord Byron** predomina el largo poema narrativo protagonizado por personajes rebeldes —como en *El corsario*— que defienden su libertad política y moral por encima de todo y de todos. El poeta únicamente se debe a sí mismo y a su voluntad, egoísmo que queda bien claro en *Don Juan*, donde repasa sus amoríos femeninos con un lenguaje coloquial. Lord Byron entiende la poesía como proyección de su personalidad. No hay intención más allá de mostrarse tal y como el artista es. Esta idea se aprecia con claridad en el siguiente texto, en el que iguala el poema con la sepultura, pues ambos encierran al hombre que fue:

> «Sobre la fría losa de una tumba
> un nombre retiene la mirada de los que pasan,
> de igual modo, cuando mires esta página,
> pueda el mío atraer tus ojos y tu pensamiento.
> Y cada vez que acudas a leer este nombre,
> piensa en mí como se piensa en los muertos;
> e imagina que mi corazón está aquí,
> inhumado e intacto».
>
> Lord BYRON, *Poemas*. A media voz.

Percy B. Shelley sigue la misma línea de rebeldía y defensa de la libertad en lo social y lo amoroso. Entre sus obras merecen destacarse *Prometeo desencadenado*, titán enfrentado a los dioses para favorecer a la humanidad, y la elegía *Adonais*, expresión del dolor por la temprana muerte de John Keats. En esta última obra, Shelley se aparta de la tradición al no encontrar consuelo cristiano, pues no cree en otra vida más que la humana: solo queda llorar y recordar.

> «Murió Adonais y por su muerte lloro.
> Llorad por él aunque el ardiente llanto
> no deshaga la nieve que le cubre.
> Y tú, hora fatal, la que escogida
> fue de los años para que él muriese,
> despierta a tus oscuras compañeras,
> muéstrales tu dolor y di conmigo:
> murió Adonais, y mientras que el futuro
> al pasado no olvide, su destino
> y su fama serán eternamente
> un eco y una luz para los hombres».
>
> Percy B. SHELLEY, *Adonais y otros poemas*. El Aleph.

John Keats (1795-1821) cierra la evolución de la lírica romántica inglesa. Aunque es contemporáneo de Byron y Shelley, y está vinculado con ellos por la amistad, su forma de entender la poesía es diferente: Keats piensa que el autor debe desaparecer del poema y la poesía debe comunicar sensaciones, no las pasiones o ideas del autor. La lírica de Keats, por tanto, rompe con la identificación entre literatura y vida tan típicamente romántica y abre la puerta a la poesía pura que triunfará en la segunda mitad del siglo XIX y en el XX.

+ VIDAS ROMÁNTICAS

Buena parte de los escritores del periodo viven, voluntaria o involuntariamente, de manera romántica. En algunos casos, sus vidas pueden llegar a considerarse su mejor obra.

+ LEE MÁS

Lee más Investiga sobre las biografías de Hölderlin, Byron, Shelley, Heine, Keats y Larra e indica los elementos románticos que encuentres en ellas. Puedes valerte de cualquier enciclopedia o de los siguientes sitios web:

- El poder de la palabra: www.epdlp.com
- A media voz: www.amediavoz.com
- Biografías y vidas: www.biografiasyvidas.com

02.3 La lírica en otros lugares de Europa

Alemania e Inglaterra aportan los modelos que seguirá la poesía romántica en otras literaturas europeas. En **Francia, Alphonse de Lamartine** (1790-1869) publica en 1820 *Divagaciones poéticas* siguiendo la tendencia iniciada por Wordsworth: poemas que parten de la experiencia cotidiana, escritos en un lenguaje literario cercano y comprensible. Los **temas** preferidos por Lamartine son la melancolía amorosa y el acercamiento subjetivo al paisaje, como se aprecia en el siguiente fragmento en el que recuerda la patria desde el exilio:

> «¡Oh montañas veladas por la niebla de otoño,
> valles que entapizaban las escarchas del alba,
> sauces cuya corona deshojaba la poda,
> viejas torres doradas por el sol de la tarde,
> muros negros del tiempo, lomas, cuestas abruptas,
> manantial donde van a beber los pastores,
> gota a gota esperando aguas raras y límpidas,
> con sus urnas dispuestas mientras hablan del día! [...]».
>
> Alphonse de LAMARTINE, *Poemas*. A media voz.

El gran romántico francés es **Victor Hugo** (1802-1885). Aunque lo mejor de su obra corresponde al teatro y a la novela, Hugo compuso un gran número de poemas que abordan tres **temas principales**: la autobiografía, en materia amorosa y en la expresión del dolor tras la muerte de su hija; las fantasías oscuras, donde relata sus visiones y explora el misterio y el inconsciente; el compromiso político, al que llega tras la revolución de 1848.

En **Italia**, el Romanticismo cristaliza en **Giacomo Leopardi** (1798-1837). Sus *Cantos* (1831) son claro ejemplo del desconsuelo del poeta enfrentado a la realidad. Su lírica expresa la infelicidad y el pesimismo de quien solo ve destrucción. En el siguiente fragmento, el poeta contempla las ruinas de Roma y comprueba que nada queda ya de la gloria pasada:

> «¡Italia mía! Miro muros, arcos,
> columnas, simulacros, las caídas
> torres de nuestros padres;
> mas no encuentro la gloria,
> ni el hierro y los laureles que abruman
> a nuestros ascendientes. [...]».
>
> Giacomo LEOPARDI, *Cantos*. Planeta.

Sus **temas** predominantes son la superioridad de la Antigüedad sobre el mundo moderno, la soledad y la crítica del cristianismo.

En **Rusia**, Alexander **Pushkin** es autor de largos poemas narrativos y de composiciones líricas de asunto amoroso. En **Estados Unidos**, Edgar A. **Poe** construye una obra poética más cercana ya a lo que será el Simbolismo de la segunda mitad del siglo. En **España**, José de **Espronceda** representa la tendencia romántica más exaltada y rebelde mientras que Rosalía de **Castro** y Gustavo Adolfo **Bécquer** ofrecen una lírica intimista, pórtico de la modernidad poética.

PESIMISMO ROMÁNTICO

> «¡Reposarás por siempre,
> cansado corazón! Murió el engaño
> que eterno imaginé. Murió.
> [Y advierto
> que en mí, de lisonjeras ilusiones
> con la esperanza, aun el anhelo
> [ha muerto.
> Para siempre reposa;
> basta de palpitar. No existe cosa
> digna de tus latidos; ni la tierra
> un suspiro merece: afán y tedio
> es la vida, no más, y fango el mundo.
> Cálmate, y desespera
> la última vez: a nuestra raza
> [el Hado
> solo otorgó el morir. Por tanto,
> [altivo,
> desdeña tu existencia y la Natura
> y la potencia dura
> que con oculto modo
> sobre la ruina universal impera,
> y la infinita vanidad del todo».
>
> Giacomo LEOPARDI, *Cantos*. Planeta.

1. ¿Cuál es la causa del pesimismo expresado en el poema?
2. ¿Qué otro poeta romántico comparte con Leopardi la idealización de la Antigüedad?
3. ¿Crees que existe similitud entre la actitud ante las ruinas de Leopardi y la de los escritores de los siglos XVI y XVII que estudiaste en la Unidad 3?
4. Observa en el poema de Lamartine las diferencias que hay entre el *locus amoenus* clásico y el que él plantea.

03 La prosa romántica

Pese a que en la lírica es donde más brilla la explosión sentimental romántica, la prosa permite abordar con mayor detenimiento y precisión cuestiones características del periodo, como el nacionalismo, el pensamiento político, la evasión o la exploración y análisis de los sentimientos amorosos y de los misterios humanos. En las siguientes páginas nos centramos en el estudio de cuatro géneros en prosa: periodismo, literatura de viajes, novela (explorando diversas modalidades) y cuento.

+ VIAJES ROMÁNTICOS

En el mapa del viajero romántico destacan tres destinos: el *Grand Tour* (Centroeuropa, Italia y Grecia), que acerca el pasado clásico y medieval; España, entendida como mezcla de lo europeo y lo árabe; y América del Sur, paraíso natural desconocido. Muchos escritores emprendieron viajes con la intención de ampliar su formación o como huida de unas sociedades opresivas.

03.1 Periodismo y literatura de viajes

En la frontera de lo literario, el **periodismo** cobra gran auge en la primera mitad del siglo XIX. La prensa romántica es casi exclusivamente ideológica, pues no existe aún la tecnología necesaria para informar sobre la actualidad. Por esa razón, la prensa de la primera mitad del XIX ofrece unos **contenidos** que actualmente ocupan un espacio marginal en los diarios:

- Artículos en los que se defienden posturas ideológicas sobre las preocupaciones del momento: las libertades individuales, los cambios políticos, nuevas tendencias literarias, etc. Además, cada medio opta por una postura que defender.
- Información judicial y sobre sucesos que podrían denominarse «escandalosos».
- Crónicas de viajes que muestran a los lectores las variedades humanas y políticas de mundos considerados exóticos.
- Literatura en estado puro que ocupa un lugar esencial en las publicaciones periódicas, en las que aparecen colaboraciones poéticas y, sobre todo, obras narrativas por entregas.

El periodismo romántico cumple tres importantes **funciones**: establece un público lector habitual, crea climas de opinión sobre las cuestiones candentes de la época, difunde buena parte de la literatura más popular y, por último, supone el nacimiento de una nueva profesión, garantizando así la independencia de muchos artistas.

Junto al periodismo, la **literatura de viajes** adquiere gran desarrollo en la época. Para los viajeros románticos el viaje no es una forma de acercarse racionalmente a pueblos desconocidos con la intención de comprenderlos, sino una especie de aventura en busca de lo exótico. El inglés Richard Ford escribe a su amigo George Borrow, antes de que este emprenda su viaje por España, pidiéndole algo diferente a lo que podía encontrarse en los relatos anteriores: «Sé fiel a ti mismo, a lo que has visto y a la gente con quien te has entremezclado [...] danos aventuras [...] brujería, judíos, gentiles, callejeos y el interior de las cárceles españolas —cómo entraste y cómo saliste—».

Cuando Borrow publique su relato del viaje emprendido con la intención de extender la Biblia evangélica en España dejará bien claro que no le interesaba hacer un retrato de la sociedad española en su totalidad, sino de aquello que la distinguía de la inglesa.

RELATO DE VIAJE

«No tengo la pretensión de conocer íntimamente a la aristocracia española, de la que me mantuve tan apartado como me permitieron las circunstancias; sin embargo he tenido el honor de vivir familiarmente con los campesinos, los pastores y arrieros de España, cuyo pan y bacalao he comido, que siempre me trataron con bondad y cortesía, y a quienes con frecuencia he debido amparo y protección».

George BORROW, *La Biblia en España*. Ediciones B.

03.2 La novela

La novela romántica cumple a la perfección la función de puente entre el nacimiento del relato moderno en el siglo XVIII y la gran novela realista de la segunda mitad del XIX. Los novelistas románticos continúan en algunos casos tendencias ya existentes e introducen otros subgéneros nuevos.

Novela sentimental

Continúa la tradición de obras protagonizadas por mujeres de clase media iniciada el siglo anterior por Samuel Richardson. En los últimos años del siglo XVIII y durante el XIX, Inglaterra aporta un importante número de escritoras que cultivan esta tendencia. Entre ellas, la más destacada es **Jane Austen** (1775-1817), autora de seis novelas que responden a unas **características** similares:

- **Tema** principal: conflicto entre los sentimientos y la razón, entre el deseo y la realidad, resuelto en el desenlace con el triunfo de la sensatez sobre las pasiones.
- **Personajes**: pertenecen a las clases medias. Las protagonistas representan un tipo femenino que se aparta del esquema social dominante: son mujeres que no se adaptan a lo que cabe esperar de ellas en la rígida sociedad inglesa de comienzos del siglo XIX.
- **Acción**: se desarrolla en la campiña del centro o sur de Inglaterra, en un ambiente rural y provinciano, presentado desde un punto de vista satírico.
- **Desenlace**: final feliz en el que la protagonista alcanza un matrimonio apropiado desde el punto de vista estético, moral y sentimental, así como sustentado en una sólida base económica.

La obra de Austen puede clasificarse en **dos grupos de novelas.** En uno la **protagonista tiene razón** en sus planteamientos y el desarrollo de la obra muestra el proceso mediante el cual el resto de los personajes comprueban la corrección de su postura, como se encuentra en *Sentido y sensibilidad*, *Mansfield Park* y *Persuasión*. En otro, la **heroína está equivocada** y a lo largo del relato modifica su posición y opiniones a la luz de la experiencia . Así lo encontramos en *La abadía de Northanger*, *Emma* y *Orgullo y prejuicio*.

Novela intimista

Más característico del Romanticismo es el género de la novela intimista o novela del *yo*. Se trata de obras que pretenden relatar las tensiones producidas en el alma del protagonista a raíz de una historia amorosa. En ellas pierde importancia la acción, y los autores prefieren desvelar los secretos íntimos y profundos del ser humano.

Desde el punto de vista técnico, estas obras se caracterizan por la narración en primera persona y la explosión sentimental, que queda reflejada en un lenguaje repleto de exclamaciones y en situaciones en las que la pasión de los personajes se desborda.

El género se inicia con *Las desventuras del joven Werther*, de Goethe, y continúa con novelas como *Adolfo*, de Benjamín de Constant, y *La confesión de un hijo del siglo*, de Alfred de Musset.

> LITERATURA Y OTRAS ARTES

Novela romántica y cine

Desde su nacimiento, el cine encontró en las novelas del Romanticismo argumentos idóneos para llegar al gran público. Probablemente, Jane Austen haya sido la escritora de la época más adaptada a la gran pantalla, como demuestran las adaptaciones estrenadas en los últimos años: *Sentido y sensibilidad* (1995), de Ang Lee; *Emma* (1997), de D. Lawrence; *Orgullo y prejuicio* (2005), de J. Wright.

Pero junto a los filmes basados en novelas de Austen, es posible encontrar un buen número de películas recientes que recurren también a los argumentos románticos: *Frankenstein* (1994), de K. Branagh; *Rob Roy* (1995), de M. Caton-Jones; *Los miserables* (2000), de J. Dayan; o las muchas adaptaciones de *El conde de Montecristo* y *Los tres mosqueteros*, las novelas de Alejandro Dumas, padre.

Novela gótica

La novela gótica muestra lo raro e inaceptable, la fantasía y lo inexplicable, la violencia. Explora el sentimiento del terror y las tensiones espirituales que provoca en los personajes, reflejando las pasiones en una escenografía nocturna, tormentosa, macabra y mortuoria. Surge en la Inglaterra del siglo XVIII con *El castillo de Otranto* (1764), de Horace Walpole, como reacción contra los ideales ilustrados que pretendían ofrecer una explicación racional de los comportamientos y misterios humanos.

Para el lector actual, *Frankenstein* (1818), de **Mary W. Shelley** (1797-1851), es el ejemplo más vivo de novela gótica y una síntesis perfecta del movimiento romántico. La obra aborda **temas** característicos del periodo:

- La rebeldía. En la novela, la rebeldía caracteriza no solamente al doctor, sino también a la Criatura. Esta se levanta contra su situación de soledad y abandono, acometiendo la venganza contra su creador, el doctor Frankenstein.
- La obsesión por saber. Mary Shelley ataca uno de los pilares de la Ilustración: la racionalización de los misterios humanos. La novelista defiende que es mejor renunciar al conocimiento racional de ciertas parcelas que no son competencia humana.
- La Criatura no «nace» mala, sino que desarrolla su sed de venganza al verse abandonada por el doctor. Shelley, por tanto, se sitúa en la línea del pensamiento de Rousseau y cree que la bondad innata de los seres humanos es corrompida por las relaciones sociales.

+ EL NACIMIENTO DE LOS MOSNTRUOS

Unidad 5 Doc. 2

Descubre cómo se crearon algunos de los más famosos monstruos.

Novela histórica

Durante el Romanticismo proliferan las novelas ambientadas en épocas pasadas que se sitúan a medio camino entre la verdad histórica y la pura ficción. Los autores no buscan la reconstrucción fiel del pasado, sino que lo utilizan como simple marco de sus narraciones y como mecanismo de **evasión de la realidad de su tiempo**. El creador del género es el inglés **Walter Scott** (1771-1832), autor de un nutrido grupo de novelas regidas por los siguientes caracteres:

Fuentes de los relatos	Documentos históricos y leyendas populares.
Protagonistas	Personajes ficticios y reales (con función secundaria) que permiten situar la acción en el tiempo y dotarla de verosimilitud.
Héroes	Hombres de escasa relevancia social, que reflejan los ideales y valores de la comunidad a la que pertenecen.
Conflictos narrativos	Se resuelven mediante el pacto entre las posiciones enfrentadas.
Ambientación histórica	Época de la invasión normanda y de los conflictos con el pueblo anglosajón *(Ivanhoe)*, y los enfrentamientos entre los clanes familiares escoceses con los invasores ingleses *(Rob Roy)*.

Además de Walter Scott, muchos autores cultivaron el género histórico en la primera mitad del siglo XIX: Victor Hugo con *Nuestra Señora de París* (1831), Alexander Pushkin en *La hija del capitán* (1836) o Alejandro Manzoni en *Los novios* (1840-42).

NOVELA HISTÓRICA

«Así pues, este será el escenario de nuestra historia, que se remonta al reinado de Ricardo I, cuando su regreso tras un largo cautiverio era anhelo de unos súbditos sometidos, en aquel entonces, a una terrible opresión. Los nobles, que habían multiplicado su poder durante el reinado de Esteban y a los que ni siquiera la prudencia de Enrique II había podido contener, llevaban sus privilegios más allá de sus derechos, despreciaban las tímidas amonestaciones del Consejo de Estado, fortificaban sus castillos, incrementaban el número de sus servidores y vasallos y se afanaban por conseguir más poder y por colocarse a la vanguardia de las fuerzas que podían llevarlos hasta el trono, lugar que necesitaba urgentemente ser ocupado de nuevo».

Walter SCOTT, *Ivanhoe*. El País.

Novela por entregas

La prensa del siglo XIX incluye entre sus contenidos la publicación de obras literarias dirigidas al gran público y sometidas a unos caracteres comunes:

- Sencillez lingüística para facilitar la comprensión.
- División en pequeños capítulos publicados a lo largo de mucho tiempo. Cada unidad narrativa acaba con un momento de **suspense*** para garantizar la fidelidad del lector.
- Personajes complejos y con pocos cambios en su personalidad, para que el lector pueda identificarlos con claridad.
- Se atiende más a la acumulación de aventuras que al análisis de caracteres o a la reflexión del novelista sobre cuestiones ideológicas.
- Temas relativos a lo escandaloso: adulterios, crímenes brutales y venganzas, traiciones, etc.

Solamente unas pocas novelas por entregas han sido capaces de vencer al tiempo y seguir vivas y leídas en la actualidad. Entre ellas, destacan dos obras de **Alejandro Dumas**, padre: *Los tres mosqueteros* (1844) y *El conde de Montecristo* (1845).

Pero el autor más significativo en el género por entregas y que ofrece algo más que entretenimiento es **Victor Hugo**. La intención de Hugo es dar **testimonio de su tiempo**, de ahí que en sus relatos aparezcan los grandes problemas del siglo XIX: las revoluciones, el peso de la burocracia, el cuestionamiento de las libertades, la mecanización del trabajo o la inflexibilidad de la justicia, entre otros.

La mayoría de sus obras aborda el **tema** de la existencia del mal y el poder del ser humano para vencer dicha maldad y ser dueño de su destino. En torno a esa idea central, Victor Hugo compone *Nuestra Señora de París*, ambientada en el París del siglo XV en el que introduce elementos que proceden de la novela gótica y la sentimental y *Los miserables* (1862), obra de ambientación contemporánea repleta de conflictos sociales y **melodramáticos***.

Novela de costumbres

La posición romántica ante la realidad es aparentemente contradictoria: autores de la época que se sienten a disgusto con la sociedad a la que pertenecen y sin embargo, muestran su simpatía hacia lo popular y buscan en ello los elementos que definen la identidad de las naciones. Este interés se debe a diferentes **razones**:

- Reacción frente al internacionalismo ilustrado y **reafirmación nacionalista** a raíz de las invasiones napoleónicas.
- Posición contraria a un **modelo social** que coarta la libertad del individuo.
- **Estudio de lo tradicional**: forma de huida hacia el pasado a través de una cultura conservada desde tiempo inmemorial.

En el terreno de la novela, el interés por lo popular cristaliza en narraciones que, sobre distintos hilos argumentales, muestran la vida cotidiana de personajes procedentes de las clases bajas y marginales. Así, la novela de **Próspero Merimée**, *Carmen* (1845), refleja las costumbres gitanas y de las clases bajas españolas, aunque de una manera tópica y superficial.

GLOSARIO

Suspense: expectación impaciente o ansiosa por el desarrollo de una acción o suceso, especialmente en una película, una obra teatral o un relato.

Melodrama: obra literaria en que se exageran los aspectos sentimentales y patéticos.

LOS MISERABLES

Unidad 5
Doc. 3

Descubre aquí el argumento de la obra.

Escena de la película *Los miserables* (1998).

CARMEN

Unidad 5
Doc. 4

Accede a un resumen de su argumento.

Escena de la película *Carmen*, dirigida por Vicente Aranda (2003).

03.3 El cuento

El relato breve del Romanticismo presenta **tres variantes** principales:

El **relato fantástico**, cultivado por el alemán **E. T. A. Hoffmann** (1776-1822). El autor reunió sus narraciones en el volumen *Piezas fantásticas*, publicado entre 1814 y 1815. Los cuentos de Hoffmann suelen centrarse en el mundo de los sueños, en la locura y el desdoblamiento de la personalidad, combinando en ellos lo sobrenatural y lo real. La intención del autor es reflejar cómo en la vida real se esconde lo fantástico, dando lugar al simple misterio, en algunas historias, o al horror.

En la línea de Hoffmann se sitúan autores tan importantes como Gustavo Adolfo **Bécquer** con sus *Leyendas* y los norteamericanos Washington **Irving** y, sobre todo, Edgar Allan **Poe**.

El **cuento de origen folklórico** o popular es la segunda variedad más abundante del relato breve romántico. Como ya se ha indicado, el Romanticismo siente una gran simpatía por la cultura popular, a la que considera depositaria de la identidad cultural de las naciones emergentes en la época. Muchos investigadores dedicaron sus esfuerzos a rescatar los elementos tradicionales que poco a poco iban desapareciendo bajo el peso de la sociedad burguesa. Entre ellos, los **hermanos Grimm**, Jakob (1785-1863) y Wilhelm (1786-1859), recopilaron un gran número de narraciones que publicaron bajo el título de *Cuentos para la infancia y el hogar*. El volumen vio la luz en el año 1812, pero se fue ampliando con sucesivas ediciones hasta 1856, cuando los autores dieron por cerrado el proyecto.

Aunque en la actualidad los cuentos de los hermanos Grimm se consideran literatura infantil, el libro fue concebido para un público adulto y erudito, lo que explica que en las primeras publicaciones los relatos se acompañaran de profundos estudios. A medida que se sucedían las ediciones, los autores fueron adaptando los cuentos al lector infantil y eliminando algunos detalles que no gustaron al público burgués. Así, en el relato «Hansel y Gretel», la madre de los niños abandonados en el bosque es convertida en madrastra para no chocar con la idea burguesa de la maternidad.

Al margen de las dos variantes anteriores, el escritor danés **Hans Christian Andersen** (1805-1875) publica a lo largo de su vida ciento sesenta y ocho relatos. Sus cuentos presentan algunas diferencias respecto a los de los hermanos Grimm:

- Se dirige, desde el principio, a un público infantil, aunque sin duda sus historias admiten lecturas a otros niveles.
- Utiliza la cultura popular para construir algunos de sus relatos (al igual que los hermanos Grimm), aunque recurre también a su propia experiencia y a otras tradiciones culturales, como la oriental o las mitologías bíblica, clásica y nórdica.

Andersen, por tanto, transciende la figura del mero recopilador de historias y se comporta como un verdadero artista creador que se sirve del material existente para abordar los **temas** que le interesan: la lucha eterna entre el bien y el mal, el análisis del espíritu humano, la fe en el poder del amor y en la persuasión sobre la fuerza.

CUENTOS FÁNTASTICOS

En este fragmento el personaje se enfrenta a una mujer monstruosa que acaba provocando su locura:

«Maldito aborto del infierno, ya sé por qué aborreces el alimento de los hombres: te cebas en las tumbas, ¡mujer diabólica!» Apenas había proferido estas palabras, la condesa, dando alaridos, se abalanzó sobre él con la furia de una hiena y le mordió en el pecho. El conde dio un empujón a la rabiosa mujer y la tiró al suelo, donde entregó su espíritu en medio de las convulsiones más espantosas. El conde enloqueció».

Ernest Theodor Amadeus HOFFMANN, *Cuentos*. Cátedra.

+ LEE MÁS

Los cuentos románticos en Internet:

- Hermanos Grimm: www.grimmstories.com
- Hans Christian Andersen: www.ciudadseva.com/textos/cuentos/euro/andersen/hca.htm
- Ernest Theodor Amadeus Hoffmann: www.ciudadseva.com/bibcuent.htm
- Gustavo Adolfo Bécquer: www.bibliotecasvirtuales.com/biblioteca/LiteraturaEspanola/becquer/Leyendas

04 El teatro romántico

El teatro era el género literario más popular entre la burguesía y, por tanto, el terreno adecuado para plantear la defensa de las nuevas ideas. Buena prueba de ello es el estreno de la obra *Hernani* (1830), de Victor Hugo, que se convirtió en una verdadera batalla entre los defensores de las reglas neoclásicas y los partidarios de una mayor libertad creadora.

El Romanticismo supuso una importante **renovación del lenguaje teatral**:

- Continuación del drama burgués intimista y sentimental. Alejamiento de las posiciones elitistas del teatro ilustrado. Los temas tratan de la vida real y reflejan los conflictos de las clases medias. También es se cultiva el drama de ambientación histórica sobre la que se proyectan cuestiones contemporáneas.
- Función educativa del teatro con la defensa de la libertad.
- Ruptura de las reglas existentes, como la ley de las tres unidades, la separación de comedia y tragedia o la inclusión de fragmentos líricos.
- Modelo literario: Shakespeare y los autores españoles del siglo XVII, en especial Calderón de la Barca.
- Contenido: desbordamiento de las pasiones, lenguaje repleto de exclamaciones, puntos suspensivos y también léxico sonoro; escenografía tópica dominada por las escenas nocturnas y tormentosas.

En el drama romántico se advierten dos **tendencias**: el **drama alemán**, en el que predominan los asuntos profundos de carácter moral y el nacionalismo; y el **drama francés y español**, cuyo iniciador es Victor Hugo, que apuesta por las pasiones y el individualismo, así como por un lenguaje y artificioso.

+ LA POSICIÓN DE LA JUVENTUD ROMÁNTICA

Unidad 5 Doc. 5

Descubre cómo la expresa Victor Hugo.

> LITERATURA Y OTRAS ARTES

Teatro y ópera

Aunque nace con anterioridad, la ópera alcanza gran notoriedad durante el siglo XIX. Algunos músicos basaron sus obras en dramas románticos. Verdi, por ejemplo, compuso *Hernani y Rigoletto* sobre sendas obras de Víctor Hugo, *El trovador* y *Simón Boccanegra* sobre dramas de García Gutiérrez, *La fuerza del destino* sobre la obra de Ángel de Saavedra y *Don Carlos* sobre el texto de Schiller, a quien también recurrió Rossini para su *Guillermo Tell*.

Puedes leer las sinopsis de algunos de estos textos en *Todas las óperas* (www.jbgprada.blogspot.com/) y los libretos completos en español en *Kareol* (www.supercable.es /~ealmagro/kareol).

«Hay un rato de silencio; los truenos resuenan más fuertes que nunca, crecen los relámpagos, y se oye cantar a lo lejos el Miserere a la comunidad, que se acerca lentamente.

VOZ DENTRO.—¡Aquí, aquí! ¡Qué horror!

(Don Álvaro vuelve en sí y luego huye hacia la montaña. Sale el padre guardián con la comunidad, que queda asombrada.)

PADRE GUARDIÁN.—¡Dios mío!... ¡Sangre derramada!... ¡Cadáveres!... ¡La mujer penitente!

TODOS LOS FRAILES.—¡Una mujer!... ¡Cielos!

PADRE GUARDIÁN.—¡Padre Rafael!

DON ÁLVARO.—*(Desde un risco, con sonrisa diabólica, todo convulso, dice.)* Busca, imbécil, al padre Rafael... Yo soy un enviado del infierno, soy el demonio exterminador... Huid, miserables.

TODOS.—¡Jesús, Jesús!

DON ÁLVARO.—¡Infierno, abre tu boca y trágame! ¡Húndase el cielo, perezca la raza humana; exterminio, destrucción...! *(Sube a lo más alto del monte y se precipita.)*

EL PADRE GUARDIÁN Y LOS FRAILES.—*(Aterrados y en actitudes diversas.)* ¡Misericordia, Señor! ¡Misericordia!

Ángel de SAAVEDRA, *Don Álvaro o la fuerza del sino*. Cátedra.

1. ¿Qué rasgos de la escenografía romántica encuentras en el fragmento?
2. ¿Crees que el fragmento refleja las pasiones desmesuradas que caracterizan el drama francés y español? ¿Por qué?
3. Investiga sobre la obra a la que pertenece el texto e indica por qué el protagonista toma la decisión de saltar desde lo alto del monte.

04.1 Friedrich Schiller

La renovación teatral que conduce al drama romántico se inicia ya en plena Ilustración. Diderot con sus comedias lacrimógenas introduce los protagonistas burgueses, y el italiano Carlo Goldoni apuesta por el realismo en sus comedias de costumbres. Sin embargo, las grandes novedades llegan con los autores alemanes del *Sturm und Drang* y, entre ellos, con Friedrich Schiller (1759-1805).

La obra teatral de Schiller se divide en **dos etapas**. La **primera** llega hasta el año 1787 y a ella pertenecen obras como *Los bandidos*, su primer éxito en 1782, *Cábala y amor* y *Don Carlos*. El carácter más significativo de esta etapa es el individualismo y la explosión sentimental con una escenografía típicamente romántica, aunque con el tiempo sus obras van moderándose. La **segunda** etapa ocupa el resto de su vida (1787-1805) y comprende obras como la trilogía de *Wallenstein* y *Guillermo Tell*. El rasgo que define estas obras es la ambientación histórica y la preocupación por asuntos que afectan a la colectividad y no simplemente al individuo. Los **temas principales** de sus obras pueden sintetizarse en los siguientes:

Crítica del sistema político y social	En *Los bandidos*, uno de los protagonistas, que se ha revelado contra el orden establecido, termina reconociendo su error.
Defensa de los valores burgueses	El tema aparece desde *Don Carlos* hasta *Guillermo Tell*, drama en el que los ciudadanos trabajadores se rebelan contra la tiranía de la nobleza.
Defensa de la libertad	Tanto de la individual como la de las naciones. Sus obras censuran todo tipo de despotismo y tiranía.

En el siguiente diálogo, el hijo de Guillermo Tell pregunta a su padre por la existencia de otros lugares:

«GUALTERIO.—*(Después de reflexionar un poco.)* Padre, ¿hay países sin montes?

TELL.—Bajando de nuestras alturas y yendo siempre hacia el sur, siguiendo el curso de los ríos, se llega a un país grande y llano, en el que las aguas de los bosques ya no se precipitan espumosas y sonoras, los ríos corren por él tranquilos. Allí puede mirarse libremente en todas las direcciones del cielo, el trigo crece en amplias y bellas planicies, y todo el país es como un jardín.

GUALTERIO.—Oh, padre, ¿por qué no nos vamos inmediatamente a ese bello país, en lugar de estar aquí, con congojas y privaciones?

TELL.—El país es bello y bondadoso como el cielo, pero quienes lo cultivan no gozan de la bendición que plantan.

GUALTERIO.—¿No viven libres como tú en su propia heredad?

TELL.—El campo les pertenece al obispo y al rey.

GUALTERIO.—Pero podrán ir a cazar libremente a los bosques, ¿no?

TELL.—Al señor le pertenecen la caza y las aves.

GUALTERIO.—Pero podrán pescar libremente en el río, ¿no?

TELL.—El río, el mar, la sal le pertenecen al rey.

GUALTERIO.—¿Quién es el rey a quien todos temen?

TELL.—Es el único que les protege y alimenta.

GUALTERIO.—¿No pueden protegerse ellos mismos valerosamente?

TELL.—Allí el vecino no puede fiarse de su vecino.

GUALTERIO.—Padre, ese extenso país me resulta estrecho; prefiero vivir bajo los aludes.

TELL.—Sí, es mejor, sin duda, hijo, tener los montes de glaciales a las espaldas que hombres malos»

Friedrich SCHILLER, *Guillermo Tell*. Planeta.

«¡Oh, qué inocente he sido al imaginar que podía embellecer el mundo con atrocidades y defender la ley con la anarquía [...]! ¡Y vosotros, locos! ¿Acaso pensáis que la armonía del mundo se beneficiará con estas impías fechorías?».

Friedrich SCHILLER, *Los bandidos*. Cátedra.

+ GUILLERMO TELL

Unidad 5 Doc. 6

Accede aquí a un breve argumento de esta obra.

1. ¿Qué lección desea Guillermo Tell que aprenda su hijo?
2. ¿A qué grupo social crees que pertenecen Tell y su hijo? ¿Por qué?
3. Se alude a dos espacios geográficos diferentes, ¿qué caracteriza a cada uno?, ¿crees que podría afirmarse que uno responde a la idea de *locus amoenus*?

El Romanticismo en España

El Romanticismo inicia su andadura en el último tercio del siglo XVIII; no obstante, en la literatura española no se instaura plenamente hasta la muerte de Fernando VII en 1833, fecha en que regresan a España los liberales que hubieron de exiliarse para escapar de la persecución política. En consecuencia, puede afirmarse que cuando el Romanticismo triunfa en España, la literatura europea ha empezado ya a derivar hacia otras formas. Por otra parte, la tardía llegada explica que en la segunda mitad del siglo XIX aún pervivan en España autores que incorporan elementos románticos en sus obras, como **Gustavo Adolfo Bécquer** en las *Leyendas*.

Durante la primera mitad del siglo XIX el protagonismo literario en España se reparte entre los últimos coletazos del Neoclasicismo y el impacto de la obra de los jóvenes románticos, que manifiestan explícitamente su descontento con las circunstancias políticas y se lanzan a la defensa de la libertad individual. Entre esos escritores deben resaltarse las figuras de **José de Espronceda**, conocido por los poemas que expresan el deseo de libertad, y **Ángel de Saavedra**, dramaturgo capaz de reflejar la rebeldía y el malestar característicos del movimiento romántico.

Retrato anónimo de Mariano José de Larra.

Sin embargo, por encima de todos, quien mejor representa el Romanticismo español es **Mariano José de Larra**, autor de obras líricas, dramáticas y narrativas, aunque debe su importancia al cultivo del periodismo. La obra periodística de Larra puede clasificarse en tres grupos de artículos: los políticos, en los que defiende la ideología liberal frente al conservadurismo imperante; los literarios, dedicados principalmente a la reseña de los estrenos teatrales y a la divulgación de las obras románticas europeas; y los de costumbres, textos en los que se ocupa de una situación o tipo humano concreto a los que se enfrenta desde una perspectiva reformadora. La posición del autor ante la realidad española —crítica con la intolerancia, el inmovilismo y la ignorancia— sitúa a Larra como un digno continuador de la labor iniciada por José Cadalso y un antecedente de la tarea regeneradora de los hombres de la Generación del 98.

EL MAL DEL SIGLO

«Lástima —dijo la voz, repitiendo mi piadosa exclamación— ¿Y por qué me has de tener lástima, escritor? Yo a ti, ya lo entiendo [...] Escucha: tú vienes triste como de costumbre; yo estoy más alegre que suelo. ¿Por qué ese color pálido, ese rostro deshecho, esas hondas y verdes ojeras que ilumino con mi luz al abrirte todas las noches? ¿Por qué esa distracción constante y esas palabras vagas e interrumpidas de que sorprendo todos los días fragmentos errantes sobre tus labios? [...] Yo en fin no tengo necesidades; tú, a pesar de tus riquezas, acaso tendrás que someterte mañana a un usurero para un capricho innecesario [...]Tú lees día y noche buscando la verdad en los libros hoja por hoja, y sufres de no encontrarla ni escrita [...] Cuando yo necesito de mujeres echo mano de mi salario y las encuentro, fieles por más de un cuarto de hora; tú echas mano de tu corazón, y vas y lo arrojas a los pies de la primera que pasa, y no quieres que lo pise y lo lastime, y le entregas ese depósito sin conocerla. Confías tu tesoro a cualquiera por su linda cara, y crees porque quieres; y si mañana tu tesoro desaparece, llamas ladrón al depositario, debiendo llamarte imprudente y necio a ti mismo».

Mariano José de LARRA, «La Nochebuena de 1836», en *Artículos varios*. Castalia.

1. El fragmento pertenece a uno de los últimos textos por Mariano José de Larra. En él, el criado del escritor compara la vida de su señor con la suya, anticipando las que serán causas del suicido de Larra en febrero de 1837. Indica cuáles crees que pueden ser esas razones.
2. ¿Crees que las ideas expuestas en el texto coinciden con el espíritu romántico? ¿Piensas que podrían ser aplicables a alguno de los autores estudiados en esta unidad? Justifica tu respuesta.
3. Establece la estructura u organización de las ideas del texto.

ELABORA TU PROYECTO

EL VIAJE ROMÁNTICO

Muchos autores románticos encontraron en el viaje una forma de liberación personal. Aunque la «moda de viajar» se había iniciado en el siglo anterior con la intención de conocer de primera mano lugares históricos y enriquecerse personalmente mediante el contacto con otras culturas, durante los últimos años del XVIII y la primera mitad del XIX los viajeros románticos se lanzaron al camino con la intención de «sentir» esos monumentos y lugares. En este proyecto te proponemos que reconstruyas algunos de esos viajes, en especial los de J. W. Goethe, Washington Irving, Lord Byron, Mary y Percy Shelley, John Keats, Próspero Merimée o, el más tardío, Hans Christian Andersen.

Investiga en la Red o en la biblioteca de tu centro escolar las biografías de estos autores y anota qué lugares visitaron, en qué fechas, con qué intención y si alguna de sus obras fue consecuencia de esa visita.

Una vez hayas recogido la información necesaria, deberás componer un mapa interactivo con la aplicación My Maps de Google. En ese mapa deben figurar todos los datos recopilados y, además, alguna imagen o video que identifique el lugar. Si es posible, incluye grabados o pinturas que reflejen la ciudad en un tiempo cercano al de la estancia de estos escritores.

Recursos en la Red

→ www.google.com/maps/d/

My Maps de Google: aplicación web de Google que permite insertar información vinculada a los puntos geográficos seleccionados.

→ www.mappinggis.com/2013/04/como-crear-mapas-con-google-maps-engine-lite/

My Maps: aquí encontrarás una breve explicación de su uso.

→ www.museobandolero.com/viajeros-romanticos.htm

Museo del Bandolero: este museo malagueño te ofrece información sobre viajeros románticos por España.

→ www.biografiasyvidas.com/

Biografías y vidas: portal en el que podrás encontrar biografías detalladas y fiables de los autores románticos.

Litografía de Granada del siglo XIX.

ELABORA TU ORGANIZADOR VISUAL

1. Asocia con sus países de origen —Alemania, Inglaterra, Francia— los siguientes autores: Novalis, Víctor Hugo, John Keats, Hölderlin, Lord Byron, Heinrich Heine, Percy Shelley, Próspero Merimée, Jane Austen, J. W. Goethe.

2. Construye un mapa conceptual con los principales subgéneros y tendencias de la prosa romántica.

«CANCIÓN A LOS HOMBRES DE INGLATERRA», DE P. B. SHELLEY

«¡Ingleses!, ¿por qué aráis la tierra
para los amos que os someten?
¿Por qué tejéis con arduo esmero
la ropa que ostenta el tirano?
¿Por qué vestís y alimentáis
desde la cuna hasta la tumba
a esos zánganos tan ingratos
que os chupan sudores y sangre?
¿Por qué, abejas de Inglaterra,
forjáis armas, fustas, cadenas,
para que esos cobardes roben
el fruto de vuestro trabajo? [...]
Sembrad, mas no para el tirano.
Cread vuestra propia riqueza.
Tejed, mas no para holgazanes.
Armaos para vuestra defensa».

Percy B. SHELLEY,
en *Literatura universal*.
Akal.

Percy B. Shelley, de A. Curran (1819).

COMENTARIO DE TEXTO

Localización del texto

1. Justifica la pertenencia del texto al movimiento romántico. ¿A qué tendencia crees que pertenece?

Contenido

2. Enuncia y comenta el tema del fragmento.

Técnica

3. Indica y razona la estructura del poema.
4. Explica el sentido de la expresión «abejas de Inglaterra».
5. El poema es un llamamiento a la acción. ¿De qué recursos lingüísticos se sirve Shelley para ello?
6. Indica los recursos retóricos del texto que te parezcan más significativos.

Valoración

7. ¿Crees que las ideas expuestas en el poema siguen teniendo actualidad hoy en día? Escribe un breve ensayo sobre la cuestión y aporta ejemplos de situaciones actuales que apoyen tu posición.

Teoría relacionada

8. Principales diferencias entre la lírica romántica alemana e inglesa.
9. El problema social en el Romanticismo.

06 LA SEGUNDA MITAD DEL SIGLO XIX: REALISMO, NATURALISMO Y SIMBOLISMO

01 Literatura y sociedad

La literatura europea de la segunda mitad del XIX gira en torno a la realidad y sus problemas. Esto justifica que deba tenerse especialmente en cuenta la influencia que sobre la creación artística ejerce la sociedad contemporánea.

01.1 Los cambios sociales y culturales

A lo largo del siglo XIX, la clase burguesa sigue prosperando gracias a la revolución industrial. El triunfo del **maquinismo** enriquece rápidamente a la burguesía y provoca el abandono de las ideas liberales, una vez conseguido el poder político. De este modo nace el **capitalismo***.

Revolución industrial y capitalismo transforman la sociedad occidental: pierde importancia la nobleza heredada, se encumbra la burguesía y surge una nueva clase, el proletariado industrial, sometido a las necesidades de la producción, desprotegido ante el poder burgués y que vive en una mísera situación. La literatura realista y, sobre todo, naturalista reflejan este **desequilibrio social**, presentando los aspectos más negativos de la industrialización.

En el terreno del **pensamiento**, triunfa en esta época el **positivismo*** de Augusto Comte. Esta corriente supone la valoración de las ciencias empírico-naturales (Física, Biología, Química) en detrimento de las preocupaciones teológicas y metafísicas que habían dominado el pensamiento europeo hasta entonces.

Como consecuencia del positivismo y apoyándose en los avances científicos, la segunda mitad del siglo está dominada por la **exaltación de la ciencia.** El hombre de la época confía en los poderes casi ilimitados de la ciencia para responder a los grandes interrogantes de la vida, como sucede con la teoría de Charles Darwin sobre la evolución de las especies. El cientificismo del siglo se proyecta en el nacimiento y desarrollo de diversos **géneros y tendencias literarias**: los **relatos de anticipación** o ciencia-ficción con Julio Verne (1828-1905), el **relato policial** con Arthur Conan Doyle (1859-1930) y el **Naturalismo**, que aparece en los últimos años del siglo XIX.

1. El periodo que estudiamos en esta Unidad supone el despegue definitivo de la ciencia y la tecnología. Investiga sobre la época e indica los principales avances científicos e inventos o descubrimientos que se producen. Explica en cada caso la importancia que consideras que tienen estas innovaciones.

GLOSARIO

Capitalismo: sistema en el que la producción industrial condiciona la vida económica, social y política.

Positivismo: escuela filosófica que reduce el objetivo del conocimiento humano a aquellos hechos que pueden ser captados por los sentidos y someterse a comprobación por medio de la experiencia.

LA NOVELA POLICIACA

La novela policíaca no solo sirve para mostrar el razonamiento humano de acuerdo con los métodos científicos en boga, sino también para presentar una realidad desagradable y descarnada, de acuerdo con los principios del Naturalismo literario.

01.2 Tendencias literarias

Tras la superación del movimiento romántico, la literatura europea se orienta hacia dos tendencias principales: por un lado, aquella que tiene su objetivo prioritario en la **representación de la sociedad** y sus conflictos, que es la dominante en el periodo que nos ocupa en esta Unidad y, por otro, la de los autores que **no desean ceñirse a lo real** y reaccionan, mediante diversos procedimientos, contra la limitación artística que para ellos supone.

La tendencia realista triunfa en la novela y en el teatro, mientras que la antirrealista lo hace en la poesía y en la obra de algunos narradores y dramaturgos de los últimos años del siglo XIX.

Tendencia realista

El movimiento realista surge en Francia con **Stendhal**, que escribió sus novelas basándose en el análisis psicológico de los personajes y en la práctica de la observación. Según este autor, la novela debe ser «un espejo colocado a lo largo del camino» que refleje de manera objetiva lo que sucede en la realidad circundante y lo presente ante la consideración del lector. Tras Stendhal, **Balzac** y **Flaubert** establecen el modelo definitivo del arte realista, que se extenderá fuera de Francia hasta convertirse en la forma literaria dominante.

En el último tercio del siglo XIX, el Realismo literario comienza a transformarse. Algunos escritores mantendrán la técnica realista en las descripciones exhaustivas, la ordenación lineal de los acontecimientos y la presencia de un narrador omnisciente, pero el contenido de sus obras abandonará la aparente objetividad o la preocupación por lo social para dar entrada a nuevos valores, como son la preocupación por el individuo o por el sentido de la existencia. La **evolución del Realismo** produce la aparición de lo que se ha llamado **Realismo espiritualista** ruso en las obras de Dostoievski, Tolstói y Chéjov, más preocupados por el sentido de la vida que por el funcionamiento social. El **Naturalismo** de Emile Zola también supone la superación del Realismo, ya que el autor francés entiende el arte no como simple observación de la realidad, sino como un medio para explicar su funcionamiento e intentar de esa manera su transformación.

La reacción antirrealista

El Realismo trae como consecuencia una idea utilitaria de la literatura (que esta sirva para describir –y denunciar– la realidad) contra la que se levantan algunos escritores que piensan que la creación artística no debe reducirse a esa función. Esta idea es la que prevalece en el **parnasianismo** francés, preocupado por encima de todo por la búsqueda de la perfección formal del texto literario. Algo después, el **simbolismo** también se aparta del Realismo, al considerar la realidad material simplemente como punto de partida que permite al artista llegar a la verdad escondida tras lo aparente.

1 A Zola se le acusó en su tiempo de negar la libertad de elección a los seres humanos. ¿Crees que esa idea aparece en este breve fragmento? ¿Por qué?

+ EL DETERMINISMO NATURALISTA

Unidad 6 Doc. 1

Aquí podrás obtener más información sobre este concepto.

EL NATURALISMO DE EMILE ZOLA

El escritor debe comportarse como un médico que aplica su método de diagnóstico sobre el cuerpo social enfermo, lo que justifica que se centre en los aspectos más desagradables de la realidad, y experimente con él para intentar encontrar su curación:

«En suma, toda la operación consiste en tomar los hechos de la naturaleza, después, en estudiar los mecanismos de los hechos, actuando sobre ellos mediante las modificaciones de circunstancias y de ambientes sin apartarse nunca de la naturaleza. Al final, está el conocimiento del hombre, el conocimiento científico en su acción individual y social. [...]

Queremos ser dueños de los fenómenos, de los elementos intelectuales y personales para poderlos dirigir. Somos, en una palabra, novelistas experimentadores que demuestran por la experiencia cómo se comporta una pasión en un medio social. El día en que conozcamos el mecanismo de esta pasión podremos intentar reducirla o, por lo menos, hacerla lo más inofensiva posible.»

Emile ZOLA,
El Naturalismo.
Península.

02 La novela en la segunda mitad del siglo XIX

A medida que la burguesía se asienta en el poder, los escritores —que en su mayoría proceden de dicha clase social— moderan sus discursos políticos. Las revoluciones de 1830 y 1848 siembran el miedo al caos y el desorden en las clases medias que se habían levantado a fines del XVIII contra el Antiguo Régimen. En el ámbito literario, esta involución ideológica se manifiesta en el alejamiento de la rebeldía romántica, sustituida ahora por los conflictos cotidianos y el análisis de la psicología de los personajes.

Los autores de la segunda mitad del siglo XIX entienden que el género más adecuado a la nueva función de la literatura es la **novela**. Este género les permite aplicar las **nuevas ideas** filosóficas y científicas surgidas en esos años, y es fácilmente comprensible por el nuevo público lector, menos exigente en lo técnico y preocupado por su tiempo y medio social. En la novela del periodo que nos ocupa se aprecian dos **tendencias** que a menudo confluyen:

Novela popular	• Dirigida a un público que busca entretenimiento. • Continuación de la narración romántica (gótica, sentimental, fantástica), sin los valores típicos del movimiento: rebeldía, individualismo, defensa de la libertad, etc. • Géneros: **folletín** tremendista; relato de **aventuras** y viajes; narración **policial** y novela de **anticipación**.
Novel de autor	• **Narrador omnisciente**, que introduce comentarios y reflexiones de todo tipo. • **Orden cronológico** en el relato de la acción. • **Realidad** como punto de referencia: abundancia y exactitud de las descripciones, ambientación contemporánea de los argumentos. • **Vida del personaje**, explicada por sus relaciones con la sociedad en la que habitan. • **Temas**: sentido de la vida, poder del dinero o conflicto entre el deseo de felicidad y la vida pública, aunque sin ofrecer soluciones ni pautas morales.

La novela evoluciona durante la segunda mitad del siglo XIX a través de tres **etapas**, que no coinciden en el tiempo en todos los países:

- **Prerrealismo**. Cuando se abordan asuntos aún románticos, algunos autores comienzan a introducir rasgos realistas de carácter técnico (narrador omnisciente, linealidad, uso de la descripción, etc.). Destacan Stendhal, en Francia; las hermanas Brontë, en Inglaterra; Fenimore Cooper, en Estados Unidos; o Gógol, en Rusia.
- **Realismo**. En los años centrales del siglo XIX, escritores como Balzac, Flaubert, Dickens o Pérez Galdós componen las novelas característicamente realistas.
- **Superación del Realismo**. En el último tercio del XIX se asiste a la transformación de la narración realista por diversos caminos: naturalismo, esteticismo, simbolismo, existencialismo... Entre los que protagonizan este cambio destacan Zola, Henry James, Stevenson o Joseph Conrad.

+ EL ADULTERIO

El adulterio une a tres mujeres protagonistas de novelas realistas, pero el camino que las lleva a él es diferente. En la obra de Tolstói, Ana Karenina, vital y apasionada, ávida de experiencias, intenta mantener una vida sin ley, al margen de los usos sociales, hasta que, al darse cuenta de que la pasión la ha absorbido, provoque su destrucción. Ana Ozores, en *La Regenta* de Leopoldo Alas, es suavemente arrastrada al adulterio por el aburrimiento de la vida provinciana y la debilidad de sus fundamentos morales. Con Emma Bovary, Flaubert presenta a una mujer exaltada por sus lecturas que busca vivir un sueño, aunque, como don Quijote, se encontrará de frente con la realidad.

Ana Karenina (2012), cartel de la adaptación cinematográfica dirigida por Joe Wright.

02.1 La novela francesa

El Realismo se inicia con **Stendhal** (1783-1842), un autor cuyas novelas presentan elementos románticos evidentes, como el reflejo de las propias experiencias o la importancia del amor. Junto a estos valores románticos, introduce **rasgos realistas**: la importancia de la **descripción** y la inserción de los personajes en un **momento histórico** determinado marco de sus historias.

El Realismo en estado puro llega de la mano de **Honoré de Balzac** (1799-1850), autor de más de 90 novelas que agrupó bajo el título *La comedia humana*. La intención del autor con esta obra es ofrecer un **mosaico de la sociedad francesa** de su tiempo; casi dos mil **personajes** que se repiten en unas y otras novelas, y cuyas vidas se entrelazan y superponen. El carácter de muchos de ellos está dominado por la codicia, el deseo de ascenso y el egoísmo. El autor intenta encontrar las razones de sus comportamientos para extraer una lección útil. Su obra se caracteriza por la **verosimilitud**. Para conseguirla, se vale de una serie de técnicas:

JULIEN SOREL

«Cuando Bonaparte dio que hablar al mundo, Francia corría el peligro de ser invadida; era, pues, necesaria la valía militar y estaba de moda. Hoy se ven sacerdotes de cuarenta años con cien mil francos de ingresos, tres veces más que los famosos generales de división de Napoleón. Necesitan personas que los secunden [...]. Hay que ser clérigo.»

STENDHAL, *Rojo y negro*. Alianza.

- Se apoya en la rigurosa **documentación previa**. Balzac quiere que sus novelas respondan a la verdad, aunque esta sea elaborada para convertirla en materia literaria.
- Piensa que los seres humanos se diferencian en los detalles, lo que justifica la atención que presta a su **descripción minuciosa**.
- Entiende la novela como una **caricatura de la realidad**, y no como un reflejo de ella, que consigue mediante la selección de los episodios más significativos.
- El artista debe adaptar la «verdad natural» a la «**verdad literaria**». Para ello, incluye episodios ficticios o mezcla distintas realidades para dotar de coherencia a la novela, ya que la realidad, la naturaleza, no siempre es coherente.

En la línea de Balzac, **Gustave Flaubert** (1821-1880) lleva el Realismo a su máximo esplendor aunque sin renunciar al análisis sentimental de sus personajes, evidente en su más famosa obra, *Madame Bovary*. **Emile Zola** (1840-1902) supera el Realismo en los últimos años del siglo XIX con el **Naturalismo**, que pone en práctica en un conjunto de novelas que estudian el mal funcionamiento de la sociedad. Los temas principales de su obra son:

+ GUSTAVE FLAUBERT

Unidad 6
Doc. 2

Aquí podrás encontrar información sobre la obra de este autor.

- **Denuncia de la sociedad francesa** en *Les Rougon-Macquart*, serie de novelas en torno a una familia
- Crítica de la **miseria del proletariado** y llamada a la rebelión contra la burguesía opresora, en *La taberna* y *Germinal*

«Físicamente, Grandet era un hombre de unos cinco pies de estatura, rechoncho, cuadrado, con [...] rótulas nudosas y anchos hombros; tenía el rostro redondo, curtido, marcado por la viruela loca; la barbilla era recta, los labios no presentaban ninguna sinuosidad [...]. Sus ojos tenían la expresión calmosa y devoradora que el pueblo atribuye al basilisco; [...] los cabellos, amarillentos y entrecanos, eran blanco y oro, según decían algunos jóvenes que desconocían la gravedad de una broma hecha a costa del señor Grandet. Su nariz, gruesa en la punta, era portadora de un lobanillo venenoso que el vulgo decía [...] que estaba lleno de malicia. Este rostro delataba una sagacidad peligrosa, una probidad sin calor, el egoísmo del hombre acostumbrado a concentrar sus sentimientos [...] en el único ser que le importó realmente algo, su hija Eugenie, su única heredera. La actitud, [...] la manera de andar, todo en él atestiguaba esa seguridad en uno mismo que da la costumbre de haber acertado siempre [...]. Así es que, aunque de costumbres sencillas y muelles en apariencia, el señor Grandet tenía un carácter de bronce.»

Honoré de BALZAC, *Eugenia Grandet*. Planeta.

1. Analiza cómo retrata Balzac el carácter del señor Grandet a partir de su aspecto físico.

02.2 El nacimiento de la narrativa norteamericana

Aunque la Declaración de Independencia de Estados Unidos se produce en 1776, en lo cultural no se reflejará hasta que en 1837 el poeta Emerson publique su ensayo *El hombre de letras americano*, texto en el que reclama una nueva literatura que rompa con el servilismo hacia lo europeo. Esto explica que la novela norteamericana no se someta plenamente a los caracteres que definen el Realismo y busque su propio camino en los rasgos que singularizan la **realidad de la nueva nación**: tradición bíblica, importancia de la naturaleza y de la lucha del hombre por dominarla, huida de los formalismos y personajes que encarnan la acción. La narrativa norteamericana del siglo XIX pasa por tres momentos bien diferenciados: el paso del Romanticismo al Realismo, la época de esplendor y la transición hacia el siglo XX.

+ AUTORES NORTEAMERICANOS Y SUS OBRAS

Unidad 6
Doc. 3

Descubre aquí las principales obras de Irving, Cooper y Poe.

La narración del Romanticismo al Realismo

Los autores norteamericanos de renombre son: **Washington Irving** (1783-1859), autor de relatos breves en la línea del Romanticismo; **James Fenimore Cooper** (1789-1851), situado también entre el Romanticismo y el Realismo, y cuyos protagonistas son personajes con caracteres asociados al bien y al mal, dominados por sus pasiones de amor y venganza. Sin embargo, Cooper incluye ya algunas técnicas propias del Realismo, como las minuciosas descripciones de la naturaleza; y **Edgar Allan Poe** (1809-1849), el autor más interesante de este momento, escritor de relatos breves y de alguna novela de corta extensión. El carácter común a todas las historias de Poe —tanto las policiales como las de aventuras y de terror— es combinar lo inexplicable, propio del Romanticismo, y lo racional, típicamente realista.

Augusto Dupin, protagonista de *Los crímenes de la calle Morgue*, expone en este fragmento sus razones para negar lo sobrenatural en relación con un salvaje crimen cometido en París:

«Yo creo que si este misterio se ha considerado como insoluble, por la misma razón debería de ser fácil de resolver, y me refiero al otro carácter de sus circunstancias. La Policía se ha confundido por la ausencia aparente de motivos que justifiquen, no el crimen, sino la atrocidad con que ha sido cometido. Asimismo, les confunde la aparente imposibilidad de conciliar las voces que disputaban con la circunstancia de no haber hallado arriba sino a Mademoiselle L'Espanaye, asesinada, y no encontrar la forma de que nadie saliera del piso sin ser visto por las personas que subían por las escaleras. El extraño desorden de la habitación; el cadáver metido con la cabeza hacia abajo en la chimenea; la mutilación espantosa del cuerpo de la anciana, todas estas consideraciones, con las ya descritas y otras no dignas de mención, han sido suficientes para paralizar sus facultades [...]. Pero precisamente por estas desviaciones de lo normal es por donde ha de hallar la razón su camino en la investigación de la verdad [...]. En investigaciones como la que estamos realizando ahora, no hemos de preguntarnos tanto «qué ha ocurrido» como «qué ha ocurrido que no había ocurrido jamás hasta ahora».»

Edgar ALLAN POE, *Los crímenes de la calle Morgue*.
Vicens Vives.

1. ¿Qué piensa Dupin sobre el misterio que les ocupa? ¿Cómo pretende resolverlo? En cuanto a su actitud, ¿crees que es romántica o más propia del Realismo?

El esplendor de la narrativa norteamericana

Entre 1830 y 1890, aproximadamente, desarrollan sus carreras los novelistas considerados clásicos de la literatura norteamericana: Hawthorne, Melville, Twain y Crane.

Mientras Howthorne y Melville se inscriben en una **tendencia simbólica** en la que la tradición bíblica y puritana de los primeros colonos se impone como rasgo característico de sus novelas, Twain y Crane, sin embargo, sustituirán el simbolismo religioso por la **crítica de la realidad contemporánea**.

El **tema** de las novelas de **Nathaniel Hawthorne** (1804-1864) es el pecado y sus consecuencias para el individuo y la comunidad. Entre ellas destaca *La letra escarlata* (1850), novela histórica ambientada en las colonias de la costa atlántica norteamericana de principios del siglo XVII. Pese a su **estilo romántico**, el argumento de la obra coincide con una preocupación recurrente en el Realismo, pues relata la historia de una mujer acusada de adulterio y condenada a llevar en su pecho la letra *A*. La protagonista se niega a revelar la identidad del padre de su hija y trata de vivir con dignidad en una sociedad injusta e hipócrita.

El autor más influyente y clásico del periodo es **Herman Melville** (1819-1891). Sus novelas son recordadas por el ambiente marinero que las envuelve *(Moby Dick, Benito Cereno, Billy Budd)*; en ellas la aventura no se limita al entretenimiento, sino que adquiere un sentido profundo que intenta explicar el alma humana.

En la segunda mitad del siglo, **Mark Twain** (1835-1910) opta por el Realismo en sus narraciones para reflejar, con exactitud, el lenguaje de personajes pertenecientes a todos los grupos sociales. La intención del autor es la **crítica radical** de la vida de una Norteamérica en plena expansión económica, demográfica y geográfica. Twain se centra en dos asuntos concretos: el problema de la desigualdad social y la esclavitud; y el afán de éxito y dinero que parece enloquecer a los norteamericanos.

La denuncia en las obras de Twain no se produce directamente, sino que el novelista se vale de diferentes mecanismos de distanciamiento para resultar así más efectivo:

- El uso del humor y de la **ironía** le sirve para presentar situaciones injustas ante el lector burgués sin que este se vea atacado directamente.
- En ocasiones, la denuncia se realiza desde la **perspectiva inocente** de un niño, como sucede en *Tom Sawyer* (1876) y *Huckleberry Finn* (1884).
- También recurre al **desplazamiento temporal** para mostrar la ridiculez de ciertas costumbres contemporáneas, como se aprecia en *Un yanki en la corte del rey Arturo* (1889).
- Una última estrategia de Twain es la **negación de toda lectura moral** o intención en sus obras. El novelista afirma que se limita a narrar los hechos tal como son, sin verter ninguna opinión sobre ellos.

> «Aviso: las personas que intenten encontrar un motivo en esta narración serán perseguidas; las personas que intenten encontrar una moraleja [...] serán desterradas.»
>
> Mark TWAIN, *Las aventuras de Huckleberry Finn*. El País.

+ LOS NIÑOS DE TWAIN

A Tom y Huck, personajes que protagonizan Las aventuras de *Tom Sawyer* y *Huckleberry Finn*, les une su profundo sentimiento de libertad, pues ambos se consideran dueños de sus vidas.

Tom, integrado en la sociedad, actúa movido por su imaginación desbordante, siendo tan pronto bandido como pirata y sin sentirse en ningún momento afectado por las normas sociales. Huck, sin embargo, es un marginado sin hogar, mísero e hijo de un violento borracho, que huye, cuando, al encontrar un tesoro, se ve obligado a seguir una vida normalizada y se ve presionado por un padre que no se había ocupado de él hasta ese momento.

De las obras de Mark Twain, *Huckleberry Finn* es la más interesante, ya que anticipa algunos de los elementos característicos de la novela norteamericana del siglo XX: el viaje formativo al final del cual el protagonista ha crecido y madurado, la descripción de las variedades sociales de Estados Unidos, la presencia constante de la naturaleza, la acción y vitalidad del argumento.

Al igual que Twain, **Stephen Crane** (1871-1900) se decanta por el Realismo en su novela más conocida, *La roja insignia del valor* (1896). En ella, realiza un profundo análisis psicológico de un joven soldado en plena **Guerra de Secesión*** y de su miedo a no comportarse como de él se espera.

La transición hacia el siglo XX

En los últimos años del siglo XIX algunos novelistas norteamericanos **se apartan del Realismo** y preparan el camino a la novela del siglo XX. El más destacado de ellos es **Henry James** (1843-1916), escritor para quien la realidad es un caos que solo tiene sentido mediante el trabajo artístico. A diferencia de los escritores realistas, que priorizaban la crítica social sobre el cuidado de la expresión, James redacta **novelas muy cuidadas** desde el punto de vista formal y lingüístico. Los temas principales de su obra narrativa son los siguientes:

- El choque entre las culturas norteamericana y europea. La primera caracterizada por los ideales de libertad e igualdad, la falta de tradición histórica y el exceso de inocencia y orgullo; mientras que la segunda se define por la tradición, la sabiduría y astucia y la malicia. Este asunto es el centro de *Retrato de una dama* (1881).
- La necesidad de reformas sociales de corte progresista se encuentra en *Las bostonianas* (1886).
- El mundo de lo paranormal y misterioso, abordado en *Otra vuelta de tuerca* (1898).

02.3 El nacimiento de la novela rusa

Aunque durante el Romanticismo Alexander Pushkin había iniciado en Rusia el camino de la novela con el relato histórico *La hija del capitán* (1836), no es hasta la llegada de **Nicolai Gógol** cuando se puede hablar del nacimiento del género en ese país, vinculado a la llegada del Realismo. La **tardía aparición de la novela** en Rusia se debe a varias razones:

- La **inexistencia de una clase burguesa** reformadora ya que Rusia vive bajo un sistema feudal hasta prácticamente mediados del siglo XIX, cuando comienza su modernización. Las clases dirigentes rusas prefieren leer en otros idiomas —preferentemente francés—, lo que no favorecen el nacimiento de una literatura propia.
- La mayor parte de la población vive en la **pobreza** y sin libertades, no tiene esperanzas de mejora y tan solo aspira a sobrevivir en un mundo adverso en todos los sentidos. Estas circunstancias, unidas a la orientación social del Realismo europeo, explican la explosión novelística que vive el país en el siglo XIX.

GLOSARIO

Guerra de Secesión: conflicto armado que enfrentó entre 1861 y 1865 a los estados del norte de Estados Unidos, partidarios de la abolición de la esclavitud, con los del Sur.

HUCKLEBERRY FINN

Narra las aventuras por el río Misisipi de un muchacho llamado Huckleberry Finn y un esclavo negro de nombre Jim. Los dos personajes huyen: el chico de la violencia de un padre borracho, y Jim de la esclavitud. Al final del relato, ambos conseguirán liberarse de sus ataduras e infelicidades.

A lo largo de sus páginas, el libro aborda temas como la esclavitud y el racismo, la familia o el espíritu de libertad, independencia e individualismo en confrontación con los valores hipócritas de una sociedad que se supone civilizada.

Ilustración de E.W. Kemble para la edición de 1885 de *Huckleberry Finn*.

- En torno a 1840 se produce la **radicalización de los intelectuales** rusos como consecuencia de la frustración de las esperanzas reformadoras generadas en los años anteriores. Estos intelectuales se dividen en dos tendencias: los partidarios de la occidentalización de Rusia y los llamados «eslavófilos», que piensan que el futuro de la nación está en el respeto a sus tradiciones y en su singularidad. Ambas tendencias se oponen al individualismo liberal y se preocupan por los problemas sociales, razón por la cual fueron duramente reprimidos por el poder político.

Como ya se ha dicho, **Nicolai Gógol** (1809-1852) es el introductor del Realismo con *Almas muertas* (1842). La obra expone una **crítica pesimista** del presente ruso y de las oportunidades perdidas a lo largo de la historia. Sin embargo, Gógol aún no es un realista completo, como demuestra su novela romántica *Taras Bulba* (1842), sobre un héroe legendario, individualista y rebelde.

El esplendor de la novela realista se produce entre los años 1850 y 1880, aproximadamente. El primer gran narrador es **Iván Turguénev** (1818-1883). Partidario de la occidentalización del país, ofrece en sus obras una visión externa y muy crítica de la vida rusa. Los **temas** dominantes en su obra son la descripción de las condiciones de vida infrahumanas del campesinado y la frustración existencial de los personajes, provocada por fracasos amorosos o la imposibilidad de modernización. Su novela más interesante es *Padres e hijos* (1862), que relata el conflicto entre dos generaciones, una apegada a las tradiciones religiosas, y la otra alineada con el **nihilismo***.

GLOSARIO

Nihilismo: negación de todo principio religioso, político y social. En la segunda mitad del siglo XIX, se convirtió en la idea central de toda una generación de intelectuales rusos que reaccionaron así contra la falta de libertades y la situación social de la nación.

Fiódor Dostoievski

La obra de Dostoievski se desarrolla a través de dos **etapas** que guardan una estrecha relación con su vida. La primera llega hasta el año 1849 y está dominada por la temática social. En las novelas de la época muestra la penosa situación de las clases desfavorecidas que solamente puede remediarse mediante el heroísmo del individuo que se entrega a los demás. A partir de 1859 la atención del novelista se centra en la preocupación existencial, en la búsqueda del sentido de la vida y la reflexión sobre el sufrimiento humano. Esta segunda etapa se inicia con *Recuerdo de la casa de los muertos* (1862) y continúa con sus grandes novelas: *Crimen y Castigo* (1886), *El idiota* (1869) y *Los hermanos Karamazov* (1880).

Los **temas** recurrentes en la obra del novelista son los siguientes:

- La rebelión contra las circunstancias personales o sociales y la dificultad de la acción liberadora.
- La culpabilidad que solo es vencida mediante el sufrimiento y sacrificio personal.
- La destrucción de los valores tradicionales y la afirmación de la espiritualidad rusa.

> «¿Por qué estamos tan firmemente convencidos de que solo lo normal y positivo, de que solo el bienestar es ventajoso para el hombre? ¿No pudiera ser que el hombre no ame sólo el bienestar, sino también el sufrimiento? [...] Podrá estar bien o mal, pero la destrucción resulta también a veces algo muy agradable.»
>
> Fiódor Dostoievski, *Memorias del subsuelo*. Cátedra.

FIÓDOR DOSTOIEVSKI

Nació en Moscú en 1821. Fue educado por su padre, un hombre despótico, cuya tortura y asesinato, a manos de un grupo de campesinos, marcó su vida. Se dedicó a la literatura y en 1846 obtuvo una fama efímera con la publicación de *Pobres gentes*. En 1849 fue condenado a muerte por colaborar con grupos revolucionarios. Fue indultado y condenado a prisión en Siberia durante cuatro años y a servir otros cinco como soldado. A partir de 1859 retoma su labor literaria, que lo llevará a convertirse en guía espiritual de Rusia. Muere en San Petersburgo en 1881.

Lo más característico de su narrativa es la creación de **personajes** atormentados por su culpabilidad o por la sociedad que los oprime, preocupados por su destino, capaces de sacrificarse por los demás y también de realizar los actos más brutales. Se clasifican en diversas **categorías**:

- Los humildes y modestos **cristianos**, a menudo víctimas del egoísmo de otros personajes, pero que representan una de las pocas posibilidades de salvación, según Dostoievski.
- Los **nihilistas** autodestructivos y los intelectuales rebeldes, que se dejan llevar por las ideologías políticas o pensamientos filosóficos que provocan angustia y sufrimiento. Algunos de estos personajes consiguen redimirse a lo largo de los relatos por medio del sufrimiento personal.
- Los cínicos **libertinos**, dominados por su egoísmo y culpables en muchas ocasiones de la penosa situación descrita en las novelas.

La novela más influyente del autor ruso es *Crimen y castigo*. La obra gira en torno a Raskolnikov, un estudiante empobrecido que idea un plan para matar y robar a una vieja usurera, solucionar así sus problemas financieros y hacer un favor a la sociedad librándola de su maldad.

Tras el crimen, Raskolnikov enferma por el sentimiento de culpabilidad. A lo largo de la novela el lector asiste a la progresiva toma de conciencia del personaje sobre su crimen y a la creciente voluntad de entregarse a la policía. Los deseos de Raskolnikov por purgar su pecado se manifiestan en el intento de librar a su hermana Dunya de un matrimonio de conveniencia y en el creciente amor por Sonya, que lo acompañará al cautiverio en el desenlace de la novela. Los seis capítulos de la novela pueden agruparse en dos bloques:

- Los tres primeros capítulos se centran en un Raskolnikov racional y orgulloso que inicia el camino de su destrucción espiritual.
- En los últimos tres capítulos el protagonista se transforma en un ser irracional y humilde que se encamina de esa manera hacia su redención.

> «Le dio el golpe precisamente en la mollera, a lo que contribuyó la baja estatura de la víctima. Enseguida, le hirió por segunda y por tercera vez, siempre con el revés del hacha y siempre en la mollera. La sangre brotó cual de una copa volcada, y el cuerpo se desplomó hacia delante en el suelo. Él se echó atrás para facilitar la caída y se inclinó sobre su rostro: estaba muerta. Las pupilas de los ojos, dilatadas, parecían querer salírsele de sus órbitas; la frente y la cara muequeaban en las convulsiones de la agonía.»
>
> Fiódor Dostoievski, *Crimen y castigo*. Planeta.

1. ¿Cuál es el tema principal de *Crimen y castigo*?
2. En la época en que Dostoievski escribe *Crimen y castigo*, Nietzsche expone su teoría del superhombre. Investiga sobre el asunto y explica las relaciones entre las ideas de ambos.
3. Explica la posible relación entre la ideología nazi y el pensamiento de Raskolnikov.

+ RASKOLNIKOV

Raskolnikov divide a la sociedad en dos grupos: los hombres superiores, con derecho a cometer crímenes en pro del bienestar general, y los inferiores, sometidos a las leyes, cuya función es la reproducción. Con esta justificación moral, asesina a la anciana prestamista. Pero el sentimiento de culpa y el contacto con la familia Marmaladov le hacen replantearse sus postulados y se entrega a la policía.

Raskolnikov y Marmaladov, ilustración de una edición rusa de *Crimen y castigo* de 1874.

León Tolstói

En la obra de Tolstói se advierten unos **temas dominantes** que convierten al escritor ruso en puente entre el Realismo y la literatura del siglo XX:

- La cuestión social. El escritor muestra un retrato completo de la sociedad rusa de su tiempo. La crítica se vuelca sobre la nobleza, a la que presenta como hipócrita y egoísta, pervertida, artificiosa e injusta. Frente a ella, la clase trabajadora es la depositaria de los auténticos valores espirituales y humanos.
- La cuestión existencial. Muchos de los personajes de Tolstói son infelices y buscan un sentido para sus vidas. Esta situación provoca el choque entre los deseos y las normas sociales.
- La cuestión religiosa. El autor entiende la fe como la única vía de escape a la angustia vital; sin embargo, se le plantean dos problemas: en primer lugar, el choque entre la religión y el poder opresor de la Iglesia, a la que culpa de muchas de las injusticias sociales; y, en segundo lugar, el hecho de que su fe sea racional, llena de interrogantes sobre los grandes misterios.

Una de sus obras más destacadas es *Guerra y paz* (1869). Ambientada en la época de las guerras napoleónicas, relata la vida de cuatro familias entre 1805 y 1825. Al hilo de los acontecimientos históricos, el escritor narra las relaciones personales y amorosas que surgen entre los personajes. La novela ofrece al lector un completo retrato de las clases nobles rusas.

Ana Karenina (1877) se sitúa en tiempo contemporáneo. En su argumento prima lo existencial, pues la protagonista busca la felicidad a través de sus relaciones amorosas.

La trama principal de la novela desarrolla los amores adúlteros de Ana y el militar Vronski. Cuando Karenin, esposo de Ana, conoce la relación, la perdona y la consiente con la condición de que mantengan las apariencias. Ana tiene una hija de Vronski y huyen juntos; le solicita el divorcio a Karenin, pero la negativa de este y las sospechas de que Vronski le es infiel hacen perder a Ana toda esperanza y se suicida arrojándose bajo un tren. Al igual que en *Guerra y paz*, el autor hace una completa panorámica de la alta sociedad de su tiempo, denunciando la mezquindad de la aristocracia rusa, a la que representa como hipócrita y carente de valores.

LITERATURA Y OTRAS ARTES

Ópera sobre *Guerra y Paz*: La historia se repite

Durante la invasión alemana de la URSS en 1941, Serguéi Prokófiev (Sonsovska 1891- Moscú 1953) comienza a pensar en una ópera basada en la novela de León Tolstói. El paralelismo histórico entre el texto del XIX y la realidad que vive el músico es evidente: la invasión de la tierra rusa y la esperanza de que el desenlace de la ofensiva nazi fuera similar al sufrido por las fuerzas napoleónicas. La versión definitiva de la pieza musical, sin embargo, no se estrenará hasta 1959, seis años después de la muerte del músico.

- Libreto de *Guerra y Paz* www.kareol.es/obras/guerraypaz/acto1.htm.
- Obertura de *Guerra y Paz* www.youtu.be/L50YIs955e0.

LÉON TOLSTÓI

Nació en la provincia rusa de Tula, en 1828. Noble, gran propietario, de juventud disipada y viajera, militar laureado, fue al mismo tiempo reformador social, fundó escuelas gratuitas y libres, liberó a sus siervos, luchó con la Iglesia ortodoxa y fue excomulgado; como anarquista que era, abogó por la no violencia y la desaparición del ejército, intentó deshacerse de sus propiedades y vivió en su vejez arando y trabajando como un campesino. En el invierno de 1910 abandonó definitivamente su casa, dispuesto a vivir en soledad, pero enfermó y murió en la estación de tren de Astapovo.

Ópera *Guerra y paz*, de Tolstoi.

02.4 La novela en Inglaterra

La novela realista inglesa se desarrolla durante el reinado de la reina Victoria (1837-1901). Las peculiaridades de la **época victoriana** inciden en la creación literaria en dos aspectos principales:

- Es la época en que triunfa la **industralización** en Inglaterra con el consiguiente abandono del campo, crecimiento de las ciudades, paro, explotación laboral y revueltas proletarias. Estas nuevas condiciones sociales hacen que pierda sentido la novela histórica y la sentimental que habían triunfado en las letras inglesas durante el Romanticismo. En consecuencia, los nuevos autores se decantan hacia **lo social**, aunque perviva cierto sentimentalismo en sus novelas.
- Junto al desarrollo industrial, la Inglaterra victoriana se caracteriza por la **expansión colonial**, principalmente en Asia y África. Esto justifica la importancia que tiene la **novela de aventuras**. Los autores de estas novelas serán los responsables de la superación del Realismo.

Charles Dickens.

La introducción del Realismo en Inglaterra se debe a las hermanas **Charlotte** y **Emily Brontë**, autoras de *Jane Eyre* (1847) y *Cumbres borrascosas* (1847), respectivamente. Estas novelas mantienen todavía caracteres románticos, como la escenografía misteriosa, casi terrorífica, y el desbordamiento pasional, que es el centro de sus argumentos. Sin embargo, las autoras se valen de descripciones detalladas de raíz realista y ofrecen ciertas notas de crítica social.

> «¿Piensa que me es posible vivir a su lado sin ser nada para usted? ¿Piensa que porque soy pobre [...] carezco de alma y de corazón? [...] Si Dios me hubiese dado belleza y riquezas le sería a usted tan difícil separarse de mí como para mí lo es separarme de usted. Le hablo [...] como si estuviésemos más allá de la tumba, ante Dios, y nos hallásemos en un plano de igualdad, ya que en espíritu somos iguales.»
>
> Emily BRONTË, *Cumbres borrascosas*. Alianza Editorial.

Charles Dickens (1812-1870) representa la plenitud realista en Inglaterra. En su obra novelística se aprecian dos **temas** dominantes:

- La preocupación social, que se concreta en la denuncia de la sociedad industrializada causante del sufrimiento de las clases más desfavorecidas. El autor muestra una y otra vez el contraste entre la realidad inglesa y las ilusiones imperiales y de progreso.
- La proyección de sus experiencias personales, en especial de su triste infancia. Este tema aflora en la desilusión y la amargura presentes en sus novelas, aunque en la mayoría de ellas mantiene la esperanza de salvación.

Los niños de Dickens

La infancia del autor se plasma en muchos de sus protagonistas, huérfanos que se crían en hospicios, sin amor y prácticamente sin alimentos. Niños que trabajan duramente y son explotados por sus patronos, sean estos respetables hombres de negocios o delincuentes. Los personajes principales de sus novelas consiguen sobrevivir y sobreponerse a estas circunstancias, pero los secundarios caen víctimas de ellas y mueren o se depravan.

Dibujo que ilustra una escena de la obra *Oliver Twist*, de Charles Dickens.

Su evolución literaria se inicia con los *Papeles del Club Pickwick*, una historia de aventuras humorística que sigue la tradición de novelistas ingleses del siglo XVIII. Tras esta primera novela, Dickens se centra en las injusticias de la época victoriana. Esta nueva orientación se desarrolla en tres etapas. En un primer momento, escribe novelas de argumento simple en las que predomina el pesimismo, pero con un desenlace esperanzador. En ellas, los personajes se caracterizan por la bondad o por la maldad. A este periodo pertenece *Las aventuras de Oliver Twist*. En una segunda etapa, los argumentos se complican y presentan la novedad de que los personajes pueden regenerarse. Sin embargo, en el periodo final, Dickens parece haber perdido ya toda fe y lo que predomina es la desilusión.

En los últimos años del siglo XIX, dos autores protagonizan el tránsito desde el Realismo hacia la novela del siglo XX, más preocupada por las cuestiones existenciales: Stevenson y Conrad.

Robert Louis Stevenson (1850-1894) escribe novelas históricas, como *El señor de Ballantrae*; de misterio, como *El extraño caso del Doctor Jekyll y Mr. Hyde*; y de aventuras, como *La isla del tesoro*. Los temas principales de su obra son: el conflicto entre el bien y el mal y el esfuerzo del ser **humano** por vencer los obstáculos de la realidad.

Joseph Conrad (1857-1924), polaco, compuso en inglés la mayor parte de su obra. Sus novelas se inscriben en el género de aventuras, al que dota de valor simbólico para aludir a diversos **temas**:

- El enfrentamiento del ser humano con las fuerzas de la naturaleza. Conrad defiende la necesidad de un código moral que permita al hombre vencer los obstáculos que pueden aniquilarle. Esta idea es el centro de *El corazón de las tinieblas*.
- El castigo sufrido por individuos acusados de deshonra. En la mayoría de los casos consiste en el apartamiento de la civilización, asunto que domina la novela *Lord Jim*.
- La denuncia del colonialismo occidental, entendido como un robo de recursos a sus legítimos propietarios que además han de sufrir la brutalidad de los conquistadores.

CRÍTICA DEL COLONIALISMO

«No eran colonizadores [...]. Eran conquistadores, y eso lo único que requiere es fuerza bruta, nada de lo que pueda uno vanagloriarse cuando se posee, ya que la fuerza no es sino una casualidad nacida de la debilidad de los otros. Se apoderaban de todo lo que podían. Aquello era verdadero robo con violencia, asesinato con agravantes en gran escala, y los hombres hacían aquello ciegamente, como es natural entre quienes se debaten en la oscuridad. La conquista de la tierra, que por lo general consiste en arrebatársela a quienes tienen una tez de color distinto o narices ligeramente más chatas que las nuestras, no es nada agradable cuando se observa con atención.»

Joseph CONRAD, *El corazón de las tinieblas*. Ediciones del Sur.

02.5 La novela realista en otros países

España	Análisis de la sociedad española, como en *La Regenta*, de Leopoldo Alas, un duro ataque contra la vida provinciana, o en el mosaico de la vida madrileña que es *Fortunata y Jacinta*, de Benito Pérez Galdós.
Portugal	El Realismo se aprecia en la obra de José M.ª Eça de Queiroz, autor de *El crimen del padre Amaro*, sobre los peligros del fanatismo religioso, o *Los Maias*, centrada en la decadencia de la clase alta portuguesa.
Italia	Las novelas de Giovanni Verga describen la vida y costumbres de los campesinos sicilianos mediante un detallado, dramático y austero realismo basado en la atenta observación. Entre sus obras destacan *Cavalleria rusticana*, convertida en ópera por Pietro Mascagni, y *Los malasangre*.

1. Escribe una breve reflexión sobre el problema del bien y el mal en la obra de Stevenson, basándote en John Silver y el doctor Jekill.
2. *Apocalypse now* es una adaptación de *El corazón de las tinieblas*. Tras ver la película, realiza una exposición sobre el tema, estructura, escenario y los personajes Marlow y Kurtz.

03 El nacimiento de la lírica moderna

La lírica de la segunda mitad del siglo XIX se caracteriza por la reacción contra los temas y formas característicos del Romanticismo y por sentar las bases de la poesía del siglo XX. En esta reacción se advierten dos **corrientes** que ya no van a desaparecer posteriormente: la poesía-comunicación y la poesía-expresión.

La **poesía-comunicación** se caracteriza por su utilidad. Lo que el poeta busca es dirigirse al receptor y comunicarle una idea precisa de índole social, habitualmente. Aunque no comparte técnicas con el realismo narrativo, esta corriente sí tiene relación con dicho movimiento, pues las intenciones coinciden en muchos casos. Dependiendo de la orientación ideológica de los autores puede hablarse de dos **tendencias**:

Poesía **conservadora**	Al servicio de las ideas morales, respeta los valores tradicionales. Ejemplo: la obra del español Ramón de Campoamor.
Poesía de combate, **progresista**	Partidaria de las reformas políticas, ataca los principios de la sociedad burguesa de la Europa industrializada. Ejemplo: poemas de Victor Hugo de la segunda mitad del siglo.

La **poesía-expresión**, en cambio, reivindica la autonomía del arte respecto a la realidad y defiende la inutilidad de la poesía. También se encuentran dos **tendencias en la poesía-expresión**:

El **Parnasianismo**, iniciado por Téophile Gautier y Leconte de Lisle, critica el exceso de sentimentalidad romántico y defiende la serenidad y distanciamiento de las emociones. El poema no es reflejo de la intimidad del autor, sino un objeto bien construido mediante la inteligencia, la técnica y el rigor artístico.

Pero la tendencia más innovadora de la época es el **Simbolismo**, una forma de entender la poesía que nace con Baudelaire y se prolonga hasta el siglo XX con Valéry, Yeats, Rilke o Juan Ramón Jiménez. Los **rasgos** característicos de los simbolistas pueden resumirse en:

- **La negación del valor poético de la realidad.** Este carácter se proyecta en sus obras, en las que no se encuentra ninguna **utilidad** ni función social; y en sus actitudes vitales, ya que se apartan de los usos convencionales en un intento por **diferenciarse**.
- Toman la realidad como punto de partida para iniciar el viaje a su interioridad o para intentar desvelar los misterios que dicha realidad esconde. En estos casos, se valen del **símbolo** como herramienta, pues creen que existe una verdad escondida tras lo real.
- El poeta no se siente portavoz de su comunidad ni responsable ante nadie y **desprecia al gran público**, a quien considera incapaz de comprender la verdad artística.
- Son responsables de la mayor **renovación formal** sufrida por el género lírico. Rompen con la métrica tradicional, desarrollan el poema en prosa, introducen el verso libre y las asociaciones libres de ideas, buscan el ritmo poético mediante nuevos procedimientos, etc.

+ GAUTIER

La poesía-expresión

Unidad 6 Doc. 4

Descubre aquí cómo entendía el poeta francés este concepto.

+ EL MALDITISMO

La creación del término «poeta maldito» se debe a Paul Verlaine, que lo utilizó para referirse a escritores de gran talento que rechazan los valores de la sociedad y se dejan llevar por el camino de la provocación, la rebeldía y los comportamientos antisociales. A la mayor parte de estos poetas la muerte les llega antes de que su genio sea reconocido. En el periodo que nos ocupa, numerosos artistas encajan en el perfil de «maldito», aunque entre todos destacan tres nombres: Baudelaire, Verlaine y Rimbaud.

03.1 Charles Baudelaire

A Baudelaire se debe la revolución lírica que nos lleva hacia la poesía moderna. Otros muchos poetas coetáneos y posteriores, fundamentalmente franceses, rompen con las formas habituales e introducen nuevos temas que estarán presentes en la creación lírica hasta la actualidad. Su obra de Baudelaire aborda tres **temas** fundamentales:

Spleen*	Disgusto hacia la realidad y la sociedad. Angustia que empuja a la huida a través del erotismo aniquilador, el buceo en la maldad y la miseria del alma humana, los paraísos artificiales de las drogas, el anonimato de la muchedumbre urbana o la muerte, la única salvación posible.
Ciudad	Sustituye a naturaleza y mundo rural como lugar de evasión. La gran ciudad devora al individuo y permite que el poeta olvide su sentimiento de diferencia al confundirse con la masa que la puebla.
Reflexión sobre la creación artística y función del escritor	El autor piensa que el mundo visible refleja lo invisible: la belleza, las pasiones, los ideales, la verdad. Sin embargo, solamente el artista es capaz de ver esas conexiones y de descifrar el misterio de la analogía entre la realidad y el mundo ideal.

+ CHARLES BAUDELAIRE

Unidad 6
Doc. 5

Aquí encontrarás su biografía y enlaces de interés.

Baudelaire es autor de dos libros esenciales en la historia de la literatura. *Las flores del mal* recoge poemas compuestos entre 1840 y 1861. Su intención es construir un **libro unitario** en torno al tema de la angustia vital o ***spleen*** y a los distintos caminos de evasión o salvación. Para ello estructura la obra en seis conjuntos de poemas, centrados en seis huidas posibles:

*** GLOSARIO**

Spleen: tedio o angustia ante el tiempo y la monotonía.

Poemas	Características
Spleen e ideal	Enfrenta el mundo cotidiano y el ideal, pero las formas de huida que aparecen en la sección (la belleza, el arte, el amor) fracasan y triunfa el hastío.
Cuadros parisinos	El *yo* poético se sumerge en la ciudad de París y en sus gentes para intentar olvidar la angustia fundiéndose con la multitud.
El vino	Intento de encontrar la salvación en los paraísos artificiales y también el comienzo del proceso de degradación del *yo* poético.
Flores del mal	Supone la caída en las profundidades de la perversión. En los vicios, la delincuencia o el sexo destructor tampoco encuentra el poeta el remedio a su malestar.
Rebelión	Presencia romántica: exaltación de símbolos de rebeldía como Caín o Satanás. Se intenta ilustrar otra posible vía de salvación: la negación de los valores y creencias que ha hecho posible el mundo que le atormenta.
La muerte	Es la conclusión del viaje; morir es la evasión definitiva: «La muerte es quien consuela, y ¡ay!, quien hace vivir; / es meta de la vida, y la única esperanza / que, como un elixir, nos embriaga y eleva, / y nos da fuerzas para llegar hasta la noche.

El libro *Pequeños poemas en prosa*, también conocido como *El spleen de París*, guarda mucha relación con las dos primeras secciones de *Las flores del mal*, ya que se centra en la ciudad y en la melancolía. Pero su importancia reside en el uso de la **prosa poética** como forma que puede dar cuenta de las innumerables relaciones y la confusión de la ciudad.

03.2 Los continuadores de Baudelaire

El camino renovador iniciado por Baudelaire fue seguido por un nutrido grupo de poetas franceses entre los que destacan Mallarmé, Verlaine y Rimbaud, en un primer momento, y, algo después, la escuela denominada explícitamente como **simbolista**, cuyo manifiesto, obra de Jean Moreas, fue publicado en 1886.

La poesía de **Stéphan Mallarmé** (1842-1898) se caracteriza por la sensación de soledad y la presencia de la muerte, por la esterilidad de los actos humanos y el **vacío de la existencia**. En el siguiente fragmento se advierte el hastío de vivir que incita al yo a partir, con rumbo desconocido, en busca del ideal:

«¡Yo partiré! ¡Oh, nave, tu velamen despliega
y leva al fin las anclas hacia incógnitos cielos!
Un tedio, desolado por la esperanza ciega,
confía en el supremo adiós de los pañuelos.»

Poesía francesa. El Áncora Editores.

Técnicamente, la obra de Mallarmé se define por el exquisito cuidado formal y por el **hermetismo** y la ambigüedad de sentidos que puede adquirir el símbolo central sobre el que habitualmente construye el poema.

Paul Verlaine (1844-1896) se da a conocer en 1866 con *Poemas saturnianos* y alcanza gran prestigio entre la joven poesía francesa con sus dos obras siguientes, *Fiestas galantes* y *La buena canción*. En estos poemarios muestra los principales rasgos de su arte: la manipulación de la métrica tradicional para adaptarla a los nuevos tiempos y la mezcla de registros lingüísticos. Pero a Verlaine se debe, por encima de todo, la creación de un conjunto de **símbolos** asociados a la melancolía que se convertirán en auténticos tópicos literarios en las siguientes generaciones: los parques abandonados, la ambientación otoñal, las estatuas decrépitas, etc.

Para **Arthur Rimbau**d (1854-1891) el poeta es un vidente capaz de percibir lo que otros no pueden, pero para llegar a captar lo escondido es necesario que el artista desarregle sus sentidos. Tras esa experiencia, llega el turno de la creación verbal que, por fuerza, habrá de caracterizarse por el tono de alucinación o visión irracional. En última instancia, el autor aspira con su obra lírica a **cambiar la vida**.

Esta forma de entender la poesía se aprecia en sus dos libros más interesantes, *Una temporada en el infierno* e *Iluminaciones*. En el primero se encuentran poemas satíricos, autobiográficos, de denuncia social y política mediante los cuales se sitúa contra los valores tradicionales de la sociedad burguesa. El segundo, *Iluminaciones*, incluye prosas poéticas con las que Rimbaud quiere expresarse con mayor libertad y anticipa la **liberación del lenguaje** que el movimiento surrealista llevará a su extremo a partir de 1925.

1. Baudelaire, Verlaine y Rimbaud representan la esencia del malditismo. Investiga sus vidas y escribe una breve exposición sobre su condición de malditos.

PAISAJES OTOÑALES

«Los sollozos más hondos
del violín del otoño
son igual
que una herida en el alma
de congojas extrañas
sin final.
Tembloroso recuerdo
esta huida del tiempo
que se fue.
Evocando el pasado
y los días lejanos
lloraré.
Este viento se lleva
el ayer de tiniebla
que pasó,
una mala borrasca
que levanta hojarasca
como yo.»

Paul VERLAINE,
«Canción de otoño».
A media voz.

Los siguientes versos reflejan la libertad con que Rimbaud se entrega a la creación literaria, componiendo una imagen compleja que mezcla lo visual y lo sonoro para ofrecer una visión del atardecer más propia de una pesadilla que de la realidad.

«He visto el sol poniente, tinto de
[horrores místicos,
alumbrado con lentos cuajarones
[violetas,
que recuerdan a actores de dramas
[muy antiguos,
las olas, que a lo lejos, despliegan
[sus latidos.»

Arthur RIMBAUD,
Poesías completas. Cátedra.

03.3 La lírica norteamericana

Durante el siglo XIX, la poesía estadounidense aporta algunos de los nombres más importantes de la época. Unos fueron reconocidos por sus contemporáneos, como Longfellow, Emerson o Walt Whitman; mientras que el reconocimiento internacional de otros tuvo que esperar, como sucede con la poesía de Edgar Allan Poe o la de Emily Dickinson.

Los poetas norteamericanos intentan encontrar una **línea propia** que sirva para cantar a una nación en crecimiento constante y refleje los valores del país.

Walt Whitman (1819-1892) es, sin duda, el principal poeta norteamericano. Su poesía aparece publicada por primera vez en 1855 con el nombre de *Hojas de hierba*. La **intención** del poeta es escribir una **epopeya moderna** que, como sucediera con la griega y romana, acompañe al nacimiento y desarrollo de su nación. Este deseo se refleja en tres **rasgos** de su obra:

El protagonista es colectivo: el pueblo norteamericano. Sin embargo, en los poemas aflora constantemente **el *yo* del poeta**, no ya como individuo, sino como ejemplo y sístesis de su nación. Este fragmento es ideal para ver el optimismo y fuerza vital de su yo poético:

«Me celebro y me canto a mí mismo.
Y lo que yo diga ahora de mí, lo digo de ti,
Porque lo que yo tengo lo tienes tú
Y cada átomo de mi cuerpo es tuyo también. [...]
Tengo treinta y siete años. Mi salud es perfecta.
Y con mi aliento puro
comienzo a cantar hoy
y no terminaré mi canto hasta que muera. [...]»

Walt WHITMAN, *Canto a mí mismo*. Losada.

El **tema** y la **estructura**. El poeta ofrece un retrato completo de la gloria presente. Por ese motivo no hay una única historia, sino un conjunto de ellas que se entremezclan con descripciones del paisaje y de personas. La unidad se consigue gracias a la presencia casi constante del *yo*.

Whitman se aparta de la tradición en la **técnica literaria** que emplea. Rompe con la métrica tradicional decantándose por el **verso libre** e incluye en sus poemas variadas modalidades del habla de las gentes norteamericanas.

La poesía de **Emily Dickinson** (1830-1886) comparte con la de Whitman el uso constante del *yo* como centro del poema, pero se diferencia en casi todo lo demás. La suya es una lírica íntima en la que el *yo* es individual y refleja tan solo la visión de una mujer sobre cuestiones tan clásicas como el *amor* y la soledad. En las composiciones de Dickinson destaca también la presencia de la naturaleza, como término de comparación de los sentimientos expresados y omo objeto de observación del que extrae emociones y consecuencias. En el aspecto técnico, encontramos composiciones breves de versos cortos y rimas asonantes en las que domina una gran **concentración expresiva**.

LO PEQUEÑO Y COTIDIANO

Whitman quiere cantar las glorias cotidianas de su país, por eso en el poema siguiente compara las «pequeñas cosas» con otras que la tradición literaria ha convertido en objeto de numerosas obras:

«Creo que una hoja de hierba
[no es menos
que el día de trabajo de las
[estrellas,
y que una hormiga es perfecta,
y un grano de arena,
y el huevo del régulo,
son igualmente perfectos,
y que la rana es una obra maestra,
digna de los señalados,
y que la zarzamora podría adornar,
los salones del paraíso,
y que la articulación más pequeña
[de mi mano,
avergüenza a las máquinas,
y que la vaca que pasta, con su
[cabeza gacha,
supera todas las estatuas,
y que un ratón es milagro
[suficiente,
como para hacer dudar,
a seis trillones de infieles.»

Walt WHITMAN,
Canto a mí mismo.
Losada.

1. Busca el poema de León Felipe «Como tú» y compáralo con el que figura en esta página. ¿Qué tienen en común? ¿Hay alguna diferencia?

04 Nuevas propuestas en el teatro

Pese al éxito puntual de algunas obras, el intento de renovación que supuso el teatro romántico fracasó ante el gran público. El motivo del fracaso se debe a la **evolución ideológica de la clase burguesa**, que pasa de alinearse con las posturas más progresistas y revolucionarias en los primeros años del siglo XIX a situarse en un nivel mucho más conservador a mediados de siglo. A la burguesía conservadora, principal consumidora del espectáculo teatral, no le gustaban los excesos de individualismo rebelde ni el ataque a los principios ordenadores de una sociedad en la que ya era el grupo más poderoso. A esta cuestión hay que sumar el **triunfo del realismo** en la narrativa, con su sencillez lingüística y formal, que poco a poco irá extendiéndose a otros géneros.

El teatro europeo de la segunda mitad del siglo XIX está dominado por dos **tendencias**: la **comedia burguesa**, de escenografía realista, respetuosa con las unidades dramáticas y centrada en asuntos propios de la burguesía desde un punto de vista conservador; y las continuaciones del **drama romántico** en verso, aunque desprovistas ya de la carga ideológica revolucionaria del periodo anterior.

Contra este panorama teatral se levantan algunos autores que parten del Realismo para proponer **nuevos caminos** en la escena europea: Ibsen, Strindberg, Wilde y Chéjov. También debe destacarse la labor renovadora del músico Richard Wagner (1813-1883), que concibe sus óperas como espectáculo total en el que se funden música, escenografía, interpretación y trama.

La obra teatral de **Henrik Ibsen** (1928-1906) pasa por tres **etapas**:

Etapas y estilos	Características	Obras desctacadas
Dramas en verso *Primeras obras*	Dramas románticos: nacionalismo noruego, grandes dosis de imaginación y acción centrada en un problema sentimental.	*Peer Gynt* (1868). Obra en la que aflora ya una visión crítica que se desarrollará en la etapa posterior.
Teatro realista *A partir de 1879*	Teatro escrito en prosa y centrado en los principales problemas sociales de su tiempo.	*Casa de muñecas* (1879), *Espectros* (1881), *Un enemigo del pueblo* (1882) y *El pato salvaje* (1884).
Teatro simbólico *Últimas obras*	El conflicto social deja de ser el núcleo de los dramas y es sustituido por el existencial.	*Hedda Gabler* (1890).

"

HEDDA *(desde la habitación trasera).*—Te estoy escuchando, Tesman... ¿Pero yo cómo pasaré las noches aquí?

TESMAN *(hojeando los papeles).*—Pues seguro que el juez Brack tendrá la gentileza de venir a hacerte compañía.

BRACK *(desde el sillón, en alegre voz alta).*—Estaré encantado, señora Tesman. Vendré todas las noches. Verá cómo nos divertimos juntos.

HEDDA *(en voz alta y clara).*—Sí, ideal para usted, ¿verdad, juez? ¡El único gallo del gallinero...! *(En la habitación trasera suena un tiro).*

Henrik IBSEN, *Hedda Gabler*. Alianza Editorial.

HENRIK IBSEN

Unidad 6
Doc. 6

Accede aquí a una biografía del autor noruego.

En términos generales, el teatro de Ibsen se caracteriza por los siguientes **rasgos**:

- El autor compone **dramas de ideas**, pues piensa que el teatro es el lugar adecuado para tratar aquello que preocupaba a su tiempo: la hipocresía, en *El pato salvaje*; los conflictos generacionales, en *Espectros*; o el papel social de la mujer burguesa, en *Casa de muñecas* y *Hedda Gabler*.
- El tema central de la mayoría de sus dramas es el enfrentamiento del individuo con la sociedad, la naturaleza o el destino.
- Sus obras pretenden analizar el comportamiento y la **psicología del ser humano** en sus relaciones con la sociedad. Le interesa, ante todo, lo que se esconde bajo el comportamiento visible de los personajes.
- Técnicamente, Ibsen se decanta por el seguimiento de las **unidades dramáticas** y de recursos de intriga clásicos, como la presencia de un personaje malvado que desencadena el conflicto o la aparición de cartas reveladoras del pasado de los protagonistas.

El sueco **August Strindberg** (1849-1912) es el principal continuador de la tarea renovadora de Ibsen. La obra del dramaturgo se divide en dos claras **etapas** que corresponden con dos formas diferentes de entender el teatro:

- La primera época corresponde a las obras escritas con anterioridad a 1894. En ellas, el autor sueco se sitúa en la línea del **Naturalismo** y busca la denuncia explícita de diferentes situaciones sociales. La obra más representativa del momento es *La señorita Julia* (1888), centrada en las relaciones entre un criado ambicioso y la hija de un noble aquejada de una enfermedad mental. La situación dramática permite a Strindberg pasar revista a la nobleza decadente de finales del siglo XIX y al arribismo de la clase trabajadora.
- A partir de 1896 el teatro del escritor sueco se aleja de las unidades dramáticas de tiempo, espacio y acción, introduce la mezcla de realidad y fantasía, se adentra en el **Simbolismo** y, más adelante, en el **Expresionismo**. De esta manera, prepara el camino hacia la renovación definitiva del género teatral que llegará con los movimientos de vanguardia en la segunda década del siglo XX.

En Gran Bretaña, el irlandés **Oscar Wilde** (1854-1900) compone a finales del siglo XIX unas comedias protagonizadas por las clases altas, cuyas costumbres, en especial su **hipocresía**, son atacadas con suave ironía. Junto a la crítica de la nobleza, hay también una cierta nostalgia por la paulatina desaparición de este grupo social ante la presión de la burguesía industrial y comercial. Las dos obras que mejor representan esto son *La importancia de llamarse Ernesto y El abanico de Lady Windermere*.

“

ALGERNON.—[...] *(Se oye sonar un timbre eléctrico)* ¡Ah! Esa debe de ser tía Augusta; solo los parientes o los acreedores llaman de esa manera wagneriana. Vamos, si logro entretenerla [...] para que tengas ocasión de declararte a Gundelinda, ¿podré cenar contigo esta noche en Willis?

JACK.— Si te empeñas, es de suponer.

ALGERNON.— Sí, pero que sea en serio. Detesto a la gente que no se porta seriamente cuando se trata de comidas ¡Demuestra tal trivialidad por su parte!

Oscar WILDE, *La importancia de llamarse Ernesto*. Libros en Red.

“

«HELMER.—Ante todo eres esposa y madre.

NORA.—Eso ya no lo creo. Ante todo soy una persona, creo yo, lo mismo que tú, o al menos intentaré serlo. Sé muy bien que la mayoría de las gentes te darán a ti la razón, Helmer, y que en los libros se encuentra algo por el estilo. Pero yo no me conformo con la opinión general ni con lo que dicen los libros. Tengo que reflexionar yo misma sobre las cosas e intentar verlas con claridad.»

Henrik IBSEN, *Casa de muñecas*. Club Internacional del Libro.

1 ¿Por qué Nora no confía en la opinión general ni en los libros? ¿Por qué eso supone un enfrentamiento con la sociedad?

Escena de la obra *Casa de muñecas*, de Henrik Ibsen. Director: Carrie Cracknell, teatro The Young Vic, Londres.

Anton Chéjov (1860-1904) llega al teatro en sus últimos años. Su primera obra, *Ivanov*, se estrena en 1887 y a partir de ese momento estrenará algunas más, entre las que destacan *La gaviota*, *Tío Vania*, *Tres hermanas* o *El jardín de los cerezos*. Todos sus dramas comparten los mismos asuntos y personajes: el hastío de vivir, la frustración de las vidas y la tristeza por las oportunidades perdidas que se reflejan en seres mediocres e incapaces de adaptarse a los nuevos tiempos. El personaje de Vania es perfecto ejemplo de estos temas:

> «VANIA.—¡Pronto cesará la lluvia y todo en la Naturaleza adquirirá un nuevo frescor y respirará libremente!... ¡Solo a mí no me refrescará la tormenta!... ¡De día y de noche me angustia el pensamiento de que mi vida está perdida para siempre!... ¡Mi pasado se consumió inútilmente en puerilidades, y mi presente es de una terrible absurdidad!... ¡Aquí estáis, amor y vida míos! ¿Qué hacer con vosotros? ¿Dónde meteros? ¡Mi sentimiento se consume inútilmente, como el rayo de sol dentro de un hoyo, y yo me consumo con él!»
>
> Anton CHÉJOV, *Tío Vania*. Biblioteca Virtual Miguel de Cervantes.

Pero aunque el pesimismo vital sea lo dominante en sus obras, en ocasiones aflora la esperanza en un futuro mejor alcanzado mediante el trabajo, la ciencia y la razón:

> «OLGA.—*(Rodeando con los brazos a sus hermanas.)* ¡Oíd qué alegre, que animadamente suena la música! ¡Uno tiene deseo de vivir!... ¡Oh, Dios mío!... ¡Pasarán los años y nos iremos para siempre!... ¡Seremos olvidados!... ¡Se olvidarán de cuántos éramos y de cómo eran nuestros rostros..., nuestras voces..., y, sin embargo, de nuestros sufrimientos presentes nacerá la alegría de cuantos hayan de sucedernos en la vida!... ¡La felicidad y la paz llenarán la tierra, y las gentes, al recordar a los que ahora vivimos, tendrán para nosotros una buena palabra y nos bendecirán!... ¡Oh, mis queridas hermanas!... ¡Nuestra vida aún no ha terminado!... ¡Seguiremos viviendo!... ¡Qué alegre..., qué alegremente suena la música!... ¡Un poco más, y diríase que íbamos a saber para qué vivimos..., para qué sufrimos!... ¡Si uno pudiera saber!... ¡Si uno pudiera saber!...»
>
> Anton CHÉJOV, *Tres hermanas*. Biblioteca Virtual Miguel de Cervantes.

La reflexión sobre la existencia humana y el sentido de la vida que se encuentra en las obras de Chéjov supera el Realismo y lo sitúa ya en una tendencia teatral más propia de comienzos del siglo XX. El autor refleja la sociedad rusa, pero no le interesa la denuncia de dicho modelo social, sino que sirva como marco y, quizá, como explicación de la ruina de las vidas individuales. Se trata, en última instancia, de presentar ante el espectador a seres vacíos y en crisis, como es el ser humano del cambio de siglo. Con Chéjov, el teatro europeo entra en una nueva época.

1. ¿En qué consiste el consuelo de Olga en este fragmento?
2. En el fragmento de *Tío Vania* de esta página, ¿qué ideas permiten identificar al personaje como característico de la obra teatral de Chéjov?

La generación del 68

Aunque el gusto romántico por reflejar las costumbres populares había hecho posible que algunos autores de transición incorporasen ya descripciones fieles del paisaje o retratos psicológicos de personajes, no será hasta la llegada de los escritores de la **Generación de 1868** cuando pueda afirmarse que el Realismo narrativo está plenamente adaptado en España. Estos escritores se dieron a conocer en fechas cercanas al estallido en 1868 de «La Gloriosa», revolución que puso fin al reinado de Isabel II e inauguró un tiempo de inestabilidad política. Ideológicamente no formaron un grupo homogéneo, pues algunos adoptaron posiciones conservadoras, como Juan Valera, mientras que otros se mostraron más partidarios del cambio y contribuyeron con sus obras al análisis y denuncia de la situación española del último tercio del siglo XIX, que es la postura de Benito **Pérez Galdós** y **Leopoldo Alas**. En cualquier caso, este grupo generacional fue el responsable de convertir la realidad contemporánea española y sus problemas —el matrimonio y el adulterio, la desigualdad, el poder de la iglesia, el contraste entre lo rural y lo urbano y entre lo tradicional y lo moderno— en el objeto prioritario de la obra literaria, elevando así la novela española a las más altas cotas con obras como *Pepita Jiménez*, *Misericordia* o *La Regenta*, respectivamente.

Frente a la importancia alcanzada por la novela española de estos años, la lírica se mantuvo a la espera con un único autor de alto nivel: **Gustavo Adolfo Bécquer.** La obra poética del escritor sevillano es escasa e inclasificable, pues incorpora elementos que podrían calificarse de románticos —la expresión del sentimiento como centro del poema— junto a otros que lo alejan de dicha estética —la idea de que la creación literaria es un acto artificial— y lo acercan a la poesía desarrollada en Francia por Charles Baudelaire y sus continuadores. Bécquer piensa, al igual que el escritor francés estudiado en la Unidad, que el poeta es un ser especial, capaz de ver lo que los demás no pueden —la poesía que existe en la realidad— y de sugerir mediante el trabajo con la palabra esa verdad oculta. Esta peculiar forma de entender la creación poética lo convierte por derecho propio en el iniciador de la modernidad lírica en España y en la referencia y primer modelo de grandes poetas del siglo XX, como Juan Ramón Jiménez, Antonio Machado o Luis Cernuda.

Gustavo Adolfo Bécquer.
Retrato pintado por su hermano, Valeriano, en 1862.

LA CREACIÓN LITERARIA

«Yo sé un himno gigante y extraño
que anuncia en la noche del alma una aurora,
y estas páginas son de ese himno
cadencias que el aire dilata en las sombras.

Yo quisiera escribirle, del hombre
domando el rebelde, mezquino idioma,
con palabras que fuesen a un tiempo
suspiros y risas, colores y notas.

Pero en vano es luchar, que no hay cifra
capaz de encerrarle; y apenas, ¡oh, hermosa!,
si, teniendo en mis manos las tuyas,
pudiera, al oído, cantártelo a solas.»

Guastavo Adolfo BÉCQUER, *Rimas y Leyendas*.Edelvives.

1. ¿Qué ideas becquerianas sobre la creación artística puedes encontrar en el poema? ¿Existe en él algún elemento que permita vincularlo al Romanticismo?

ELABORA TU PROYECTO

DEL CUENTO AL CINE

Desde la invención del cine, muchos directores se han inspirado en la literatura. Entre los escritores más adaptados al cine destaca el norteamericano **Edgar Allan Poe**, narrador sobre el que te proponemos trabajar en este proyecto elaborando un guion para cortometraje sobre uno de sus relatos. Para la organización de tu trabajo, te sugerimos los siguientes pasos:

- **Elección de un cuento.** En la biblioteca de tu centro escolar encontrarás alguna antología de relatos de Poe; aunque también puedes visitar la web *Ciudad Seva* y leer algunas historias hasta encontrar la que prefieras. Te recomendamos un cuento breve, como «El corazón delator» o «El gato negro».
- **Descomposición del cuento.** Selecciona los sucesos principales de la historia, los personajes indispensables, los escenarios y la progresión temporal. Piensa también qué partes del relato podrás convertir en diálogos y en cuáles deberás mostrar acción.
- **Redacción del guion literario** y del guion técnico (si se decide filmarlo). Para la elaboración de estos documentos, sigue los modelos y sugerencias que encontrarás en los recursos de apoyo.

Fotograma de *La caída de la Casa Usher*, adaptación dirigida por Roger Corman en 1690.

Recursos en la Red

→ www.ciudadseva.com/textos/cuentos/ing/poe/eap.htm

Ciudad de Seva: contiene relatos de Poe.

→ www.tallerdeescritores.com/el-formato-del-guion-literario.php

Taller de escritores: «El formato del guion literario».

→ www.uhu.es/cine.educacion/cineyeducacion/delaideaalguion.htm

Cine y educación: «De la idea al guion», por Enrique Martínez.

→ www.oei.es/lenguas/GuionesOk2.pdf

OEI: «Consejos para hacer un guion cinematográfico», por Esteban Ramírez.

→ www.youtu.be/vDzdAiwRaDw

Youtube: vídeo «Qué es el guion de cine».

→ www.youtu.be/cRmgNMZxUx8

Youtube: vídeo «Cómo hacer un guion de cine y cortometraje».

→ www.youtu.be/AoxYmwVVIQE

Youtube: vídeo «Dramaturgia: curva, premisa y trama».

ELABORA TU ORGANIZADOR VISUAL

1. Asocia los autores con la etapa novelística correspondiente —Prerrealismo, Realismo, Superación del Realismo—: Henry James, Flaubert, Melville, Twain, Dostoievski, Stevenson, Gogol, Dickens Stendhal, Tolstoi, Zola...

LA NOVELA EN LA SEGUNDA MITAD DEL SIGLO XIX

PRERREALISMO	REALISMO	SUPERACIÓN DEL REALISMO

2. Construye un mapa conceptual de las tendencias líricas predominantes en la segunda mitad del siglo XIX.

«EL ALBATROS», DE C. BAUDELAIRE

«Distraerse, a veces, suelen los marineros
dar caza a los albatros, grandes aves del mar,
que siguen, indolentes compañeros de viaje,
al navío surcando los amargos abismos.

Apenas los arrojan sobre las tablas húmedas,
estos reyes celestes, torpes y avergonzados,
dejan penosamente arrastrando las alas,
sus grandes alas blancas semejantes a remos.

Este alado viajero, ¡qué inútil y qué débil!
él, otrora tan bello, ¡qué feo y qué grotesco!
¡Este quema su pico, sádico, con la pipa,
aquel, mima[1] cojeando al planeador inválido!

El Poeta es igual a este señor del nublo[2],
que habita la tormenta y ríe del ballestero.
Exiliado en la tierra, sufriendo el griterío,
sus alas de gigante le impiden caminar.»

Charles BAUDELAIRE,
Las flores del mal.
La Gaya Ciencia.

[1] *mimar*: imitar, representar mediante gestos.

[2] *nublo*: nube que amenza tormenta.

COMENTARIO DE TEXTO

Localización del texto

1. Sitúa el poema en el panorama de la poesía de la segunda mitad del siglo XIX e indica las razones que lo avalan.

Contenido

2. Comenta el tema del poema.

Técnica

3. Establece la estructura del texto.
4. Comenta los recursos literarios más significativos del poema y la intención con que los emplea Baudelaire.

Valoración

5. ¿Cuál crees que es la función y el valor que en nuestro mundo actual tienen los poetas? ¿Coincide con la visión de Baudelaire?

Teoría relacionada

6. El Simbolismo.
7. Los poetas del siglo XIX y su relación con la realidad.

El albatros, ave marina de grandes dimensiones (uno de sus géneros tiene la mayor envergadura de entre las aves voladoras), es la inspiración de Baudelaire para reflexionar acerca de la figura del poeta.

Bloque III

EL SIGLO XX

1900 · 1920 · 1940 · 1960

- **1900** Freud escribe *La interpretación de los sueños*
- **1907** Picasso inaugura el cubismo con *Las señoritas de Avignon*
- **1913** Proust escribe *En busca del tiempo perdido* y Kafka *La metamorfosis*
- **1914-1918**
- **1915** Se publica la teoría de la relatividad de Einstein
- **1917**
- **1919** Paz de París y creación de la Sociedad de Naciones
- **1922** Joyce publica *Ulises*
- **1922-1945** Era fascista italiana, liderada por Mussolini
- **1925** Dos Passos escribe *Manhatan Transfer*
- **1928** García Lorca escribe *El romancero gitano*
- **1929** *Crack* de la bolsa de Nueva York
- **1930** Faulkner escribe *Mientras agonizo*
- **1933-1945** Era nazi alemana, liderada por Hitler
- **1936-1939** Guerra Civil española
- **1939-1945**
- **1942** Camus escribe *El extranjero*
- **1945** Bombardeo atómico sobre Hiroshima y Nagasaki
- **1947** Se inicia la descolonización de la India
- **1949-1973** Era de Mao en China
- **1953** Crick y Watson descubren la estructura del ADN

1914-1918

Primera Guerra Mundial

Desde 1890 las tensiones entre las grandes potencias no hicieron más que aumentar (Segunda Revolución Industrial, expansión colonial, etc.) y fueron formándose dos alianzas con intereses opuestos: de un lado la Triple Alianza (Alemania, Italia y Austria-Hungría), del otro la Triple Entente (Francia, Inglaterra y Rusia). La llamada Gran Guerra duraría algo más de 4 años y su fin, la paz firmada en la Conferencia de París, escondía el germen de un nuevo conflicto.

Revolución rusa

Tras un primer intento fallido en 1905, la Revolución Rusa finalmente estallaría en 1917, de manos del campesinado y el proletariado, cuyas condiciones de vida eran miserables. Rusia mantenía, a inicios del siglo XX, un régimen autocrático y feudal a cuya cabeza estaban los Romanov desde el siglo XVII. La familia imperial al completo (en la fotografía aparecen los hijos del zar, Nicolás II, y su esposa) fue ejecutada la noche del 16 al 17 de julio de 1918.

En las tres Unidades que integran este Bloque (7. Introducción a la literatura del siglo XX. El teatro, 8. La poesía en el siglo XX y 9. La novela en el siglo XX) se recorre la literatura del siglo XX. Son años muy productivos desde el punto de vista creativo, en los que se aprecian unas preocupaciones que dan unidad al período y a las propuestas artísticas procedentes de diversas nacionalidades.

Como consecuencia de la brutalidad de los acontecimientos históricos vividos en la época, la literatura y las demás artes se vuelcan en la expresión de la angustia del ser humano, que debe enfrentarse a un mundo violento, desigual y sin esperanza. El conflicto existencial y religioso, nacido del horror de encararse a la condición temporal del hombre, o la decisión de poner el arte al servicio de la búsqueda de un mundo mejor se convierten en centro de las obras más significativas del siglo. Junto a la presencia de la angustia, se advierte también una tendencia a la experimentación, resultado del agotamiento de las formas tradicionales, que unifica el arte de la época. El escritor del siglo XX, en definitiva, se siente comprometido no solamente con su condición humana y social, sino también con su arte.

1960 · 1980 · 2000 · 2020

- 1964-1973: Guerra de Vietnam
- 1967: García Márquez publica *Cien años de soledad*
- 1973: Crisis económica del 73
- 1986: Creación de la UE
- 1989: Caída del Muro de Berlín
- 1993: Internet de dominio público
- 2001: Atentado a las Torres Gemelas de Nueva York; invasión de Afganistán por parte de EE. UU.
- 2004: Atentados del 11 de marzo
- 2010-2011: Inicio de la Primavera Árabe

1989

Caída del Muro de Berlín

Tras la Segunda Guerra Mundial, las principales potencias aliadas dividieron Berlín en distintos sectores. Las diferencias entre capitalistas y Rusia, comunista, terminaron llevando al surgimiento de dos Alemanias: la República Federal (oeste capitalista) y la República Democrática (este comunista). En 1961 se alzó un gigantesco muro para separar ambas partes y sus habitantes. Este "Muro de la Vergüenza" no caería hasta noviembre de 1989.

1939-1945

Segunda Guerra Mundial

Después de la Gran Guerra se estableció un nuevo orden mundial, pasando a ser EE. UU la primera potencia. En Alemania, que a duras penas podía pagar las compensaciones de guerra establecidas en el Tratado de Versalles, el Partido Nazi fue ganando adeptos, hasta llegar al poder en 1933 e imponer su represiva y expansionista dictadura. Su invasión de Polonia en 1939 desencadenaría la Segunda Guerra Mundial.

2010-2011

Inicio de la Primavera Árabe

A finales de 2010 se inician en Túnez una serie de protestas (en las que por primera vez intervienen mujeres) que se acabarán extendiendo por otros países árabes, como Egipto, Libia, Siria, Turquía o Jordania. Los manifestantes reclaman cambios políticos y mejoras económicas y sociales. En países como Siria y Libia estos movimientos han terminado desembocando en graves conflictos armados.

01 El siglo xx

01.1 La Primera Guerra Mundial (1914-1918)

Al comenzar el siglo XX, las potencias mundiales inician una política de rearme, se alinean en bloques de alianzas y mantienen una situación de calma contenida, denominada **Paz Armada**. El asesinato del heredero al trono del Imperio austrohúngaro fue el detonante de la **Primera Guerra Mundial** (1914-1918). Alemania, el Imperio otomano y el Imperio austrohúngaro se enfrentaron a Gran Bretaña, Rusia, Francia, Serbia y Estados Unidos, entre otros. El resultado fue un conflicto que duró cuatro años. El esfuerzo de las naciones no solo se reflejaba en el frente de batalla, sino que también implicaba a la población civil. La guerra terminó en 1918 y dio paso a los tratados de paz en la **Conferencia de París** (1919), donde las principales decisiones se concretaron especialmente en la creación de la **Sociedad de Naciones** y en el **Tratado de Versalles** (la rendición de Alemania, que incluirá durísimas sanciones para el país).

01.2 La Revolución rusa (1917)

Al mismo tiempo que transcurría la Primera Guerra Mundial, tenía lugar la **Revolución rusa**. En 1917, Rusia estaba gobernada por la monarquía absolutista de los zares, sumida en la pobreza y humillada por las derrotas en la Primera Guerra Mundial. Así, estalló una revolución sin precedentes: la toma de poder por los bolcheviques (socialistas radicales), dirigidos por Lenin, provocó la abdicación y posterior ajusticiamiento del zar Nicolás II y abrió paso a una nueva etapa de la historia de Rusia. Años después, en 1922, se formó la Unión de Repúblicas Socialistas Soviéticas (URSS), el primer gobierno proletario de la historia.

01.3 La crisis económica de 1929

Tras la Primera Guerra Mundial, el dominio económico pasó de Europa a Estados Unidos, pero en 1929 la Bolsa de Nueva York se desplomó (el *Crack*). El exceso de préstamos ocasionó la bajada de los valores y el pánico se adueñó de los inversores, lo que arruinó a multitud de empresas y pequeños propietarios. Para recuperarse, Estados Unidos exigió, de forma inmediata, el pago de sus préstamos en el extranjero y, de este modo, la crisis se hizo mundial. El empobrecimiento de las naciones fue tan alto que los gobiernos actuaron con planes intervencionistas, como el *New Deal* del presidente estadounidense Roosevelt.

01.4 La crisis de las democracias

En los años veinte, en Europa surgieron dos movimientos políticos que determinarían las décadas siguientes, el **fascismo** italiano y el **nazismo** alemán.

En el caso de **Italia**, el fascismo intentó recuperar la grandeza del antiguo Imperio romano. Su líder, Mussolini, alcanzó el poder en 1922. El fascismo italiano fue un modelo para el nazismo alemán. En el caso de **Alemania**, el ascenso del nazismo fue fruto de la sensación de humillación tras la Primera Guerra Mundial, el miedo al comunismo y las consecuencias de la crisis de 1929. El nazismo tuvo algunos rasgos que lo diferenciaban del fascismo, especialmente su feroz racismo, basado en la creencia en la superioridad de la raza aria. Su líder fue Hitler, quien llegó al poder en 1933, proclamando el III Reich (imperio) e iniciando una política de persecución de diversos colectivos y de expansión por Europa que terminaría provocando la Segunda Guerra Mundial.

01.5 La Segunda Guerra Mundial (1939-1945)

El preludio de la Segunda Guerra Mundial fue la **Guerra Civil española** (1936-1939), combate entre las fuerzas republicanas (respaldadas por la URSS), que apoyaban al legítimo gobierno de la nación, y el ejército sublevado al mando del general Franco (apoyado por los regímenes nazi y fascista).

La invasión de Polonia por Alemania (1939) provocó el comienzo de la **Segunda Guerra Mundial** (1939-1945). Se formaron dos bandos: de un lado los países del Eje (Alemania, Italia y Japón), y del otro lado los países aliados (Reino Unido, Francia y Polonia, a los que se unirán luego Estados Unidos y la URSS).

La Segunda Guerra Mundial se desarrolló en dos grandes zonas de acción (Europa-África y el Pacífico) y, en general, podemos decir que tuvo dos fases:

Ofensiva alemana (1940-1942). Después de invadir Noruega, Dinamarca, Bélgica y Holanda, los alemanes ocuparon Francia en 1940. Al año siguiente atacaron la URSS, pero no supieron hacer frente al duro invierno ruso y a la resistencia del ejército rojo.

Reacción aliada (1942-1945). En diciembre de 1941, Japón atacó la base americana de Pearl Harbour, motivo por el que Estados Unidos entró en la guerra del bando de los aliados. En 1942 cambió totalmente el rumbo del conflicto con la derrota de los alemanes en el norte de África y en la Unión Soviética. A comienzos de 1943, los aliados avanzaron continuamente desde todos los frentes. En 1944, los soviéticos penetraron en territorio alemán por el este y los ingleses y americanos abrieron otro frente en Francia tras el desembarco de Normandía. Finalmente, en 1945 Hitler se suicida y Alemania se rinde. Mientras, en el Pacífico, Estados Unidos lanza las bombas atómicas sobre Hiroshima y Nagasaki (agosto de 1945), lo que obligó a Japón a la rendición.

Ha sido el conflicto más sangriento de la Historia: se cobró cincuenta y cinco millones de vidas humanas.

01.6 Las consecuencias de la Segunda Guerra Mundial

El fin de la Segunda Guerra Mundial abrió una nueva etapa: la **Guerra Fría** (1945-1991), que marcó las relaciones entre Estados Unidos y la URSS. El mundo se dividió en dos bloques: capitalista (Estados Unidos y sus aliados) y comunista (la URSS y sus aliados). Durante este periodo las dos grandes potencias almacenaron armamento nuclear y amenazaron al contrario con la destrucción total. Los enfrentamientos nunca fueron directos, sino que se resolvieron en conflictos locales en diversos puntos del mundo.

Otra consecuencia de la guerra fue la **descolonización**. Se inició a finales de la década de los cuarenta en Asia y África, y supuso el fin de los imperios coloniales europeos y la independencia de sus colonias. Sin embargo, los resultados de la descolonización no fueron todo lo positivos que se esperaba, ya que generaron muchos problemas para las nuevas naciones (dependencia exterior, inestabilidad política o pobreza económica), que hacen que estos países hoy se engloben en el denominado Tercer Mundo.

01.7 Las últimas décadas del siglo XX

En la década de los setenta, las tensiones en Oriente Próximo entre Israel y los países árabes, arrastradas desde el final de la Segunda Guerra Mundial, desembocaron en un conflicto en el que los países árabes salieron derrotados. En respuesta a Israel y a los países occidentales, el mundo árabe, agrupado en la Organización de Países Exportadores de Petróleo (OPEP), provocó una enorme subida del petróleo que generó efectos muy graves en la economía mundial y desencadenó la **crisis económica del 73**.

En la década de los ochenta, la Guerra Fría se complicó con el ascenso de la carrera armamentística. En la URSS, en 1985 asume la jefatura del Gobierno Mijail Gorbachov, quien inicia una política aperturista (la Perestroika). Estos cambios presagian el fin de la URSS, así como de los regímenes socialistas de Europa del Este. El acontecimiento que actualmente simboliza el fin de la Guerra Fría y de los regímenes socialistas en Europa es la **caída del Muro de Berlín** (1989).

En la década de los noventa y con el inicio del nuevo milenio, Estados Unidos se ha convertido en la única superpotencia mundial, pero a pesar de ello un nuevo tipo de amenaza ha hecho temblar los cimientos de la civilización occidental; el terrorismo, sobre todo tras el atentado terrorista del 11 de septiembre de 2001 en las Torres Gemelas de Nueva York.

07 INTRODUCCIÓN A LA LITERATURA DEL SIGLO XX. EL TEATRO

01 Introducción a la literatura del siglo xx

01.1 La angustia contemporánea

En el campo cultural, el cambio entre los siglos xix y xx está marcado por la **angustia** de artistas e intelectuales que consideran fracasados los intentos de reforma de la vida humana iniciados en el siglo xviii. Tras el optimismo ilustrado llegarán el imparable ascenso de la burguesía y la crisis del individuo, que no encaja plenamente en el modelo traído por el desarrollo industrial. Durante el siglo xx, esa angustia motiva que los escritores adopten diferentes **actitudes**: expresión de la angustia existencial y religiosa, escritos de protesta social y política, búsqueda en la religión y en Dios del sentido del sufrimiento humano o bien refugio en el escapismo y el esteticismo ante los problemas sociales y existenciales. Las razones de esta crisis son la incertidumbre científica, la amenaza tecnológica y la crisis del pensamiento filosófico.

La incertidumbre científica

Durante los primeros treinta años del siglo xx se producen unos descubrimientos que acaban con lo que se consideraban bases científicas inamovibles, entre ellas la idea de que el conocimiento científico es capaz de explicar el funcionamiento del universo. La ciencia en el siglo xx se encuentra en un estado de incertidumbre total, ya que la realidad es cambiante y difícil de explicar racionalmente. Así, el matemático H. Poincaré afirmará que «ya no se puede decir si una teoría es verdadera o falsa; solo se puede saber si es útil».

La amenaza tecnológica

Los avances técnicos han transformando nuestro mundo desde inicios del siglo xx. Pero este imparable **progreso técnico** ha facilitado la aparición de **nuevas amenazas:** la carrera nuclear, la contaminación, el calentamiento global, las nuevas formas de hacer la guerra, la sociedad ultracapitalista, la manipulación genética, etc. Los nuevos miedos "tecnológicos" se han unido a los tradicionales de índole religiosa, existencial o social. En literatura, la angustia tecnológica es determinante para el desarrollo de la **ciencia-ficción,** género en el que es habitual encontrar la insatisfacción humana como consecuencia del mal uso de las tecnologías. Destacan especialmente: *Un mundo feliz* (1932), de Aldous Huxley; *1984* (1949), de George Orwell y *Farenheit 451* (1953), de Ray Bradbury.

+ LA REVOLUCIÓN CIENTÍFICA

Tres investigadores son los responsables de la gran revolución científica producida a principios del siglo xx: Marie Curie, Ernest Rutherford y Albert Einstein. Sus respectivas aportaciones en torno a las propiedades radioactivas de ciertos elementos químicos, a la estructura del átomo o a las relaciones entre espacio y tiempo suponen el nacimiento en la práctica de la ciencia moderna, en especial, de la Física.

+ CLÁSICOS DE LA CIENCIA FICCIÓN

- *Un mundo feliz*, de Huxley, muestra una sociedad futura en la que la manipulación genética ha sustituido a la procreación natural.
- *1984*, de Orwell, presenta un mundo dominado por el Gran Hermano que vigila y domina a los ciudadanos desde los medios de comunicación.
- *Farenheit 451*, de Bradbury, está ambientada en una sociedad futura donde la palabra escrita está prohibida.

1. Investiga sobre las contribuciones de Einstein, Rutherford y Curie, y escribe un breve texto en el que expliques sus principales aportaciones y las consecuencias que de ellas se derivan.

La crisis del pensamiento filosófico

Durante la segunda mitad del siglo XIX, la filosofía europea estuvo dominada por el Positivismo de Augusto Comte, al que ya nos hemos referido en la Unidad anterior. Sin embargo, en los últimos años del siglo, el pensamiento europeo parece darse cuenta de que la razón no puede explicar la complejidad de la realidad en su totalidad y por ello se buscan algunos nuevos enfoques para comprenderla.

Irracionalismo

La primera reacción contra el Positivismo se produce en el propio siglo XIX de manos de los filósofos **irracionalistas**: Schopenhauer, Nietzsche y Kierkegaard. Las coincidencias entre su pensamiento pueden resumirse en dos puntos:

- El objeto de la Filosofía es explicar la **vida humana**.
- La razón no es útil para la explicación de la existencia humana, porque esta se mueve por **impulsos irracionales**. ¿Cómo explicar racionalmente el amor, el miedo o la angustia de vivir?

Vinculadas más o menos a las posiciones irracionalistas, nacen tres de las escuelas de pensamiento que más van a influir sobre la literatura del siglo XX —Existencialismo, psicoanálisis y marxismo— y que comentamos siguiendo el orden cronológico en que se produjo dicha influencia.

Existencialismo

El **Existencialismo**, cuyos máximos representantes son M. Heidegger y J. P. Sartre, se caracteriza por una idea central: el hombre es un **ser para la muerte**, en la medida en que ser hombre significa estar condenado a morir. Es la llamada condición temporal del ser humano, y el hecho de asumirla es una de las razones de la angustia existencial que tanto se encuentra en la literatura del nuevo siglo.

La aparición del **psicoanálisis** se debe al austríaco Sigmund Freud, cuyo objetivo es analizar los impulsos irracionales que gobiernan la vida humana. Según este autor, el hombre está orientado hacia la **búsqueda del placer**; pero ese deseo choca habitualmente con la sociedad y la moral, y acaba siendo reprimido y sepultado en el subconsciente. Este hecho provoca la **frustración** que lleva a los seres humanos a la angustia.

FREUD: LA FRUSTRACIÓN

«Nuestra cultura descansa totalmente en la coerción de los instintos. Todos y cada uno hemos renunciado a una parte de las tendencias agresivas y vindicativas de nuestra personalidad, y de estas aportaciones ha nacido la común propiedad cultural de bienes materiales ideales [...] Por su parte, la religión se ha apresurado a sancionar inmediatamente tales limitaciones progresivas, ofrendando a la divinidad como un sacrificio cada nueva renuncia a la satisfacción de los instintos, y declarando "sagrado" el nuevo provecho así aportado a la colectividad.»

Sigmund FREUD,
Obras completas, vol. IX. Amorrortu.

José Gutiérrez Solana, *El Espejo de la Muerte*.

Marxismo

Aunque el **marxismo** como teoría aparece a mediados del siglo XIX con Karl Marx y Frederich Engels, es en el siglo XX cuando se desarrollan sus manifestaciones más importantes, tanto en la práctica como en la teoría, de manos de Lenin, Trotski, Gramsci o Mao Tse Tung. Estas ideas no pretenden constituir una simple teoría filosófica, sino una **concepción total del mundo y de su historia** (por lo que también se conoce como materialismo histórico), que podemos intentar simplificar en los siguientes conceptos:

- El marxismo tan solo considera la existencia de la materia y del trabajo del hombre por dominarla, a cuya relación llama **modo de producción**.
- La historia es considerada un proceso que avanza de un modo de producción a otro mediante saltos revolucionarios en los que se destruye el sistema anterior y se implanta uno nuevo.
- A lo largo de la historia, los distintos modos de producción se han basado en la **propiedad privada**, la responsable de que las sociedades se dividan en dos clases: los poseedores y los desheredados.
- Puede llegarse a un nuevo modo de producción, la sociedad comunista, mediante un proceso **revolucionario** en el que se enfrenten las clases sociales. En ese nuevo modelo social se habrá eliminado la propiedad privada, evitando así las diferencias entre seres humanos.

Analizando el discurrir de la historia, el marxismo viene a afirmar que la infelicidad y la angustia del ser humano tienen causas históricas y sociales. Ante este hecho, Marx propone, más que una teoría, una **práctica política**: «Los filósofos no han hecho más que interpretar el mundo de diversos modos; pero de lo que se trata ahora es de transformarlo». Muchos escritores del siglo XX considerarán que también sus capacidades literarias deben estar al servicio de la transformación social y se harán eco de los planteamientos marxistas para conseguirlo.

MARX Y ENGELS: LA LUCHA DE CLASES

«La moderna sociedad burguesa que se alza sobre las ruinas de la sociedad no ha abolido los antagonismos de clase. Lo que ha hecho ha sido crear nuevas clases, nuevas condiciones de opresión, nuevas modalidades de lucha, que han venido a sustituir a las antiguas. Sin embargo, nuestra época, la época de la burguesía, se caracteriza por haber simplificado estos antagonismos de clase. Hoy, toda la sociedad tiende a separarse, cada vez más abiertamente, en dos grandes campos enemigos, en dos grandes clases antagónicas: la burguesía y el proletariado.»

Karl MARX y Fiederich ENGELS, *El manifiesto comunista*. Nórdica Libros.

Karl Marx (1818-1883) y Friedrich Engels (1820-1895) son los fundadores del marxismo. Juntos escribieron títulos que forman parte no ya solo de la Literatura universal, sino especialmente de nuestra historia más reciente, como *La sagrada familia* (1844) o el *Manifiesto del Partido Comunista* (1848), base del materialismo histórico. También escribieron en soledad, destacando el primer volumen de *El capital* en el caso de Marx y *El origen de la familia, de la propiedad privada y del Estado* en el caso de Engels.

P. Nasarov y N. Gherielux, *Retrato de Karl Marx*.

F. Engels, *Origen de la familia, de la propiedad privada y del Estado.* Portada de la primera edición castellana, realizada en Valencia, 1884.

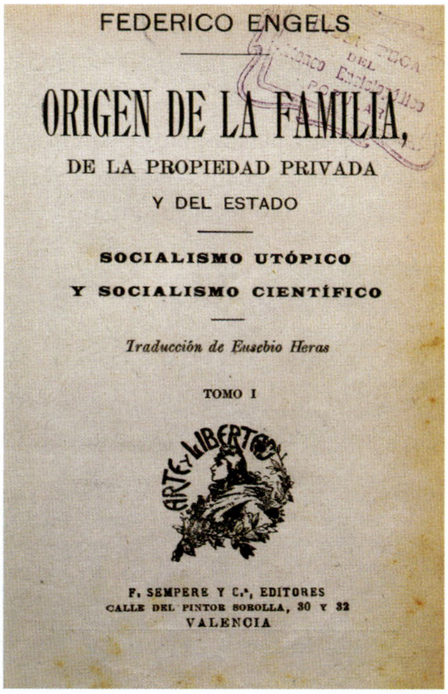

01.2 Temas recurrentes

El tema dominante de la literatura del siglo XX es la angustia, que cristaliza en un conjunto de motivos y temas más concretos que recorren todo el siglo.

El conflicto existencial

Los precedentes inmediatos del tema se encuentran en la filosofía irracionalista de la segunda mitad del siglo XIX y en ciertas obras de esa época de autores como Dostoievski, Conrad o Ibsen. El tema existencial presenta dos **perspectivas** en este periodo:

La vida humana es **un sinsentido y un absurdo**	El ser humano está abocado a la muerte y el olvido y nada puede evitarlo. Autores: PIRANDELLO, KAFKA o IONESCO.
Mantener la **dignidad** y justificar la vida	El hombre lo intenta conseguir mediante la acción o el sacrificio por sus semejantes. Autores: HESSE, MALRAUX o Albert CAMUS.

El conflicto religioso

Aunque la idea de Dios se había venido cuestionando desde el siglo XVIII, es en el siglo XX cuando la literatura aborda la cuestión de manera más abierta advirtiéndose tres **posiciones** diferentes:

- El **ateísmo** y agnosticismo, que niegan a Dios porque racionalmente es imposible la fe, aparecen en la obra de André Gide.
- La creencia en que Dios es lo único que **dota de sentido** la existencia humana, ya que sin él vivir sería absurdo e inútil. Esta postura es defendida por Papini, Chesterton o Paul Claudel.
- El **cristianismo trágico** refleja el drama de quien se debate entre una razón que impide la fe y resta sentido a la vida humana, y el deseo de creer en Dios, para poder encontrar consuelo. Esta **lucha entre razón y necesidad** vital domina la obra de Unamuno, Bernanos y Graham Greene.

El conflicto social

El siglo XX ha sido muy conflictivo desde el punto de vista social y político: grandes guerras, revoluciones, insatisfacción, lucha contra la opresión y las desigualdades, etc. La literatura no cerró los ojos ante estos problemas y muchos escritores han usado sus palabras como armas para mejorar el mundo.

El conflicto literario

Ante un panorama dominado por la angustia religiosa, existencial o social, muchos escritores volvieron sus ojos a la capacidad de creación artística, y lo hicieron con distintos objetivos:

- Como **medio de escape** de una realidad que les disgusta profundamente.
- Como un **juego** que persigue restar importancia a la seriedad que había llegado a dominar en la literatura oficial.
- Como fruto de la necesidad de **autoafirmación** del artista, que necesita saber qué y para qué escribe y qué problemas técnicos debe resolver.

LA LITERATURA COMO ARMA

«¿Soy clásico o romántico?
[No sé. Dejar quisiera
mi verso como deja el capitán
[su espada:
famosa por la mano viril que
[la blandiera,
no por el docto oficio del
[forjador preciada.»

Antonio MACHADO, *Campos de Castilla*. Cátedra.

1. La idea de la literatura como arma de combate es expuesta por Antonio Machado en los versos anteriores. ¿Qué comparación emplea el autor para expresarla? ¿Qué dos tendencias literarias aparecen sugeridas en el fragmento?

01.3 Periodos y tendencias

Dividiremos el siglo en dos periodos separados entre sí por la Segunda Guerra Mundial (1939-1945).

La literatura anterior a la Segunda Guerra Mundial

La Primera Guerra Mundial (1914-1918) y el *Crack* de 1929 marcan las **tendencias literarias** del periodo:

Renovación realista (hasta 1914)	El **cambio de siglo** y la desaparición de las certezas racionales motivan que los escritores orienten sus obras hacia la expresión de la **angustia** humana. Se aprecia un alejamiento de la técnica realista que conduce a la renovación formal.
Vanguardismos (1914-1929)	La **renovación** se impone con la intención de romper las tradicionales bases del arte: ilusión de realidad, reflejo de los sentimientos y respeto a la autoridad de los modelos literarios. Los escritores quieren reflejar la singularidad del mundo nacido de la Primera Guerra Mundial: progreso, optimismo vital, etc.
Politización (1929-1945)	La quiebra de la Bolsa de Nueva York en 1929 supone el final de los buenos tiempos. Se suma el ascenso de los totalitarismos políticos en Europa y la sensación de que otra guerra está cerca. Las consecuencias literarias son la pérdida de sentido de los juegos vanguardistas y la **aparición de contenidos políticos**.

Alberto Giacometti, *Hombre que camina*. Esta figura delgada y alargada es una metáfora de la soledad del ser humano ante la destrucción masiva provocada por la Segunda Guerra Mundial.

La literatura posterior a la Segunda Guerra Mundial

En la segunda mitad del siglo coexisten tres tendencias que confluyen en los últimos años, influidas por los hechos históricos siguientes:

- **Existencialismo.** Los horrores de la Segunda Guerra Mundial se manifiestan en personajes desengañados, sin esperanza y espantados por los extremos a los que el ser humano ha llegado. El **absurdo de vivir** y la presencia amenazante de la muerte se convierten en el centro de las obras literarias de los cincuenta. En la siguiente década, el desarrollo económico y el capitalismo provocan un giro: dedicación al análisis de las relaciones entre **el ser humano y una vida cotidiana** deshumanizada, dominada por el pragmatismo, el dinero y la insatisfacción.
- **Literatura social.** El recuerdo de la guerra y la denuncia de nuevos conflictos bélicos, falta de libertades, desigualdad social, y pobreza o los procesos de descolonización son temas tratados desde distintas posiciones ideológicas. En los últimos años del siglo, lo social vuelve a aparecer como consecuencia de las nuevas circunstancias históricas: globalización y desajuste entre países ricos y pobres, inmigración, marginalidad, etc.
- **Experimentación.** El desarrollo económico y el relativo bienestar alcanzado en Occidente desde mediados los sesenta permiten que muchos artistas abandonen la concepción utilitaria de la literatura y se concentren en sus valores formales. Tratan de renovar las técnicas para ofrecer propuestas originales y vanguardistas. Pese a la **renovación en las formas**, es habitual que los temas tratados giren en torno a lo existencial o lo social.

1. El tránsito entre el Realismo y la literatura del siglo XX se produce de manera gradual. ¿Qué aspectos estudiados en la Unidad anterior sirven de nexo de unión entre ambos periodos? Razona tu respuesta.

02 El teatro anterior a la Segunda Guerra Mundial

El teatro es un género que necesita ser representado para comunicar su sentido completo. Este hecho explica la existencia de dos **condicionamientos** comerciales:

- La necesidad de disponer de unos **locales apropiados** para la representación. Al comienzo del siglo XX esos espacios son en su mayoría de propiedad privada y, en consecuencia, están orientados hacia la posibilidad de negocio. A medida que transcurre el tiempo, sin embargo, proliferan pequeñas salas que buscan otros objetivos y que son el marco adecuado para las representaciones que se apartan de los gustos comerciales. Junto a estas salas, desde finales de la década de los sesenta, aparecen los teatros de titularidad pública, los cuales se mantienen al margen de los criterios comerciales imperantes.
- La necesidad de contar con un **público** receptivo. En los primeros años del siglo, el público que asiste a las representaciones es mayoritariamente burgués. El discurrir del tiempo y las distintas propuestas dramáticas producen un cambio en los espectadores. Por un lado, se amplía el espectro social, dando entrada a los círculos intelectuales más avanzados, los cuales se decantan por propuestas vanguardistas. Por otro, la competencia con el cine provoca la disminución del espectador de clase media, que prefiere el séptimo arte, ya que le resulta más asequible.

Estos condicionantes favorecen la existencia de dos **formas de entender el teatro**, que se van a desarrollar de manera paralela a lo largo de todo el siglo. La primera de ellas, orientada hacia el público burgués, es el **teatro comercia**l, de ideología conservadora, continuador de la tradición realista y que busca la diversión y el entretenimiento. Esta forma triunfa desde el punto de vista económico y encuentra acogida entre los empresarios teatrales, pero sus aportaciones literarias son escasas.

Frente a la anterior, el **teatro innovador** pretende dirigirse a un espectador no específicamente burgués o de clase media, con obras de corte social y existencial y nuevas propuestas técnicas y formales. En esta corriente destacan distintas **tendencias**: la renovación realista, el vanguardismo teatral y el teatro político, en el periodo anterior a la Segunda Guerra Mundial; y el teatro existencial y comprometido, el teatro del absurdo y las propuestas experimentales en la segunda mitad del siglo.

Las razones que explican la constante búsqueda de la novedad dramática son:

- La importancia que cobra el **director de escena** como creador, llegando a imponerse a los actores e, incluso, al autor. El texto literario solamente se encuentra completo en el momento de la representación, de la que el director es el responsable.
- El nacimiento y **popularización del cine**, obliga a los dramaturgos a buscar otras formas de expresión que no entren en competencia directa con el séptimo arte.
- **El progreso tecnológico** abre nuevas posibilidades a las representaciones gracias a la maquinaria, iluminación, etc.

> LITERATURA Y OTRAS ARTES

Cine y teatro

En su origen, el cine se ve muy influido por el teatro, del que toma géneros, temas y estilos de interpretación. La dependencia es tal que incluso se filman obras teatrales para ofrecerlas en las salas de cine en lo que se llamó el *Cinema Qualité* francés. Sin embargo, el desarrollo del nuevo lenguaje cinematográfico gracias a directores como Griffith o Eisenstein invierte el proceso y algunos directores de escena comienzan a incorporar recursos cinematográficos. Así sucede con el uso de la iluminación para destacar distintas partes de la escena en un intento de imitación de los planos del cine o con la construcción del argumento mediante fragmentos breves que se alternan, como hace el cine en el montaje.

+ TENDENCIAS QUE CONFLUYEN

Las dos orientaciones dramáticas señaladas llegan a confluir en ciertas ocasiones. Así sucede en las obras de O'Neill o, posteriormente, en las de Arthur Miller, autores comerciales que incorporan una importante carga crítica; también en las de García Lorca o, ya en la segunda mitad del siglo, Dario Fo, renovadores formales que triunfan en los círculos comerciales. Además, muchas de las innovaciones incorporadas a lo largo del siglo por los autores más renovadores acaban siendo asumidas por el teatro comercial.

02.1 La renovación realista

Las principales innovaciones teatrales que aporta el Realismo residen en el terreno de la representación, más que en los textos literarios. En este campo destaca la labor de dos directores de escena que teorizan sobre cómo deben ser el montaje y la interpretación dramática, estableciendo lo que en el siglo XX se entenderá como «representación realista».

El primero de ellos es el director francés **André Antoine** (1858-1943), fundador del Teatro Libre de París en 1887. En su pequeña sala, Antoine representó obras de autores naturalistas que no encontraban sitio en los importantes teatros parisinos a causa de sus propuestas ideológicas antiburguesas: Ibsen, Strindberg, Zola, etc. Pero la importancia de Antoine no reside en el riesgo ideológico de sus montajes, sino en la forma en que las obras son **representadas**, que se caracteriza por los siguientes aspectos:

- Da la misma importancia al trabajo de todos los actores y no solo al del principal, como era habitual en los montajes anteriores, concebidos para el lucimiento del intérprete protagonista.
- Elimina el retoricismo y gesticulación en que se basaba la interpretación del siglo XIX, pues entiende que la finalidad del teatro es crear impresión de verdad, que el espectador vea al personaje como un ser humano real y no como un intérprete, pues esta es la única forma de que pueda sentirse identificado con él.
- Los actores deambulan por el escenario como si lo hicieran por lugares auténticos, dan la espalda al público, salen de su campo de visión, rompen, en definitiva, el convencionalismo tradicional de tener que estar cara al público en todo momento.
- También con la intención de conseguir la ilusión de realidad, introduce objetos reales en el decorado que sustituyen a las telas y paneles pintados del teatro anterior.

En el otro extremo de Europa, **Constantin Stanislavski** (1863-1938) funda en Moscú el Teatro de Arte con intenciones similares a las de Antoine. El trabajo del director ruso se centra sobre todo en el método de **interpretación**, más que en la escenografía.

Stanilavski busca reflejar la realidad interior de los personajes, así como la complejidad de sus sentimientos y experiencias. Para conseguirlo, el actor debe identificarse plenamente con el personaje, meterse en su piel, sentir sus sufrimientos y alegrías.

En el terreno estrictamente literario el Realismo se había impuesto en el último tercio del siglo XIX gracias a las obras de Ibsen, Strindberg y Chéjov. Sin embargo, estos mismos dramaturgos comienzan pronto a alejarse del reflejo simple de la realidad para centrarse en el análisis de los problemas del individuo en sus relaciones con la sociedad.

Este camino, el del análisis del individuo en sociedad, será continuado en la primera mitad del siglo XX por los autores que se estudian en este apartado, destacando George Bernard Shaw, Eugene O'Neill y Luigi Pirandello.

Constantin Stanislavski como Don Juan, 1889.

George Bernard Shaw

El irlandés George Bernard Shaw (1856-1950) compone unas obras en las que dominan el **debate de ideas** y la crítica de los convencionalismos e hipocresía de la sociedad inglesa de su tiempo, aunque sin la denuncia radical de los fundamentos del sistema vigente. Su perspectiva crítica es expuesta de manera directa en la trilogía *Comedias desagradables* y de una manera más suavizada en la que es, probablemente, su obra más conocida, *Pigmalión*.

El universo dramático de Shaw se aparta del maniqueísmo típicamente naturalista que dividía el mundo en buenos y malos: todos sus personajes son malos, aunque tienen la suficiente bondad como para permitir su salvación en los finales felices en que culminan sus obras.

Eugene O'Neill

En Estados Unidos, el Realismo se impone tardíamente en el teatro y dominará la producción dramática del país durante el siglo XX. O'Neill (1888-1953) es quien rompe con las obras de regusto romántico que triunfaban en los escenarios hasta bien entrado el siglo XX. Su obra incorpora materiales procedentes de distintos orígenes:

- Del Realismo toma la **exactitud en la escenografía** de los dramas, como se aprecia en sus largas **acotaciones***, que suelen incluir informaciones detalladísimas. También es de procedencia realista la **ambientación contemporánea** que refleja problemas de la sociedad norteamericana: la obsesión por el dinero y el ascenso social, la desigualdad social y racial, el alcoholismo, la violencia latente entre los personajes, etc.
- Uno de los aspectos destacados en el teatro de O'Neill es el **tratamiento de los personajes**. Sus criaturas encarnan la **crisis del angustiado hombre contemporáneo**, cuestión en la que se aparta de la tradición puramente realista: unas vidas sin objetivos, dominadas por la culpabilidad y la angustia.
- Introduce **experimentos de raíz vanguardista** para subrayar las preocupaciones existenciales fundamentales en su teatro: máscaras que esconden la verdadera personalidad de los individuos, objetos y otros elementos escenográficos (luces, sonido, vestuario) con sentido simbólico o registros lingüísticos de origen coloquial y vulgar que provocan al espectador burgués.
- En sus obras está presente también la **tradición teatral grecolatina**, de la que toma argumentos que actualiza y adapta a la vida norteamericana del siglo XX. Así sucede en *A Electra le sienta bien el luto* o en *Largo viaje hacia la noche*.

En definitiva, en Estados Unidos el teatro de O'Neill funciona como renovador general, pues apuesta por la ruptura con la tradición romántica dominante, sirve como resumen de las modernas tendencias dramáticas europeas (Realismo, Simbolismo, Vanguardismo, Clasicismo) y como modelo para las futuras generaciones de dramaturgos que seguirán su forma de entender el drama: sobre una base realista, incorporar los elementos necesarios, incluso los más vanguardistas, para abordar el problema existencial y social.

+ PIGMALIÓN

Bernard Shaw actualiza el mito clásico del artista que se enamora de su creación en su comedia *Pigmalión* (1913),en la que el profesor Higgins asume, como consecuencia de una apuesta, la educación de una inculta florista londinense, Elisa. A medida que la instrucción de la joven avanza, el afecto entre ambos crece, pero no desemboca en una relación amorosa. De esta manera, Shaw rompe con el desenlace esperado de las comedias sentimentales de la época y con el propio mito clásico.

* GLOSARIO

Acotación: nota que acompaña a la obra teatral, cuya función es advertir y explicar todo lo relativo a la acción o movimiento de los personajes y al servicio de la escena.

+ LARGO VIAJE HACIA LA NOCHE

El tema de la obra es el sufrimiento del ser humano, entendido como una maldición que se hereda de generación en generación. Los personajes se culpan unos a otros de sus desgracias (adicción a las drogas de la madre, muerte de un hijo, tuberculosis de otro, alcoholismo y vida disipada del mayor de ellos); pero, en última instancia, todas las responsabilidades acaban apuntando al padre, ya viejo, aunque firme aún en las convicciones y actitudes que han destruido la familia: tacañería, mezquindad, alcoholismo, visión tradicional de la vida y falta de comprensión. *Largo viaje hacia la noche* no se estrenó hasta después de la muerte de O'Neill (1956), pues el autor no quería que la dramática historia de su familia fuese conocida.

Luigi Pirandello

Las obras del italiano Luigi Pirandello (1867-1936) se mueven entre la comedia y la tragedia e introducen **novedades** sobre la base técnica del teatro realista:

- **Teatro dentro del teatro**. El procedimiento, ya empleado en el siglo XVII, es usado por el autor para difuminar las fronteras entre lo real y lo ficticio y aludir al drama del hombre contemporáneo. Esta técnica aparece en *Seis personajes en busca de autor*, su texto más conocido, *Enrique IV* y *Trovarsi*.
- **Cuestiones existenciales**. El problema del sentido de la vida es el núcleo sobre el que gira la mayor parte de las obras del dramaturgo. Abandona, por tanto, la cuestión social.
- **Personajes simbólicos**. Pirandello se decanta por seres que representan los sentimientos profundos del ser humano, sus dudas e incertidumbres, su confusión ante el mundo.
- **El humor**. Muchas de sus obras comienzan con una situación hilarante, pero la intención no es seguir por el camino cómico, sino romper con la imagen de la realidad, concibiendo la vida como una bufonada.

El camino renovador de Pirandello atraviesa tres **etapas**:

Hasta la Primera Guerra Mundial	Escribe cuentos y una novela relevante, *El difunto Matías Pascal* (1904), así como sus primeras obras teatrales en clave de **comedias costumbristas**.
Década de los veinte	Compone sus obras más importantes: *Seis personajes en busca de autor* (1921) y ***Enrique IV*** (1922). Los textos muestran ya el **conflicto entre la realidad y la ficción**, la personalidad múltiple y la concepción de la vida como burla.
Década de los treinta	Encuentra el reconocimiento internacional al obtener el Premio Nobel de Literatura (1934). De la producción destaca *Trovarsi* (1932), drama que encarna la característica que define esta etapa: la **ambigüedad**. Ya no se trata del choque entre realidad y ficción: todo es ficción.

El teatro de Pirandello aborda dos **temas** principales. El primero de ellos es la verdad y la dificultad de encontrarla. El hombre habita en la frontera entre lo visible, simple apariencia, y lo ficticio, donde residen los deseos y aspiraciones humanas. El conflicto entre la realidad y la ficción conduce al segundo asunto de su obra, el problema de la personalidad: ¿quiénes somos?, ¿qué nos define, lo que somos o lo que queremos ser?, ¿cuál es el sentido de nuestra vida? Solo hay dos salidas: la locura, en la que el personaje se decanta por vivir su existencia como ficción, y la muerte, resolución definitiva del conflicto, pues nada existe más allá de ella.

Los temas tratados sitúan a Pirandello en el ámbito de la literatura existencial, de la que es iniciador y uno de sus principales representantes, junto con el español Miguel de Unamuno. Anticipa también el teatro del absurdo, ya que la conclusión final que se extrae de sus obras es que la vida humana no es más que una burla sin sentido.

+ SEIS PERSONAJES...

Durante los ensayos de una obra teatral, aparecen seis personajes que han sido abandonados por su autor y buscan otro que cuente su historia. Los seis personajes están caracterizados como tipos sociales: el Padre, la Madre, la Hijastra, el Hijo, el Muchacho y la Niña. Su historia es un drama familiar: el Padre, quien ha tenido al Hijo con la Madre, se separa de ella porque está enamorada de otro hombre. Posteriormente nace la Hijastra, y luego el Padre pierde la pista de su familia. La Madre retorna al pueblo viuda, pobre y madre de dos hijos más. La Hijastra se ve obligada a trabajar en la casa de citas de Madame Pace, donde la encuentra el Padre, sin reconocerla. Los personajes declaran que la representación no es tan solo un relato, sino que así han vivido esta historia, y la reviven una y otra vez.

1. Esquematiza la evolución que marca la superación del realismo teatral del siglo XIX en los tres autores que has estudiado en esta sección. ¿Qué aspecto fundamental aporta cada uno de ellos?

02.2 El vanguardismo en el teatro

En 1896, el escritor francés **Alfred Jarry** (1873-1907) estrena *Ubú rey*, punto de partida del vanguardismo, que rompe los principios fundamentales del drama realista. La obra es una **burla** de los personajes tradicionales y del teatro trágico con sus héroes y complicadas intrigas, así como de la lógica racional.

El principio de la **farsa*** ya supone una **provocación**, en primer lugar por la palabra que abre el texto, completamente inusual; pero también por una situación que recuerda al clásico de Shakespeare, *Macbeth*. Padre Ubú, capitán del ejército polaco y antiguo rey de Aragón, es tonto, cruel, gordo y ridículo; su mujer, Madre Ubú, le incita a derrocar al rey de Polonia y a hacerse con el trono, cosa que conseguirá, instaurando un régimen de crueldad absolutamente irracional:

> «PADRE UBÚ.—¡Mierdra!
>
> MADRE UBÚ.—¡Oh! Mira qué bonito, Padre Ubú, sois un grandísimo gamberro.
>
> PADRE UBÚ.—¡No me hagáis acogotaros, Madre Ubú!
>
> MADRE UBÚ.—No es a mí, Padre Ubú, sino a otro al que habría que asesinar.
>
> PADRE UBÚ.—De por mi velón verde, no lo entiendo.
>
> MADRE UBÚ.—¿Cómo, Padre Ubú, estáis contento con vuestra suerte?»
>
> Alfred JARRY, *Ubú rey*. Cátedra.

Se inicia así el camino de la renovación que culminará en los años veinte en el Dadaísmo y en el Surrealismo, y en los años cincuenta en el teatro del absurdo.

Tras el intento de Jarry, la ruptura con la concepción realista del teatro habrá de esperar hasta los montajes del director de escena ruso **Vsevolod Meyerhold** (1874-1942) en la primera década del siglo XX. Este director se aparta de la concepción de su maestro, Stanislavski.

Las ideas de Meyerhold se resumen en las siguientes:

- El público debe ser consciente en todo momento de que asiste a una **representación**. No se trata de crear ilusión de realidad.
- Los actores deben **exagerar** su interpretación, sobre todo en los gestos, que recuerdan a los de las marionetas.
- Hace **desaparecer el telón**, permitiendo que el público vea las paredes desnudas, la maquinaria teatral y cómo los actores se caracterizan; esto es de vital importancia para la ruptura con la ilusión de realidad que antes se ha mencionado.

Entre la Primera y la Segunda Guerra Mundial en las literaturas europeas se suceden propuestas de renovación teatral más o menos radicales. En algunos casos se trata de simples juegos de provocación que adoptan forma de representación dramática y que carecen de un sentido más allá del mero divertimento. En otras ocasiones sí puede hablarse de verdaderas innovaciones que persiguen el abandono definitivo de la ilusión de realidad o de la vinculación del teatro con la literatura burguesa oficial. Entre los muchos intentos vanguardistas deben destacarse tres de ellos por su influencia en el teatro posterior: el teatro expresionista, el surrealista y el teatro de la crueldad.

GLOSARIO

Farsa: pieza cómica, generalmente breve, cuyo único propósito es provocar la risa del espectador. En el siglo XX, muchos escritores la utilizaron para abordar el ridículo de la vida moderna.

1. Las vanguardias buscan una ruptura total con la tradición, ¿cómo se manifiesta en el fragmento de *Ubú rey* de esta página?

LA VANGUARDIA ESPAÑOLA

La reacción antirrealista en el teatro español está protagonizada por Ramón M.ª del Valle-Inclán y Federico García Lorca. Ambos rompen con la separación de géneros e introducen en sus textos recursos procedentes de géneros considerados menores, como la farsa o el teatro de marionetas. El teatro de Valle-Inclán se relaciona con la tendencia expresionista por su empleo sistemático de la deformación en la etapa de los esperpentos. García Lorca, sin embargo, se alinea con distintas tendencias, dependiendo de las épocas, pero son sus obras surrealistas *(El público* y *Así que pasen cinco años)* las más innovadoras.

El **expresionismo** es un movimiento de vanguardia surgido y desarrollado fundamentalmente en Alemania desde la primera década del siglo XX. Su pretensión principal es reflejar el sentimiento de angustia del individuo mediante una estética exagerada y deformada. En consecuencia, las manifestaciones teatrales expresionistas buscan:

- La distorsión de la realidad mediante procedimientos como los decorados inclinados y asimétricos.
- La eliminación de las barreras entre público y escena.
- La interpretación exagerada de los actores para reflejar así la locura y el desasosiego contemporáneos.

El **surrealismo**, movimiento del que nos ocuparemos detenidamente en la siguiente Unidad, encuentra su manifestación teatral en algunas obras que reaccionan contra el realismo dominante mediante la introducción de lo ilógico, absurdo e irracional. Lo que se pretende es bucear en el interior del ser humano y hacer visibles sus deseos reprimidos para, de esa manera, encontrar la liberación.

Antonin Artaud (1896-1948) es el creador del llamado **teatro de la crueldad**. Esta forma de entender la representación es profundamente crítica con la tradición dramática europea, de la que quiere apartarse. Los aspectos más importantes de esta tendencia aparecen expuestos por Artaud en su ensayo *El teatro y su doble* (1938), del que destacamos las siguientes ideas:

- Rechazo de la importancia del texto literario, ya que lo importante es el **espectáculo total**, integrado por el texto literario, la música, las luces, los gestos, el maquillaje y cualquier otro código extralingüístico que pudiera usarse. De todos esos elementos, la palabra no es siquiera el más importante, por lo que puede incluso estar ausente.
- Artaud pretende **recuperar** con sus espectáculos los **orígenes del teatro** como ceremonia religiosa, rito y fiesta. Para ello deben introducirse elementos mágicos, religiosos, festivos (bailes, música, etc.) que inviten al espectador a liberarse.
- Debe acabarse con la **pasividad del espectador** tradicional, provocándolo con imágenes violentas —de ahí el nombre de «teatro de la crueldad»— y obligándolo a participar en el proceso de comunicación bilateral que Artaud pretende que sea el teatro.
- Toma como ejemplo las **representaciones orientales**, sobre todo las chinas y las balinesas, que a sus ojos siguen manteniendo lo que es la esencia del teatro: el trabajo con el físico del actor, más que con su capacidad lingüística.
- **Ruptura con el elitismo cultural burgués**, de modo que la cultura llegue a todos, tal como expresa en el siguiente fragmento:

> «Debemos terminar con esa idea de las obras maestras reservadas a una supuesta élite y que la multitud no comprende. [...] Si el vulgo no acude a las obras maestras literarias es porque estas están fijadas a formas que ya no responden a las necesidades de nuestros tiempos.»
>
> Antonin ARTAUD, *El teatro y su doble*. Edhasa.

Antonin Artaud (1896-1948), en *Napoleón* de Gance.

LEE MÁS

Si te apetece saber más sobre Artaud y cómo entendía el teatro, te recomendamos que leas el artículo que sobre él escribe el Dr. Jorge Fernández Gonzalo en la revista *Observaciones Filosóficas*. Puedes encontrarlo en el siguiente enlace: www.observacionesfilosoficas.net/ladestruccioncomoteatro.htm

02.3 El teatro político

La expansión del comunismo fuera de Rusia, el ascenso de los fascismos en numerosas naciones europeas, el clima de preguerra que se respira desde los últimos años veinte y la crisis económica de 1929 provocan que muchos dramaturgos se interesen por una sociedad que está a punto de explotar. Esta orientación del teatro hacia los problemas sociales no supone el olvido de las innovaciones anteriores, que seguirán incluyéndose en las obras, sino simplemente la recuperación de la **función didáctica del género dramático**. Esta forma de entender el teatro tiene su máximo representante en el director de escena alemán **Erwin Piscator** (1893-1966), cuyos montajes presentan las siguientes características:

Su **objetivo** es denunciar las situaciones de miseria o injusticia desde una perspectiva marxista	Utiliza **actores aficionados** cuya vida real a veces coincide con las injusticias denunciadas	Lleva la **representación cerca del público** buscado (barrios obreros, fábricas, etc.), sacándolo de los locales convencionales

En la línea política de Piscator se sitúa la figura de Bertolt Brecht, aunque en este la función ideológica no llega a sustituir por completo al trabajo literario. Brecht hace literatura política, no doctrina política, como sucede con los montajes de Piscator.

Bertolt Brecht

Brecht entiende que el teatro debe ser consecuente con el momento histórico que uno vive. Por esa razón el teatro contemporáneo debe ser racional, científico, preciso y objetivo; pues, según Brecht, es lo que define nuestra época. Para ello, el autor alemán emplea lo que él mismo llamó **«método del distanciamiento»**, usando los siguientes procedimientos:

- Subrayar la función social de las obras, que lleven a la reflexión sobre lo que se plantea, al impedir la identificación entre espectador y personaje.
- Contar de antemano lo que va a suceder y así el espectador no puede dejarse llevar por la intriga del argumento.
- Romper la acción mediante canciones en cuyas letras se invita al público a reflexionar sobre algunos de los aspectos tratados en la obra.
- Hacer aparecer en escena carteles que inviten a la reflexión o subrayen algunas de las ideas expuestas por los actores.
- Convertir a un actor en juez de los personajes del drama.
- Utilizar una escenografía antirrealista, con máscaras, maquillaje y vestuario apartados de lo convencional.
- Exagerar la gesticulación y teatralidad de la interpretación.
- Mezclar elementos y situaciones de distintos géneros para provocar la extrañeza del público.
- En ocasiones, imponer a sus obras finales felices que no son coherentes con su desarrollo, recurso con el que busca hacer notoria la engañosa apariencia de ciertas situaciones sociales y del teatro burgués tradicional.

BERTOLT BRECHT

R. Schlichter, *Retrato de Bertolt Brecht* (1926).

Unidad 7 Doc. 1 — Aquí encontrarás una breve biografía de este destacado autor.

+ DISTANCIAMIENTO

En opinión de Brecht, el público nunca debe involucrarse en la acción representada para, de esa manera, mantener su capacidad de reflexión y crítica ante lo que está viendo. Dicho distanciamiento entre el público y la obra representada puede alcanzarse mediante un conjunto de procedimientos que en muchos casos proceden de otras tendencias teatrales, como el teatro de la crueldad, el expresionismo o los planteamientos de Meyerhold.

Obras

Las obras de Bertolt Brecht están dominadas por una crítica social de índole marxista que, en ocasiones, se sirve de la forma de **parábola**. La enseñanza o moraleja nunca es evidente en ellas, sino que debe ser extraída por el espectador, deduciéndola de la actuación de los personajes. Entre los **temas** constantes en su obra dramática destacan:

- El reflejo del comportamiento y condición del ser humano en medio de las contradicciones sociales.
- La sociedad y la vida definidas por una lucha constante que, en última instancia, se produce entre el bien y el mal. Los protagonistas de sus obras no se comportan como héroes perfectos, sino como seres contradictorios (un poco «buenos», pero también un poco «malos») o, incluso, negativos.
- El mundo siempre dominado por la explotación de los más débiles, por el dinero y los abusos de poder.
- La ciudad se convierte en tema de muchas de sus obras, pues es el lugar en donde entran en conflicto las ideologías y los seres humanos; en ella convergen el sufrimiento, la violencia y todas las fuerzas que actúan sobre lo humano.

+ MADRE CORAJE Y SUS HIJOS

Unidad 7 Doc. 2

Aquí podrás ampliar información acerca de esta obra de Brecht.

Etapas

La producción teatral de Brecht atraviesa tres **etapas**, aunque siempre se mantiene en el terreno de la preocupación social.

- **Anterior a 1928**

  Denuncia las costumbres burguesas con una estética cercana al expresionismo, pero todavía no se aprecia el peso político posterior. A este periodo pertenece *La ópera de tres cuartos* (1828), uno de sus textos más conocidos.

- **Entre 1928 y 1933**

  Compone sus obras más politizadas y orientadas a la educación de las masas.

- **Tras el exilio,** en 1933, y hasta el final de su vida

  Escribe sus dramas más profundos y pesimistas, como *La buena persona de Sezuan* (1936), que ataca el poder destructor del dinero y reflexiona sobre la justicia, *Madre Coraje y sus hijos* (1939), acerca de la guerra y sus consecuencias sobre los más desvalidos, y *Galileo Galilei* (1948), cuyo tema central es el compromiso que puede existir entre el intelectual y la sociedad.

LA GUERRA

«MADRE CORAJE.—¿De modo que usted no cree que la guerra pueda terminarse?

CAPELLÁN.—¿Porque se haya muerto el Mariscal? Vamos, no sea pueril. De esos le encuentro una docena. Nunca faltan héroes.

MADRE CORAJE.—Oiga, yo no se lo pregunto por bromear, sino porque estoy pensando si he de comprar más mercadería, ahora que está barata. Como que si la guerra termina la puedo arrojar a la calle.

CAPELLÁN.—Comprendo que para usted sea cosa seria. Siempre hubo quienes anduvieron diciendo: «Alguna vez se ha de terminar la guerra». Pero yo digo que no es cosa tan segura eso de que la guerra termine alguna vez. [...] Después de todo, no hay nada perfecto en esta tierra. Una guerra perfecta, una de esas donde haya que decir: no tiene ni el menor defectillo, difícilmente llegue a existir. De pronto puede estancarse, por cualquier cosa imprevista, dado que no se puede estar pensando en todo. [...] Con todo, vendrían en su ayuda los emperadores, reyes y papas cuando la encuentren en la indigencia. De modo que, a grandes rasgos, la guerra no tiene nada que temer y se le puede pronosticar una vida bien larga.»

Bertolt BRECHT,
Madre Coraje y sus hijos,
en *Teatro completo*. Alianza.

1. ¿Qué situaciones se denuncian en el fragmento?

2. Según Brecht, ¿quiénes son los responsables de las guerras?

03 El teatro posterior a la Segunda Guerra Mundial

03.1 El teatro del absurdo

El teatro del absurdo nace en la década de los cincuenta en París gracias a tres autores que, sin ser franceses, eligen el francés como lengua literaria: Eugène **Ionesco**, Samuel **Beckett** y Fernando **Arrabal**. No se trata de algo radicalmente nuevo, ya que muchos de sus rasgos se encuentran en propuestas dramáticas anteriores: preocupación existencial, exploración de lo ilógico e intención provocadora de las obras; la novedad consiste en ofrecer las tres cuestiones combinadas y hacerlo en respuesta a un hecho histórico que funciona como detonante: la Segunda Guerra Mundial.

El conflicto bélico había demostrado que la realidad puede ser irracional y superar a la ficción más hiperbólica. El Holocausto (el asesinato programado y sistemático de unos seis millones de judíos), los bombardeos sobre la población civil, las bombas atómicas sobre Hiroshima y Nagasaki, las purgas estalinistas, la política de bloques que se instaura tras la guerra...; todo hace plantearse a los dramaturgos que no hay diferencias entre razón y locura, por lo que deciden y ven necesario crear situaciones dramáticas lo suficientemente extrañas y sorprendentes como para que el espectador repare en lo absurdo del mundo de posguerra.

Los **rasgos** que caracterizan el teatro del absurdo se agrupan en dos núcleos:

- El primero de los cuales hace referencia a la concepción del mundo que se aprecia en las obras y que enlaza con los **enfoques existenciales** habituales en buena parte de la literatura del siglo XX. El hombre se encuentra perdido en un mundo absurdo y carente de razón. El fluir del tiempo, la presencia de la muerte y la nada que espera al ser humano niegan toda posibilidad de esperanza y de sentido a la existencia. Tras la guerra, la soledad y la incomunicación se han impuesto como caracteres dominantes. En consecuencia, la vida es entendida como una burla trágica, como una broma pesada.
- El segundo grupo de rasgos se centra en la **concepción escénica** y técnica de unas obras que quieren reflejar no ya la realidad, sino lo ridículo de esa realidad. Esta intención se alcanza mediante el uso de objetos inesperados, situaciones, comportamientos y escenografía contrarios a la lógica. Los personajes se caracterizan por su incoherencia y falta de objetivos vitales. Es habitual la mezcla de lo ridículo y de lo trágico, de la angustia y de la burla. En el plano estructural destaca la ausencia de trama. Frente a este último carácter, los escritores suelen decantarse por las estructuras circulares en las que el desenlace reproduce el comienzo, aludiendo de esta forma al sinsentido de una vida monótona en la que casi nunca sucede nada. Finalmente, el lenguaje se aparta de lo convencional mediante diferentes procedimientos.

1 El teatro del absurdo recoge caracteres de autores y tendencias teatrales anteriores. Indica su procedencia.

+ EL ABSURDO LINGÜÍSTICO

Los personajes del absurdo suelen hablar sin parar, se interpelan unos a otros sin que se respete la lógica de la conversación. Gastan de esa manera su tiempo porque no existe otro objetivo vital más que consumir el presente hasta que llegue el final, el desenlace de la obra o de la vida. Por ello, es habitual la acumulación de frases inconexas, descontextualizaciones, incoherencias o verborrea incontrolada.

Autores más representativos

En la producción de **Eugène Ionesco** (1912-1994) se advierten dos **etapas**. En la primera, entre 1950 y 1958, estrena sus tres obras más conocidas: *La cantante calva* (con la que da comienzo al teatro del absurdo), *La lección* y *Las sillas*. El rasgo que las unifica es el **humor**, logrado por medio de la sorpresa en el comportamiento de los personajes o por el uso de un lenguaje en el que se acumulan frases fuera de contexto. La intención del dramaturgo no es provocar la risa, sino hacer visible lo ridículo de la vida contemporánea, la soledad e imposibilidad de comunicación.

En la **segunda** etapa, a partir de 1958, se centra con su obra *Rinoceronte*, en la deshumanización de los habitantes de una ciudad que paulatinamente se van convirtiendo en paquidermos insensibles. Desde este momento, el teatro de Ionesco se va llenando de **contenidos filosóficos** evidentes cuya exposición resta espacio a la frescura humorística del primer periodo.

Tras iniciarse en la narrativa y la poesía, el autor irlandés **Samuel Beckett** (1906-1989) revoluciona el panorama teatral en 1953 con *Esperando a Godot*. La obra se divide en dos actos en los que aparecen dos vagabundos llamados Vladimir y Estragon que están esperando junto a un camino a un tal Godot, de quien no sabemos nada. En cada acto otros dos personajes, Pozzo y su esclavo Lucky, aparecen con el mensaje de que Godot no vendrá hoy, pero mañana seguro que sí.

Esta obra incorpora casi todos los **temas** principales del teatro de Beckett, entre los que destaca la oposición entre la desesperanza que empuja al suicidio y la voluntad de seguir viviendo por inercia. Vinculados con este tema, encontramos también otros: el fracaso de los proyectos vitales, la impotencia, la soledad y el vacío de vivir. Todos ellos giran en torno al absurdo de una existencia humana sin objetivo. Los **personajes** característicos de Beckett encarnan a la perfección los temas indicados. Son estrafalarios, disminuidos físicos en algunos casos, mendigos, enfermos, solitarios..., pero todos tienen en común el hablar constantemente, mientras esperan, y el que sus palabras contradigan sus actos.

El español **Fernando Arrabal** (1932) es otro de los iniciadores del teatro del absurdo. Su propuesta se caracteriza por el deseo de **provocación**, que consigue no solo mediante sus textos, sino también con sus declaraciones y comparecencias públicas. Sus comedias más reconocidas son *Pic-nic* (1953), sobre el tema de la guerra, *Fando y Lis* (1955), que se centra en el problema amoroso, y *El cementerio de automóviles* (1959), donde aborda la cuestión religiosa. Posteriormente, funda el **teatro pánico**, que aboga por una mayor libertad creativa frente a la rigidez del surrealismo, controlado aún por André Breton.

1. ¿Quién crees que es Godot? ¿Qué ideas del texto te hacen pensar así?
2. ¿Qué características de los personajes de Beckett se encuentran en el fragmento?
3. ¿Qué piensas que quiere decir Beckett con esta obra? ¿Por qué?

LA INACCIÓN

«*(Cada uno cogió una punta de la cuerda y tiraron. La cuerda se rompió. Están a punto de caer.)*

ESTRAGON.—¿Dices que mañana hay que volver?

VLADIMIR.—Sí.

ESTRAGON.—Pues nos traeremos una buena cuerda.

[...]

VLADIMIR.—Sí.

ESTRAGON.—No puedo seguir así.

VLADIMIR.—Eso es un decir.

ESTRAGON.—¿Y si nos separásemos? Quizá sería lo mejor.

VLADIMIR.—Nos ahorcaremos mañana. *(Pausa.)* A menos que venga Godot.

ESTRAGON.—¿Y si viene?

VLADIMIR.—Nos habremos salvado.

(Vladimir se quita el sombrero —el de Lucky—, (mira el interior, pasa la mano por dentro, se lo sacude, se lo cala.)

ESTRAGON.—¿Qué? ¿No vamos?

VLADIMIR.—Súbete los pantalones.

ESTRAGON.—¿Cómo?

VLADIMIR.—Súbete los pantalones.

ESTRAGON.—¿Que me quite los pantalones?

VLADIMIR.—Súbete los pantalones.

ESTRAGON.—Ah, sí, es cierto.

(Se sube los pantalones. Silencio.)

VLADIMIR.—¿Qué? ¿Nos vamos?

ESTRAGON.—Vamos.

(No se mueven.)»

Samuel BECKETT, *Esperando a Godot*. Tusquets

03.2 El teatro existencial y comprometido

Además de la crítica radical y vanguardista del teatro del absurdo, otros dramaturgos se decantan por la expresión del sufrimiento existencial —causado en la mayoría de las ocasiones por el desajuste social— mediante formas dramáticas más respetuosas con la tradición.

El teatro existencialista francés

Los dramaturgos más relevantes del existencialismo francés son **Jean Paul Sartre** (1905-1980) y **Albert Camus** (1913-1960). Ambos comparten la intención de hacer un teatro en el que el **debate sobre las ideas** se imponga sobre la acción. Esas ideas se convierten en los núcleos temáticos de unas obras que se ocupan del sentido de la **existencia humana**, así como de la reflexión sobre la libertad y todo aquello que la hace imposible (religiones, dogmatismo, capitalismo, etc.)

Pese a que los dos escritores comparten una misma idea sobre el teatro, acaban enfrentándose, ya que disienten en cómo debe ser la actitud del artista ante la **cuestión social**. Sartre piensa que el artista debe comprometerse con la sociedad y denunciar la injusticia y la falta de libertad cuando esta se produzca. Para ello no duda en aliarse con opciones políticas como el comunismo, con quien estuvo vinculado durante toda su vida. Por su parte, Camus cree que el intelectual debe mantenerse al margen de los partidos y luchar por un mundo mejor con sus propias fuerzas. Sartre tiene fe ciega en el compromiso social del escritor, mientras que Camus es defensor del compromiso individual.

Estas dos posiciones se manifiestan en sus obras de teatro. Las de **Sartre** suelen tener como referencia **situaciones concretas** que denuncia y con las que pretende mover al espectador a la acción. Así, en *Las moscas* (1943) y en *A puerta cerrada* (1944) el autor recrea un mundo que tiene paralelismos evidentes con la Francia ocupada por los nazis y que le permiten cargar contra la opresión, la brutalidad y el colaboracionismo francés durante la Segunda Guerra Mundial.

Albert Camus, en cambio, orienta su teatro hacia cuestiones filosóficas más generales y no tan politizadas, aunque el asunto de la libertad también aparece. El tema recurrente de sus textos es el debate sobre **si vivir merece la pena**. Los personajes se encuentran ante situaciones irracionales que parecen negar el sentido de la existencia; pese a ello, confían en sus fuerzas y se enfrentan a los obstáculos para intentar alcanzar en este mundo —pues no hay otro en su teatro— la felicidad a la que creen tener derecho. En la producción teatral de Camus destacan *Calígula* (1945), que aborda la respuesta del hombre ante la brutalidad del emperador romano, y *Estado de sitio* (1948), obra en la que los personajes se enfrentan a una epidemia que les lleva a la destrucción.

1 Haz un breve resumen de *Calígula* y analiza los personajes del emperador y de Quereas: qué quieren, qué les mueve a actuar, etc.

+ LA ACCIÓN

Ante la irracionalidad de la vida, los personajes de Camus se caracterizan por actuar, cumpliendo con sus obligaciones morales aunque estas estén condenadas al fracaso. En su obra *Calígula* el personaje de Quereas refleja esta idea, mientras que el emperador personifica el sinsentido, absurdo y vacío vitales. RTVE realizó un montaje de esta obra en 1971 que os recomendamos ver y que podréis encontrar en el siguiente enlace: www.rtve.es/alacarta/videos/estudio-1/estudio-1-caligula/861793/

El realismo norteamericano de posguerra

En Norteamérica, además del teatro experimental al que nos referiremos después, destacan dos dramaturgos realistas con una fuerte carga de denuncia social y de reflexión existencial.

Las obras de **Tennessee Williams** (1911-1983) se caracterizan por la **falta de adaptación de los personajes** a los cambios del mundo moderno, lo que les lleva a encerrarse en sí mismos de diferentes maneras. El choque con la realidad contemporánea los destruye: frustración vital, el alcoholismo, adicción a las drogas, los problemas mentales y sexuales. Entre sus dramas destacan *El zoo de cristal* (1944), *Un tranvía llamado Deseo* (1947) y *La gata sobre el tejado de zinc caliente* (1955).

Arthur Miller (1915-2005) incorpora en sus obras algunos elementos que rompen el realismo simplista, como el uso de flashbacks o la ruptura del espacio escénico tradicional, que le permite mostrar acciones paralelas. Desde el punto de vista temático, el teatro de Miller se ocupa principalmente de dos cuestiones:

- La frustración como consecuencia de una vida vacía y sin objetivos aparentes, que es el tema de *Muerte de un viajante* (1949).
- La denuncia política concreta, a la que dedica *Las brujas de Salem* (1953), drama ambientado en el tiempo de los primeros colonos norteamericanos en el que carga contra la intolerancia ideológica y social.

+ MUERTE DE UN VIAJANTE

Unidad 7
Doc. 3

Aquí encontrarás un resumen del argumento de esta obra.

+ LAS BRUJAS DE SALEM

La intención de Miller con su obra es referirse a la persecución que en la década de los cincuenta sufren los intelectuales de izquierda estadounidenses en el proceso llamado «caza de brujas» o McCarthismo (que llevó a cabo el senador McCarthy).

El teatro existencial y comprometido desde la década de los sesenta

A comienzos de los sesenta se dan a conocer los **Jóvenes airados**, un grupo de dramaturgos británicos marcados por la desesperanza y el desengaño ante la sociedad en la que viven. Estos autores muestran un mundo dominado por el aburrimiento y la incomunicación que no es criticado desde ninguna posición política concreta.

Dentro del grupo se advierten dos **tendencias**. Por una parte, una línea realista representada por **John Osborne** (1929-1994), autor del drama que da nombre al grupo, *Mirando hacia atrás con ira*; y, por otra, la línea teatral que siguen **Harold Pinter** y **Tom Stoppard**, más abierta a la fantasía y a la incorporación de la lógica irracional procedente del teatro del absurdo.

En 1964, el alemán nacionalizado sueco **Peter Weiss** (1916-1982) estrena *Marat-Sade*, obra que plantea la vuelta hacia las **cuestiones políticas** de las que querían apartarse los Jóvenes airados, recreando el conflicto entre el activismo revolucionario y el individualismo.

También en una línea política se sitúa el italiano **Dario Fo** (1926), entre cuyas obras destaca *Muerte accidental de un anarquista* (1970). En ella, un loco es detenido en la misma comisaría en la que un anarquista ha muerto al caer por una ventana. Adoptando sucesivamente la personalidad de distintos personajes, el loco consigue destapar el asesinato del anarquista.

LA CUESTIÓN SOCIAL

«Loco.—¿El pueblo pide una auténtica justicia? Nosotros en cambio conseguimos que se conforme con una menos injusta. Los trabajadores gritan basta ya de la vergüenza de la explotación bestial, y nosotros procuraremos sobre todo que no se avergüencen más; pero que sigan siendo explotados... quieren no morir más en las fábricas, y nosotros pondremos alguna protección complementaria, algún premio para las viudas. Quieren ver cómo desaparecen las clases... y nosotros haremos que ya no haya tanta diferencia, o mejor aún, ¡que no se note tanto! Ellos quieren la revolución... y nosotros les daremos reformas, muchas reformas... los ahogaremos en reformas. O mejor aún, los ahogaremos en promesas de reformas, ¡porque tampoco se las daremos nunca!»

Dario Fo, *Muerte accidental de un anarquista*. Orbis.

1. ¿Qué denuncia Fo en el texto? ¿Crees que tiene alguna relación con nuestro mundo actual?

03.3 El teatro experimental

Desde la década de los sesenta la vanguardia teatral se desplaza de Europa a Estados Unidos. Nueva York se convierte en el centro desde el que se irradian a todo el mundo las propuestas más innovadoras y rompedoras.

De manera general, nos referimos con el nombre de «teatro experimental» a un conjunto de tendencias que continúan el camino renovador iniciado por las vanguardias de los años veinte, el teatro de la crueldad de Artaud, la concepción dramática de Bertolt Brecht y la revolución que supuso el teatro del absurdo.

Los **rasgos comunes** que definen a este nuevo teatro son los siguientes:

- Primacía del **espectáculo total** sobre el texto literario, mediante la explotación de los **códigos extralingüísticos**.
- Incorporación de elementos que provienen de **otros espectáculos**, como el circo, el cabaré, el cine, los mítines políticos, etc.
- Desaparición de la llamada «cuarta pared», para romper con la tradicional separación entre escenario y sala y provocar así la participación del **espectador**, como si este fuese un elemento más de la representación.
- Acercamiento del teatro a **otros públicos** mediante la salida de los espectáculos de las salas convencionales.
- Concepción de la obra como **creación colectiva** del autor, el director de escena, los actores y el público que participa en ella.
- Estos nuevos experimentos teatrales tienen diversos **objetivos** que permiten relacionarlos con alguna de las tendencias anteriores. Entre ellos se encuentra la **agitación política** y social, que entronca con el teatro político de Piscator, Brecht y con los dramas comprometidos de Sartre. También se busca la **liberación del espectador** mediante la pura diversión, lo que enlaza con Artaud.

Entre todas las tendencias que aglutinamos bajo el nombre de «teatro experimental» es conveniente destacar aquellas que han tenido más resonancia internacional: el Living Theatre (con una marcada posición ideológica), el Open Theatre (centrado en el trabajo del actor), el teatro campesino (que refleja los problemas sociales mexicanos) y el teatro pobre (en el que destaca la expresividad).

+ LOS FESTIVALES DE TEATRO

Desde mediados del siglo XX, destaca la tendencia «globalizadora» de la cultura, que se orienta hacia un mayor intercambio de ideas entre creadores de diversa procedencia. En el terreno teatral, esta vocación global ha cristalizado en la aparición de diferentes festivales que acogen a compañías de todos los rincones del mundo, convirtiéndose en terreno adecuado para el intercambio y las influencias mutuas. Entre ellos, merecen ser destacados el de Edimburgo y, sobre todo, el que cada verano se celebra en la localidad francesa de Avignon. Ambos festivales fueron fundados en 1947 y nacieron con la voluntad de dar visibilidad a propuestas teatrales que se apartan de las formas más clásicas y, en consecuencia, ven limitadas sus posibilidades de exhibición.

http://www.festival-avignon.com/

http://www.eif.co.uk/

+ LA EXPERIMENTACIÓN EN ESPAÑA

En la década de los setenta en España también aparecieron grupos que pretendían incorporar la experimentación teatral del momento. Entre ellos destacan la compañía andaluza *La Cuadra*, dirigida por Salvador Távora que, influido por el teatro de la crueldad, presenta unos montajes que bucean en las raíces primitivas del alma andaluza y su sufrimiento. En Cataluña, Albert Boadella es el alma de *Els Joglars*, compañía más interesada por la caricatura y la farsa con intención crítica.

En un lugar de Manhattan, Els Joglars.

Living Theatre

El Living Theatre comienza su trabajo en Nueva York a finales de la década de los cuarenta con la representación de **textos consagrados** de la historia del teatro —clásicos griegos, Shakespeare, Racine o García Lorca, entre los clásicos más recientes— en los que destaca la altura poética del lenguaje.

Tras ese primer momento, el grupo evoluciona hacia una concepción dramática bien diferente que es consecuencia del influjo recibido del teatro de la crueldad de Antonin Artaud: el texto literario desaparece prácticamente y es sustituido por la improvisación y la participación del público sobre unos breves guiones. El contenido de los espectáculos de esta segunda etapa se orienta hacia lo político, con **montajes provocadores** y agresivos en los que el grupo se sitúa frente al sistema capitalista, la Guerra del Vietnam y la sociedad burguesa. Esta posición ideológica del Living Theatre justifica su inclusión dentro de la llamada «revolución hippy» de los años sesenta.

+ LEE MÁS

Compañías españolas de teatro en Internet:

- La Cuadra: www.teatrolacuadra.com
- Els Joglars: www.elsjoglars.com
- La Zaranda: www.lazaranda.net
- Els Comediants: www.comediants.com

Open Theatre

Algunos actores procedentes del Living Theatre fundan en 1963 el Open Theatre movidos por su descontento ante el cariz político y antisistema que había adquirido el grupo. Para estos actores, el teatro es ante todo **trabajo del actor** que quiere comunicarse con el espectador, no incitarlo a la acción social o política.

Teatro campesino

Unos años más tarde, en 1969, de la mano de Luis Valdez, nace en México el **teatro campesino**, aunque sus orígenes se remontan a la huelga de los trabajadores de la uva de California en 1965. La intención de este grupo es escenificar diferentes **problemas sociales** mexicanos, aunque con la particularidad de que sean los propios trabajadores quienes lo hagan: teatro para trabajadores hecho por los propios trabajadores. Se trata de un teatro elemental y simple en sus argumentos que se vale solamente de los objetos existentes en la vida real de los campesinos mexicanos.

Teatro pobre

En Europa, el polaco Jerzy Grotowski crea el **teatro pobre**, una propuesta dramática caracterizada por la desnudez escenográfica que se compensa con una exageración de la **expresividad** de los actores.

EL TEATRO COMO TRANSGRESIÓN

«El teatro debe violar los estereotipos de nuestra visión del mundo, los sentimientos convencionales, los esquemas de juicio; debe violarlos brutalmente, en cuanto estos estereotipos están modelados en el organismo humano (en el cuerpo, en la respiración, en las reacciones interiores), debe violar por lo tanto ciertas especies de tabús; es a través de esta trasgresión que el teatro nos permite —con un *shock*, con un sacudimiento que hace caer las máscaras— entregarnos desnudos a algo tan extremadamente difícil de definir.»

Jerzy GROTOWSKI, *Hacia un teatro pobre*. Tusquets.

+ LEE MÁS

Grotowski y el trabajo del actor

Grotovski (1933-1999) fue, en esencia, un investigador de los procesos de creación actoral. Sus escritos teóricos se publicaron en 1968 en un libro llamado *Hacia un teatro pobre*, el cual tuvo gran éxito entre los artistas experimentales y de vanguardia. Si quieres saber más sobre el concepto de teatro de Grotowski, puedes encontrar un fragmento de sus escritos en el siguiente enlace: www.juntadeandalucia.es/cultura/caac/docms/txts/grottos_txt01.pdf

El teatro

El teatro es un género que necesita ser representado para alcanzar la plenitud de sentido de las obras, lo que obliga a una importante inversión —sala, compañía de actores— y, en consecuencia, a la obtención de un rendimiento económico. Esta peculiaridad explica que a lo largo del siglo perviva un **teatro que apuesta por la dimensión comercial** y se dirija al público burgués. Estas obras continúan la estética realista del siglo XIX y se sustentan en una ideología conservadora de escasa carga crítica. Pero junto a esta línea teatral que persigue la satisfacción del público, surgen a lo largo del siglo XX algunas **tendencias que pretenden renovar la escena** española atendiendo a tres aspectos principales: la eliminación del realismo escénico, la incorporación de elementos procedentes de otros ámbitos artísticos y el tratamiento de temas que aborden la situación del hombre y la sociedad contemporánea.

Desde los primeros años del siglo, Miguel de Unamuno, José Martínez Ruiz y, por encima de todos, **Ramón Mª del Valle-Inclán** se esforzaron en transformar la escena española. Incorporaron en sus obras las cuestiones existenciales y sociales que eran el centro de la reflexión literaria de la época y se apartaron de la escenografía naturalista. La generación vanguardista de los años veinte y treinta continuó este camino con el teatro surrealista de **Rafael Alberti** y **Federico García Lorca**, así como con los dramas poéticos del segundo y las obras políticamente combativas del primero.

Tras el corte que supuso la Guerra Civil Española, será necesario esperar a la aparición de un nuevo público en torno a los cincuenta para que vuelvan a surgir propuestas renovadoras. Los nuevos espectadores, jóvenes universitarios interesados en los aires de innovación que llegan de fuera, hacen posible el nacimiento de un teatro nuevo de contenido existencial, como el de **Antonio Buero Vallejo**, o, incluso, social, como sucede con las obras de Alfonso Sastre. Las obras de estos dramaturgos abordan los graves problemas del hombre moderno: la incomunicación, la alienación, la felicidad imposible, la opresión de las estructuras de poder.

No debe olvidarse tampoco la labor desarrollada desde la década de los treinta por algunos autores empeñados en hacer un teatro de humor que, sin renunciar a ser representado con éxito, incorporase novedad a nuestra escena. Enrique **Jardiel Poncela** y **Miguel Mihura**, entre otros, intentaron fusionar el humor con la poesía y la ternura, buscaron un camino posible entre el realismo y el absurdo, y pretendieron dotar a sus obras de un trasfondo existencial.

2 A través de las palabras de Max Estrella, Valle-Inclán define el esperpento, subgénero al que pertenece *Luces de bohemia*. Identifica los caracteres de dicha tendencia aludidos en el texto.

2 En su primera intervención, Max afirma que el esperpentismo fue inventado por Goya. ¿Por qué crees que lo dice? Busca en la Red alguna obra del pintor que demuestre esta idea.

3 Miguel Mihura anticipa algunos de los caracteres del teatro del absurdo. Realiza una pequeña investigación sobre la obra del autor madrileño e indica cuáles pueden ser.

EL ESPERPENTO

«MAX.—Los ultraístas son unos farsantes. El esperpentismo lo ha inventado Goya. Los héroes clásicos han ido a pasearse en el callejón del Gato [...] Los héroes clásicos reflejados en los espejos cóncavos dan el Esperpento. El sentido trágico de la vida española sólo puede darse con una estética sistemáticamente deformada.

DON LATINO.—¡Miau! ¡Te estás contagiando!

MAX.—España es una deformación grotesca de la civilización europea.

DON LATINO.—¡Pudiera! Yo me inhibo.

MAX.—Las imágenes más bellas en un espejo cóncavo son absurdas.

DON LATINO.—Conforme. Pero a mí me divierte mirarme en los espejos de la calle del Gato.

MAX.—Y a mí. La deformación deja de serlo cuando está sujeta a una matemática perfecta, Mi estética actual es transformar con matemática de espejo cóncavo las normas clásicas.»

Ramón Mª del VALLE-INCLÁN, *Luces de bohemia*. Espasa.

ELABORA TU PROYECTO

UNA VIDA EN EL TEATRO

A lo largo de la Unidad has ido conociendo a diferentes dramaturgos del siglo XX y su significación. Te proponemos ahora que profundices sobre uno de ellos y elabores una presentación electrónica sobre su vida y obra con la aplicación web Prezi. A diferencia de otros programas utilizados para realizar presentaciones, Prezi es muy adecuado para elaborar productos autónomos que puedan disfrutarse sin la presencia de un orador.

Debes tener en cuenta que tu trabajo ha de incluir toda la información necesaria, aunque presentada de una manera dinámica, visual y atractiva. No incluyas, por tanto, demasiado texto, resalta las ideas principales y utiliza imágenes, vídeos, sonido. Sobre todo, asegúrate de que los contenidos están bien agrupados y siguen un orden lógico.

El resultado final del proyecto debe incluir las siguientes cuestiones, aunque puedes organizarlas como te parezca más conveniente:

- Biografía y personalidad del autor elegido.
- Teoría o pensamiento teatral.
- Ubicación en la tendencia correspondiente.
- Trayectoria o evolución dramática.
- Influencia posterior.
- Fuentes consultadas.

Recursos en la Red

Te recomendamos visitar los siguientes enlaces para elaborar tu presentación electrónica:

→ www.prezi.com/

Prezi: esta es la página web de la aplicación; en ella encontrarás plantillas básicas para el diseño de tu presentación que te pueden ser de gran utilidad.

→ www.ucb.edu.pr/couch/uploads/file/BIBLIOTECA%20NEW/prezi.pdf

Universidad Central de Bayamón: en su página web tienen disponible un completo tutorial sobre Prezi.

→ www.youtu.be/l_j9t1Lh39o

Youtube: aquí podrás encontrar otro tutorial sobre el uso de Prezi.

ELABORA TU ORGANIZADOR VISUAL

1. Completa el mapa:

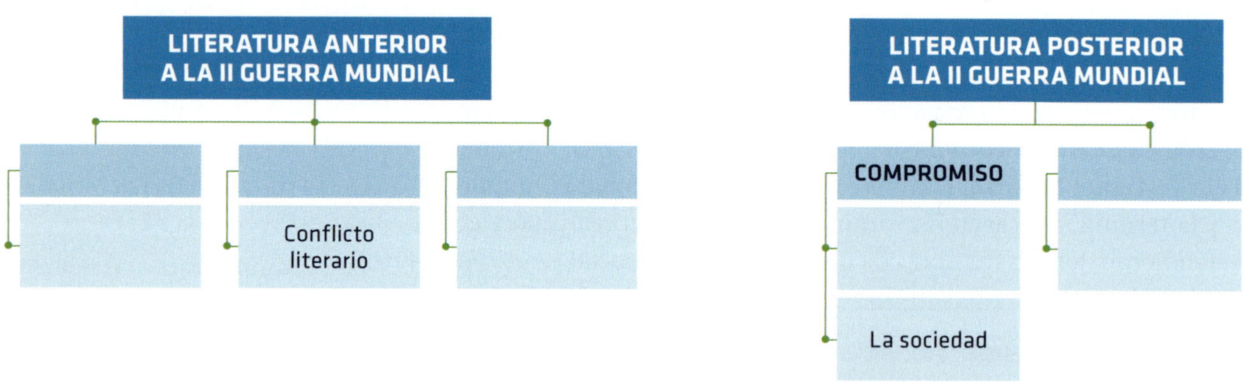

2. Construye un mapa conceptual con las principales tendencias teatrales en la segunda mitad del siglo XX.

MUERTE DE UN VIAJANTE, DE A. MILLER

WILLY.—*(Pensativo.)* Trabaja uno toda la vida para comprar una casa, y cuando, por fin, la casa es ya de uno... no hay quien la viva.

LINDA.—¿Y qué le vas a hacer? Así son las cosas. Y la vida sigue su camino.

WILLY.—No, son. Algunas gentes... algunas gentes consiguen algo... logran algo de la vida. ¿Qué dijo Biff después de irme yo?

LINDA.—No debiste decirle nada, Willy... Sobre todo cuando acababa de llegar del tren. No debes enfadarte con él.

WILLY.—No hice más que preguntarle si estaba ganando algo, ¿es eso enfadarse?

LINDA.—Pero, ¿no comprendes? ¿Cómo va a ganar nada?

WILLY.— *(Preocupado y enfadado.)* No acabo de entender cómo es por dentro. Se ha vuelto muy extraño. ¿Dio alguna explicación cuando yo me fui?

LINDA.—Estaba muy dolido. Ya sabes cómo te admira. Yo creo que si él se encuentra a sí mismo, los dos acabaréis por entenderos, y no reñiréis más.

WILLY.—¿Cómo se va a encontrar a sí mismo en una granja? Al principio, cuando era todavía joven, yo pensé: «Bueno, para un muchacho, no es malo andar por el mundo, y trabajar en oficios diferentes»... Pero han pasado diez años, y todavía no es capaz de ganar veinte dólares a la semana...

LINDA.—Se está encontrando a sí mismo, Willy.

WILLY.—*(Alzando la voz.)* No haberse encontrado a sí mismo a los treinta y cuatro años es un fracaso.

LINDA.—¡Chist!

WILLY.—Lo que pasa es que es un vago.

LINDA.—¡Willy, por favor!

WILLY.—¡Un maldito vago!

LINDA.—Están durmiendo. ¿Por qué no tomas algo? Ve a la cocina.

WILLY.—¿A qué ha vuelto? Quisiera yo saber lo que le trae a casa...

LINDA.—Yo no sé. Lo noto como desorientado, Willy. Como si estuviera perdido.

WILLY.—¡Perdido! ¡Biff Loman, perdido! En el país más grande y más rico del mundo, un hombre joven, con todas sus condiciones, se encuentra perdido... ¡Si todavía se pudiera sacar algo de él!

LINDA.—Claro que sí. Ya lo verás.

WILLY.—*(Decidido.)* Mañana veremos. Hablaré con él, sin enfadarme. De hombre a hombre. Puedo conseguirle una plaza de vendedor. En nada de tiempo, puede ser un hombre importante. ¿Te acuerdas de lo que prometía en la escuela? Y todas las chicas andaban detrás de él... Cuando iba por la calle... *(Se pierde en sus recuerdos.)*

Arthur MILLER, *Muerte de un viajante*. Tusquets.

Fotograma de la película dirigida por Schlöndorff en 1985, adaptación de la obra de Miller.

COMENTARIO DE TEXTO

Localización del texto

1. Localiza el texto en la época y la tendencia a la que pertenece. Justifica la respuesta.

Contenido

2. Comenta el tema de texto.

Técnica

3. Establece la estructura del texto.
4. Comenta la relación entre la situación que viven los personajes del fragmento y el lenguaje y otros recursos dramáticos que se utilizan.

Valoración

5. Justifica la actualidad de las ideas presentes en el texto. ¿Crees siguen siendo comunes situaciones similares a las del fragmento? ¿Adviertes alguna diferencia?

Teoría relacionada

6. Las tendencias del teatro realista en la primera y segunda mitad del siglo XX.
7. El problema existencial en el teatro del siglo XX.

08 LA POESÍA EN EL SIGLO XX

01 Panorama general

La poesía del siglo XX discurre en torno a dos **líneas poéticas** principales: la **poesía-expresión** y la **poesía-comunicación**.

No obstante, muchos escritores pasan de una línea poética a otra según el momento de sus carreras literarias. Así se aprecia, por ejemplo, en Juan Ramón Jiménez o en el escritor checo Jaroslav Seifert.

Asimismo, es frecuente que algunos autores alternen ambas líneas líricas para así adaptar sus textos a la intención perseguida en cada momento y al receptor supuesto de cada obra. Esta situación podemos encontrarla en la obra del español Rafael Alberti y otros poetas comprometidos.

+ POESÍA-EXPRESIÓN

La poesía-expresión es la propia de aquellos escritores que optan por el especial cuidado de las formas literarias aspirando al logro de la belleza formal o de la perfecta adecuación del lenguaje a la idea que desean expresar. Los poetas de la expresión entienden que el poema tiene valor en sí mismo y que no depende del reflejo de ideas de carácter intimista, social o de cualquier otro tipo.

01.1 Periodos y tendencias

Las líneas poéticas aludidas cristalizan en un amplísimo abanico de escuelas líricas que hemos agrupado en cuatro grandes tendencias. Cada una de ellas se caracteriza por la época en que sus integrantes se dieron a conocer y por ciertas coincidencias de orden temático y formal.

En la primera mitad del siglo, **con anterioridad a la Segunda Guerra Mundial**, pueden apreciarse dos tendencias: la de los **poetas del cambio de siglo** que, de una manera u otra, se mueven por el empuje del simbolismo del siglo XIX, así como por el tratamiento de la angustia existencial. Tras ellos, la generación de autores nacidos en los últimos años del siglo XIX son los responsables del intento de ruptura con la tradición literaria que suponen las **vanguardias** de la década de los veinte.

A raíz del clima pre-bélico de los años treinta y, sobre todo, **con posterioridad a la Segunda Guerra Mundial**, gran parte de la poesía occidental abandona la experimentación vanguardista, para dar paso a una nueva forma de entender la creación lírica, dominada ahora por el lenguaje conversacional, por la referencia a la realidad circundante y por la expresión de contenidos relacionados con la intimidad, lo cotidiano y lo social. Esta tendencia se extiende hasta la actualidad.

Junto a la anterior, el deseo de ruptura formal con la tradición, atenuado en los primeros años de posguerra, resurge a medida que avanza la segunda mitad del siglo XX en un conjunto de propuestas líricas que pueden agruparse bajo el nombre de **neovanguardismo**. Como en el caso del conjunto de tendencias que hemos reunido bajo el nombre de poesía conversacional, la experimentación lírica también llega plena de fuerza hasta nuestros días.

+ POESÍA-COMUNICACIÓN

La poesía-comunicación da prioridad a las ideas expresadas, de modo que en sus obras la forma aparece subordinada al contenido. El poeta quiere establecer contacto con el lector, comunicar su pensamiento de manera que este sea accesible y el poema cumpla con una función social, en la mayoría de los casos, o con una función existencial, al permitir compartir los sentimientos y angustias íntimas.

02 La poesía anterior a la Segunda Guerra Mundial

02.1 Los poetas del cambio de siglo

Un grupo de poetas nacidos en el último tercio del siglo XIX protagoniza el salto de la lírica simbolista de Baudelaire, Mallarmé, Verlaine y Rimbaud hacia la forma de entender la poesía durante el siglo XX. De los poetas franceses del XIX aprenden a valorar la creación artística en sí misma, así como la importancia de expresar la angustia del escritor ante el mundo moderno.

Paul Valèry (1910), retrato pintado por D'Espagnat.

Paul Valéry

Valéry (1871-1945) inicia su producción poética siguiendo los planteamientos simbolistas y tratando cuestiones relacionadas con la angustia del ser humano. Sin embargo, una crisis amorosa en el año 1892 le lleva a renunciar a todo aquello que impidiese el dominio de su *yo* íntimo. No será hasta 1912 cuando decida enfrentarse de nuevo a la creación poética con el libro *La joven parca* y, unos años más tarde, con *Charmes* (1922), obra a la que pertenece su poema más conocido, «El cementerio marino». Entre ambos periodos poéticos, el autor francés se dedica a la composición de textos en prosa en los que reflexiona sobre los problemas del arte y la creación, como *Una tarde con el señor Teste* y los cuadernos que, a modo de diario, escribió desde 1894 hasta su muerte.

El **tema** casi exclusivo de la obra de Valéry es la reflexión sobre la creación artística. Los rasgos que definen su **teoría literaria** son los siguientes:

- La literatura no es una herramienta útil para el análisis de la intimidad humana, pues Valéry considera imposible que el hombre llegue a conocerse a sí mismo. Por ello, no tratará temas como la angustia existencial.
- Ruptura con la idea romántica de inspiración, según la cual el poeta crea movido por una fuerza casi mágica que lo impulsa a proyectar sus sentimientos en el poema. Valéry, sin embargo, piensa que el arte debe ser un acto intelectual, racional y consciente.
- El poema tiene su origen en una idea, pero esta no tiene por qué ser un concepto, sino que puede tratarse también de un ritmo o una forma. Su ya mencionado poema «El cementerio marino» nació de su obsesión por el ritmo del verso endecasílabo. Sobre esa estructura métrica introduce un contenido, la descripción del cementerio de la ciudad de Sete, y los pensamientos que su contemplación provocan en el escritor. Sin embargo, la actitud de Valéry ante el lugar se mantiene siempre dentro de la objetividad, evitando en todo momento caer en temas «sentimentales».
- Valéry concibe la poesía como lectura abierta, pues es el lector quien debe otorgar el sentido al poema, una interpretación que no tiene por qué coincidir con los propósitos que llevaron al autor a su composición.

LA PAZ EN EL CEMENTERIO

«Calmo techo surcado de palomas,
palpita entre los pinos y las tumbas;
mediodía puntual arma sus fuegos
¡El mar, el mar siempre recomenzado!
¡Qué regalo después de un pensamiento
ver moroso la calma de los dioses!
¡Qué obra pura consume de relámpagos
vario diamante de invisible espuma,
y cuánta paz parece concebirse!
Cuando sobre el abismo un sol reposa,
trabajos puros de una eterna causa,
el Tiempo riela y es Sueño la ciencia. [...].»

Paul VALÉRY, «El cementerio marino»;
en J. Sologuren, *Las uvas del racimo*.
Fondo de Cultura Económica.

1. Explica el sentido del cuarto verso.
2. ¿Qué sensación provoca el paisaje del mediodía en Valéry? Justifica tu respuesta con datos extraídos del texto.

William Butler Yeats

La obra poética del irlandés Yeats (1865-1939) está íntimamente ligada a la de sus antecesores simbolistas. De ellos toma dos rasgos que sirven para dotar de unidad a la mayoría de sus poemas:

- El primero de dichos rasgos es el **uso del símbolo** como elemento nuclear del poema, que encierra la clave para su interpretación. Los símbolos provienen de referencias mitológicas y culturales o bien de elementos de la naturaleza que se apartan de los habituales. El resultado de su aplicación es un poema complejo que exige la lectura atenta de un lector conocedor de ciertas claves interpretativas procedentes de las tradiciones irlandesa, judeocristiana y clásica.
- El segundo carácter que unifica la obra de Yeats es de índole **temática**. Su obra se centra en el desconcierto del hombre moderno, perplejo ante un mundo caótico, fragmentado y sin sentido. Se trata, por tanto, del problema de la angustia humana tan característico de la literatura simbolista y de principios del siglo XX. La novedad de Yeats reside en el intento de consolarse del sufrimiento mediante la búsqueda de respuestas en el ocultismo, por un lado, y en la cultura irlandesa, por otro.

Las dos respuestas posibles al caos presente —las visiones y el mundo irlandés— se convierten en los temas principales de su poesía. De ellos, es el tema de **Irlanda** el que se hace más reconocible y accesible. Las alusiones al pasado de Irlanda no responden exclusivamente a una postura nacionalista. El escritor quiere exponer ideas de validez universal, y para ello parte de símbolos y referencias al paisaje de su tierra o a sus mitos.

La lírica de Yeats se desarrolla a través de tres **etapas**. En la **primera** (1889-1907) predomina la acumulación de símbolos e imágenes de origen irlandés. El poeta se comporta como un adivino que interpreta los mensajes ocultos en las leyendas y en el paisaje de su tierra, y es capaz de expresarlos en poemas muy esteticistas. **Entre 1907 y 1914** Yeats compone unos libros *(En los siete bosques, El casco verde, Responsabilidades)* mucho más sencillos sobre temas procedentes de sus experiencias cotidianas e íntimas: el amor, el sentir del paso del tiempo y el miedo a la muerte.

La **última etapa** de su obra está caracterizada por lo visionario y el ocultismo, con poemas en los que se acumulan símbolos de difícil comprensión, referencias eruditas y mitológicas, a través de las cuales pretende dar respuesta a la angustia del ser humano. Entre las obras de este periodo destaca *La Torre* (1928), que gira en torno a la figura del artista, simbolizado en la torre que vigila lo que sucede a su alrededor.

1. ¿Qué elementos del paisaje irlandés utiliza Yeats en el poema «Innisfree» para apoyar la idea de paz?
2. ¿Cómo se expresa la idea de caos y desorden en el otro poema de esta página? ¿Qué relación existe entre dichos poemas?

INNISFREE

«Ahora partiré para Innisfree
y una cabaña allí edificaré de
[arcilla y zarzas;
tendré nueve surcos de judías y una
[colmena;
viviré en soledad con el rumor de
[mis abejas,
y algo de paz allí encontraré, pues
[la paz es una gota lenta
que cae del velo matinal hacia el
[canto del grillo.
Allí la medianoche es todo resplandor,
[el mediodía púrpura fulgor,
y es el atardecer de alas de jilguero.
Ahora partiré: en todo momento,
[de noche y de día,
me llega el murmullo del agua en
[la costa;
ya sea en los caminos o en grises
[aceras,
lo siento en lo hondo de mi
[corazón.»

William Butler YEATS,
Antología poética. Espasa Calpe.

EL CAOS

«Girando y girando en círculo
[creciente
no puede el halcón oír al halconero;
todo se desmorona; el centro ya no
[puede sostenerse;
la anarquía está suelta por el
[mundo,
la marea enturbiada por la sangre;
[en todas partes
la ceremonia de la inocencia es
[ahogada.
Los mejores de convicción carecen,
[y los peores
llenos están de intensidad
[apasionada. [...]»

William Butler YEATS,
Antología poética. Espasa Calpe.

Rainer Maria Rilke

Rilke publica un gran número de obras, en su mayoría de género lírico, aunque también escribe novela y textos de carácter ensayístico, como su *Carta a un joven poeta*, en la que expone su pensamiento literario y existencial. En sus composiciones líricas se advierte un itinerario poético desarrollado en cuatro **etapas**, cada una caracterizada por una preocupación temática diferente.

La primera época del poeta, **desde 1894 hasta 1897**, está marcada por un estilo neorromántico en el que aborda temas como la melancolía y el sufrimiento íntimo, normalmente causado por motivos amorosos. La angustia expresada en estos primeros poemas se mantiene en un tono moderado.

A partir de **1899 y hasta 1905**, Rilke compone *El libro de las horas*, extenso poemario dividido en tres partes. El tema central es la exposición de un pensamiento religioso que no coincide con la fe y las ideas espirituales convencionales. En los poemas aparece un dios que no es creador del ser humano, sino hijo del hombre, pues su existencia es consecuencia de la necesidad de justificar la vida.

A su tercera etapa poética, desarrollada **entre 1906 y 1912**, corresponden los libros *Nuevas poesías* y *Libro de las imágenes*. El autor se interesa en ellos por la construcción de lo que llamó *poema-cosa*, resultado de la observación minuciosa de objetos, situaciones y seres de la realidad.

Mediante esta forma objetiva de entender la poesía, pretende olvidar el sufrimiento existencial de la primera época y el religioso, aludido en la segunda. De esta manera, el arte se convierte en tabla de salvación, porque permite al escritor olvidar su *yo* íntimo para centrarse en la realidad externa objetiva.

En **1912** se inicia su última etapa, en la que sobresalen dos obras: *Las Elegías de Duino* y los *Sonetos a Orfeo*. La preocupación del poeta se dirige hacia cuestiones de índole metafísica, con un claro predominio de la reflexión sobre la condición humana. Los hombres dependen del mundo en que habitan, construido sobre la suma de vida y muerte. Sin embargo, existe otro mundo, invisible e inalcanzable, que es el objetivo de la humanidad. El choque entre el deseo y la realidad provoca el estado de angustia que define la condición humana. Ante este panorama desolador, Rilke propone una solución: el hombre debe aceptar su limitación a lo real, asumir su muerte y su temporalidad, e intentar encontrar un sentido a la existencia, que puede estar en la relación amorosa o en la contemplación de las cosas concretas.

LA UNIÓN AMOROSA

«¿Cómo sujetar mi alma para
que no roce la tuya?
¿Cómo debo elevarla
hasta las otras cosas, sobre ti?
Quisiera cobijarla bajo cualquier
[objeto perdido,
en un rincón extraño y mudo
donde tu estremecimiento no pudiese
[esparcirse.
Pero todo aquello que tocamos, tú y yo,
nos une, como un golpe de arco,
que una sola voz arranca de dos
[cuerdas.
¿En qué instrumento nos tensaron?
¿Y qué mano nos pulsa formando ese
[sonido?
¡Oh, dulce canto!»

Rainer Maria RILKE, *Antología poética*.
Espasa Calpe.

RAINER MARÍA RILKE

Unidad 8
Doc. 1

Aquí encontrarás una breve biografía de este autor.

EL COMPORTAMIENTO DE UNA PANTERA DE ZOO

«Su vista está cansada del desfile
de las rejas, y ya nada retiene.
Las rejas se le hacen innumerables,
y el mundo se le acaba tras las rejas.
Blando andar de flexibles fuertes
[pasos,
y girar en el más pequeño círculo
como danza de fuerza por un centro
en que su voluntad se halla
[aturdida.
Sólo a veces se alza mudo el telón
de sus pupilas. Luego entra una
[imagen,
va por la tensa calma de sus
[miembros
y se extingue al llegar al corazón.»

Rainer Maria RILKE, *Antología poética*.
Espasa Calpe.

1. ¿Por qué crees que puede aludirse al poema sobre la pantera con el nombre de *poema-cosa*?

2. Indica las dos partes en que se divide el poema sobre la unión amorosa. ¿A qué crees que se debe el deseo expresado en la primera de ellas?

Konstantino Kavafis

Kavafis (1863-1933) es un poeta que representa a la perfección la idea del helenismo, pues siempre se sintió hijo de la cultura griega pese a haber nacido en la ciudad egipcia de Alejandría. Tras unos años de su infancia pasados en Liverpool, volvió a las orillas del Mediterráneo para residir en Estambul y Alejandría de nuevo, donde murió. Aunque no vivió en Grecia, en ningún momento perdió el contacto con la renovación cultural que se producía entonces en dicho país, y participó, por ejemplo, en el intenso debate intelectual que enfrentaba a los partidarios del uso escrito de la lengua oral más extendida (el demótico) y los defensores del mantenimiento de una lengua formal diferente a la popular.

Su obra poética es muy escueta por su volumen y por la extensión de sus composiciones, y no fue conocida por completo hasta después de su muerte. Lo más característico de ella es la proyección de su personalidad solitaria y angustiada en los poemas, hecho que contrasta con la tendencia dominante en otros poetas de su tiempo, más preocupados por la ocultación del caos espiritual del cambio de siglo bajo una capa de investigación formal y esteticismo.

El primero de los **núcleos temáticos** que se encuentra en los poemas de Kavafis es la propia intimidad. El escritor muestra en sus versos la angustia de quien se siente solo y marginado por una sociedad que no comprende ni comparte su visión de la vida, y con la que el autor no tiene apenas puntos de contacto.

El choque entre el *yo* y los demás se debe a diferentes razones, pero entre ellas destaca la orientación del autor hacia la búsqueda de la belleza y, sobre todo, del **placer amoroso**. Este último se convierte en una de las pocas sensaciones que pueden dotar de sentido su vida y hacerle olvidar la presencia amenazante del **tiempo** aniquilador de la belleza; así se muestra en el poema «Fui».

Otros poemas se centran en la **Antigüedad clásica**, que el autor recupera no como un acto intelectual o erudito, sino con la intención de proyectar sus dramas íntimos sobre personajes de la mitología, la literatura o la historia grecorromana. El fragmento de «Troyanos» es buen ejemplo de ello.

«MURALLAS»

«Sin consideración, sin piedad, sin
[pudor
en torno mío han levantado altas y
[sólidas murallas.
Y ahora permanezco aquí en mi
[soledad.
Meditando en mi destino: la suerte
[roe mi espíritu;
tanto como tenía que hacer.
¡Cómo no advertí que levantaban
[esos muros!
No escuché trabajar a los obreros ni
[sus voces.
Silenciosamente me tapiaron el
[mundo.»

Konstantino Kavafis,
Poesías completas. Hiperión

1. Haz un poco de memoria de lo estudiado durante este curso y explica por qué Kavafis se alinea con los troyanos en su poema.

2. A partir de los poemas de Kavafis que has leído en esta página, explica el problema del choque con la realidad. Investiga sobre la biografía del poeta para apoyar tu explicación.

«FUI»

«Nada me retuvo. Me liberé y fui.
Hacia placeres que estaban
tanto en la realidad como en mi ser,
a través de la noche iluminada.
Y bebí un vino fuerte, como
solo los audaces beben el placer.»

«TROYANOS»

«Desventurados son nuestros esfuerzos;
inútiles como aquellos de los troyanos.
Conseguimos un pequeño éxito; ganamos
un poco de confianza; y la esperanza
y el valor renacen.
Mas siempre algo sucede que nos frustra.
Aquiles surge de la tumba ante nosotros
y acobardan sus gritos nuestros ánimos.»

Konstantino Kavafis, *Poesías completas*. Hiperión.

El poeta suele ponerse en la piel de los personajes derrotados, víctimas, como él mismo, de una sociedad que desprecia a quien es capaz de ser diferente y asumir las consecuencias de su decisión, aunque eso les lleve a la destrucción o al olvido.

Otros poetas del cambio de siglo

Junto a los poetas estudiados es necesario citar también al italiano **Gabriel D'Annunzio** (1863-1938), autor de una obra poética que se inicia con dos libros muy cercanos a las posiciones esteticistas del Parnasianismo del siglo XIX, *Primera verdad* (1863) y *Canto nuevo* (1882). Sin embargo, su poesía evoluciona con el tiempo hacia un creciente realismo intimista en el que disminuye la acumulación de símbolos y de recursos formales con los que embellecía sus textos anteriores.

Igualmente, para exponer la situación poética del cambio de siglo, es importante referirse al **modernismo hispánico**. El modernismo nace en Hispanoamérica gracias a dos poetas que representan direcciones diferentes del movimiento: **José Martí** (1853-1895) y **Rubén Darío** (1867-1916).

Ambos comparten el inconformismo ante la sociedad burguesa dominante en los últimos años del siglo XIX, así como el rechazo del arte realista, siguiendo el camino marcado por el parnasianismo y el simbolismo. Sin embargo, la actitud tomada por cada uno es diferente: José Martí manifiesta su disconformidad mediante la acción política directa, mientras que Rubén expresa su oposición a través de la evasión hacia mundos ideales en los que impera la belleza.

En la **evolución** del modernismo se aprecian dos etapas, cuya frontera coincide aproximadamente con la publicación en 1905 del libro *Cantos de vida y esperanza*, de Rubén Darío.

La primera época, a la que se ha llamado **modernismo canónico**, se caracteriza por un esteticismo que busca la **belleza** mediante la musicalidad del lenguaje, el trabajo innovador sobre las estructuras métricas y sobre un léxico que se aparta del común. Desde el punto de vista temático, predomina la construcción de mundos ideales, así como la suave expresión de la melancolía y el hastío de vivir.

En la segunda etapa o **posmodernismo** el panorama cambia radicalmente. Aunque sigue manteniéndose el exquisito cuidado formal de los poemas, el contenido se tiñe de tonos oscuros y la angustia existencial se convierte en el centro de las composiciones. La muerte, el paso del tiempo, el fracaso amoroso y la preocupación social son motivos temáticos que se encuentran en los últimos libros de Rubén Darío y en los modernistas españoles, como **Juan Ramón Jiménez** (1881-1958) o **Antonio Machado** (1875-1939).

El siguiente poema es buen ejemplo de la poesía del periodo:

«LO FATAL»

«Dichoso el árbol, que es apenas sensitivo,

y más la piedra dura porque esa ya no siente,
pues no hay dolor más grande que el dolor de ser vivo,
ni mayor pesadumbre que la vida consciente.

Ser y no saber nada, y ser sin rumbo cierto,
y el temor de haber sido y un futuro terror...
Y el espanto seguro de estar mañana muerto,

y sufrir por la vida y por la sombra y por
lo que no conocemos y apenas sospechamos,
y la carne que tienta con sus frescos racimos,
y la tumba que aguarda con sus fúnebres ramos,

¡y no saber adónde vamos,
ni de dónde venimos!...»

Rubén DARÍO, *Poesía completa*. Fondo de Cultura Económica.

EL FRACASO AMOROSO

«Amada, el aura dice
tu pura veste blanca...
No te verán mis ojos;
¡mi corazón te aguarda!
El viento me ha traído
tu nombre en la mañana;
el eco de tus pasos
repite la montaña...
No te verán mis ojos;
¡mi corazón te aguarda!
En las sombrías torres
repican las campanas.
No te verán mis ojos;
¡mi corazón te aguarda!
Los golpes del martillo
dicen la negra caja;
y el sitio de la fosa,
los golpes de la azada...
No te verán mis ojos;
¡mi corazón te aguarda!»

Antonio MACHADO,
Poesías completas.
Espasa Calpe.

1. Explica el sentido de la comparación del ser humano con el árbol y la piedra en el texto de Rubén Darío. Comenta el tema del poema.

2. Machado dialoga con la amada en el poema de esta página, pero ella no existe. Explica qué elementos hacen pensar así.

02.2 La poesía de las vanguardias

La generación nacida en los últimos años del siglo XIX es la protagonista de la explosión innovadora que sacude las letras europeas entre la Primera Guerra Mundial y la década de los treinta, época a la que se ha llamado de las **vanguardias históricas**. En estos años florecen movimientos y propuestas que persiguen la ruptura con las formas artísticas tradicionales. En esta sección nos ocuparemos de los movimientos y autores más significativos desde el punto de vista poético.

El espíritu vanguardista

El término *literaturas de vanguardia* fue acuñado durante la Primera Guerra Mundial para designar una serie de inquietudes artísticas situadas en la «avanzadilla» cultural del momento. El vanguardismo no fue una propuesta unitaria, sino un gran número de movimientos, cada uno de ellos con peculiaridades, intenciones y técnicas propias, que se proyectaron hacia la construcción de un nuevo tipo humano, de una nueva cultura y, por tanto, de una nueva sociedad. Tuvieron en común el deseo de crear un arte radicalmente nuevo que rompiese definitivamente con el realismo, intención que se refleja en algunas **características comunes**:

- **Internacionalismo**. Frente al nacionalismo de la literatura anterior, preocupada por la problemática social de los países concretos, los artistas de vanguardia se consideraron ciudadanos del mundo del arte y se preocuparon por cuestiones universales más que particulares.
- **Antitradicionalismo**. Desprecian todo lo heredado, tanto en lo referente a temas como a formas de expresión. Se levantan contra lo anterior, incluso contra el movimiento de vanguardia que les antecede.
- Es un arte **fiel a su época** y por eso refleja el espíritu de su tiempo: las máquinas, el progreso, la técnica, las diversiones, el deporte, el humor; pero también los aspectos más negativos de la sociedad moderna.
- Existe **contradicción** entre las propuestas de los distintos movimientos. Este hecho explica que algunos, por ejemplo, exalten los valores positivos del mundo moderno (futurismo), mientras que otros se centren en los aspectos negativos (expresionismo o surrealismo).
- El arte de vanguardia se vale de tres **herramientas principales**:
  - el humor, porque es útil para desmitificar y desdramatizar el acto creativo;
  - la metáfora sorprendente, en la que los términos relacionados tienen poca o nula conexión;
  - y la espontaneidad e inmediatez, frente al trabajo previo y minucioso.
- La **libertad absoluta** del artista es llevada hasta el extremo de romper con la lógica, con la distribución tipográfica o con los idiomas conocidos.
- Clara **conciencia de grupo** dentro de cada uno de los movimientos, que suele expresarse en manifiestos y a través de creaciones comunes, como revistas o exposiciones.

VANGUARDIAS HISTÓRICAS	
Fecha	Movimiento
1906	Cubismo
1909	Futurismo
1910	Expresionismo
1914	Imaginismo
1916	Dadaísmo
1918	Ultraísmo
1919	Creacionismo
1924	Surrealismo

EL ANTITRADICIONALISMO

- **Renuncia a toda ilusión de realidad**. Intentan expresar su visión de la vida mediante la deliberada deformación de los objetos naturales. Su relación con la naturaleza no se basa en la imitación, sino en la «violación» de la misma. Este carácter ha llevado afirmar que se trata de un arte fundamentalmente feo, ya que es el primero en acentuar de forma general lo grotesco de la cultura occidental.
- **Arte deshumanizado**, desprovisto de sentimientos y pasiones humanas. La creación se reduce en muchas ocasiones a un simple juego formal.
- **Arte intelectual** dirigido a un receptor que debe participar de manera activa en el proceso de comunicación artística y compartir los principios innovadores de los que parten sus autores. Propuestas minoritarias orientadas a aquellos capaces de comprenderlas y compartirlas.
- Movimientos de choque que no aspiran a permanecer mucho tiempo, sino a cambiar continuamente. Buscan la **originalidad**, la individualidad, la diferencia, la novedad, abrir caminos nuevos, de ahí el término *vanguardia*.

Las primeras vanguardias: Cubismo, Futurismo y Dadaísmo

El escritor que da comienzo al vanguardismo literario es el francés **Guillaume Apollinaire** (1880-1918), a quien se asocia con el cubismo. Su obra más innovadora se inicia con *Alcoholes* (1913), donde se aparta de la pretendida profundidad existencial y artística de los poetas del cambio de siglo. El tema central del libro es el canto optimista de los avances del mundo moderno, sin la presencia del yo íntimo del poeta. Desde el punto de vista técnico, se caracteriza por la acumulación de **imágenes*** y la desaparición de la coherencia temática.

Tras *Alcoholes*, Apollinaire compone su libro más conocido e influyente: *Caligramas. Poemas de la paz y de la guerra* (1918). Los temas de la obra giran en torno a la guerra, observada como gran espectáculo de la modernidad y eliminando todo sentimiento de dolor. También la ciudad de París funciona como símbolo de los nuevos tiempos. Pero lo más importante del libro es la aparición de poemas en los que Apollinaire integra las artes plásticas y la literatura: los **caligramas**. Mediante estos, el escritor pretende romper con dos tradicionales bases literarias: la separación entre las artes y la disposición tipográfica convencional.

En Italia, **Filippo Tommaso Marinetti** (1876-1944) funda el **futurismo** en 1909. Su propuesta se caracteriza por el optimismo vital que subyace en las composiciones, por el odio a la inteligencia en favor de la intuición y el deseo de ruptura con todo tipo de convención cultural. Estas intenciones se manifiestan en el tema de las obras: el canto entusiasmado de la modernidad y el progreso, la velocidad, los deportes, las máquinas, la violencia, la guerra y el militarismo; estos últimos asuntos explican la vinculación que se produjo entre el futurismo y el fascismo político italiano. En lo formal, la literatura futurista se define por la **destrucción de la sintaxis** y la puntuación, apareciendo símbolos matemáticos y juegos tipográficos.

Durante la Primera Guerra Mundial, el rumano **Tristan Tzara** (1896-1963) funda en Zúrich el **dadaísmo** con la pretensión de destruir el arte existente y comenzar desde los cimientos, construyendo nuevas convenciones regidas por la libertad absoluta del artista creador. Para ello, Tzara propone acabar con la lógica y utilizar el absurdo como medio de expresión literaria. El dadaísmo es un movimiento que se burla del arte y de todo lo que es aceptado socialmente, como puede apreciarse en el poema procedente de *Siete manifiestos*, donde se oponen la actitud dadaísta y la convencional.

ACTITUD DADAÍSTA

«Acostarse en una navaja de afeitar y sobre pulgas en celo - viajar en barómetro - mear como un cartucho - cometer errores, ser idiotas, ducharse con minutos santos - ser golpeados, ser siempre el último - gritar lo contrario de lo que dice el otro - ser la sala de redacción y de baños de dios que cada día se da un baño en nosotros en compañía del pocero -

he ahí la vida de las camareras de los dadaístas.

Ser inteligente - respetar a todo el mundo - morir en el campo de honor - suscribirse a la Deidad Exterior - votar por Fulano - el respeto por la naturaleza y la pintura - aullar en las manifestaciones dadá -

he ahí la vida de las camareras de los hombres.»

Tristan TZARA, *Siete manifiestos Dadá*. Tusquets.

GLOSARIO

Imagen: representación de una intuición o visión poética por medio del lenguaje.

LAS VANGUARDIAS HISPÁNICAS

Unidad 8
Doc. 2

En este documento encontrarás información sobre los principales autores hispánicos de vanguardia.

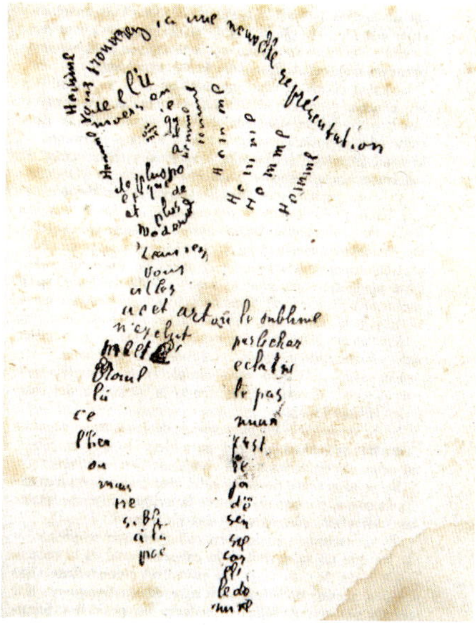

Caligrama de Apollinaire.

1 ¿Qué valores crees que opone Tzara en su poema?

El Imaginismo y otros vanguardismos anglosajones

La poesía británica y norteamericana de las vanguardias debe estudiarse en conjunto por las conexiones biográficas existentes entre sus principales representantes. Así sucede con los norteamericanos Pound y Eliot, que se establecen en Europa y funcionan como modelos de la vanguardia inglesa, o el británico Auden, que se traslada a EEUU, donde desarrolla la mayor parte de su carrera literaria. Sin embargo, junto a las conexiones biográficas, también existen **caracteres** específicamente literarios que unifican la obra de estos escritores:

No hay ruptura con la tradición literaria	Se mantiene el respeto a la disposición formal convencional y a la coherencia temática, aunque los textos sean de difícil comprensión. Uno de los pocos escritores que rompe con la tipografía tradicional es el americano **E. E. Cumming** (1894-1962) —o, como él lo escribe, e. e. cumming— que altera el uso de los signos de puntuación y de la ortografía normativa.
Acumulación de imágenes y símbolos	Se pretende sugerir una idea compleja o un estado de ánimo. Suelen ser imágenes de difícil comprensión porque no sustituyen objetos individuales o porque la relación que se establece entre los términos reales e imaginarios no resulta evidente. El lector no debe buscar una **interpretación objetiva**. El sentido de la obra es global y solo puede comprenderse tras la lectura completa de la pieza literaria.
Presencia de referencias culturales	Son de diversa procedencia: el mundo clásico, las mitologías bíblicas y anglosajonas y las de origen asiático. Presencia del **haiku*** que, aunque tiene su periodo de esplendor en el siglo XVII con la obra de Matsuo Basho, es imitado en esta época, por basarse en la asociación de dos imágenes de las que puede extraerse una significación temporal.

Ezra Pound

Pound es el fundador del **imaginismo**. En la producción poética de Ezra Pound destaca *Cantos*, obra compuesta a lo largo de cincuenta años que pretende ser el gran poema épico moderno, aunque sin limitarse a una nación, como había hecho Walt Whitman en *Hojas de hierba*. Esta intención explica la presencia de asuntos procedentes de las tradiciones clásica, bíblica, oriental y europea, que Pound actualiza y expresa en un lenguaje coloquial contemporáneo y que funde con sus propias experiencias personales.

La obra *Cantos* está compuesta por ciento diecisiete secciones organizadas en tres **partes** que recuerdan la estructura de la *Divina Comedia* de Dante: la gente dominada por sus emociones, la que se eleva por encima de sus sentimientos y la que ha recibido la visión divina. A lo largo de estas partes, desfilan multitud de personajes de la historia y de la ficción, y, junto a ellos, el propio *yo* del poeta.

LA ACTITUD DEL LECTOR

«El lector tiene que permitir a las imágenes caer en su memoria sucesivamente sin poner en cuestión la razonabilidad de cada una en el momento; se produce un efecto total. Tal selección de una secuencia de imágenes e ideas no tienen nada de caótico.»

Thomas Stearns Eliot, «Prólogo a Anábasis de Saint-John Perse», en Martín de Riquer y José María Valverde, *Historia de la Literatura universal*. Planeta.

GLOSARIO

Haiku: composición poética de origen japonés que consta de tres versos de cinco, siete y cinco sílabas, respectivamente.

IMAGINISMO

El imaginismo es un movimiento que inicia la vanguardia anglosajona y que se caracteriza por el predominio de la imagen, por la economía lingüística, que persigue la referencia precisa mediante el uso del lenguaje cotidiano, y por la búsqueda de la musicalidad del verso, pero sin someterse a la regularidad métrica tradicional.

EZRA POUND

Unidad 8
Doc. 3

Aquí encontrarás una breve biografía del autor estadounidense.

Thomas Stearns Eliot

La poesía de Eliot (1888-1965) se define por el **hermetismo**. Su itinerario poético se inicia en 1917 con la publicación de *Canción de amor de J. Alfred Prufrock*, obra muy cercana al imaginismo de Pound, en la que Eliot se decanta por el lenguaje coloquial como herramienta para construir un mosaico de referencias culturales y artísticas que alternan con bromas sarcásticas. El tono humorístico continúa en *Poemas* (1920), libro compuesto con una métrica muy rigurosa y clásica en el que ofrece una completa galería de caricaturas poéticas.

Con *La tierra baldía* (1922), Eliot abandona la intención humorística y optimista para abordar el caos y la violencia del mundo presente. El poeta pretende explicar y dotar de estructura a la vida moderna mediante el uso de mitos y formas del pasado, lo que oscurece la comprensión de las obras. Para compensar la dificultad de los poemas introduce notas aclaratorias así como posibles interpretaciones de los textos. La máxima dificultad se alcanza en el libro que cierra el periodo, *Miércoles de ceniza* (1932), que coincide en el tiempo con *Poemas de Ariel* (1927-1932), obra que anticipa la mayor sencillez de la etapa siguiente.

Cuatro cuartetos (1936-1942) es el libro más relevante del último periodo. Su **tema** es la búsqueda de las raíces de su tradición religiosa familiar y el tratamiento de los pilares que sustentan la civilización cristiana occidental. Desde el punto de vista técnico, el carácter más sobresaliente es la moderación de la dificultad y del vanguardismo de los libros anteriores.

+ EL HERMETISMO

El hermetismo se consigue mediante la eliminación de ciertos elementos clave que facilitan la interpretación inmediata, así como por la reducción al mínimo de la voz personal del poeta y la utilización de materiales temáticos muy eruditos y de variadas tradiciones culturales que el autor asimila, mezcla y manipula.

Wystan Hugh Auden

La poesía del británico Auden (1907-1973) se inicia dentro de la vanguardia por seguir la tendencia hermética, erudita e imaginista que domina las letras inglesas de la época. Sin embargo, el contenido de su obra se aparta de los otros grandes poetas del momento, como Pound o Eliot. Para Auden, la creación literaria es, ante todo, una **actividad ética**, pues el poema debe responder a la verdad, no expresando en ningún momento ideas o sentimientos ajenos a los del autor. Su obra se desarrolla a través de cuatro **etapas**:

De 1927 a 1933	Los versos están dominados por la **oscuridad conceptual**. Interés por el problema del enfrentamiento entre una vida vacía y el deseo de plenitud, al que es imposible acceder si no es pagando el precio de la muerte.
De 1933 a 1939	Disminuye el hermetismo. Los libros se centran en los **conflictos sociales**, que se aborda desde una postura cercana al marxismo.
De 1939 a 1946	Traslado a Estados Unidos y **ruptura definitiva con la experimentación vanguardista**. El tema dominante es la eliminación de todo aquello que ha ido ocultando la verdad a lo largo de los años.
De 1946 a 1973	El autor compone poemas cercanos al clasicismo formal y de gran **sencillez conceptual**, en los que expone su visión madura sobre los actos de su vida y sus causas.

EL CAOS DEL PRESENTE

«Qué mares qué playas qué rocas
[grises y qué islas
Qué agua lamiendo la proa
Y aroma de pino y el tordo
[cantando a través de la bruma
Qué imágenes regresan
Oh hija mía.
Quiénes afilan los dientes del perro,
[queriendo
Muerte
Quiénes resplandecen con la gloria
[del colibrí, queriendo
Muerte
Quiénes se sientan en la pocilga de
[la satisfacción, queriendo
Muerte
Quiénes sufren el éxtasis de los
[animales, queriendo
Muerte»

Thomas Stearns Eliot, Poemas de Ariel; en Jaime Tello, *Cien años de poesía norteamericana*. Zodiaco.

El Surrealismo

En 1924, fecha del *Primer Manifiesto*, **André Breton** (1896-1966) funda en París el surrealismo, aunque el término había sido acuñado por Apollinaire en 1917. Breton lo define así en su *Manifiesto*:

> «En homenaje a Guillermo Apollinaire, quien había muerto hacía poco [...], Soupault y yo dimos el nombre de surrealismo al nuevo modo de expresión que teníamos a nuestro alcance. [...] Surrealismo: sustantivo masculino. Automatismo psíquico puro por cuyo medio se intenta expresar, verbalmente, por escrito o de cualquier otro modo, el funcionamiento real del pensamiento. Es un dictado del pensamiento, sin la intervención reguladora de la razón, ajeno a toda preocupación estética o moral.»
>
> André BRETON, *Primer Manifiesto del surrealismo*, en A. Ramoneda, *Antología de la Literatura española del siglo XX*. Sgel.

Fotograma de *Un perro andaluz*, de L. Buñuel (1929).

Aunque el surrealismo nace en la esfera de lo literario, el cine, de la mano de Luis Buñuel, y otras artes se sumaron pronto al intento de liberación total que el movimiento supuso.

Al movimiento se adhieren pintores como Salvador Dalí, cineastas como Luis Buñuel y escritores como Louis Aragon, Paul Eluard o Juan Larrea. Los principios surrealistas se extendieron pronto fuera de las fronteras francesas y generaron distintas escuelas. Así, encontramos su influencia en Grecia con Elytis, en la actual Chequia con Jaroslav Seifert, o en Paul Celan, a quien es difícil vincular a ninguna nación. Además, la presencia surrealista permanece en la literatura hasta la actualidad, aunque solamente sea por la liberación creativa que supone.

El surrealismo transciende la mera revolución artística. Va más allá del juego formal y optimista que triunfa en las primeras vanguardias, pues pretende promover la **liberación total del ser humano**, transformar su vida. Esta intención lleva a los artistas a coincidir con escuelas de pensamiento que persiguen el mismo objetivo: liberar al ser humano de sus propias represiones. En este aspecto confluye con la **teoría de Freud**, que sostiene que el ser humano está orientado hacia el placer. El choque del deseo de placer con las normas morales provoca la represión de los instintos y, en consecuencia, la frustración. El arte surrealista pretende sacar a la luz esos deseos reprimidos que han quedado enterrados en el inconsciente.

Pero también defiende una liberación de la opresión ejercida por la sociedad burguesa y sus modelos de Estado. Esta idea lleva a muchos surrealistas a entrar en contacto con los partidos políticos de **inspiración marxista**, hecho que provoca la fractura del movimiento entre los defensores de la pureza artística del mismo, defendida por Breton, y los partidarios de la implicación en la vida política, como Eluard, Aragon o el chileno Pablo Neruda.

Como consecuencia de las intenciones indicadas, el surrealismo se convierte en un movimiento que **rehumaniza la experimentación vanguardista** al dar entrada de nuevo a los conflictos existenciales, religiosos y sociales que habían sido relegados por otras propuestas. Pese al alejamiento temático del vanguardismo, los surrealistas se valen de **técnicas** que rompen con las convenciones literarias. De esta forma se alejan del hilo racional del discurso literario para permitir la liberación de los sentimientos reprimidos. Entre ellas destacan las siguientes:

- **Escritura automática.** Consiste en escribir las cadenas de palabras que vienen a la cabeza, sin ordenar el discurso desde un punto de vista lógico y con la intención de hacer aflorar las ideas ocultas en el subconsciente. Se puede comprobar en el siguiente texto:

+ EL SURREALISMO EN ESPAÑA

En los últimos años veinte, la Residencia de Estudiantes de Madrid organizó unas charlas sobre el Surrealismo que contaron con la presencia de Louis Aragon. A ellas asistieron los poetas del Grupo del 27, que de esta manera entraron en contacto con el nuevo movimiento. Poco después, se establecen en España Juan Larrea, cercano a Breton y Pablo Neruda, fundador de la revista *Caballo verde para la poesía*, uno de los principales órganos de difusión surrealista en España. La suma de estos hechos provoca la orientación de algunos poetas del Grupo del 27 hacia el Surrealismo. Emilio Prados, Rafael Alberti, Luis Cernuda, Vicente Aleixandre y Federico García Lorca compusieron en la década de los treinta algunos de los libros más importantes del arte surrealista.

1. Investiga qué libros del Grupo del 27 se incluyen en el surrealismo.

«¿En qué se basan las recíprocas inclinaciones? Hay unos celos más conmovedores que otros. Me paseo con gusto entre esa oscuridad que supone la rivalidad de una mujer y un libro. El dedo en la sien no es el cañón de un revólver. Creo que nos oíamos pensar, pero el maquinal «En nada», que es la más audaz de nuestras negativas, no lo pronunciamos en todo el viaje de bodas. No hay nada que mirar fijamente menos alto que los astros. En cualquier tren es peligroso asomarse a la ventanilla. Las estaciones estaban claramente repartidas sobre un golfo. El mar, que para la mirada humana no es nunca tan bello como el cielo, no nos abandonaba. En el fondo de nuestros ojos se perdían bonitos cálculos orientados hacia el porvenir, como los de los muros de las prisiones.»

André BRETON, «Luna de miel», en M. Álvarez Ortega, *Veinte poetas franceses del siglo XX*. Devenir.

- **Reseña de sueños.** El ser humano solamente se encuentra libre en el mundo de los sueños, donde el control racional se reduce al mínimo. Por ese motivo, esta técnica contribuye a la liberación de la interioridad humana.
- **Liberación del lenguaje.** Los surrealistas utilizan constantemente metáforas e imágenes en las que los términos relacionados no presentan vinculaciones evidentes, sino que proceden de impresiones, de connotaciones de las palabras o del simple azar.
- **Juegos literarios.** Muchas creaciones responden a simples juegos que pretenden romper con las ataduras creativas tradicionales. Entre ellos están muy extendidos la ensambladura fortuita de palabras, procedente del Dadaísmo, los **cadáveres exquisitos*** y las **jitanjáforas***.

Otros vanguardismos

Junto a los movimientos ya estudiados, es necesario aludir también a autores que no pueden encuadrarse en ninguno de ellos, como es el caso de Saint-John Perse o Fernando Pessoa, y al **hermetismo italiano**, de gran trascendencia en la literatura posterior.

Giuseppe Ungaretti (1888-1970) es el más importante de los poetas que componen la Escuela hermética italiana, junto con Eugenio Montale y Salvatore Quasimodo. Este movimiento surge como oposición a la poesía de D'Annunzio, fuertemente marcada por el esteticismo de principios del siglo, y a las experiencias futuristas, centradas en el canto optimista a la vida moderna. Los herméticos buscan la condensación expresiva del poema, reduciéndolo al mínimo y fraccionándolo en brevísimos versos que tienden a ser de una sola palabra, aunque sin llegar a la abolición de la sintaxis y la coherencia de los textos futuristas.

1. Busca información sobre los cadáveres exquisitos y las jitanjáforas e indica su origen, la mecánica del juego y el objetivo. Escribe también una pequeña colección de jitanjáforas.
2. ¿Por qué es surrealista el texto de André Breton?

GLOSARIO

Cadáver exquisito: juego colectivo consistente en ensamblar palabras por turno, conociendo solamente el final de la aportación anterior.

Jitanjáforas: enunciados carentes de sentido que pretende conseguir resultados eufónicos.

LA CONCISIÓN LINGÜÍSTICA

«Ardo con la
fiebre
de este torrente de luz.
Doy la bienvenida a este
día como
a dulcificante fruta.
Esta noche
sentiré
remordimiento como un
alarido
perdido en el
desierto.»

Giuseppe UNGARETTI, «Placer», en Rafael Díaz Borbón, *Poetas del mundo contemporáneo*. Centro de Estudios Poéticos Hispánicos.

3. ¿Qué dos partes se advierten en el poema de Ungaretti?
4. En tu opinión, ¿cuál es la razón por la que el autor construye versos con una única palabra?

Los libros más puramente herméticos de Ungaretti son *El puerto sepultado* (1916) y *La Alegría* (1919), en los que se ocupa esencialmente de la contemplación del paisaje.

Tras estas primeras obras, sus versos y poemas crecen en tamaño, volviendo en muchos casos al uso del endecasílabo tradicional. La construcción sintáctica se hace más compleja, y el contenido se tiñe de un sentimiento de angustia existencial provocado por la muerte de su hijo y por la contemplación del comportamiento humano durante la Segunda Guerra Mundial. En este segundo momento se inscriben *Sentimiento del tiempo* (1933), *El dolor* (1947) y toda su obra posterior. En ellos realiza un examen crítico del pasado que le lleva a descubrir la fragilidad de las ambiciones humanas aunque, a pesar del pesimismo dominante en sus poemas, en ocasiones encuentra un lugar para la esperanza.

La obra lírica de **Eugenio Montale** (1896-1981) se inicia en 1925 con *Huesos de sepia*, libro en el que ya aparecen los temas que repetirá a lo largo de su carrera literaria: el sentimiento de soledad, la desconfianza en la vida y la conciencia de la inutilidad de cualquier lucha. Es la suya, por tanto, una **visión pesimista** y desesperanzada de la existencia, que el autor quiere expresar con el tono sereno de quien acepta su condición.

“

Frecuentemente hallé el dolor: vivir
era el riachuelo estertoroso, agónico;
la llama retorciéndose en la pira;
el cabello en la ruta, inútil, roto.
Placer no conocí. Sólo el milagro
que obra la divina indiferencia:
la estatua erguida entre la somnolencia
tórrida, con la nube y el milano.»

Eugenio MONTALE,
«Dolor de vivir»; en Rafael Díaz Borbón,
Poetas del mundo contemporáneo.
Centro de Estudios Poéticos Hispánicos.

Saint-John Perse (1887-1975) refleja en sus primeros poemas el mundo de la infancia, del que recoge elementos fantásticos y la visión inocente de la niñez. Pero su obra más conocida es *Anábasis* (1924), libro compuesto por una secuencia de fragmentos de un enorme canto épico —que nunca llegó a completar— en el que el poeta se presenta como el jefe de un pueblo emigrante en busca de asentamiento. Este hilo argumental permite incluir episodios vinculados con la realidad de su tiempo que mezcla con materia legendaria para producir un efecto irreal.

El vanguardismo portugués tiene su máximo representante en **Fernando Pessoa** (1888-1935). Quizá la mayor creación de Pessoa sea la construcción de sus **heterónimos**, personalidades completas con biografía y obra claramente diferenciada. Destacan las de Alberto Caeiro, poeta autodidacta, Ricardo Reis, que se deja llevar por el clasicismo literario, y Álvaro de Campos, iniciado en el simbolismo, pero que llegará a posturas vanguardistas.

“

MAÑANA

«Me ilumino de inmensidad.»

Giuseppe UNGARETTI,
en *Poetas italianos del siglo XX*.
Difusión cultural UNAM.

+ FERNANDO PESSOA

Tendencias líricas

El juego de heterónimos obliga a estudiar su obra en función de diversas tendencias que coexisten y se entremezclan:

- La poesía que idealiza la realidad, presente en los poemas de Alberto Caeiro.
- La poesía clasicista de Ricardo Reis, heredera de Horacio.
- La experimentación vanguardista de Álvaro de Campos, que representa la evolución de la lírica portuguesa de estos años, al discurrir desde el Simbolismo hasta el Cubismo y Futurismo.
- Finalmente, el nacionalismo de Fernando Pessoa, que —con su propio nombre— asume la condición del poeta total destinado a regenerar el alma y la cultura portuguesas.

Fernando Pessoa. Caricatura realizada por José Sobral de Almada Negreiros.

03 La poesía posterior a la Segunda Guerra Mundial

03.1 La poesía conversacional y la poesía realista

Incluimos en este apartado los numerosos poetas y movimientos líricos que reaccionan contra los excesos vanguardistas a partir de la década de los treinta, como es el caso de la poesía social o de la lírica intimista de la Generación Beat y otros grupos coetáneos. Son autores que no renuncian a la comunicación con el lector, optando por un **lenguaje coloquial** y unas formas accesibles para todos. No es continuación de las tendencias tradicionales, pues a menudo se destacan por el verso libre e introducen hallazgos técnicos procedentes de las vanguardias, como el cultivo de la imagen y la metáfora sin semejanza evidente o la ruptura con la tipografía y la sintaxis normativa.

Desde el punto de vista del contenido, estas propuestas comparten la preocupación por los **conflictos contemporáneos**, especialmente los relacionados con la guerra y sus consecuencias, la sociedad capitalista o los procesos de descolonización. Estos hechos son denunciados en los poemas o se convierten en causas de los sentimientos y actitudes expresados por sus autores.

La poesía política y social

Como ya se ha indicado, durante década de los treinta se politiza buena parte de la literatura occidental, empujada por la crisis económica y la radicalización de las posturas políticas que conducen al mundo hacia la guerra. Este hecho explica la aparición de una serie de autores que ponen sus obras al servicio de sus orientaciones ideológicas, como sucede con **Bertolt Brecht**, cuya obra teatral ya ha sido estudiada. En el poema del lateral, Brecht expone la situación de lucha de clases sociales y cómo el artista decide tomar partido por los desfavorecidos.

La guerra y la posguerra obligan a que la lírica se cargue de realismo. Violencia, pobreza, persecución ideológica, intolerancia, enfrentamiento entre clases y opresión se convierten en temas principales de aquellos poetas que sufrieron más cercanamente el conflicto. Así sucede en la poesía española, repleta de contenidos políticos durante nuestra Guerra Civil (1936-1939) que vuelven a aflorar en la década de los cincuenta con escritores como Blas de Otero o Gabriel Celaya. También se aprecia en Italia, donde el **neorrealismo** de las décadas de los cuarenta y cincuenta intenta dar testimonio de la situación que vive la nación tras el fin de la Segunda Guerra Mundial. En el terreno de la lírica destacan **Pier Paolo Pasolini** (1922-1975) y **Cesare Pavese** (1908-1950), autor de una poesía escrita en versos largos, con carácter narrativo y plagada de alusiones políticas.

«También los árboles sufren y mueren bajo las nubes,
el hombre se desangra y muere, pero canta su alegría
entre la tierra y el cielo, la gran maravilla
de las ciudades y de los bosques. Mañana tendré
tiempo
de encerrarme y de apretar los dientes. [...].»

Pier Paolo Pasolini,
en *Poetas italianos del siglo XX*. Difusión cultural UNAM.

PERSEGUIDO POR BUENAS RAZONES

«He crecido hijo
de gente acomodada. Mis padres
me pusieron un cuello almidonado,
[me educaron
en la costumbre de ser servido
y me instruyeron en el arte de dar
[órdenes. Pero
al llegar a mayor y ver lo que me
[rodeaba,
no me gustó la gente de mi clase,
ni dar órdenes ni ser servido.
Abandoné mi clase y me uní
al pueblo llano.»

Bertolt Brecht, *Poemas y Canciones*. Alianza.

24 de marzo de 1945: paracaidistas norteamericanos aterrizando en Wesel (Alemania). Fotografía de Robert Capa.

A partir de la década de los sesenta, la poesía social disminuye en Europa como consecuencia de la relativa estabilidad que vive el continente desde entonces. Sin embargo, aumenta en el **Tercer Mundo**, sometido a dictaduras, conflictos bélicos y otras situaciones de injusticia social. Así sucede en las líricas de Centroamérica y Suramérica, que conocen desde esos años un renacimiento de la poesía política con autores como **Nicolás Guillén** o **Ernesto Cardenal**, en cuya obra se mezclan lo personal, lo político, lo social y lo religioso.

NUEVOS HÉROES DEL PUEBLO

«Aquí pasaba a pie por estas calles, sin empleo ni puesto,
y sin un peso.
Solo poetas, putas y picados conocieron sus versos.
Nunca estuvo en el extranjero.
Estuvo preso.
Ahora está muerto.
No tiene ningún monumento.
Pero
recordadle cuando tengáis puentes de concreto,
grandes turbinas, tractores, plateados graneros,
buenos gobiernos.
Porque él purificó en sus poemas el lenguaje de su pueblo
en el que un día se escribirán los tratados de comercio,
la Constitución, las cartas de amor, y los decretos.»

Ernesto CARDENAL,
«Epitafio para Joaquín Pasos», en *Epigramas*. Tusquets.

La poesía del yo desde la década de los sesenta

En Europa y Norteamérica, la poesía de los sesenta se carga de individualidad como reacción contra la lírica social y colectiva que había dominado las décadas anteriores.

A partir de este momento, muchos poetas se centran en la proyección de sus sentimientos íntimos, de la rabia ante una vida vacía, excesivamente pragmática y en la que la existencia del individuo pierde el sentido que la poesía social le había dado: los actos del hombre ya no sirven para transformar el mundo y es imposible oponerse a unas estructuras de poder que definitivamente se han impuesto al ser humano.

Esta forma de entender la expresión lírica tiene su **antecedente** inmediato en la obra del británico **Dylan Thomas** (1914-1953), cuya obra gira en torno a la oposición entre la realidad y el deseo; entre el mundo que habita, donde no encuentra el sentido de su existencia, y el ansia de encontrar algo que justifique la vida. La poesía es para Thomas un acto desesperado que bucea en la niñez, única época en la que encuentra la inocencia; en la contemplación de la naturaleza, cuya belleza se opone al mundo urbano; y en el erotismo. Sin embargo, el deseo del poeta está condenado al fracaso y la lectura global de sus poemas muestra un intenso pesimismo. Su poesía servirá de modelo a las escuelas poéticas anglosajonas de postguerra.

1. ¿Qué ideas políticas se vierten en el poema de Ernesto Cardenal?

2. Nicolás Guillén dedica un conocido poema a Ernesto *Che* Guevara, a quien da tratamiento de héroe del pueblo. Busca y lee el poema, investiga sobre la biografía del personaje y redacta una breve exposición en la que se explique dicha consideración heroica.

A través de estas escuelas anglosajonas influirá también en otras tendencias de diferentes países. De Thomas nacen **dos líneas** que muestran ciertas diferencias, aunque comparten el empleo de un estilo cercano a lo coloquial. En la primera predomina el análisis de la **realidad cotidiana** del poeta desprovisto de toda intención social o comprometida. Esta postura se advierte en los británicos Philip Larkin (1922-1985) y Kingsley Amis (1922-1995), que renuncian a la carga erudita, característica de la obra de T. S. Eliot. También se inscriben en esta línea los **poetas confesionalistas** norteamericanos, como Robert Lowell (1917-1977) y, sobre todo, Sylvia Plath (1932-1963), autora que proyecta en sus versos una desesperación fruto de sus problemas mentales. Fuera del ámbito anglosajón, el intimismo cotidiano aparece también en la **Generación del 50 española**, con Jaime Gil de Biedma y Ángel González como principales representantes, y en los últimos años en la **Poesía de la experiencia** de Felipe Benítez Reyes y Luis García Montero.

En la segunda línea poética, el *yo* del autor entra en colisión con la realidad que lo rodea. Se trata de una poesía que manifiesta su **rebeldía contra la sociedad capitalista** y sus valores morales y políticos. En ella se da prioridad a la expresión de la rabia del poeta por encima del trabajo formal, que queda relegado a un segundo plano. En esta tendencia destaca el grupo norteamericano conocido como **Generación Beat**, que nace con el poema «Aullido» (1956) de Allen Ginsberg (1926-1997). Los poetas Beat —además de Ginsberg, Jack Kerouac y Gregory Corso— coinciden con la Revolución del 68 o movimiento hippy y buscan la liberación total del individuo, ahogado por un mundo capitalista dominado por el consumismo, la presión moral y el militarismo.

En línea similar se encuentra la poesía del también norteamericano **Charles Bukowski** (1920-1994), escritor rebelde y provocador, que muestra en sus poemas una visión de la vida marcada por la desesperanza y el vacío, como se advierte en el siguiente poema:

«No hay nada que
discutir
no hay nada que
recordar
no hay nada que
olvidar
es triste
y
no es
triste
parece que la
cosa más
sensata
que una persona puede
hacer
es
estar sentada
con una copa en la
mano.»

Charles BUKOWSKI, «Los mejores de la raza»; en Rafael Díaz Borbón, *Poetas del mundo contemporáneo*. Centro de Estudios Poéticos Hispánicos.

LITERATURA Y OTRAS ARTES

Música y poesía

Las posiciones contrarias al modelo social y político dominante desde la década de los sesenta encuentran en la música popular un vehículo para llegar a un público más amplio. Algunos cantantes utilizaron sus composiciones para expresar la crítica al capitalismo, a la política militarista, a la desesperanza del ser humano en un mundo que no eran capaces de comprender ni controlar y en el que, tan solo, restaba la posibilidad de la protesta y del amor. Entre estos intérpretes deben destacarse a Bob Dylan, Leonard Cohen y John Lennon, que con su canción *Imagine* (1971) expuso los que deberían ser los verdaderos valores humanos.

2. ¿Cómo manifiesta Bukowski en su poema el hastío de vivir? Comenta el tema del poema.

1. Escucha la canción *Imagine*, de Lennon, busca en Internet una traducción de su letra y comenta los valores que el artista defiende.

03.2 Las neovanguardias de posguerra

Pese a que los conflictos históricos de las décadas de los treinta, cuarenta y cincuenta provocan el abandono de la experimentación, algunos poetas se niegan a volver al camino del realismo y el coloquialismo que triunfa en esos años. La mayoría de estos autores se relacionan con el **surrealismo**, pues ya se ha estudiado cómo este movimiento mantiene un cierto equilibrio entre propuestas renovadoras en lo formal (uso de la imagen y de la metáfora, liberación de la lógica, verso libre) y unos contenidos que beben de los conflictos con la propia existencia o el entorno social.

En esta etapa, además de la pervivencia del surrealismo, es muy importante la obra de algunos poetas que intentan mantener el **equilibrio entre el clasicismo formal y la renovación** literaria que trajeron movimientos como el hermetismo italiano o la poesía pura. Son autores que buscan una palabra precisa que designe la emoción producida por la realidad y facilite de esa manera el conocimiento del mundo que los rodea. Entre estos autores merece destacarse al portugués **Eugenio de Andrade** (1923-2005). A lo largo de más de sesenta años, Andrade se ha ocupado en su poesía de un único tema, el diálogo con su entorno más cercano y todo aquello que para el autor tiene importancia: la infancia, la madre, la tierra, la naturaleza de los lugares en que ha vivido, la contemplación del cuerpo humano y el canto al amor como única fuerza capaz de dar sentido a su existencia. En el siguiente poema se aprecia la idea del amor como fuerza salvadora:

«Es urgente el amor.
Es urgente un barco en el mar.
Es urgente destruir ciertas palabras,
odio, soledad y crueldad,
algunos lamentos,
muchas espadas.
Es urgente inventar alegría,
multiplicar los besos, las cosechas,
es urgente descubrir rosas y ríos
y mañanas claras.
Cae el silencio en los hombros y la luz
impura, hasta doler.
Es urgente el amor, es urgente
permanecer.»

Eugenio DE ANDRADE,
Todo el oro del día.
Pre-Textos.

Desde la década de los sesenta es notable el incremento de **propuestas experimentales** que, como hemos visto, coinciden en el tiempo con otras maneras de entender la creación poética más apegadas a la sociedad y a la angustia existencial del individuo. Posiblemente, el vacío de la vida moderna denunciado por poetas como Bukowski o los de la Generación Beat explique que el arte se oriente de nuevo hacia el esteticismo, en unos casos, o hacia la ruptura radical con la tradición literaria, parcelas en las que el artista se siente seguro de su función en el mundo.

EUGENIO DE ANDRADE

Con Luis de Camoens y Fernando Pessoa, Andrade es considerado uno de los tres poetas más importantes de la literatura portuguesa. Su carrera literaria se inició en 1942 con el poemario *Adolescente*, pero será con *Las manos y los frutos* (1948) cuando alcance el reconocimiento de sus contemporáneos. A lo largo de su trayectoria lírica ha compuesto más de veintisiete poemarios en los que muestra una voz única y personal que se mantiene al margen de las tendencias y modas imperantes. Junto a su labor creativa, es necesario destacar también sus traducciones de Safo, San Juan de la Cruz, Rimbaud, Walt Whitman, Juan Ramón Jiménez, Antonio Machado o Federico García Lorca.

En la experimentación vanguardista del **último tercio del siglo xx** se observan dos tendencias principales: el culturalismo y la poesía visual.

El **culturalismo** orienta los poemas hacia la erudición y el subsiguiente hermetismo y dificultad de los textos. Los **temas** preferidos por estos poetas proceden de la cultura oficial, como son los mitos clásicos y los personajes históricos o de ficción, las interpretaciones de obras pictóricas y de las aportaciones de artistas más o menos consagrados por la tradición. Pero junto al material anterior, también dan cabida en sus obras a asuntos que provienen de la cultura de masas de esos años, la música pop, rock y jazz, el cine, las nuevas propuestas artísticas, la publicidad, etc. Dentro de esta tendencia deben ser destacados el grupo norteamericano denominado **Poetas de la imagen profunda**, en el que sobresale especialmente la figura de Robert Bly (poeta, editor y teórico fundamental del movimiento) y los **Novísimos** españoles, con poetas como Guillermo Carnero, Carlos Barral, Antonio Martínez Sarrión o Pere Gimferrer.

CINE EN LA POESÍA

El cine de los sábados
maravillas del cine galerías
de luz parpadeante entre silbidos
niños con su mamá que iban abajo
entre panteras un indio se esfuerza
por alcanzar los frutos más dorados
ivonne de carlo baila en scherezade
no sé si danza musulmana o tango
amor de mis quince años marilyn
ríos de la memoria tan amargos
luego la cena desabrida y fría
y los ojos ardiendo como faros.

Antonio Martínez Sarrión,
«El cine de los sábados», en *Teatro de operaciones*. El Toro de Barro.

La segunda tendencia experimental, la **poesía visual**, es más radical en su propuesta, pues da prioridad a la imagen por encima del contenido de la palabra. En estas composiciones el sentido se logra mediante la interpretación global de un texto en el que se juega con la tipografía, la mezcla de palabra e imagen o, en el caso del poema-objeto, la exposición de cosas en contextos no habituales.

La irrupción de la informática y de Internet en los últimos años del siglo ha posibilitado la evolución de la poesía visual hacia lo que ya se empieza a denominar **ciberpoesía**. Existen numerosas modalidades de este género incipiente, como los **poemas móviles**, en los que las letras se desplazan por la pantalla para formar palabras o figuras, o la **poesía hipertextual**, que se vale de textos que enlazan con otras pantallas, multiplicando así las posibilidades interpretativas de la composición.

1. El poema de Martínez Sarrión está construido sobre una antítesis; explica su sentido.

+ LEE MÁS

En Internet existen muchos lugares donde encontrar ejemplos de ciberpoesía. Te recomendamos la página de Belén Gache:

- Belén Gache : Wordtoys www.goo.gl/aM3Dfv. Este libro electrónico recoge bastantes ciberpoemas que exploran diversas técnicas.

Y las páginas siguientes en inglés:

- Brian Kim Stefans (www.ubu.com/contemp/stefans/), en especial su composición «The dreamlife of letters».
- Darren Wershlers-Henry (http://www.ubu.com/contemp/wershler/) del que destaca su composición «Grains».

Si deseas descubrir otros artistas puedes visitar Electronic Literature Collection (www.collection.eliterature.org/).

Paul Celan

La obra de Celan (1920-1970) merece mención aparte dentro de la neovanguardia, ya que puede entenderse como **síntesis** de toda la poesía de posguerra. En sus versos se encuentra la influencia del **surrealismo**, de cuyas técnicas se vale para expresar las ideas que bullen en su interior; también aparece la **obsesión culturalista**, al recurrir a motivos procedentes de distintas materias legendarias; y, por encima de todo, la constante **lucha del artista con el lenguaje**, que en sus últimos libros retuerce y descompone. Junto a la experimentación constante, Paul Celan no da la espalda al problema del sufrimiento humano. En su obra confluyen los **temas** principales de la literatura del siglo pasado: la angustia existencial, la denuncia social e histórica, que es causa de dicha angustia, y la preocupación por el lenguaje y la creación poética.

La **poesía** de Celan está **marcada por** dos hechos biográficos. En primer lugar, su relación con **tres culturas lingüísticas** diferentes: el *yiddish**, hablado por su familia; la rumana, idioma del país en el que nació; y la alemana, lengua de cultura en la que se educó y en la que compuso su obra. Esta diversidad lingüística, ampliada después con el estudio del latín, del griego y del francés, explica las múltiples referencias culturales que se encuentran en sus poemas. Pero el acontecimiento biográfico determinante en Celan es la **reclusión en un campo de concentración** durante la Segunda Guerra Mundial, donde asiste en primera fila al «espectáculo de la muerte» programada, sistemática y brutal. Allí mueren su padre, que no puede soportar los trabajos forzados, y su madre, asesinada de un tiro en la nuca. Celan sobrevive físicamente a la barbarie nazi, pero el dolor, la crueldad, la sinrazón y la muerte no abandonan su vida hasta que esta se le hace imposible y se suicida en París en 1970.

El siguiente fragmento pertenece al poema «Fuga de la muerte». En él encontramos la presencia de la muerte y la destrucción del lenguaje, que se manifiesta en la eliminación de todo signo de puntuación y la acumulación caótica de imágenes que connotan dolor.

«Negra leche del alba te bebemos de noche
te bebemos a mediodía la muerte es un maestro venido de Alemania
te bebemos en la tarde y la mañana bebemos y bebemos
la muerte es un maestro venido de Alemania sus ojos son azules
te hiere con una bala de plomo con precisión te hiere
un hombre habita en la casa tus cabellos de oro Margarete
azuza contra nosotros sus mastines nos sepulta en el aire
juega con las serpientes y sueña la muerte es un maestro venido de Alemania
tus cabellos de oro Margarete
tus cabellos de ceniza Sulamita»

Paul CELAN, «Fuga de la muerte», en José Ángel Valente, *Cuaderno de versiones*. Círculo de Lectores.

1. ¿Cuál crees que es el sentido de los dos nombres femeninos que aparecen en el poema de Celan?

2. ¿Qué palabras y expresiones del poema contribuyen al sentido de dolor y muerte que domina en él?

GLOSARIO

Yiddish: idioma hablado por las comunidades judías del centro de Europa. Aunque se escribe en alfabeto hebreo, toma la mayor parte de su sintaxis y de su léxico del alemán, y sobre esa base incluye préstamos de las lenguas eslavas de la zona y del hebreo.

La poesía del siglo xx en España

En España, el paso de la poesía simbolista del siglo xix a la modernidad es protagonizado por **Antonio Machado** y **Juan Ramón Jiménez**.

Ambos escritores, que son continuadores del intimismo iniciado por Gustavo Adolfo Bécquer en la centuria anterior, se sentirán atraídos por el culto a la forma instaurado en el modernismo hispanoamericano y teñirán sus poemas de los conflictos existenciales propios del cambio de siglo. Pese a que el punto de partida de estos autores es similar, sus obras recorrerán trayectorias bien diferentes: en el caso de Machado, lo existencial del principio —la melancolía, la obsesión por el tiempo y la muerte— acabará compartiendo protagonismo con la preocupación social; Juan Ramón Jiménez, sin embargo, irá eliminando paulatinamente la presencia del *yo* en sus poemas para cultivar una poesía concentrada y densa en la que la creación se convierte en el asunto primordial de los textos.

Tras ellos, la década de los veinte depara una de las sorpresas de la literatura española: el **Grupo de 1927**. Estos autores —Jorge Guillén, Pedro Salinas, Gerardo Diego, Dámaso Alonso, Federico García Lorca, Rafael Alberti, Vicente Aleixandre y Luis Cernuda, entre otros— partieron en sus primeros libros de posiciones cercanas al vanguardismo imperante en aquellos años. Sin embargo, pronto abandonaron las posturas rupturistas para concentrar de nuevo su atención en temas eternos: la relación del hombre con su entorno social; el amor como absoluto que salva y aniquila al enamorado; el choque entre la realidad vivida y la deseada. Aunque la Guerra Civil y el exilio posterior rompió el grupo e individualizó sus propuestas líricas, la importancia de sus obras fue tal, que siguieron siendo modelos válidos para los nuevos poetas surgidos en la segunda mitad del siglo xx.

A pesar de que la poesía española de posguerra no alcanza las altas cotas de las primeras décadas del siglo, debe destacarse cómo las sucesivas generaciones han aportado nombres interesantes que representan en nuestras letras las tendencias estudiadas en esta Unidad:

- A finales de la década de los cuarenta, Blas de Otero publica unos poemas en los que predomina el vacío existencial propio de unos tiempos marcados por el dolor y Gabriel Celaya tiñe sus textos de contenido político y social.
- Y quizá la mayor aportación de la poesía española de este periodo se encuentre en la llamada **Generación del 50**, un grupo formado por escritores como José Hierro, Jaime Gil de Biedma o Ángel González, capaces de convertir lo cotidiano en materia lírica de primer orden.

2 Indica las similitudes que se pueden encontrar entre los dos poemas.

2 En el poema de Antonio Machado se reflejan numerosos elementos autobiográficos. Investiga sobre su vida y señala los aspectos de la misma incorporados en el texto.

3 Analiza la estructura del poema de Luis Cernuda.

LA POESÍA DEL *YO* Y DEL *TÚ*

«Allá, en las tierras altas,
por donde traza el Duero
su curva de ballesta
en torno a Soria, entre plomizos cerros
y manchas de raídos encinares,
mi corazón está vagando, en sueños...

¿No ves, Leonor, los álamos del río
con sus ramajes yertos?
Mira el Moncayo azul y blanco; dame
tu mano y paseemos.
Por estos campos de la tierra mía,
bordados de olivares polvorientos,
voy caminando solo,
triste, cansado, pensativo y viejo.»

Antonio MACHADO,
Campos de Castilla. Cátedra.

«Yo fui.
Columna ardiente, luna de primavera.
Mar dorado, ojos grandes.

Busqué lo que pensaba;
pensé, como al amanecer en sueño lánguido,
lo que pinta el deseo en días adolescentes.
Canté, subí,
fui luz un día
arrastrado en la llama.

Como un golpe de viento
que deshace la sombra,
caí en lo negro,
en el mundo insaciable.

He sido.»

Luis CERNUDA,
La realidad y el deseo.
Fondo de Cultura Económica.

ELABORA TU PROYECTO

POESÍA EN IMÁGENES

Una de las obsesiones de los escritores del siglo XX ha sido derribar las fronteras que separan las distintas artes. Por ese motivo te proponemos dedicar este proyecto a continuar con dicha tarea.

Para la organización de tu trabajo, te sugerimos el estudio de los siguientes aspectos:

- Selección de un poema de cada una de las tendencias líricas estudiadas en la unidad: *poesía existencial, poesía de contenido político y social, vanguardismo*.
- Búsqueda de una imagen artística que responda al asunto tratado en el texto.
- Composición de un cartel por cada asunto con los siguientes elementos: título (tema en cuestión), poema, imagen artística y las fuentes consultadas.

El producto final puedes presentarlo en formato tradicional, sobre cartulina tamaño A4, o en versión electrónica. Si te decantas por esta última posibilidad, te recomendamos la utilización de un programa de presentaciones electrónicas para componer los carteles. Al terminar tu trabajo de composición, exporta la presentación en formato de imagen —jpg o png— y comparte los archivos con tus compañeros.

Recursos en la Red

→ www.amediavoz.com/

A media voz: en este espléndido sitio web pueden encontrarse poemas de casi todos los autores estudiados en la unidad.

→ www.googleartproject.com/

Google Art: Proyecto de Google en el que pueden localizarse multitud de obras artísticas digitalizadas.

→ www.recursostic.educacion.es/bancoimagenes/web/

Banco de imágenes del Ministerio de Educación

→ www.goo.gl/qqcPKd

Otros bancos de imágenes: en esta dirección la profesora Meritxell Viñas enlaza diferentes proyectos webs donde encontrar reproducciones digitales de obras artísticas.

ELABORA TU ORGANIZADOR VISUAL

1 Completa el siguiente mapa de conceptos sobre la poesía posterior a la Segunda Guerra Mundial.

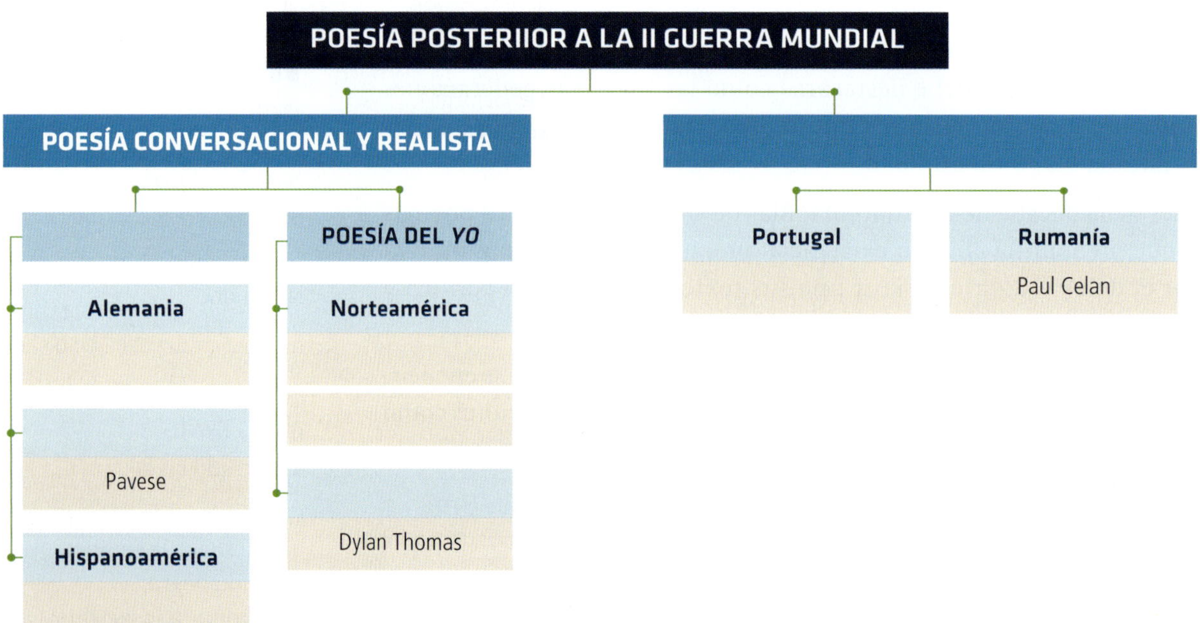

2 Construye un mapa conceptual de las tendencias líricas anteriores a la Segunda Guerra Mundial.

«ANCIANO», DE K. KAVAFIS

«En el interior de un ruidoso café
un anciano se apoya sobre un velador;
un periódico ante él, iluminado por la soledad.

Y en el desprecio de su miserable vejez
piensa qué poco gozó de los años
cuando tuvo vigor, y elocuencia, y belleza.

Ha envejecido tanto; lo siente, lo ve.
El tiempo de su juventud, como si hubiera sido ayer,
pasó. Qué velozmente, qué velozmente.

Medita en cómo ahora se ríe de él la Sabiduría;
y cómo fió siempre —¡qué locura!—
de esa embustera que le decía: «Mañana. Tienes
mucho tiempo».

Recuerda impulsos que contuvo; y el sacrificio
de su felicidad. De su insensata prudencia
se burla hoy cada ocasión perdida.

... Hasta que de tanto evocar el pasado
se adormece. Hundido
sobre el velador solitario.»

Konstantino KAVAFIS,
Poesías completas.
Hiperión.

El marinero, de P. Cezanne (1905).

COMENTARIO DE TEXTO

Localización del texto

1. Justifica la vinculación del poema con la obra del autor.
2. ¿Qué relaciones crees que existen entre el texto y la situación de crisis espiritual que domina en los primeros años del siglo XX?

Contenido

3. Identifica y comenta el tema principal del poema.
4. Indica los tópicos literarios que encuentres en el texto.

Técnica

5. Establece la estructura del poema y razona tu respuesta.
6. La poesía que triunfaba en la época de Kavafis tendía hacia el esteticismo y el formalismo, ¿piensas que este poema coincide con esa manera de entender la creación lírica? ¿Por qué?
7. El anciano que es centro del poema, ¿es un personaje simbólico o real? Argumenta tu respuesta.

Valoración

8. Escribe una breve argumentación sobre cómo piensas que debe emplearse la vida para que esta tenga un sentido pleno. ¿Adviertes alguna diferencia?

Teoría relacionada

9. El problema existencial en la poesía del siglo XX.
10. La renovación de la lírica en el cambio de siglo.

09 LA NOVELA DEL SIGLO XX

01 Panorama general

El siglo XX es la época de máxima expansión de la novela, que se ha convertido en el género dominador de la creación literaria, tanto en las literaturas occidentales como en otras latitudes.

01.1 Tendencias y periodos

A lo largo de todo el siglo pervive una **novela comercial**, destinada al gran público.

Esta novela comercial y exitosa ha dado importantes obras a la historia de la literatura, como es el caso de *Doctor Zhivago*, de Boris Pasternak, o *La hoguera de las vanidades*, de Tom Wolfe. Frente a ella existe otro tipo de relatos que, llevados del **espíritu renovador** característico del siglo, pretenden romper con la forma de narrar instaurada en el siglo XIX. Esta línea es la responsable de la evolución del género y muchas de sus aportaciones han sido incorporadas con posterioridad por las obras más comerciales.

En términos generales, la novela del siglo XX puede dividirse en **dos periodos** separados por el gran acontecimiento histórico del siglo, la Segunda Guerra Mundial. **Los años anteriores a la guerra** se caracterizan, desde el punto de vista técnico, por el alejamiento de la forma de narrar realista y por la influencia del **espíritu vanguardista**. En el plano temático es habitual la preocupación por los **problemas existenciales** y religiosos.

Después de la guerra, la producción novelística aminora la experimentación técnica. La realidad y la **denuncia social** vuelven a imponerse como principal referencia. A medida que avanza el tiempo, comienzan a aparecer novelas que se apartan del problema social y de la relativa simplicidad técnica.

La producción novelística aumenta, se extiende a todos los rincones del mundo y, con la expansión, **se multiplican las tendencias** y géneros. En el último tercio del siglo XX conviven obras de crítica social, experimentales, históricas, policiales, existenciales, fantásticas y de otros tipos. Algunos autores se someten a los rasgos del género escogido, mientras que otros optan por mezclar elementos procedentes de distintas modalidades. La variedad, en definitiva, es el rasgo más sobresaliente de la novela posterior a la Segunda Guerra Mundial.

+ NOVELA COMERCIAL: CARACTERÍSTICAS

- Presencia de un **narrador**, frecuentemente **omnisciente**, que conduce la lectura, interpreta o sugiere los sentidos de la obra.
- Las obras se centran en **el personaje**, intentando analizar su psicología y comportamiento, o en la narración de un conjunto de peripecias que buscan, fundamentalmente, atrapar al lector recurriendo a diversos mecanismos de intriga.
- La estructura del relato se ajusta a la **división clásica** en planteamiento del problema, desarrollo y complicación del mismo, y desenlace que resuelve la situación.
- Los sucesos narrados siguen un **orden lineal**.
- Es habitual el sometimiento a unas **estructuras de género**, como la novela histórica, la autobiográfica, la policial o la de ciencia-ficción.

01.2 Nuevas técnicas narrativas

Las técnicas empleadas para esta nueva forma de contar historias son:

El argumento

- La novela **no se limita al relato de una sucesión de hechos**, sino que estos son una excusa para volcar en el texto preocupaciones temáticas y, en muchas ocasiones, técnicas.
- El argumento rompe con el criterio de verosimilitud. Las obras se pueblan de **elementos no realistas** que buscan la provocación, la alusión al objetivo temático de la obra o el reflejo de la identidad cultural de todo un pueblo.
- Uso de **elementos no narrativos**: anuncios, informes, etc.
- La novela explora las posibilidades de la **descripción**, que deja de emplearse exclusivamente para situar la acción en el espacio y el tiempo. Ahora se utiliza también para presentar espacios y objetos que tienen sentidos simbólicos o caracterizan a los personajes.

El narrador

- Desaparece el narrador omnisciente y gana peso el relato en primera persona, los **narradores** escépticos, los que parecen desconocer la historia o los que juegan con el lector obligándole a interpretar y extraer sus propias conclusiones.
- Se recoge el punto de vista del personaje, expresado mediante el **monólogo interior**. También es habitual el **perspectivismo***.

Los personajes

- El héroe característico es un personaje **problemático**, en lucha con su entorno y consigo mismo. Junto a él, abunda el personaje **colectivo**, que refleja el bullicio del mundo moderno.
- Los personajes suelen definirse **por sus propios actos** y palabras.

La estructura

- Las obras adquieren una estructura **fragmentaria** en la que se acumulan puntos de vista, modalidades textuales y porciones lingüísticas de naturaleza diversa que el lector debe organizar.
- La organización clásica en tres partes se rompe, o por la **ausencia de desenlace**, o por tratarse de una **estructura circular***.
- La técnica del **contrapunto***.
- Algunas obras incluyen diversos **juegos ortográficos** y **tipográficos**: alteración de la disposición tradicional de la página, eliminación de la puntuación, etc.

Espacio y tiempo

- Es muy utilizada la **concentración** de las historias en un espacio limitado (una ciudad, por ejemplo) o en un breve tiempo.
- Ruptura del orden cronológico al incluirse **saltos temporales***.

*** GLOSARIO**

Perspectivismo: multiplicación de puntos de vista sobre un mismo hecho.

Estructura circular: es la que presentan aquellas obras que acaban del mismo modo en que empiezan.

Técnica del contrapunto: consistente en el relato de acciones paralelas con una leve conexión entre ellas, es el principio estructural escogido por algunos novelistas.

Saltos temporales: elipsis, eliminación del relato de una porción de tiempo; analepsis, salto al pasado de la narración; y prolepsis, salto hacia el futuro.

PEDRO PÁRAMO

La novela *Pedro Páramo* (1955) se sitúa en un lugar, Comala, y un tiempo concretos desde donde el narrador salta hacia el pasado de los personajes y hacia otros espacios que amplían el horizonte de la novela.

«Vine a Comala porque me dijeron que acá vivía mi padre, un tal Pedro Páramo. Mi madre me lo dijo. Y yo le prometí que vendría a verlo en cuanto ella muriera. Le apreté sus manos en señal de que lo haría, pues ella estaba por morirse y yo en un plan de prometerlo todo. «No dejes de ir a visitarlo —me recomendó—. Se llama de este modo y de este otro. Estoy segura de que le dará gusto conocerte.» Entonces no pude hacer otra cosa sino decirle que así lo haría, y de tanto decírselo se lo seguí diciendo aun después de que a mis manos les costó trabajo zafarse de sus manos muertas.

Todavía antes me había dicho:

—No vayas a pedirle nada. Exígele lo nuestro. Lo que estuvo obligado a darme y nunca me dio... El olvido en que nos tuvo, mi hijo, cóbraselo caro.

—Así lo haré, madre.»

Juan RULFO, *Pedro Páramo*. Cátedra.

1. Indica los distintos momentos y espacios aludidos en el pasaje.

02 La novela anterior a la Segunda Guerra Mundial

Los novelistas de la primera mitad del siglo XX continúan la ruptura con el Realismo, iniciada a finales del XIX por dos caminos que a menudo se complementan: la introducción de **nuevas técnicas** narrativas y la ampliación temática de los relatos, en los que proyectan las **preocupaciones existenciales y sociales** propias de la nueva época.

En las siguientes páginas estudiaremos las principales aportaciones que se producen durante estas décadas, agrupando a los autores más relevantes en función de la lengua en que compusieron sus obras.

02.1 La renovación en lengua francesa

Marcel Proust

El gran renovador de la narrativa francesa es, sin lugar a dudas, Marcel Proust (1871-1922), autor de *En busca del tiempo perdido*, obra compuesta a lo largo de casi toda su vida y publicada en siete entregas. Toda la obra responde a un mismo **plan argumental**: el relato de la infancia, adolescencia, juventud y primera madurez de un hombre que desea escribir una novela. Al final, comprende que ha llegado el momento de comenzar un libro que es el que el lector tiene entre sus manos.

Sobre el argumento, Proust superpone episodios más o menos vinculados con la vida del protagonista mediante los cuales aborda un **tema recurrente**: la decepción, que queda reflejada en tres planos:

- El mundo de la burguesía adinerada y la aristocracia, clases devoradas por el deseo de ascenso social y de ser centro del mundo. Esto se refleja en la noble familia Guermantes, en cuyo entorno se mueve el narrador, ansioso por formar parte de su círculo.
- Las relaciones amorosas también conducen a la decepción del narrador, pues están dominadas por la obsesión, los celos y la desconfianza.
- La creación artística se presenta al narrador como la única actividad que no puede decepcionarle y, por tanto, como su tabla de salvación personal, una vez decide dedicarse a ella en cuerpo y alma.

Las **aportaciones** de Proust a la novela del siglo XX se pueden resumir en las siguientes:

- Los personajes evolucionan a lo largo del relato y sus cambios se reflejan en el lenguaje que los caracteriza, en su aspecto físico, personalidad y opiniones. Mención aparte merece el tratamiento del protagonista, del que desconocemos su aspecto físico e incluso su nombre.
- La memoria es el recurso predilecto del narrador para reconstruir su vida. A partir de una sensación, el *yo* narrador evoca su pasado y con él el mundo arrasado por el tiempo.
- Proust concibió su novela como obra total en la que se funde la literatura con la pintura (a través del pintor Elstir) y con la música de Vinteuil, que funciona como himno de la pasión amorosa de otros personajes.

LOS CAMINOS DE LA MEMORIA

«En cuanto reconocí el sabor del pedazo de magdalena mojado en tila que mi tía me daba [...], la vieja casa gris con fachada a la calle, donde estaba su cuarto, vino como una decoración de teatro a ajustarse al pabelloncito del jardín que detrás de la fábrica principal se había construido para mis padres, y en donde estaba ese truncado lienzo de casa que yo únicamente recordaba hasta entonces; y con la casa vino el pueblo, desde la hora matinal hasta la vespertina y en todo tiempo, la plaza, adonde me mandaban antes de almorzar, y las calles por donde iba a hacer recados, y los caminos que seguíamos cuando hacía buen tiempo [...] Así ahora todas las flores de nuestro jardín y las del parque del señor Swann y las ninfeas del Vivonne y las buenas gentes del pueblo y sus viviendas chiquitas y la iglesia y Combray entero y sus alrededores, todo eso, pueblo y jardines, que va tomando forma y consistencia, sale de mi taza de té.»

Marcel PROUST,
Por el camino de Swann. Alianza.

1. ¿Qué provoca el recuerdo del personaje? ¿A dónde es conducido por él?
2. ¿Qué sentimientos le provoca su pasado? ¿Qué elementos lingüísticos utiliza para expresarlos?

02.2 La renovación en lengua alemana

Thomas Mann

El gran **tema** de la obra de Mann (1875-1955) es el fracaso de la cultura como herramienta organizadora del mundo. Su carrera se inicia con *Los Buddenbrook* (1901), historia de tres generaciones de una familia burguesa. La obra expone el choque entre el mundo burgués y el artístico, que también es el tema de *La muerte en Venecia* (1912), donde narra el encuentro de un famoso escritor con un bello joven ante el que pierde la cabeza.

En *La montaña mágica* (1912-1924) Mann relata los días pasados por Castorp, el protagonista, en un sanatorio al que llega como visitante y donde debe permanecer al serle diagnosticada una enfermedad. Allí asiste a las discusiones de personajes que representan diferentes posturas intelectuales ante la civilización occidental, la enfermedad o la muerte.

Junto al perspectivismo intelectual, el novelista introduce otras novedades, como la ausencia de un protagonista absoluto, que es sustituido por el **personaje colectivo**, la **falta de acción** propiamente dicha y la concentración en un espacio reducido que funciona como microcosmo (el sanatorio) y en un breve tiempo, si se compara con la amplitud temporal de las novelas del siglo XIX.

+ ARGUMENTO

El hombre sin atributos

Unidad 9
Doc. 1

Aquí encontrarás un resumen del argumento de la novela de Musil.

Robert Musil

Robert Musil (1880-1942) es el autor de dos novelas indispensables para comprender la crisis espiritual que impera en los primeros años del siglo. Aunque con técnicas diferentes, ambas reflejan la decadencia del Imperio austro-húngaro y sus valores en los años anteriores a la Primera Guerra Mundial. Son obras pesimistas en las que muestra **su desconfianza hacia el individuo y la sociedad**.

Las *tribulaciones del joven Törless* (1906) relata con técnica realista las crueldades sufridas por un muchacho en un internado. Esta historia permite a Musil analizar la realidad de su tiempo y manifestar el desengaño ante un mundo controlado por una burguesía sin objetivos una vez alcanzado el poder político y social. También muestra la pérdida de la fe en las aspiraciones humanas, pues estas esconden un **fondo de maldad**.

El hombre sin atributos (1930-1943) es el gran proyecto literario de Musil, que deja incompleto a causa de su muerte. El **tema** de la novela es el análisis del individuo en sus dos dimensiones:

- La política, manifestada en las relaciones del protagonista con una sociedad decadente, la austriaca, en la que existen ciertos intentos de renovación. El problema señalado por Musil es que las propuestas renovadoras encaminan al país hacia su desaparición.
- La íntima, que permite al autor mostrar el encanto de lo cotidiano, del amor, de la paz y de la familia como únicas alternativas al desastre social.

LA DIMENSIÓN POLÍTICA

«Existía un Parlamento que hacía uso tan excesivo de su libertad que casi siempre estaba cerrado; pero había una ley para los estados de emergencia con cuya ayuda se salía de apuros sin Parlamento, y cada vez que volvía de nuevo a reinar la conformidad con el absolutismo, ordenaba la Corona que se continuara gobernando democráticamente. De tales vicisitudes se dieron muchas en este Estado, entre otras, aquellas luchas nacionales que con razón atrajeron la curiosidad de Europa, y que hoy se evocan tan equivocadamente. Fueron vehementes hasta el punto de trabarse por su causa y de paralizarse varias veces al año la máquina del Estado; no obstante, en los periodos intermedios y en las pausas de gobierno la armonía era admirable y se hacía como si nada hubiera ocurrido.»

Robert MUSIL,
El hombre sin atributos. Seix-Barral.

1. ¿Qué problemas concretos cita Musil en el fragmento? ¿Crees que existe cierta ironía en él?

Franz Kafka

Franz Kafka publica en vida solamente relatos breves, entre los que destaca *La metamorfosis* (1915).Tras su muerte, y pese a que el escritor había expresado su deseo de hacerlas desaparecer, se publican sus tres grandes novelas: *El proceso* (1925), *El castillo* (1926) y *América* (1927).

La obra del autor checo se inscribe con pleno derecho dentro de la literatura de contenido existencial, ya que se ocupa de **temas** que giran en torno al sentido de la vida del hombre:

- La idea de soledad del ser humano en un mundo cotidiano que se le muestra adverso y del que no alcanza a comprender su funcionamiento.
- El sentimiento de culpabilidad que invade a los protagonistas por la simple condición de su humanidad.
- La frustración es otra de sus preocupaciones recurrentes.
- La visión de la vida como un absurdo incomprensible que lleva a los personajes a enfrentarse con situaciones que contradicen la lógica racional hasta que llegue el trágico desenlace.

En los textos de Kafka prevalece la idea de la **angustia y el pesimismo**. Todo puede cambiar en un instante, el delicado equilibrio en que vive el ser humano se rompe por motivos que los personajes no comprenden y que, sin embargo, aceptan como parte de su condición natural.

En el terreno de la **técnica literaria**, los relatos de Franz Kafka se apartan de la tradición realista en los siguientes aspectos:

- La acción de sus obras es muy escasa y el foco principal se centra en el estudio de la **interioridad del personaje**, antes que en el desarrollo de una intriga.
- Sus protagonistas adquieren un **sentido simbólico**, representan al ser humano, frente a lo que era habitual en la novela del siglo XIX, preocupada por el personaje individual cuya psicología era analizada con detalle. La pretensión de Kafka es situar al hombre contemporáneo en el centro de la novela, con sus dudas y tragedias propias de la nueva época: el absurdo de su existencia, la falta de objetivos vitales, la soledad y la incomunicación o la alienación en un modelo social que lo devora.
- Sus obras tienen su punto de partida en la realidad, pero no pretende ni describirla, ni denunciarla, ni explicarla. El autor checo se interesa por captar **lo extraño**, anormal y siniestro que existe en la vida burguesa cotidiana.
- En sus relatos es especialmente relevante la presencia del **humor negro** que no persigue la carcajada. Kafka consigue pasar de la simple broma a la metáfora profunda sobre la existencia humana. Así sucede, por ejemplo, en *La metamorfosis*, relato que comienza con la transformación de un hombre de clase media-baja en insecto. En el desarrollo de la historia, el autor muestra las consecuencias que dicho cambio provoca en la vida del protagonista y en su entorno (asco, lástima, acomodación, olvido, molestia), situación que se convierte en un perfecto símbolo de las relaciones entre los seres humanos.

FRANZ KAFKA

Nació en Praga en 1883, en el seno de una familia de comerciantes judíos. Se doctoró en Derecho, pero trabajó en una compañía de seguros hasta que, en 1920, tuvo que internarse en un sanatorio debido a la tuberculosis que padecía. La enfermedad también le impediría emigrar a Palestina y cumplir así sus deseos sionistas. Murió en Kierling, Austria, en 1924.

02.3 La renovación en lengua inglesa

James Joyce

En la persona de Joyce (1882-1941) se da la paradoja de que todo el material narrativo de sus relatos procede de la ciudad que le vio nacer, Dublín, y, sin embargo, el escritor abandona Irlanda en 1907 para no volver jamás.

James Joyce (1882-1941).

En su obra narrativa se advierten dos **etapas**.

En la **primera**, Joyce se sitúa en una postura literaria tradicional, cercana a un **realismo** que incorpora elementos propios del Simbolismo. A este periodo pertenece *Dublineses* (1914), una colección de cuentos independientes sobre el Dublín de su infancia y adolescencia organizados según un criterio temporal:

- Los relatos de infancia, que reflejan un mundo que el niño no puede entender, pero que adivina turbio y decepcionante; son tres los relatos de infancia y con ellos se abre el libro.
- Los relatos de juventud, los cuatro siguientes, que plantean la elección entre la sordidez cotidiana o la aventura y el amor, que, aunque se ofrecen como liberadores, resultan inseguros.
- El mundo del adulto, miserable y frustrante, en el que domina el fracaso vital. Siete historias se centran en esta etapa.
- El libro se cierra con un relato más largo que el resto, «Los muertos», cuyo asunto primordial es la influencia de los antepasados y sus ideas sobre la vida humana.

El *Retrato del artista adolescente* (1916) es una novela que relata el nacimiento del artista. El protagonista, Stephen Dedalus, personaje que aparece en varias obras de Joyce, se encuentra presionado por una realidad que le incapacita como artista. Contra ese ambiente se rebela, alejándose progresivamente de la familia, de las tradiciones y de la religión. Cuando cumple con todo el proceso, Dedalus se encuentra en disposición de afirmar su personalidad y dedicarse a la creación artística.

La **segunda** etapa literaria de Joyce está caracterizada por la **experimentación**. A ella pertenece su novela más relevante, *Ulises* (1922). La obra relata, a través de dieciocho capítulos, un día de la vida de dos personajes: Leopold Bloom, hombre maduro, de clase media, fracasado y harto de vivir, todo un antihéroe moderno que tendrá que afrontar su particular odisea; y Stephen Dedalus, un joven obsesionado por liberarse de las ataduras de la familia y las tradiciones. Al hilo de este leve argumento, Joyce se ocupa de un gran número de **temas**, entre los que destacan los siguientes por su función unificadora del relato:

Las relaciones entre padre e hijo enlazan las vidas de Bloom, obsesionado por la paternidad, y de Dedalus.

La infidelidad matrimonial, pensamiento que aparece en la mente de Bloom a lo largo de ese día, ya que es consciente de que su mujer, Molly, tiene una aventura amorosa con otro hombre.

La **estructura** de la novela puede organizarse en tres partes bien diferenciadas que no se corresponden con la división tripartita clásica. La agrupación de los capítulos que proponemos no tiene correspondencia con la presentación, el nudo y el desenlace, sino con los diferentes caminos seguidos por los dos personajes principales que confluyen en determinado momento.

- En los primeros trece capítulos se relatan los caminos recorridos por separado por Leopold y Stephen desde primeras horas de la mañana.
- Entre el capítulo catorce y el diecisiete los personajes, que han coincidido en el hospital, emprenden camino juntos hasta que se despiden después de pasar por la casa de Bloom.
- El último capítulo corresponde al monólogo interior de Molly, la esposa de Leopold Bloom, que recuerda los acontecimientos del día (su aventura amorosa) y otros hechos de su pasado.

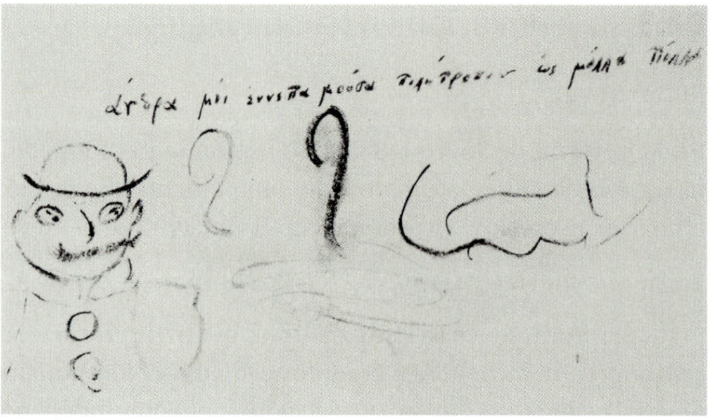

Caricatura de Leopold Bloom, Myron C. Nutting's (la frase en griego es la que abre la *Odisea* de Homero), 1920.

EL FLUJO DE CONCIENCIA DE MOLLY

«Sí porque él no había hecho nunca una cosa así antes como pedir que le lleven el desayuno a la cama con un par de huevos desde los tiempos del hotel City Arms cuando se hacía el malo y se metía en la cama con voz de enfermo haciendo su santísima para hacerse el interesante ante la vieja regruñona de Mrs. Riordan que él creía que la tenía enchochada y no nos dejó ni un céntimo todo para misas para ella solita y su alma tacaña tan grande no la hubo jamás de hecho le espantaba tener que gastarse 4 peniques en su alcohol metílico contándome todos sus achaques mucha labia que tenía para la política y los terremotos y el fin del mundo tengamos antes un poco de diversión que Dios nos ampare si todas la mujeres fueran de su calaña le disgustaban los bañadores y los escotes por supuesto nadie quería verla con ellos supongo que era piadosa.»

James JOYCE, *Ulises*.
Cátedra.

1. El fragmento pertenece al flujo de conciencia de Molly del último capítulo de *Ulises*. ¿Qué caracteres lingüísticos utiliza Joyce para reflejar el pensamiento del personaje?
2. Investiga sobre el *Ulises* de Joyce y explica qué relación presenta con el mito de Odiseo.

Entre las **técnicas narrativas** más relevantes de *Ulises* se encuentra la **concentración** temporal de la acción (aproximadamente dieciocho horas), aunque gracias a los pensamientos de los personajes conocemos también episodios de su pasado. Asimismo es significativa la **concentración del espacio**, pues el relato se circunscribe a la ciudad de Dublín. El tratamiento del **lenguaje** es otro de los rasgos técnicos más sobresalientes. El autor llena la obra de juegos verbales y mezcla gran variedad de registros: lenguaje culto y popular, discurso religioso y político, y textos periodísticos y publicitarios.

La experimentación lingüística es llevada al extremo en *Finnegans wake* (1939), obra que carece de argumento y cuyo contenido gira en torno a la noche. En ella, el escritor introduce juegos verbales constantes, mezcla diferentes lenguas e incluye multitud de referencias eruditas.

Virginia Woolf

Contemporánea de Joyce es la escritora inglesa Virginia Woolf (1882-1941). Preocupada por el paso del tiempo, dedica al tema sus cinco novelas más importantes: *La Sra. Dalloway* (1925), *Al faro* (1927), *Las olas* (1931), *Los años* (1937) y *Entre los actos* (1941). La obra narrativa de Woolf se caracteriza por los siguientes **rasgos**:

- El **argumento** se convierte en un delgado hilo conductor que mantiene la cohesión de las obras.
- Ruptura con el tratamiento clásico del **personaje**: no hay análisis psicológico, el narrador no muestra su opinión sobre él, no debe enfrentarse a un obstáculo para alcanzar sus objetivos.
- Uso de la **concentración** temporal y el **contrapunto** entre acciones sin nexos aparentes.
- Transcripción de las conciencias de los personajes mediante el uso del **monólogo interior**.
- Desaparición del **narrador**, convertido en presentador de la acción, diálogos y monólogos.

William Faulkner

La renovación de la novela en inglés tiene un nombre fundamental en el norteamericano William Faulkner. El novelista se alinea con la vanguardia literaria en el uso de las técnicas narrativas y del lenguaje; sin embargo, es respetuoso con la tradición en cuanto a los contenidos, ya que de ella extrae los temas y argumentos de sus relatos, que lo sitúan como uno de los principales representantes de la llamada «literatura sureña».

El autor encuentra su verdadero estilo a partir de *Sartoris* (1929), que ya refleja sus rasgos característicos, como la recuperación de historias de su familia y de otras personas de su localidad, la recreación del lenguaje de la zona en que viven (la región del Misisipi) y la construcción de un mundo imaginario al que pertenecerán los personajes de sus futuras novelas. Desde *Sartoris*, sus principales obras pueden clasificarse en torno a estos **temas** que a menudo se entrecruzan:

La **aristocracia sureña** en decadencia desde el final de la Guerra de Secesión es el núcleo sobre el que construye *Sartoris*, *El ruido y la furia* (1929) o *¡Absalón! ¡Absalón!* (1936). La visión de Faulkner oscila entre la denuncia de su primitivismo y brutalidad, y la nostalgia por la desaparición de valores, como la educación o el sentido del honor.

Las **gentes venidas del norte** rico e industrial protagonizan la trilogía de la familia Snopes *(El villorrio, La ciudad* y *La mansión)*, compuesta entre 1940 y 1959. Esta nueva clase dominante en el sur instaura un estilo de vida en el que la codicia y la ambición se erigen en valores principales.

El amor obsesivo hasta la neurosis, la **brutalidad** y la miseria de un mundo dominado por la pobreza de la tierra es el asunto central en *Santuario* (1931) o *Mientras agonizo* (1930).

WILLIAM FAULKNER

Unidad 9
Doc. 2

Aquí tienes una breve biografía de este gran autor.

LITERATURA SUREÑA

La Guerra de Secesión norteamericana supone la desaparición de los valores propios de los estados del sur (tradiciones, concepto del honor, esclavitud, valoración de la tierra) y su sustitución por los valores norteños (modernidad, igualdad, industrialización, culto al dinero y al éxito). La obra de muchos autores sureños ha reflejado el choque entre ambas mentalidades, bien de manera crítica o bien de forma nostálgica. Entre los escritores más relevantes, debe citarse a Mark Twain, William Faulkner, Tennessee Williams, Truman Capote o John Kennedy Toole.

Las **obras de Faulkner** aportan innovaciones que influirán en los narradores posteriores. Su presencia es indispensable, por ejemplo, en la novela latinoamericana del llamado «boom». Entre dichas innovaciones **técnicas** es necesario destacar las siguientes:

- **Microcosmo.** La mayoría de sus novelas están situadas en el condado de Yoknapatawpha, lugar imaginario que reproduce la región del Misisipi de la que procede su familia y en la que vive durante casi toda su vida. Se trata de un espacio caracterizado por la miseria y la violencia, en el que entran en conflicto personajes de distintos orígenes: los caballeros del sur y sus esclavos negros, los blancos llegados del norte, etc. A través de este condado imaginario, el autor ofrece una radiografía de la región más atrasada de Estados Unidos, analiza sus problemas y sus causas, y muestra su desesperanza ante el futuro. La intención de Faulkner es ofrecer una reflexión sobre la condición humana y el panorama social contemporáneo.
- **Perspectivismo.** La innovación de Faulkner reside en la multiplicación de puntos de vista. Llega a su extremo en *¡Absalón! ¡Absalón!*, novela que ofrece trece perspectivas sobre el personaje central, Henry Stuppen. Además, el escritor explora en otras novelas puntos de vista anormales, como el del personaje autista que aparece en *El ruido y la furia* o el del retrasado mental de *Mientras agonizo*. El uso intensivo del perspectivismo le lleva a **eliminar el narrador omnisciente**, que es sustituido por una figura que se limita a dar entrada a las variadas fuentes de información.
- **Lector.** Debe adoptar una actitud activa, ya que es quien ordena el material para interpretar el sentido de unas obras fragmentarias, sin organización cronológica y sin un narrador que guíe la lectura.

La Generación perdida

En los mismos años en que Faulkner publica sus obras, desarrollan su actividad literaria los novelistas norteamericanos de la Generación perdida, un grupo compuesto por Francis Scott Fitzgerald, John Dos Passos, Ernest Hemingway y John Steinbeck, entre otros. Aunque presentan importantes diferencias en sus concepciones narrativas, comparten tres **rasgos**:

- Muestran una **visión múltiple de la realidad** contemporánea, valiéndose de técnicas como el contrapunto, el perspectivismo, el fragmentarismo de los relatos, la desaparición del narrador omnisciente o la inclusión de materiales no específicamente narrativos.
- Sus obras ofrecen una visión muy crítica sobre la Primera Guerra Mundial y la riqueza norteamericana posterior a ella, así como una absoluta falta de fe en los valores tradicionales y en la sociedad burguesa. Esta **actitud rebelde** se manifiesta en algunos autores en la búsqueda de la diversión constante, como sucede en Scott Fitzgerald. En otros casos conduce al radicalismo político desde la izquierda, postura tomada por Dos Passos o Steinbeck. Hemingway , en cambio, se decanta por la búsqueda del peligro a través de la acción, como camino para conseguir la dignidad personal.
- Buscan una forma de **expresión adecuada a los nuevos tiempos**.

LITERATURA Y OTRAS ARTES

La Generación perdida y el cine

Las relaciones entre el cine y los novelistas de la Generación perdida son intensas. En primer lugar porque algunas de las obras fueron adaptadas a la gran pantalla; pero también porque muchos autores se ganaron la vida trabajando como guionistas en Hollywood. A esto se añade la vinculación personal e ideológica de ciertos cineastas norteamericanos con el grupo literario (como es el caso de los directores John Huston y Elia Kazan), lo que permite conectar ciertos filmes de los años cuarenta y cincuenta con el espíritu de la generación.

Entre las adaptaciones de novelas de la Generación perdida merecen desatacarse *Las uvas de la ira* (1940), dirigida por John Ford y basada en el texto de Steinbeck; *Por quién doblan las campanas* (1943), versión de Sam Wood de la novela de Hemingway; *Al este del Edén* (1955), de Elia Kazan sobre la novela de Steinbeck; y *El gran Gatsby* (1974), en la que Jack Clayton adapta la obra de Scott Fitzgerald.

James Dean en *Al Este del Edén* (1955), adaptación cinematográfica dirigida por Elia Kazan.

Francis Scott Fitzgerald (1896-1940) se da a conocer en 1920 con *Al otro lado del paraíso*, novela en la que un joven universitario entra en contacto con la vida y solamente encuentra fracaso y desilusión. Pero su obra más influyente es *El gran Gatsby* (1926), en la que muestra el desenfreno de las clases acomodadas en los años veinte hasta que la tragedia final acaba con ese mundo de brillantez y vanidad.

John Dos Passos (1896-1970) inicia su carrera literaria con un relato sobre la guerra, *Tres soldados* (1921), donde ya rompe con la tradición al renunciar a un argumento único en favor de la alternancia de acciones de los tres protagonistas. Pero el verdadero Dos Passos aparece en 1925 con *Manhattan Transfer* y, sobre todo, a partir de 1930 con la publicación de su **trilogía *U. S. A.***, compuesta por *Paralelo 42* (1930), *1919* (1932) y *El gran dinero* (1936). Con estas tres novelas el autor construye un mosaico de la sociedad norteamericana de la década de los treinta en el que prevalece un único **tema**: el contraste entre los que tienen y los que no tienen. Desde el punto de vista técnico, la trilogía se compone de diversas líneas de acción que se alternan y entrecruzan sin que exista ningún comentario por parte del narrador. Es frecuente la interrupción del argumento mediante diversos textos, que utiliza para recrear el ambiente de la época: titulares de periódicos, canciones, biografías, etc. Incluye también fragmentos líricos con evocaciones de sus propios sentimientos o ideas.

En una línea temática similar a Dos Passos se sitúa **John Steinbeck** (1902-1968). El autor está interesado en la denuncia de la miseria que viven los habitantes del medio rural californiano y mexicano. Este es el tema prioritario de sus novelas más conocidas: *De ratones y hombres* (1937), *La perla* (1948) y, sobre todo, *Las uvas de la ira* (1939), relato de la vida de una familia de campesinos emigrantes en California que se ven obligados a trabajar como jornaleros. Steinbeck también es autor de una obra que se aparta de la denuncia social evidente, *Al este del Edén* (1952). En ella intenta buscar las raíces del presente de Estados Unidos mediante el relato de la vida de varias generaciones de unas mismas familias.

Las novelas de **Ernest Hemingway** (1899-1961) se caracterizan por la **economía lingüística** y el uso del diálogo como medio para conocer a los personajes sin la intervención del narrador. En el contenido predomina el **pesimismo**, pues presenta vidas que acaban en tragedia o fracaso. Desde el punto de vista ideológico, Hemingway se aparta de la preocupación social hacia la que se orientan Dos Passos o Steinbeck y se evade de la realidad inmediata mediante la búsqueda de las emociones simples en el peligro, la violencia, el sexo o la caza.

Entre sus obras debe destacarse *Fiesta* (1926), relato del vagabundeo de un grupo de estadounidenses por Francia y España, y expresión de la desorientación espiritual de unos personajes que buscan nuevos valores en la fuerza física y la capacidad de sufrimiento. En 1929 publica *Adiós a las armas*, texto pacifista que relata una historia de amor en medio de la locura de la Primera Guerra Mundial. En *Por quién doblan las campanas* (1940) recuerda su participación en la Guerra Civil Española, aunque evita la toma de posición ideológica. Su última gran novela es *El viejo y el mar* (1952), una profunda reflexión sobre el sentido de la vida y la dignidad del ser humano.

LA POBREZA

«—Pues ¿no eres tú el hijo de Joe Davis?

—Sí que lo soy —respondió el conductor.

—Y ¿cómo te dedicas a este trabajo yendo contra tu propia gente?

—Porque son tres dólares por día. Me harté de suplicar para comer y de no conseguir nada. Tengo mujer y niños. Tenemos que comer. Son tres dólares por día y es algo seguro.

—Eso es verdad —replicó el arrendatario—. Pero para que tú ganes tres dólares por día, quince o veinte familias se quedan sin comer. Casi cien personas tienen que salir y vagabundear por las carreteras por tus tres dólares diarios. ¿O no?

—Yo no puedo pensar en eso —replicó el conductor—. Tengo que pensar en mis propios hijos. Tres dólares diarios, un día detrás de otro. ¿No sabe usted que los tiempos están cambiando? Ya no se puede vivir de la tierra a menos que se tengan dos mil, cinco mil, diez mil acres y un tractor. La tierra de labor ya no es para campesinos como nosotros.»

John Steinbeck,
Las uvas de la ira.
Planeta.

1. ¿Qué problema se plantea en el texto?
2. Algunos miembros de la Generación perdida mantuvieron relaciones con España. Investiga sobre sus biografías y redacta una breve exposición sobre el asunto.

03 La novela posterior a la Segunda Guerra Mundial

Desde la Segunda Guerra Mundial el panorama novelístico se diversifica. Por una parte, las urgencias históricas justifican la vuelta hacia las cuestiones sociales y, con ella, un renacimiento de la técnica realista. Por otra parte, desde finales de la década de los cincuenta, se extiende el cultivo de otros géneros mucho más rentables desde el punto de vista comercial.

03.1 Las nuevas formas del Realismo narrativo

El Realismo tradicional sigue vigente en el periodo gracias a la novela comercial. Pero, junto a ella, distintas escuelas comparten la preocupación por la sociedad, aunque incorporando ciertas innovaciones sobre el esquema de la novela del siglo XIX.

Realismo socialista

La tendencia nace en 1932, fecha en que Stalin promulga un decreto que condena el arte experimental por burgués e individualista. Sin embargo, en literatura debe tenerse en cuenta la aportación anterior de Máximo Gorki (1868-1936), que sienta las bases del movimiento con *La madre* (1907). Esta novela denuncia la miseria e injusticia en que vive el proletariado ruso y muestra como única esperanza el levantamiento revolucionario contra los opresores.

Los principales **caracteres** de la tendencia son los que siguen a continuación:

- El objetivo es educar al pueblo en los principios socialistas y cantar los beneficios traídos por la revolución.
- Los textos han de presentar un nuevo tipo de hombre, trabajador, honrado, feliz por su condición de revolucionario. Y frente a él, los enemigos del pueblo, las clases privilegiadas, caracterizadas por su egoísmo, avaricia y brutalidad.
- Las obras representan el mundo de los trabajadores. Además, deben ser accesibles para todo tipo de lectores.

Entre los escritores más importantes del Realismo socialista destaca **Mijail A. Shólojov** (1905-1984), autor de *El Don apacible* (1928-1940) y *Campos roturados* (1960), evocación del crecimiento de la agricultura gracias al trabajo colectivo en las granjas.

Neorrealismo italiano

Desde la década de los treinta, esta tendencia apuesta por una novela inspirada en la ideología marxista que defiende el predominio de lo ideológico sobre lo estético. La narración debe reflejar situaciones concretas, hasta el punto de adquirir **tintes documentales** en los que no tienen cabida los elementos fantásticos. El estilo lingüístico es sencillo y espontáneo, pues se desea llegar al pueblo para que tome conciencia de la penosa situación en que vive. En esta corriente neorrealista destacan autores como **Alberto Moravia** y **Cesare Pavese**.

MORAVIA Y PAVESE

Unidad 9 Doc. 3

Aquí tienes más información sobre estos autores neorrealistas.

> LITERATURA Y OTRAS ARTES

El Neorrealismo en el cine

El cine italiano de la década de los cuarenta y cincuenta también se decanta por el testimonio directo de manos de cineastas como Roberto Rossellini *(Roma, ciudad abierta; Alemania: año cero; Paisá* o *Stromboli)*, Vittorio de Sica *(Ladrón de bicicletas)* o Luchino Visconti *(Obsesión, La tierra tiembla, Rocco y sus hermanos)*, entre otros directores que engrandecieron la cinematografía italiana de esos años.

Entre los caracteres más significativos de estos filmes destacan la ambientación en exteriores, la intervención de actores no profesionales, el relato de historias sobre personajes pertenecientes a las clases más desfavorecidas y la denuncia de la miseria italiana después de la guerra.

Fotograma de *Stromboli* (1949), dirigida por Rossellini.

La novela latinoamericana

En conjunto, la novela latinoamericana es la narrativa más poderosa del siglo XX. Las principales tendencias que la integran, pese a confluir en ocasiones, se suceden en el tiempo.

La **novela de la tierra** triunfa en las primeras décadas del siglo con narraciones en las que la naturaleza se convierte en el centro de las obras, funcionando como símbolo de la esencia de América. El tema principal de estos relatos es la lucha entre la civilización y la barbarie. Técnicamente, las novelas se sitúan dentro del Simbolismo, aunque en ellas la descripción realista del paisaje es un elemento fundamental. Los novelistas más destacados son José Eustasio Rivera (1888-1928), Horacio Quiroga (1878-1937) y Rómulo Gallegos (1884-1969).

En la década de los treinta, se generaliza el cultivo de la **novela social**, muy influida por el Realismo socialista y, en consecuencia, alejada ya del Simbolismo modernista anterior. Dentro de esta tendencia se advierten tres **ciclos temáticos**:

- **La novela indigenista.** Es con la publicación de *El mundo es ancho y ajeno* (Ciro Alegría, 1941) y de *Huasipungo* (Jorge Icaza, 1934) cuando se aplican los principios del Realismo socialista al tema indígena. Las dos obras reducen el problema a un esquema muy simple en el que el indio bueno es pisoteado por los terratenientes blancos, situación que conduce al enfrentamiento armado. La novela indigenista se transforma a raíz de *Los ríos profundos* (José M.ª Arguedas, 1958) y, mucho después, de *Redoble por Rancas* (Manuel Sorza, 1970), obras que abandonan la visión maniquea de la sociedad y el realismo simplista, combinando lo real y lo mágico.
- **La novela de la Revolución mexicana*.** Se inicia con Los de abajo (Mariano Azuela, 1915) y cierra su primera etapa con *La sombra del caudillo* (Martín Luis Guzmán, 1929). Las obras se centran en el relato épico y esperanzador de la revuelta, aunque Guzmán anticipa la idea del fracaso social del proceso revolucionario que desarrollarán posteriormente escritores como Juan Rulfo en *Pedro Páramo* (1955) y Carlos Fuentes en *La muerte de Artemio Cruz* (1962).
- **La novela del dictador.** Las obras se adscriben a diferentes tendencias narrativas y son compuestas a lo largo de todo el siglo XX. La razón de su existencia se debe a la peculiar situación política de muchas naciones latinoamericanas, sometidas a brutales dictaduras casi desde su nacimiento.

Este hecho ha llevado a los novelistas de América a considerar al dictador como un elemento determinante de su realidad. El ciclo se inicia en el siglo XIX con *Facundo* (Domingo F. Sarmiento, 1845), pero es el español Valle-Inclán con *Tirano Banderas* (1926) quien sienta las bases para las obras posteriores. Entre estas novelas deben citarse *El señor presidente* (Miguel Ángel Asturias, 1946), *El reino de este mundo* (Alejo Carpentier, 1949), *Yo, el Supremo* (Augusto Roa Bastos, 1974), *El otoño del patriarca* (Gabriel García Márquez, 1975) y *La fiesta del chivo* (Mario Vargas Llosa, 2000).

* GLOSARIO

Revolución mexicana: proceso revolucionario producido entre 1910 y 1920. Se inicia como una rebelión contra la dictadura de Porfirio Díaz y continúa con el enfrentamiento entre las diferentes facciones rebeldes, unas reclamando privilegios para la burguesía y otras defendiendo medidas de igualdad social más profundas, hasta el establecimiento de una Constitución en 1917.

+ LEE MÁS

En la web de Bibliotecas Virtuales (www.bibliotecasvirtuales.com) y Ciudad Seva (www.ciudadseva.com) pueden encontrarse muchos relatos de los autores citados en esta sección.

La publicación de *La ciudad y los perros* (M. Vargas Llosa, 1963) y de *Cien años de soledad* (G. García Márquez, 1967) da comienzo al llamado **«boom» de la novela latinoamericana**. Se trata de un fenómeno editorial, ya que el éxito internacional de estas novelas abre las puertas de todo el mundo a la narrativa escrita en Latinoamérica y posibilita el conocimiento no solo de los escritores jóvenes (Vargas Llosa, Carlos Fuentes, José Donoso, Julio Cortázar, Guillermo Cabrera Infante y Gabriel García Márquez, entre otros), sino también de otros pertenecientes a generaciones anteriores (Jorge Luis Borges, Juan Rulfo, Alejo Carpentier o Miguel Ángel Asturias).

Aunque son numerosas las diferencias, los autores del «boom» comparten un conjunto de **rasgos**:

- Adoptan una actitud positiva ante la **Revolución cubana***, aunque a medida que esta deriva hacia posiciones marcadamente marxistas se producen disensiones entre los escritores.
- Renuevan el realismo, asumiendo la influencia de la literatura innovadora anterior, en especial la que proviene de Faulkner y de la Generación perdida norteamericana.
- Recuperan géneros y tendencias tradicionales en Latinoamérica: **la naturaleza** como elemento central de las obras, **el indigenismo**, **la Revolución mexicana** o **el tema del dictador**.
- Intentan reflejar la esencia de Latinoamérica, de su paisaje, su historia y su cultura, con la intención de explicar y denunciar la situación presente.

GLOSARIO

Revolución cubana: levantamiento contra la dictadura de Fulgencio Batista que triunfa, tras algunos años de lucha armada, a principios de 1959.

DICTADURA Y BARBARIE

«Eran las doce menos cinco pero el general Rodrigo de Aguilar no llegaba, había un calor de caldera de barco perfumado de flores, olía a gladiolos y tulipanes, olía a rosas vivas en la sala cerrada, alguien abrió una ventana, respiramos, miramos los relojes [...] se oyeron los ruidos viscerales de las máquinas de los relojes en el silencio de un abismo final, eran las doce, pero el general Rodrigo de Aguilar no llegaba, alguien trató de levantarse, por favor, dijo, él lo petrificó con la mirada mortal de que nadie se mueva, nadie respire, nadie viva sin mi permiso hasta que terminaron de sonar las doce, y entonces se abrieron las cortinas y entró el egregio general de división Rodrigo de Aguilar en bandeja de plata puesto cuan largo fue sobre una guarnición de coliflores y laureles, macerado al horno, aderezado con el uniforme de cinco almendras de oro de las ocasiones solemnes, y las presillas del valor sin límites en la manga del medio brazo, catorce libras de medallas en el pecho y una ramita de perejil en la boca, listo para ser servido en banquete de compañeros por los destazadores oficiales ante la petrificación de horror de los invitados que presenciamos sin respirar la exquisita ceremonia del descuartizamiento y el reparto, y cuando hubo en cada plato una ración igual del ministro de la defensa con relleno de piñones y hierbas de olor, él dio la orden de empezar, buen provecho señores.»

Gabriel GARCÍA MÁRQUEZ,
El otoño del patriarca. Mondadori.

1. ¿Con qué plato agasaja a sus invitados el dictador?
2. ¿Cómo crees que aparecen en el fragmento las ideas de civilización y barbarie, tan características de la literatura latinoamericana?
3. ¿Es realista la forma de narrar de García Márquez? ¿Por qué?

En la novela del «boom» se advierten distintas **tendencias** que a menudo se combinan:

- El **realismo mágico** consiste en la fusión de realidad y fantasía, ya que se considera la única manera de abordar la realidad latinoamericana, donde supersticiones y leyendas conviven con hechos reales sin que sea fácil la delimitación entre ambos planos. Entre los autores más destacados figuran **Alejo Carpentier** con su novela *El reino de este mundo* (1949) y **Gabriel García Márquez**, quien combina la realidad histórica latinoamericana con los mitos ancestrales en *Cien años de soledad*.

  La novela relata cien años de la historia de una familia, desde que Úrsula Iguarán y su marido José Arcadio Buendía deciden abandonar la civilización, emprender un viaje y, posteriormente, fundar Macondo, hasta la muerte del último de los descendientes del matrimonio en un mundo arrasado por el viento. Al hilo de este argumento, García Márquez recorre la historia de Latinoamérica: conquista y colonización, dictaduras y guerras civiles, migraciones, imperialismo económico, superposición de culturas, presencia de la naturaleza... Latinoamérica, y toda su literatura, está en *Cien años de soledad*, una de las cimas de la literatura universal.

- Algunos autores se decantan por un **tratamiento más tradicional de la realidad**, aunque también recurran al uso de lo maravilloso. Son escritores preocupados por la cuestión social americana que analizan, explican e intentan transformar mediante la denuncia. Esta posición es la predominante en la obra de **Mario Vargas Llosa**, **José Donoso** o **Carlos Fuentes**.

- Junto a las tendencias anteriores, en las que lo social es el centro de discusión, otros escritores del «boom» sitúan los **conflictos existenciales** en el punto de mira. Así lo encontramos en El túnel (1948), de **Ernesto Sábato**, en las novelas de **Julio Cortázar** y en la mayor parte de la obra de **Juan Carlos Onetti**.

- La **narración** puramente **fantástica** es cultivada por **Jorge Luis Borges** y **Adolfo Bioy Casares**. Para ellos, la fantasía no es un medio para explicar la realidad latinoamericana, sino una forma de acercarse a sus propios intereses culturales y, en algún caso, existenciales.

Tras el «boom», nuevas promociones de escritores se han ido incorporando. Estos escritores recuperan tendencias a las que intentan dar nueva vida. Así, Laura Esquivel revitaliza el realismo mágico, Luis Sepúlveda vuelve a la novela de la tierra o Joao Ubaldo Ribeiro incorpora contenidos indigenistas.

Gabriel García Márquez (1927-2014).

CIEN AÑOS DE SOLEDAD

«Muchos años después, frente al pelotón de fusilamiento, el coronel Aureliano Buendía había de recordar aquella tarde remota en que su padre lo llevó a conocer el hielo. Macondo era entonces una aldea de veinte casas de barro y cañabrava construidas a la orilla de un río de aguas diáfanas que se precipitaban por un lecho de piedras pulidas, blancas y enormes como huevos prehistóricos. El mundo era tan reciente, que muchas cosas carecían de nombre, y para mencionarlas había que señalarlas con el dedo. Todos los años, por el mes de marzo, una familia de gitanos desarrapados plantaba su carpa cerca de la aldea, y con un grande alboroto de pitos y timbales daban a conocer los nuevos inventos.»

Gabriel GARCÍA MÁRQUEZ, *Cien años de soledad*. Cátedra.

1. ¿Cómo se advierte en el texto la fusión entre lo real y lo maravilloso?
2. ¿Existe en el texto alguna alteración del tiempo narrativo? Indícala.

Realismo norteamericano de posguerra

Norteamérica aporta dos nuevas formas de Realismo. Por un lado, la **novela-reportaje**, narraciones que tratan hechos históricos auténticos convertidos en materia literaria con un estilo y técnica muy cercanos al periodismo. **Truman Capote** (1924-1984) es el iniciador de la tendencia con *A sangre fría* (1965). La obra es el relato del brutal asesinato de una familia de granjeros a manos de dos criminales, Dick y Perry. El novelista muestra con gran detalle los hechos y las opiniones de los asesinos, de la familia y vecinos de las víctimas, así como las consecuencias que el crimen tiene para el pequeño pueblo en el que se produce. Para la redacción de la novela, Truman Capote se vale de una profunda documentación en el propio escenario de los acontecimientos, que se ha convertido en modelo para el moderno periodismo de investigación. En la misma línea literaria de Capote son dignos de destacar Tom Wolfe y Norman Mailer.

Tras la novela-reportaje, en torno a la década de los setenta, aparece una nueva tendencia en el Realismo norteamericano, el **realismo sucio**. Su rasgo fundamental es la sobriedad expresiva y la precisión en el uso de la palabra, con una adjetivación reducida al mínimo. Las novelas se centran en personajes vulgares con existencias mediocres y convencionales. Quien mejor caracteriza la tendencia es **Charles Bukowski** (1920-1994), autor de cinco novelas publicadas desde 1970 y protagonizadas por el mismo personaje, Henry Hank Chinaski, alter ego del propio escritor. Los **temas** de estas obras giran en torno al consumo de alcohol y drogas, el sexo, la soledad y, en general, las parcelas más sórdidas de la civilización contemporánea.

Cartel de la película *A sangre fría* (1967), dirigida por Richard Brooks.

03.2 Los géneros de la novela de posguerra

Tras la Segunda Guerra Mundial, la expansión del género novelístico se manifiesta en la proliferación de subgéneros que coexisten en el tiempo. Repasaremos los más interesantes.

Novela existencial

La novela existencial de este periodo se inicia en 1938 con La *náusea*, de **Jean Paul Sartre**. Este escritor, junto a **Albert Camus**, a quien dedicamos una guía de lectura, sienta las bases de un género preocupado por la búsqueda del sentido de la vida y que será continuado por novelistas en todo el mundo.

Un hito importante de la novela existencial es *El guardián entre el centeno* (1951), de **J. D. Salinger** (1919). La novela relata el viaje del joven Holden Caulfield desde que es expulsado de la escuela hasta su hogar. Este leve argumento permite al escritor norteamericano ocuparse de dos **temas** principales: la denuncia del mundo adulto, marcado por la hipocresía, lo miserable, lo sucio, lo brutal y la degeneración; y la nostalgia de la infancia como la época de la vida en la que únicamente es posible la pureza, la inocencia y la sinceridad.

EL NARRADOR COMO VIGILANTE

«Muchas veces me imagino que hay un montón de niños jugando en un campo de centeno. Miles de niños. Y están solos, quiero decir que no hay nadie mayor vigilándolos. Solo yo. Estoy al borde de un precipicio y mi trabajo consiste en evitar que los niños caigan en él. En cuanto empiezan a correr sin mirar a donde van, yo salgo de donde esté y los cojo. Eso es lo que me gustaría hacer todo el tiempo. Vigilarlos. Yo sería el guardián entre el centeno. Te parecerá una tontería, pero es lo único que de verdad me gustaría hacer. Sé que es una locura.»

Jerome David SALINGER,
El guardián entre el centeno.
Alianza.

También en Estados Unidos, **Jack Kerouac** publica *En el camino* (1957), relato de los viajes de un grupo de jóvenes amigos a lo largo de la geografía estadounidense. Al igual que Salinger, Kerouac utiliza el viaje para mostrar el desajuste entre la mentalidad de una juventud vacía y la sociedad contemporánea. Estos jóvenes buscan, al igual que Holden Caufield, el sentido de sus vidas, pero no lo encuentran en la ingenuidad infantil, sino en las drogas, el alcohol y la música, nuevos valores que chocan con los tradicionales. La obra es el punto de arranque de la **novela Beat**, tendencia que explora la desilusión ante la vida contemporánea y que apuesta por la espontaneidad en el estilo, el uso del lenguaje cotidiano y el tratamiento de asuntos contrarios a la moral establecida o las normas sociales.

En el último tercio del siglo xx la novela existencial ha alcanzado un nuevo protagonismo como consecuencia de la disminución del tema social en la literatura. El fin de la Guerra Fría y la muerte de las ideologías que dicho acontecimiento ha causado justifica la concentración en el individuo y en su insatisfactoria relación con el mundo actual. La soledad, la incomunicación entre los seres humanos, la alienación provocada por la sociedad de consumo y el mundo moderno se convierten en **temas recurrentes** de muchas novelas escritas en el mundo desarrollado.

Este es el camino que siguen, entre otros, los italianos **Alessandro Baricco** (1958) y **Antonio Tabucchi** (1943), autor de *Sostiene Pereira* (1994). La novela es protagonizada por un periodista de mediana edad que vive en la Lisboa de 1938, en plena dictadura de Salazar. Sin embargo, el personaje vive al margen de los problemas políticos del país hasta que entra en contacto con un joven, Monteiro Rossi, que le conducirá hacia su toma de conciencia. La obra, a pesar de la importancia del tema político en ella, es ante todo el análisis de la personalidad y evolución de un individuo que consigue encontrar el sentido de su vida, su lugar en el mundo.

Lo existencial también es contenido fundamental de la novela japonesa de la segunda mitad del siglo, que cuenta con nombres tan importantes como **Yukio Mishima** (1925-1970), **Kenzaburo Oé** (1935) o **Haruki Murakami** (1949). En los tres autores está presente el **tema** de la sustitución de las formas de vida tradicionales japonesas por una sociedad y valores muy occidentalizados.

NUEVOS VALORES

«Pero entonces bailaban por las calles como peonzas enloquecidas, y yo vacilaba tras ellos como he estado haciendo toda mi vida, mientras sigo a la gente que me interesa, porque la única gente que me interesa es la que está loca, la gente que está loca por vivir, loca por hablar, loca por salvarse, con ganas de todo al mismo tiempo, la gente que nunca bosteza ni habla de lugares comunes, sino que arde, arde como fabulosos cohetes amarillos explotando igual que arañas entre las estrellas.»

Jack Kerouac, *En el camino*. Alianza.

1. Compara los fragmentos de Salinger y Kerouac e indica las similitudes y diferencias que adviertas.

Jack Kerouac (1922-1969).

Novela experimental

Junto a formas narrativas más tradicionales, como el Realismo o la novela existencial, en el periodo de posguerra se encuentra también una línea narrativa que continúa la experimentación iniciada en las primeras décadas del siglo. Dentro de esta tendencia destaca el grupo de escritores franceses conocido como ***Nouveau Roman*** y constituido por Alain Robbe-Grillet, Natalie Sarraute, Michel Butor y Marguerite Duras, entre otros.

Estos autores rompen con el Realismo decimonónico mediante relatos que aspiran a reproducir la vida real. Se apartan del héroe tradicional y optan por personajes que carecen de carácter individual y de los cuales tan solo se ofrece el relato externo de sus actos. En el plano estructural, las obras reproducen el desorden de la vida cotidiana, de la que seleccionan una pequeña porción de tiempo y una situación espacial concreta. El resultado es un relato complejo sobre el que el lector debe actuar activamente para descubrir su sentido.

Fotograma de *Lolita* (1997), dirigida por Adrian Lyne.

El autor más sólido de la novela experimental es **Vladimir Nabokov** (1899-1977), nacido en Rusia, aunque nacionalizado estadounidense desde 1940. Su obra narrativa pasa por dos **etapas**:

- La **primera** (1920 y 1940) reúne seis novelas compuestas en ruso. En este periodo aparecen ya los rasgos que identifican su estilo: juego con el lector, a quien oculta información que este debe inferir, empleo de la parodia y la imitación formal, introducción de personajes con anomalías psicológicas o la caracterización de los personajes a través de su lenguaje.
- En la **segunda**, Nabokov retoma la narrativa, ahora ya en inglés, en 1955 con sus obras más conocidas, *Lolita* (1955) y *Ada o el ardor* (1969), novela que narra los amores incestuosos de dos hermanos en un país imaginario que reúne caracteres de Rusia y Estados Unidos.

LOLITA

«Lolita, luz de mi vida, fuego de mis entrañas. Mi pecado, mi alma. Lo-li-ta: la punta de la lengua emprende un trayecto en tres etapas a través del paladar e impacta, en el tercero, en los dientes. Lo. Li. Ta.

Era Lo, Lo a secas, de mañana, con su metro cincuenta y una sola media. Era Lola en pantalones. Era Dolly en la escuela. Era Dolores sobre la línea punteada. Pero en mis brazos, era siempre Lolita.

¿Si tuvo una precursora? Sí, sí que la tuvo. De hecho, quizás no habría existido Lolita para mí si yo no hubiera amado, un verano, a cierta niña iniciática. ¿Que cuándo? Casi tantos años antes de que Lolita naciera como tenía yo ese verano. Siempre se puede esperar de un asesino una prosa elegante.»

Vladimir NABOKOV, *Lolita*. Anagrama.

1. Investiga sobre esta obra de Nabokov y contesta las siguientes cuestiones: ¿en qué espacios se desarrolla la acción?; ¿qué partes pueden establecerse en su argumento?; ¿quién es el protagonista de la historia?; ¿qué recursos técnicos caracterizan la obra?
2. ¿Por qué crees que se ha dicho que la novela es el relato de una mente enferma? Expón tu opinión argumentada sobre la relación narrada en la novela y su posible actualidad.

En los últimos años del siglo debe destacarse la irrupción del portugués **José Saramago** (1922-2010), entre cuyas novelas deben señalarse *Memorial del convento* (1982), *El año de la muerte de Ricardo Reis* (1984) o *Ensayo sobre la ceguera* (1995). Su obra narrativa se caracteriza por la mezcla de la realidad histórica portuguesa y la ficción de lo que podría haber sido, así como por el compromiso ético con la humanidad y sus problemas al margen de las posturas ideológicas al uso.

Novela de ciencia-ficción

La ciencia-ficción se ocupa de cuatro **temas** principales: los robots e inteligencia artificial, tratados por Karel Capek o Isaac Asimov; los viajes en el espacio y en el tiempo, que preocupan a H. G. Wells o Arthur C. Clarke; las **utopías*** y **distopías***, objeto de las novelas de Huxley, Orwell o Bradbury; y el contacto con vida extraterrestre, asunto abordado por casi todos los escritores.

En el género se advierten tres **etapas**:

- Los orígenes se encuentran en la segunda mitad del siglo XIX. Relatos como *El hombre invisible* (1897) o *La guerra de los mundos* (1898), de H. G. Wells, introducen ciertas novedades: los peligros del conocimiento científico, en el primero, y de la vida extraterrestre, en el segundo.
- En la primera mitad del siglo XX se incide en la amenaza tecnológica con las falsas utopías de *Un mundo feliz* (1932), de Aldous Huxley, y *1984* (1949), de George Orwell. Ambas obras narran historias ambientadas en mundos futuros en los que el avance de la ciencia provoca la angustia del individuo.
- Tras la Segunda Guerra Mundial deben señalarse dos tendencias. Por una parte, la ciencia-ficción *hard*, reflejo prioritario de contenidos procedentes de las matemáticas y las ciencias empírico-naturales, en la que destaca la obra de Arhur C. Clarke, *2001: una odisea espacial* (1968); y, frente a la anterior, la llamada ciencia ficción *soft* de aquellos relatos que se abren a otras disciplinas, como la política, la psicología, etc. Entre los autores más destacados figuran Stanislaw Lem, Isaac Asimov y Ray Bradbury.

GLOSARIO

Utopía: término que en ciencia-ficción se aplica a un mundo futuro que presenta condiciones ideales para el ser humano.

Distopía: término utilizado en ciencia-ficción para aludir a mundos futuros marcados por la perversión, la infelicidad y otros modos de negatividad.

Novela fantástica

El género fantástico hunde sus raíces en la literatura medieval y, sobre todo, en la literatura romántica, fuentes de las que los autores del siglo XX extraen personajes, el clima narrativo, los argumentos, tópicos o el estilo lingüístico. A quien se considera padre de este género es a **J.R.R. Tolkien** (1892-1973), quien ha construido un mundo imaginario complejo. El autor británico solo publicó dos novelas en vida sobre este mundo, *El hobbit* (1937) y *El señor de los anillos* (1954-55).

El alemán **Michael Ende** (1929-1995) es otro de los pilares de la fantasía de la segunda mitad del siglo. Sus obras más relevantes son *Momo* (1973) y, sobre todo, *La historia interminable* (1979). Ambas están dirigidas al lector juvenil, aunque permiten un acercamiento profundo en el que se se advierte la crítica del modelo social contemporáneo.

El italiano **Italo Calvino** (1923-1985) se adentra en el mundo de la fantasía con la trilogía *Nuestros antepasados*, compuesta por *El vizconde demediado* (1952), *El barón rampante* (1957) y *El caballero inexistente* (1959). La intención de Calvino es dirigirse al lector adulto, a quien presenta una realidad compleja que no puede ser comprendida si no es gracias a la alegoría y a unos personajes fabulosos.

1. Basándote en el texto, justifica la pertenencia de *El señor de los anillos* a la literatura fantástica.
2. Este año has estudiado literatura medieval, ¿crees que Tolkien se vale de ella para construir su novela?

LOS ANILLOS

«Tres Anillos para los Reyes Elfos bajo el cielo. Siete para los Señores Enanos en palacios de piedra. Nueve para los Hombres Mortales condenados a morir. Uno para el Señor Oscuro, sobre el trono oscuro en la Tierra de Mordor donde se extienden las Sombras. Un Anillo para gobernarlos a todos. Un Anillo para encontrarlos, un Anillo para atraerlos a todos y atarlos en las tinieblas en la Tierra de Mordor donde se extienden las Sombras.»

John Ronald Reuel Tolkien,
El señor de los anillos. Minotauro.

Novela policial

La novela policial es el relato de una situación delictiva que genera una intriga que se resuelve utilizando la razón, la observación y la investigación o el conocimiento de la mente del criminal. En la segunda mitad del siglo XX se observan tres **variantes** del género policial:

- La **novela de intriga detectivesca**, modalidad en la que destaca **Agatha Christie** (1890-1976), se basa en la investigación de un crimen que el detective resuelve gracias a su capacidad de razonamiento y de interpretación de las pruebas.
- La **novela negra** surge en la década de los treinta en Estados Unidos con autores como **Dashiell Hammett** (1894-1961) y **Raymond Chandler** (1888-1959). Este tipo de relato pone especial énfasis en el reflejo de una sociedad violenta y malvada en la que habitan personajes solitarios, fracasados y mediocres. El género negro es cultivado en la segunda mitad del siglo por escritores de todo el mundo, como los norteamericanos Jim Thompson (1906-1977) y Patricia Highsmith (1921-1995), el francés Boris Vian (1920-1959) o el español Juan Madrid (1947).
- En los últimos años del siglo, escritores como el español **Manuel Vázquez Montalbán** (1939-2003), el sueco **Henning Mankell** (1948) o la estadounidense **Donna Leon** (1942) prestan especial atención al carácter y circunstancias personales de los investigadores, junto al relato de la acción criminal.

Novela histórica

La recreación de personajes históricos y de hechos del pasado es un recurso que la novela de la segunda mitad del siglo XX utiliza con asiduidad. En muchas ocasiones con la simple intención de buscar entretenimiento, pero en otras es un mecanismo que permite a los escritores explicar realidades que tienen que ver con su presente.

Marguerite Yourcenar (1903-1987) en *Memorias de Adriano* (1951) recrea la vida del emperador romano Adriano. La narradora francesa utiliza el personaje histórico como medio para tratar **cuestiones existenciales**.

En 1980, **Umberto Eco** (1932) publica *El nombre de la rosa*. Con ella, Eco no busca el análisis existencial sino la reconstrucción de un periodo histórico, el siglo XIV, y la divulgación de **conceptos culturales**, como la teorización sobre la literatura, que consigue gracias a la inclusión de rasgos de diferentes géneros novelísticos (lo policial, lo histórico o la novela de ideas).

Una tercera variante del género histórico es la que se vale del pasado para **explicar la actualidad**. Esta intención es la que persigue el escritor libanés **Amin Maalouf** (1949), que se dio a conocer con *León el africano* (1986). Sus obras se ambientan en el espacio mediterráneo, lugar de convivencia de las culturas cristiana, judía y musulmana a lo largo de la historia. La historia le sirve para aportar ejemplos de cómo esa convivencia ha sido posible en el pasado.

+ NOVELA POLICIACA

El detective y su familia

Unidad 9 Doc. 4

Aquí podrás saber cómo son las vidas de algunos conocidos detectives de ficción.

Fotograma de la película *En el nombre de la rosa* (1986), dirigida por Jean-Jacques Annaud.

EL NOMBRE DE LA ROSA

La novela transcurre en una abadía medieval donde el protagonista, un fraile inglés llamado Guillermo de Baskerville, investiga una serie de asesinatos hasta que consigue descubrir al culpable y sus razones. En un guiño literario final, Eco indica la causa de dichos crímenes: el deseo de ocultar el libro que supuestamente Aristóteles escribió sobre la comedia, ya que el asesino no quiere que la alegría encuentre sustento intelectual en el filósofo griego.

«—La risa es un viento diabólico, que deforma las facciones y hace que los hombres parezcan monos.

—Los monos no ríen. La risa es un atributo humano.

—Como el pecado.»

Umberto Eco,
El nombre de la rosa. Lumen.

Generación del 98

Los autores de la llamada Generación del 98 acometen en los primeros años del siglo XX la tarea de adaptar la narración a los nuevos tiempos. Ya no les vale el reflejo más o menos objetivo de la realidad contemporánea de las primeras novelas de Benito Pérez Galdós, ni la denuncia del mal funcionamiento de un modelo social concreto que podía advertirse en *La Regenta*, de Leopoldo Alas. A partir de 1902 —año en que se publican *La voluntad*, de **José Martínez Ruiz «Azorín»**, *Amor y pedagogía*, de **Miguel de Unamuno**, *Camino de perfección*, de **Pío Baroja**, y *Sonata de otoño*, de **Ramón Mª del Valle-Inclán**—, los novelistas del 98 se dedican a mostrar un mundo contemporáneo en descomposición del que han desaparecido las bases firmes en que apoyarse: el conocimiento científico y la fe religiosa. Esta intención temática se acompaña del deseo de renovación técnica (subjetivismo, eliminación del narrador omnisciente, primacía del diálogo, alteración del tiempo lineal) que conecta sus propuestas con las de los autores anglosajones, franceses y alemanes.

En la segunda mitad del siglo, la novela española sigue también las mismas tendencias internacionales ya analizadas. El renacer del realismo encuentra su correspondencia en España durante las décadas de los 40 y 50 en la obra de **Camilo José Cela** *(La familia de Pascual Duarte, La colmena)* o **Miguel Delibes** *(El camino, Los santos inocentes)*. Lo mismo sucede con la preocupación existencial, asunto recurrente de muchas novelas españolas desde *Nada* (1944), de Carmen Laforet, hasta las obras de Javier Marías, Luis Mateo Díez y tantos otros autores de finales del siglo.

La vuelta a la experimentación narrativa inaugurada a finales de los años 50 por el *Nouveau Roman* francés y el éxito comercial de la novela latinoamericana explica que algunos escritores españoles se decanten desde la década de los 60 por aunar el contenido crítico y el alejamiento de las formas tradicionales. Ese será el camino elegido por **Luis Martín Santos** *(Tiempo de silencio)*, **Gonzalo Torrente Ballester** *(La saga/fuga de J. B.)* o **Juan Goytisolo** *(Reivindicación del conde don Julián)*.

Por último, el triunfo de la novela de género en las últimas décadas del siglo XX también se produce en las letras españolas. Autores como **Juan Madrid** o **Manuel Vázquez Montalbán** demuestran que el género policial es posible más allá de la novela anglosajona; mientras que **Eduardo Mendoza**, con *La verdad sobre el caso Savolta*, apuesta por la recreación del pasado histórico como medio para explicar el presente de un país que está saliendo de la dictadura y se encamina hacia la democracia.

1. Partiendo de la situación concreta española, los autores del 98 intentan en sus novelas aludir a cuestiones de validez universal. Lee el texto de Baroja y comprueba esta afirmación.

2. Al igual que Baroja sitúa *El árbol de la ciencia* en Madrid o en el ficticio pueblo manchego de Alcolea, Leopoldo Alas y Benito Pérez Galdós habían ambientado dos de sus más famosas novelas —*La Regenta y Fortunata y Jacinta*, respectivamente— en sendas ciudades españolas. Haz memoria o investiga un poco e indica de qué ciudades se trata y qué las caracteriza. Intenta explicar también cuál es la intención de estos autores del XIX al ocuparse de los espacios urbanos y en qué se diferencian de Pío Baroja.

+ LA GENERACIÓN DEL 98

Unidad 9
Doc. 5

Aquí encontrarás a sus principales autores, además de una definición del grupo.

LA SABIA NATURALEZA

«—No digo que no. Los pueblos como Alcolea están perdidos porque el egoísmo y el dinero no está repartido equitativamente; no lo tienen más que unos cuantos ricos; en cambio entre los pobres no hay sentido individual. El día que cada alcoleano se sienta a sí mismo y diga: no transijo, ese día el pueblo marchará hacia adelante [...]

—Amigo, es que la naturaleza es muy sabia. No se contenta sólo con dividir a los hombres en felices y en desdichados, en ricos y pobres, sino que da al rico el espíritu de la riqueza, y al pobre el espíritu de la miseria. Tú sabes cómo se hacen las abejas obreros; se encierra a la larva en un alveolo pequeño y se le da una alimentación deficiente. La larva ésta se desarrolla de una manera incompleta; es una obrera, una proletaria, que tiene el espíritu del trabajo y de la sumisión. Así sucede entre los hombres, entre el obrero y el militar, entre el rico y el pobre.»

PÍO BAROJA,
El árbol de la ciencia.
Cátedra.

ELABORA TU PROYECTO

LA NOVELA FANTÁSTICA EN EL SIGLO XX

Además de los autores ya estudiados en la unidad, el género fantástico ha tenido muchos e importantes cultivadores a lo largo del siglo XX. Entre ellos, es justo destacar la figura de Clive Staples Lewis, autor que proponemos ahora como objeto de estudio específico.

El proyecto de investigación que debes desarrollar consiste en realizar una exposición oral con apoyo de las tecnologías de la información y la comunicación. No debes olvidar que esta exposición oral debe ir acompañada de una presentación electrónica que sirva como apoyo a las palabras y refuerzo de las ideas tratadas, nunca como sustituto de la exposición. Para la organización de tu trabajo, te sugerimos el estudio de los siguientes aspectos:

- Biografía y personalidad de C. S. Lewis.
- Los temas recurrentes en la obra de C. S. Lewis.
- Las obras «no fantásticas» de Lewis.
- Las obras fantásticas: *Las crónicas de Narnia*.
- El impacto de la obra de C. S. Lewis: público al que se dirige y presencia en el cine.

Fotograma de *Las Crónicas de Narnia. El León, la Bruja y el armario* (2005), dirigida por Andrew Adamson.

Recursos en la Red

Te sugerimos visitar los siguientes sitios web para recabar la información y el material necesario para confeccionar tu presentación:

→ www.compartelibros.com

Comparte libros: Presenta una breve biografía del autor, su bibliografía y un enlace al sitio web oficial del autor, en inglés.

→ www.labutaca.net/

La Butaca: En esta revista de cine pueden encontrarse diversas críticas y comentarios sobre las adaptaciones cinematográficas de las novelas de C. S. Lewis.

→ www.youtube.com

YouTube: Puede encontrarse algún breve documental —subtitulado en español— sobre la vida y pensamiento del autor, así como fragmentos de las películas basadas en sus novelas.

Además de los sitios anteriores, resultaría muy recomendable el visionado del filme *Tierras de Penumbr*a, dirigido en 1993 por Richard Attenborough, que aborda la relación amorosa entre C. S. Lewis y la escritora norteamericana Joy Gresham, con la que se casaría al final de su vida.

ELABORA TU ORGANIZADOR VISUAL

1 Asocia los conceptos con el periodo correspondiente.

LA NOVELA ANTERIOR A LA II GUERRA MUNDIAL	LA NOVELA POSTERIOR A LA II GUERRA MUNDIAL

Novela de género	Reacción contra el Realismo	Renacimiento del Realismo

2 Construye un mapa conceptual con las principales tendencias narrativas en la segunda mitad del siglo XX.

LA METAMORFOSIS, DE F. KAFKA

Gregorio Samsa despierta una mañana transformado en insecto, aunque mantiene su capacidad de razonamiento humano. Al principio su familia se horroriza, pero pronto acaban acostumbrándose, siempre que Gregorio se limite a su habitación. Un día, al escuchar conmovido la música interpretada por su hermana, Samsa sale de su habitación para dirigirse a la sala, lo que causa la siguiente situación:

«—Queridos padres —dijo la hermana, dando, a modo de introducción, un fuerte puñetazo sobre la mesa—, esto no puede continuar así. Si vosotros no lo comprendéis, yo me doy cuenta de ello. Ante este monstruo, no quiero ni siquiera pronunciar el nombre de mi hermano; y, por tanto, solo diré esto: es forzoso intentar librarnos de él. Hemos hecho cuanto era humanamente posible para cuidarle y tolerarle, y no creo que nadie pueda, por tanto, hacernos el más leve reproche.

—Tienes mil veces razón —dijo entonces el padre.

La madre, que aún no podía respirar a sus anchas, comenzó a toser sordamente, con la mano en el pecho y los ojos extraviados como una loca.

La hermana corrió hacia ella y le sostuvo la frente.

Al padre, las palabras de la hermana parecieron inducirle a concretar algo más su pensamiento. Se había incorporado en la butaca, jugaba con su gorra de ordenanza por entre los platos, que aún quedaban sobre la mesa, de la comida de los huéspedes, y, de cuando en cuando, dirigía una mirada a Gregorio, impertérrito.

—Es preciso que intentemos deshacernos de él —repitió, por último, la hermana al padre; pues la madre, con su tos, no podía oír nada—. Esto acabará matándoos a los dos, lo estoy viendo. Cuando hay que trabajar lo que nosotros trabajamos, no es posible sufrir, además, en casa estos tormentos. Yo tampoco puedo más. [...]

—Hija mía —dio entonces el padre con compasión y sorprendente lucidez—. ¡Y qué le vamos a hacer! [...] Si siquiera nos comprendiese —insistió el padre, cerrando los ojos, como para dar a entender que él también se hallaba convencido de lo imposible de esta suposición—, tal vez pudiésemos entonces llegar a un acuerdo con él. Pero en estas condiciones...

—Es preciso que se vaya —dijo la hermana—. Este es el único medio, padre. Basta que procures desechar la idea de que se trata de Gregorio. El haberlo creído durante tanto tiempo es, en realidad, el origen de nuestra desgracia. ¿Cómo puede ser esto Gregorio? Si tal fuese, ya hace tiempo que hubiera comprendido que no es posible que unos seres humanos vivan en comunidad con semejante bicho. Y a él mismo se le habría ocurrido marcharse. Habríamos perdido al hermano, pero podríamos seguir viviendo, y su memoria perduraría eternamente entre nosotros [...]. ¡Mira, padre —se puso a gritar de repente—, ya empieza otra vez!

Pero la cosa es que a Gregorio no se le había ocurrido en absoluto querer asustar a nadie, ni mucho menos a su hermana. Lo único que había hecho era empezar a dar la vuelta para volver a su habitación.»

Franz Kafka, *La metamorfosis*. Alianza

Cubierta de la primera edición de *La metamorfosis* (1916).

COMENTARIO DE TEXTO

Localización del texto

1. ¿A qué tendencia novelística pertenece el texto? Justifica tu respuesta.

Contenido

2. Comenta el tema del fragmento.
3. Relaciona el tema con los conflictos temáticos característicos del siglo XX.

Técnica

4. Indica la estructura u organización del texto. Razona la respuesta.
5. Comenta los recursos lingüísticos y literarios que encuentres en el texto.

Valoración

6. ¿Compartes la opinión de la hermana de Gregorio? ¿Piensas —como ella— que ese ser molesto ya no puede ser considerado un miembro de la familia? ¿Cuál crees que sería la mejor solución para la situación creada?

Teoría relacionada

7. La novela del siglo XX en lengua alemana.
8. El ser humano y sus problemas en la novela de la primera mitad del siglo XX.

somos # link